朝 克 简 介

朝克,中国社会科学院民族文学研究所党委书记兼副所长,男,1957年9月29日出生,鄂温克族,内蒙古自治区呼伦贝尔市人,中共党员,留日语言文化学博士,二级研究员,博士生导师,第九、第十、第十一、第十二届全国人大代表,国家高层次人才特殊支持计划哲学社会科学领军人才,中宣部"四个一批"人才,中共中央联系专家,享受国务院特殊津贴突出贡献专家,最高人民法院特约监督员,中国社会科学院最高职称委员会委员,中国社会科学院研究生院职称委员会委员等。

著名民族语言学专家朝克掌握汉语、蒙语蒙文、满语满文、锡伯语锡伯文、鄂温克语、鄂伦春语、赫哲语、达斡尔语、日语日文,以及俄罗斯西伯利亚地区的埃文语、埃文基语、那乃语、奥罗奇语、乌德盖语及日本北海道地区的乌依勒塔语等。他还学过英语、俄语、朝鲜语、日本阿依努语等。

主要从事国内外满通古斯语族、蒙古语族乃至阿尔泰语系诸民族语言及其文化研究,以及东北亚诸民族和北极圈诸民族语言文化研究工作。在1982年至2016年的34年间,用汉文、蒙文、日文、英文及朝鲜文撰写出版和发表有关民族语言,包括民族文化、人类学、社会学、宗教学、文学等方面的学术著作达46部（包括合著），学术论文达170余篇，另有译文10篇，论著字数达1500余万字。其中，8部专著和16篇论文获国内外优秀科研成果奖。1997年朝克获中国社会科学院十大优秀青年称号，2016年他又获得中国社会科学院2013—2015年度优秀科研人员称号。

曾在美国、芬兰、挪威、日本、韩国、蒙古国、新加坡、菲律宾、印度、中国香港等国家和地区的40余所大学担任客座教授，进行学术访问，朝克还参加过20多项国内重大研究课题和15项国际重大学术合作项目，并在国内外学术讨论会上宣读论文50余次。

主要研究成果有：（1）阿尔泰语学语音形态论、名词形态论、动词形态论；（2）濒危语言研究实践论；（3）北极圈族群语言文化相关论；（4）日本阿依努语和阿尔泰诸语共有论；（5）美洲印第安诸语与我国诸民族语言关系说；（6）日语和朝鲜语多元论等。这些学术观点和创新理论，得到了国内外学术界和同仁的高度评价与认同。对朝克的学术业绩，国内外相关新闻媒体、相关学术部门进行过多次报道和评价。

主要学术经历如下：（1）1982年1月至2008年7月在中国社会科学院民族学与人类学所从事我国北方民族及东北亚诸民族语言文化研究工作；（2）2008年7月至2010年11月在中国社会科学院民族文学研究所任所长助理，同时从事我国北方民族及东北亚民族语言文化研究工作；（3）2010年11月至2014年4月任中国社会科学院科研局副局长；（4）2014年4月至今任中国社科院民族文学所党委书记兼副所长，同时继续从事民族语言文化研究工作；（5）1987年晋升为助理研究员，1992年晋升为副研究员，1997年晋升为研究员；（6）1997年1月至5月在美国亚利桑那州立大学和崔尼提大学做客座教授，主讲《中国民族语言文化与宗教信仰》课程；（7）1997年10月至1998年2月在香港中文大学做客座教授，讲授《中国民族语言文化》等课程；（8）1998年8月至12月在芬兰赫尔辛基大学做客座教授。在此期间对挪威相关大学进行了学术访问，并做专题讲座，主讲《中国优秀民族政策和先进的民主制度》

《中国北方民族语言》等；（9）2000年6月至12月在日本东北大学做客座教授，讲授《东北亚民族语言文化学》《中国民族语言研究》等课程；（10）2002年4月至2003年3月在日本北海道大学、北海学园大学做客座教授，主讲《阿尔泰诸语研究方法》《中国民族语言与文化》《日本语日本阿依努语与阿尔泰语关系论》等课程；（11）2003年5—7月，带队在蒙古国参加中国蒙古国两国合作项目《蒙古国东方省边境地区文化教育程度以及语言文字使用现状调查》；（12）2003年9月至2004年10月在东京大学、东京外国语大学做客座教授，主讲《中国民族语言学》《满通古斯语研究》《北极圈语言文化关系学》《阿尔泰语与日本语关系学》等课程。（13）2005年7月及2009年11月，先后三次应邀到日本和韩国的相关大学做客座教授，主讲《寒带地区的语言文化》《满通古斯语族语言与朝鲜语关系学》等课程。同时，还对相关学校进行了学术访问并做了专题讲座，以中国首席专家名义参加了两次《首尔大学阿尔泰学国际会议》；（14）2012年11月至12月率领中国社会科学院马克思主义研究院专家团队到印度进行学术交流。

重要学术任职与兼职：（1）国家社科基金项目评审委员会委员；（2）国家民委民族语言文字专家委员委员；（3）北京市蒙语专家研究会副会长；（4）内蒙古阿尔泰研究会副会长；（5）黑龙江满通古斯语言文化研究会常务埋事；（6）中央民族大学重点学科外聘教授；（7）黑龙江大学外聘教授；（8）内蒙古民族大学外聘教授；（9）西南民族大学特聘教授；（10）内蒙古呼伦贝尔学院外聘教授；（11）新疆伊犁师范大学外聘教授及锡伯语研究中心特聘主任；（12）北京市民族教育学会常务理事；（13）草原英才北京联谊会副会长；（14）日本东方学会中方代表；（15）韩国首尔大学阿尔泰学会中方首席专家等。

中国国际教育研究院（CIIE）学术文库

满通古斯民族语言研究

——朝克学术思想评论

李肖含　编

学苑出版社

图书在版编目（CIP）数据

满通古斯民族语言研究：朝克学术思想评论 / 李肖含编. -- 北京：学苑出版社，2016.12
（中国国际教育研究院（CIIE）学术文库）
ISBN 978-7-5077-5160-4

Ⅰ.①满…　Ⅱ.①李…　Ⅲ.①通古斯满语族—语言学—文集　Ⅳ.①H54-53

中国版本图书馆CIP数据核字（2016）第317350号

责任编辑：李　媛
特约编辑：殷　芳
封面设计：徐道会
出版发行：学苑出版社
社　　址：北京市丰台区南方庄2号院1号楼
邮政编码：100079
网　　址：www.book001.com
电子信箱：xueyuanpress@163.com
销售电话：010-67675512、67678944、67601101（邮购）
印 刷 厂：北京信彩瑞禾印刷厂
开本尺寸：710×1000　1/16
印　　张：27
字　　数：455千字
版　　次：2017年1月第1版
印　　次：2017年1月第1次
定　　价：78.00元

"中国国际教育研究院（CIIE）学术文库"编委会

顾　　问：宋和平　江　桥　关永礼　曹敬民
主　　编：陈威霖
副 主 编：殷　芳　郑再帅
编　　委（按姓氏笔画排序）：
　　　　　王维刚　陈晓川　高　涵　曹　原

本书编者：李肖含

总序：美美与共，四海攸同

文化的积累、交融与传承必然促成社会的进步。文化之于人类，犹如精神之于形骸。自"人猿相揖别"[1]，试观人类社会迈入文明，从刀耕火种到蒸汽机发明，声光电热的应用，乃至电子时代的莅临，计算机、网络的飙兴，知识爆炸，人类文明达到前所未有的高度。文明之树被厚培深植，长得浓荫四覆，伟岸参天，盛开绚丽之花，缀满智慧之果。悉察中外，人类文化瓜瓞绵绵[2]，薪火相续，大致可分为中国、印度、阿拉伯伊斯兰、欧美文化四个体系，虽千差万殊，但"各有灵苗各自探"[3]，恰如著名学者钱锺书先生提出的"东海西海，心理攸同；南学北学，道术未裂"[4]，中外文化足资互相借鉴，"美美与共"[5]。

中国国际教育研究院秉持文化传承的理念，以"邀请国外的学者、学生来华学习和研究及互访，以推动全球范围的教育交流与合作，进而促进中西文化的相互理解与融合"为使命，先后与33个国家的50余所高校建立了长期的实质性合作，取得了令人欣慰的成绩。2013年，习近平总书记提出了"一带一路"的国家重大战略，此一重大举措为进一步推进我国高等教育国际化、深化高等教育领域综合改革、提高教育质量提供了重大发展机遇。同时，其立足国际视野，主张跨区域文化交流、国际化人才培养、建立国际化学术组织、全球化的校际合作等新型理念与模式为推进我国高等教育发展创造了良好的机遇。

---

1 毛泽东：《贺新郎·读史》，见王臻中、钟振振主编：《毛泽东诗词鉴赏》，南京，江苏古籍出版社，1990年，第225页。
2 陈戍国：《诗经校注》，《大雅·绵》，岳麓书社，2004年，第319页。
3 （清）郑板桥著、吴泽顺编注：《郑板桥集》，岳麓书社，2002年，第343页。
4 钱锺书：《谈艺录》，序言，中华书局1984年版，第1页。
5 费孝通：《费孝通全集》，内蒙古人民出版社，2009年，第17卷，第536页。

中国国际教育研究院以历史的责任感，愿推动学术研究、文化繁荣，为人类文明与社会发展略尽绵薄，为此，决定出版"中国国际教育研究院（CIIE）学术文库"。我们深心蕲向，为中外学者的学术研究提供一个合作与交流的平台，从人类文明发展的高度，对人类文明盛衰流转中形成的精华加以发掘整理，或进行创造性的诠释，或呈现优秀文化的研究成果，或濯旧出新、学术商兑，内容上古今中外、包罗万象，举凡政治、经济、哲学、历史、文学、艺术、语言、科技、风俗风情、中外交流等均可纳入其中，以丛书的形式陆续出版。有识之士、博雅君子，盍兴乎来！学贯中西的史学大师陈寅恪先生所说的"吾侪所学关天意"[1]、"圣籍神皋寄所思"[2]是丛书出版心摹手追的目标。虽不能至，心向往之。能否如愿臻成，确乎否耶，成败利钝，尚待读者检验与评骘。

"中国国际教育研究院（CIIE）学术文库"编委会

2016年12月

---

[1] 陈寅恪：《挽王静安先生》，见《陈寅恪集·诗集》，三联书店，2009年，第11页。
[2] 陈寅恪：《甲辰四月赠蒋秉南教授》，见《陈寅恪集·诗集》，三联书店，2009年，第151页。

目 录

第一部分　朝克学术理论和学术贡献的报道与评价

第一篇　论朝克的东北亚学及北极圈关系学理论学说及其贡献 / 2

第二篇　中国民族语言文字研究成果的全面回溯与科学展望
　　　　——评介朝克的《中国民族语言文字研究史论》/ 14

第三篇　论朝克的语音形态论与名词形态论及动词形态论学说 / 17

第四篇　关于朝克在我国濒危语言研究领域做出的杰出成绩 / 50

第五篇　朝克在阿尔泰语学提出的语音形态论及名词形态论创新理论观点 / 63

第六篇　朝克主持的《中国民族语言文字研究史论》述评 / 74

第七篇　朝克在满通古斯诸语研究做出的突出业绩 / 80

第八篇　填补空白、奠定权威的系列巨著
　　　　——评朝克满通古斯语族语言研究三部书 / 93

第九篇　论朝克满通古斯语族语言研究三部书的学术价值 / 98

第十篇　朝克在锡伯语口语研究方面取得的辉煌学术业绩 / 107

第十一篇　锡伯语研究再现新成果 / 116

第十二篇　《鄂温克语形态语音论及名词形态论》评述 / 119

第十三篇　满通古斯语研究的一部杰作
　　　　　——评介朝克新著《鄂温克语研究》/ 126

第十四篇　评介朝克的两部鄂温克语专著 / 133

第十五篇　鄂温克语研究权威专家朝克的学术业绩 / 137

第二部分　朝克学术成长和学术贡献的报道与评价

第一篇　系中华文化之情扬民族语言文化之魂
　　——访全国人大代表、中国社科院科研局副局长朝克 / 152

第二篇　翻山越岭的语言学者
　　——记中国社科院鄂温克族副研究员朝克 / 157

第三篇　朝克的文化"苦"旅 / 159

第四篇　不放过田野记忆中的任何一个原始符号
　　——访中国社会科学院民族文学研究所党委书记、副所长朝克 / 166

第五篇　朝克：满通古斯语族语言的守望者 / 170

第六篇　朝克：满通古斯语族语言研究系列著作出版座谈暨学术研讨会举行 / 175

第七篇　著名学者朝克的别样风采
　　——他让呼伦贝尔扬名海内外，他为草原文化增添光彩 / 182

第八篇　朝克：语言天赋令人折服 / 190

第九篇　朝克：朝气蓬勃　享誉全球 / 195

第十篇　从牧场主到语言学家
　　——访鄂温克族学者朝克 / 200

第十一篇　中国第一位鄂温克语言学家 / 204

第十二篇　著名民族语言学家朝克的访谈 / 208

第十三篇　严谨为学　参政为民
　　——访中国社科院民族所研究员第九、十届全国人大代表朝克 / 211

第十四篇　捡拾远古的贝壳
　　——记第一位鄂温克族青年语言学家朝克 / 215

第三部分　朝克的事迹及20年的人大代表履职

第一篇　朝克同志事迹材料 / 218

第二篇　朝克：一位积极参政议政的著名学者
　　——记九届十届全国人大代表，民族语言学家朝克博士 / 224

第三篇　全国人大代表：中国社会科学院研究员朝克 / 229

第四篇　一位学者对人大制度的思考与实践
　　——记内蒙古团全国人大代表朝克博士 / 233

第五篇　一位学者的行动与感悟
　　——记内蒙古团九届十届全国人大代表朝克 / 237

第六篇　朝克：从牧场主到语言学家的人大代表 / 241
第七篇　雄鹰从草原起飞 / 243
第八篇　朝克：飞出草原的鹰 / 245
第九篇　我和草原有个约定
　　　　——访全国人大代表朝克 / 247
第十篇　朝克：让环保自觉意识融入血液 / 252
第十一篇　朝克：保护环境与传统优秀文化密不可分 / 254
第十二篇　抢救濒危民族语言 / 257
第十三篇　保护好多样的民族语言文字 / 263
第十四篇　朝克：多措并举繁荣地方社会科学 / 267
第十五篇　朝克：要有针对性地配备地方社科人才 / 274
第十六篇　认真履行人大代表职责 / 281
第十七篇　三届十五年履职的三点感受
　　　　——访十一届全国人大代表朝克 / 285
第十八篇　人大代表朝克与手机网友谈"传统文化保护" / 288

第四部分　朝克的人格魅力与信念

第一篇　守卫信念 / 302
第二篇　草原骄子朝克 / 308
第三篇　为人师表　不断拼搏 / 314
第四篇　为科普倾注思想与智慧 / 317
第五篇　蜚声中外的著名民族语言学家朝克 / 321

参考文献 / 394

附录一　朝克的论著目录 / 396
附录二　朝克的主持和参与的国内外重大研究课题 / 406
附录三　朝克学术报告、学术演讲、学术论文宣读、学术交流情况 / 409
附录四　朝克在第九、十、十一、十二届全国人代会上提交部分建议 / 413

后　记 / 420

第一部分
朝克学术理论和
学术贡献的报道与评价

第一篇

论朝克的东北亚学及北极圈关系学理论学说及其贡献[1]

孟和宝音[2] 戴光宇[3]

朝克先生在阿尔泰语学研究领域取得的学术成就早已为学界同仁公认,各专家、学者在各种媒体报刊上先后刊发过一系列评论,都对朝克和他的学术成果给予很高评价和肯定。特别是朝克先生从语言学角度提出的"东北亚学说"、"北极圈语言文化相关论"等创新理论学说,在国内外阿尔泰学,以及相关学术界曾引起很大反响。朝克先生在此学术领域确实做出了令人振奋的突出贡献。

一、"东北亚学说"之论

根据朝克先生的相关研究成果,以及在他的学术论著里提出的理论观点,像俄罗斯远东和西伯利亚地区的那乃语、乌德盖语、奥罗克语、奥罗奇语、埃文语、埃文基语以及日本北海道的乌依勒塔语、蒙古国的察嘎坦语等,均和我国满通古斯语族语言有同根同源关系,是属于同一个语族的语言。在此理论基础上,他不断拓展研究视野,不断拓宽研究思路,最终他的学术研究涵盖了整个东北亚诸民族语言。支撑他这一研究思路的主要就是满通古斯语族语言。毫无疑问,满通古斯语族语言也自然成为强有力地支持他的"东北亚学说"之理论依据和立足点。他在国内外刊发或在学术会议上发表的一系列论文里论述的

---

[1] 本文发表于人民日报社《中国经济周刊》官网首页大家讲堂,2016年7月1日。
[2] 孟和宝音,内蒙古师范大学蒙语研究院教授。
[3] 戴广宇,北京社会科学院满语研究学者。

日本语、朝鲜语、日本的阿依努语、蒙古语族诸语同满通古斯语族语言的比较研究或对比研究,进一步强化了他"东北亚学说"的理论观点。在此基础上,他从语言学角度不断完善、不断深度推进"东北亚学说"或者说"东北亚共有论"学术理论体系。在他看来,由于东北亚以及北极圈(环北太平洋地区)的诸民族或族群使用的语言种类繁多,语言之间关系又十分复杂且变异性大,所以语音对应关系远比亚欧大陆其他地区语言丰富得多。这不仅与我们现已掌握的数量可观的不同民族或族群人口及其语言使用者有必然联系,同时也和一直以来固守古代民族语言底层结构或受其影响而形成的语言独特结构特征有关。在他看来,那些自身语言结构关系十分复杂,语言结构特征十分突出,语言使用人口不多的民族或族群,基本上均处于几个较大民族相互交融的边远地区。比如居住在我国境外的满通古斯诸民族的语言文化,同我国境内的蒙古语族诸民族、突厥语族诸民族以及朝鲜族等都有着密不可分的深层次亲缘关系,其语言不同程度地保留这些古老民族的共同特征与记忆。对此进行深度科学讨论,对于探索我国境内北方民族的起源,尤其是论证东北诸民族的历史来源及其发展迁徙的历史脉络均具非常重要的学术理论意义和科学价值。与此同时,朝克先生不断拓展研究视野,不断完善研究方法与理论。在美国和北欧进行学术交流和学术访问期间,他广泛接触了北美爱斯基摩语、北美西北海岸印第安诸民族语以及北欧的萨米人使用的语言,并做了具有学术价值的实地调研,搜集到了可靠的第一手学术资料。在此基础上,朝克先生在国内外撰写刊发了有关爱斯基摩语、印第安诸语、萨米等与我国阿尔泰诸语,特别是同满通古斯语族语言、蒙古语族语言间存在的共有关系的学术论文。这正是他提出"北极圈语言文化关系论"之学术理论的立足点和重要理论依据。

众所周知,朝克先生从事阿尔泰诸语研究已有30余年了,一直十分关注我国阿尔泰诸语学术理论的创新。他在20世纪80年代日本留学期间,十分关注日本北海道网走地区的乌依勒塔语及其北海道阿依努语研究,以及20世纪以后不同年代搜集整理的各种口语资料。结果他惊奇地发现日本北海道的这些少数民族语言与我国阿尔泰诸语在语音、词汇、语法方面的诸多共有关系,甚至发现这些共有关系直接涉及这些语言的共同历时。但是,日本学术界一致认为这些少数民族语言与我国阿尔泰诸语没有任何关系。在这种情况下,朝克先生查阅了有关乌依勒塔语和阿依努语原始口语资料及研究著作,进而获得了弥足珍贵而详实可靠、具有很强说服力的语言资料。就这样,到日本留学还不到一年的他,在日本早稻田大学召开的北方语言学讨论会、日本东方学学术讨论会及北海道大学语言学会等权威性学术会议先后宣读了《论日本阿依努语和通古斯语词汇关系》(日文)、《论日本阿依努语及阿尔泰语的关系》(日文)、《论日本乌依勒塔语及满通古斯诸语共有关系》等学术论文。他的这些具有独到见解的学术论文,有力驳斥了日本语言学界曾经提出并固守的"日本北海道阿依努语及乌依勒塔语同阿尔泰诸语无关系论"之错误理论,为他的"东北亚学说"以及"东北亚语言文化共有关系论"学术理论的构建打开了新局面。与此同时,他还在国内外连续发表了有关日本阿依努和我国阿尔泰诸语的语音、词汇、语法进行比较研究的学术论文《论日本阿夷努语和通古斯诸语共有词的元音对应规律》、《论日本阿夷努语和蒙古语元音对应规律》、《论日本阿夷努语和蒙古语共有词的辅音对应现象》、《论日本阿夷努语和阿尔泰诸语代词的关系》、《关于日本阿依努语及鄂温克语传统的共有名词》(日文)、《论日本阿夷努语和鄂温克语共有动词》、《日本阿夷努语与阿尔泰诸语格形态研究》、《关于日本阿依努语及阿尔泰诸语的关系》等。在《论日本阿夷努语和鄂温克语共有动词》一文里,朝克列举了86个日本阿依努语固有动词同鄂温克语动词进行了比较,论证了这些动词在词根及词干乃至相关词缀方面出现的共有关系,进而否定了日本语言学界提出的阿依努语属于前缀类型的语言,没有后缀结构的错误观点。同时还证明了这些语言在构词形态论方面,包括语音形态论和语法形态论等领域存在共有关系。另外,他还在"日本满学会""东亚诸语研究会""日本语言文化学术研讨会""东亚语言研讨会""日本宗教学会"等学术讨论会上,先后发表《论日本阿依努语与满语语法关系》《论日本阿依努语及阿尔泰诸语深层语法关系》《论日本阿依努语言文化同满通古斯诸民族语言文化》《日本阿依努人与鄂温克族宗教语言比较研究》《论东北亚诸民族语言文化及其宗教信仰》等论文,进一步探讨了日本阿依努语及阿尔泰诸语间存在的错综复杂的语法关系以及语言文化关系等。毫无疑问,这些具有很强的创新性、独到性、开拓性、引领性的学术论文,以及其中包含的学术观点,在日本学术界引起了强烈反响,使日本的语言学界乃至历史、宗教、文化学界,对日本阿依努语及阿尔泰诸语的关系与其中历史渊源问题等产生了极大兴趣;进而,那些一味追求"日本阿依努语同阿尔泰诸语无关系论"学说及其理论的专家学者，也开始站在朝克先生的学术立场，用朝克先生的学术视野和学术观点重新审视这些语言文化间存在的深层关系，函盖诸如语音、词汇、语法，包括历史、宗教、文化等方面。尤其可贵的是，一些大学在研究生课程中还设立了"日本阿依努语与阿尔泰诸语"课程，以此传授朝克先生的学说。

其次，朝克先生在日本留学、开展学术交流期间，大量阅读并搜集整理了日本北海道网走地区曾经使用过的乌依勒特民族语资料。在此基础上，他在国内相关刊物及讨论会上先后发表一系列学术论文，将日本乌依勒塔同阿尔泰诸语进行比较。其中把日本乌依勒塔语同满通古斯语族语言作比较研究的论文，引起了专家学者们的高度重视。尽管日本学术界一直怀疑日本的乌依勒塔语同我国境内的阿尔泰诸语有关系；而且，在他们看来，该语言跟满通古斯语族语言间可能有历史渊源关系。然而，日本学术界还未发表像朝克先生那样科学论证它们亲族关系的学术成果，并且发表证明它们间存在的亲族关系的论文。比如说，朝克先生在日本北海道大学、日本大学、东京外国语大学、日本大东文化大学等一系列学术会议上先后发表《论日本乌依勒塔语与满通古斯语族语言的关系》《论日本乌依勒塔语与满通古斯语族语言的代词关系》《论日本乌依勒塔人和通古斯诸民族语言文化的共性》《关于乌依勒塔语与鄂温克语语音关系》等论文。同时，1994年在黑龙江大学召开的东西方语言文化交流国际会议上发表《关于日本乌依勒特人和鄂温克族语言文化的共性》一文，论述了这两种语言对传统生产生活工具的称谓、自然物及自然现象的说法、动植物及宗教信仰用语等方面存在的共有关系，以及各种早期图案、画纹、象征物、信仰内容和形式等文化符号、信仰活动方面存在的共有关系。另外，在国内还发表《论日本乌依勒塔语保留的词首辅音》一文，在同阿尔泰诸语进行比较研究的基础上，以满通古斯语族语言为例，科学论证了乌依勒塔语中保留的词首辅音 p、x、s、n 等。进而他明确提出，乌依勒塔语口语资料里保存的这些词首辅音，同属于阿尔泰诸语早期词首使用过的古音。对于这些词首辅音的比较研究，科学论证满通古斯语族语言在内的阿尔泰诸语词首辅音，是十分有价值的。

朝克先生精通日语，在日本用日文撰写出版了《索伦语基本例文集》《鄂温克语基础语汇集》《中国满通古斯诸语基础语汇比较》《鄂温克语三大方言基础语汇比较》《通古斯诸民族及语言》《鄂温克语语音形态论及名词形态论》《基础鄂温克语》，以及一系列有独到学术观点的论文，充分展示出他雄厚的日语功底和用日文阐述自己观点和理论的学术水平。他的这些用日文撰写出版的学术成果，让日本学术界和懂日语日文的专家学者充分认识这些语言之间存在的历史渊源关系。有了成绩的朝克并没有停止探索的步伐，对于古代日语有了一定了解后，他开始研究日语及阿尔泰诸语之间的关系，在国内外发表了《日语与满通古斯语族语言的动词关系》（日文）、《论日语蒙古语族语言的词汇关系》（日文）、《关于日本语和鄂温克语内存在的共有词》《论日本语与达斡尔语拟声拟态词》（日文）、《关于日本地名中的"田"字》等学术文章。毋庸置疑，这些文章强有力地论证了日本的阿依努语、乌依勒塔语及日本语同阿尔泰诸语间存在着多层次、多范围、多角度的历史渊源关系及共有关系。众所周知，在日本除了日本人之外，原著民只有阿依努人和乌依勒塔人。他们使用的母语同阿尔泰诸语间存在不同程度的同源关系，并关系到这些语言的语音、词汇、语法，关系到他们传统文化及其宗教信仰。朝克先生的研究成果不仅说明"东北亚学说"理论的可靠性、可信性和科学性，同时也为日本语言归宿问题的进一步深度讨论提供了必要的理论依据。

　　与此同时，朝克先生在阿尔泰诸语和朝鲜语的研究方面也做出了较突出贡献，这些研究也成为他"东北亚学说"的重要内容之一。韩国的阿尔泰学专家成百仁教授和金周源教授等一致认为，朝鲜语同阿尔泰诸语间存在渊源关系，还刊发过一系列具有说服力的学术论著。朝克先生十分认同他们的这一学术观点，在香港中文大学人类学系作客座教授期间，他在该校主持的语言学学术讨论会上，发表了《论朝鲜语及阿尔泰诸语的关系》一文，还在香港城市大学语言学会上发表了《朝鲜语及通古斯诸语的名词关系》一文。另外，他在2000年、2004年、2011年分别应邀去韩国首尔大学、首尔外国语大学、韩国庆北大学进行学术访问并参加《韩国阿尔泰学会》，同时发表了《论朝鲜语和蒙古语固有词词义关系》《关于朝鲜语及鄂温克语同源动词》《论朝鲜语及阿尔泰诸语同源词》等学术论文。这些论文从词源学、词汇学、构词学、词义学、传统语言文化学等学术视角，论证了朝鲜语与阿尔泰诸语间共存的历史渊源关系。朝克的研究推动了朝鲜语及阿尔泰诸语研究工作，也为他的"东北亚学说"提供了可靠理论依据。

　　在这里，还有必要提出的是，在2000年由日本东北大学出版的《通古斯诸民族及其语言》（日文版）一书里，朝克从通古斯学的理论层面对我国通古斯诸民族及俄罗斯西伯利亚和远东地区的埃文基、埃文、涅基达尔、那乃、奥罗奇、乌德盖、乌利奇、奥罗克诸民族，以及蒙古国的察嘎坦人、日本的乌伊勒塔人等使用的语言，乃至他们的传统文化、宗教信仰等展开了全范围论述。

综上所述，朝克先生所做的关于我国东北地区阿尔泰诸民族研究，以及他从语音学、语音形态论、词汇学、词义学、词源学、语法学、语法形态论、语言演化论等角度对这些民族语言同日本阿依努语、乌依勒塔语、日本语，还有同朝鲜语和俄罗斯西伯利亚和远东地区的埃文基、埃文、涅基达尔、那乃、奥罗奇、乌德盖、乌利奇、奥罗克诸民族，蒙古国的察嘎坦语所做的比较研究，对于他提出并建构的"东北亚学说"提供了坚实的理论支撑。对此日本权威性刊物《学术通讯》里写道："朝克不断拓展的学术视野与思路，从语言类型学及其比较研究学理论视角，论证了日本阿依努语及其北美的爱斯基摩语之间存在的共有关系，进而不断推进该学术领域的科学研究工作，使这些本来就被认为是十分冷门的学科变得非常活跃和有生命力。这也是该学术的新突破、新进展。"

二、"北极圈语言文化相关论"之论

朝克提出的"北极圈语言文化相关论"的学术观点同样在国内外学术界引起较大反响，得到国际相关学术专家们的高度评价。这些专家有：芬兰赫尔辛基大学的著名阿尔泰语学专家尤哈·杨虎嫩（Juha·Janhunen）教授、俄罗斯著名通古斯语专家布拉托娃（Bulatuwa）教授、美国著名印第安学专家杰姆森（Jamsen）教授和通古斯语专家格林伯尔（Lenore Grenoble）教授及林塞（Lindsay Whaley）教授、日本著名满通古斯语学专家津曲敏郎教授、韩国著名阿尔泰语学专家金周源教授等。

首先，朝克于1997年在美国亚利桑那州立大学和崔尼提进行学术交流时，大量接触到北美印第安语和北美及北欧的爱斯基摩语方面的口语调查资料，以及相关分析性学术成果。同时，他有幸到印第安人和爱斯基摩人生活区域，接触到以这些语言为母语的印第安人和爱斯基摩人，并得到弥足珍贵的第一手口语资料。在美国进行学术交流时，他分别在亚利桑那州立大学和崔尼堤大学以《印第安诸语与阿尔泰诸语名词关系》《印第安诸语与阿尔泰诸语相关语法关系》等为题做了专题学术论文。在这两篇论文里，他主要论述了在印第安诸语及阿尔泰诸语的极其古老而传统的名词术语中，其语音、语义、语法等方面表现出的共同要素。回国后,他在《中国社会科学院通讯》发表以"访美散记"为题的短文,总结了这次美国学术之行的收获与感想,包括印第安人的早期历史文化符号,同我国北方诸民族密切相关的一些因素和实例。后来,他在国内的《民族研究》《满语研究》等学术刊物上先后发表《论印第安诸语和满通古斯诸语中共有的宗教称谓》《关于通古斯诸语和爱斯基摩语共有名词》《关于俄罗斯的涅基达尔语、埃文语与埃文基语》等学术论文,进一步论证了这些民族语间存在的关联。他在《关于通古斯诸语和爱斯基摩语共有名词》一文里明确指出,虽然传统语言系属分类把爱斯基摩语与满通古斯语族语言分别归为两个不同语系,但二者在语言学、文化学、人种学、社会学、宗教学等诸多学术领域却有相当深层次的相关。他在文中充分使用词源学、构词学、词义学、语音学的全新研究方法与手段,对于通古斯诸语和爱斯基摩语的41个古老又传统的名词,展开了有突破性的学术研究,进而科学地论证了这些名词的共有关系。在他看来,这些语言中出现的共有关系,无可回避地提示学术界,在远古时期这些民族间有过的深层接触或共同的历史来源。他指出:"随着人类自身的成熟与时空距离的不断拉近,随着科学技术的迅猛发展和信息网络的不断普及,当今人文学科和社会科学面临着无情挑战和冲击。那些曾被历史传统、封建王朝、强大疆域概念或政治概念所界定的诸多研究领域、研究范围乃至研究对象,还有那些学科概念、学术关系以及学术理论开始让人们重新思考与推敲。不同国家、地区、民族间曾有过的、诸多不切实际及伪科学的障碍日益减少的今天,世界各国和各民族间的交往与接触日益频繁,从而过去被忽视的诸多学术命题不断呈现在专家学者面前。特别是,对于那些生活在边远偏僻地区的古老跨境民族而言,当今的研究显得更为重要,对于它们历史定位及来龙去脉的讨论显得更有学术理论价值。"所以,对于朝克来讲,科学论述这些共有词的来源关系、构成原理、音变规则与使用现状有其特定学术意义。这一研究不仅拉近了我国通古斯诸民族及爱斯基摩人间的情感关系,同时也支撑了对这些民族起源与迁徙的科学讨论,自然也会在人类命运共同体的深度讨论和科学阐述中发挥应有的现实意义和长远的科学价值。当然,这也为朝克提出的"北极圈语言文化相关论"学术理论打下了坚实的基础。另外,他在《论印第安诸语和满通古斯诸语中共有的宗教称谓》一文里,以在印第安诸语和满通古斯语族语言宗教称谓中的萨满、鹰、熊、太阳及自然神等术语为例,科学论述了它们语言的底层结构中存在的共有关系。这是在北美印第安语、北美和北欧爱斯基摩语同我国东北满通古斯语族语言研究领域首次提出的全新意义的学术观点，也是从语言类型学、宗教信仰学、北极圈语言文化学角度第一次科学阐述了"北极圈语言文化相关论"之论点，是朝克第一次在国际学术舞台上，用详实可靠的理论依据驳斥了西方语言学界提出的"印第安诸语和满通古斯诸语在发生学上毫无关系"之学术论断。

其次，在北京召开的《萨米人文化节暨北方民族生活与文化国际研讨会》上，朝克面对从瑞典、挪威、芬兰三国来的萨米语言文化学专家学者，以《论萨米语和通古斯诸语的共有词》为题发表了论文。他在论文里，主要以自然现象、动植物、人体结构、基数词、驯鹿文化等方面的相关名词术语为例，深度探讨了生活在瑞典、挪威、芬兰等国的萨米人的语言，同生活在我国东北及俄罗斯西伯利亚地区的通古斯诸民族语言内出现的共有名词，进而科学阐释了同样是以寒温带和温寒带地区山林地带自然牧养驯鹿为主、有其悠久而传统的驯鹿文化语言历史的萨米人及其通古斯诸民族的传统文化与语言中存在的相关性。朝克在芬兰赫尔辛基大学进行学术交流期间，还在该大学召开的一系列的国际学术交流会以及在挪威召开的国际会议上，先后发表《关于萨米人驯鹿词语同通古斯诸语的关系》《论萨米语和阿尔泰诸语的词汇关系》《萨米人语言文化及宗教信仰同满通古斯诸民族语言的深层结构关系》《萨米语及鄂温克语有关语法关系》等学术论文。同时，他还在芬兰赫尔辛基大学以《北极圈萨米人、爱斯基摩人、通古斯诸民族语言文化关系说》为题做了专题讲座。另外，1997年他在香港中文大学人类学系做客座教授期间也以《论萨米语与满通古斯诸语的共有词》为题做过专题讲座。1999年8月17日在日本东北大学东北亚研究中心还以《北极圈诸民族驯鹿文化及语言——以中国和俄罗斯通古斯诸民族及萨米人为例》为题做过专题学术演讲。他在这些专题讲座及学术演讲里，阐述了北极圈民族或族群的语言文化所传承的，以牧养驯鹿产业为核心，在特定地域环境、气候条件、自然因素、社会生活、生产关系、物质基础、生活氛围中所形成的弥足珍贵而极其特殊的符号系统，以及对于这些符号系统开展学术研究的价值和意义。与此同时，朝克还在我国、美国、蒙古国及日本先后多次参加"东西方国际研讨会""东西方跨文化国际会议""古亚洲诸民族语言文化"等学术讨论会，并先后发表《论东西方寒温带地区诸民族语言的关系》

《论北极圈诸民族语言文化的类同现象》《北极圈诸民族或族群历史文化与语言的相关性》等一系列学术论文。比如在2008年国际人类学与民族学联合会召开的"第16届人类大会"以及在内蒙古呼伦贝尔市先后三次召开的"东北亚诸民族语言文化国际学术研讨会"上,朝克均以"东北亚学说"与"北极圈语言文化相关论"为主题进行大会专题发言,不断阐述以下几个问题:一是东北亚诸民族及北极圈诸民族语言文化关系,二是东北亚诸民族及北极圈诸民族传统语言文化的传承、多样性变异、文化冲突及融合的作用其结果,三是东北亚诸民族及北极圈诸民族传统经济及后现代工业经济的冲突与相互结合,四是东北亚诸民族及北极圈诸民族古老信仰与现代宗教思想的冲突与融合,五是东北亚诸民族及北极圈诸民族共同体的本质与大一统世界发展格局中的特殊定位,六是东北亚诸民族远古文明与现代文明社会的和谐共存,七是东北亚诸民族及北极圈诸民族传统生活理念与现代生活理念的冲突与内在关系,八是呼伦贝尔森林草原的保护及东北亚地区诸民族或族群的传统环保意识,九是从我国东北人口较少民族的变迁看东北亚诸民族及北极圈诸民族的历史性变迁。

以上所述,朝克用自己搜集整理并掌握的东北亚诸民族语言文化资料为基础,并以十分丰富、有说服力的语言文化学理论为依据,在国内外的学术交流、专题讲座、学术刊物上先后阐述了他的学术观点。他将我国东北满通古斯诸民族和蒙古诸民族语言文化同北美及北欧的爱斯基摩人、北美的印第安人、北欧的萨米人,以及俄罗斯远东和西伯利亚地区的通古斯诸民族语言文化进行比较研究,并以此为理论基础,大胆地提出"北极圈语言文化相关论"学说。他的研究在很大程度上推动了我国阿尔泰诸语研究事业,拓展了我国满通古斯诸民族语言文化学术境土,同时也把他的"北极圈语言文化相关论"之学说推向了国际学术舞台。毫无疑问,朝克为了提出这些创新型学说和理论,付出了十分艰辛的劳动和努力。他的这些付出和努力,同样得到了学术同仁的认可。

三、与上述两个学说密切相关的其他学术成就

朝克自1982年初到中国社科院从事民族语言工作以来,一直潜心研究我国北方民族语言,特别是在阿尔泰诸语及阿尔泰诸语的满通古斯语族语言研究方面做出了十分辉煌的成绩。在此基础上他提出的"东北亚学说",也就是"东北亚语言文化共有论"学说,很大程度上推动了东北亚诸民族语言文化研究事

业。这之后，他又提出"北极圈语言文化相关论"这一全新的学术论点，将我国阿尔泰诸民族语言研究，尤其是满通古斯语族语言研究推向了横跨欧亚的学术舞台。由此也带动了该研究领域的历史学、社会学、民族学、文化学等相关学科发展。朝克所取得的辉煌成就主要体现在以下几个方面[1]。

首先，体现在阿尔泰语学所涉及的语言内部，以及对其他相关语言进行的比较研究方面。这突出表现在他所发表的《20世纪阿尔泰诸语研究》《蒙语牧业文化特征》《关于中蒙边界语言文字使用情况分析》《新巴尔虎右旗语言文化教育现状分析》《东北三省及内蒙古东部地区民族语言》《蒙语和满通古斯诸语代词比较》《论蒙语和满语的语音关系》《论蒙语和满语的共同构词成分》《关于蒙古语和鄂温克语的元音对应规律》《论达斡尔语中的满通古斯语借词》《论达斡尔、鄂温克、鄂伦春族人名与语言文化关系》《论呼伦贝尔诸民族的"马"称谓》《阿尔泰诸语形态语音论》《阿尔泰诸民族语言文化共有特征》《阿尔泰诸语研究及办法论》《论阿尔泰诸语人称词缀共性》《蒙语和满语共有词的元音关系》等文章，以及他参与的国家社科基金重大项目《蒙古族源与蒙古帝陵综合研究》上。除此之外，他还在国内外研究生教育中开设《阿尔泰诸语研究方法》《阿尔泰语诸语的关系》《阿尔泰语学》《阿尔泰诸民族语言文化》等课程。在这里还应该提出的是，朝克在内蒙古自治区呼伦贝尔市先后组织了三次国际满通古斯语言文化学术研讨会，每次会议都有120—160名的国内外满通古斯语言文化学及阿尔泰学专家学者参加，一百多名专家学者发表论文。我们完全可以说，这三次的国际满通古斯语言义化学术研讨会，在很大程度上提升了满通古斯语言文化研究的学术价值和意义，提高了满通古斯学在国际学术中的地位，更为重要的是进一步明确了我国在此学术领域中的学术引领作用。

其次，体现在他对我国满通古斯语族语言进行全面系统研究，以及从语音学、词汇学、语法学、语音形态论、语法形态论视角进行比较研究等方面。这其中，包括《满通古斯诸语比较研究》（1997）、《满通古斯语族语言研究史论》（2014）、《满通古斯语族语言词源研究》（2014）、《满通古斯语族语言词汇比较》（2014）、《满通占斯语及其文化》（2000）、《中国满通古斯诸语基础语比较》（1997）等研著，也包括《中国民族语言文字研究史论》

---

[1] 由于朝克在此方面取得学术业绩有关方面有关专家都做过报道和全面评价、评论，所以在这里只是列出成果名称及其相关工作内容，不进行详细分析和述评。

《阿尔泰语言学导论》《北方民族语言变迁研究》《中国民族题图集》《中国语言地图集》等重大项目或研究课题中。另外，他还在国内外学术刊物上用汉、蒙、日、英、朝鲜文发表《论满通古斯诸语的历史研究》《通古斯诸语研究历史》《关于21世纪的中国满通古斯诸语研究》《关于国际通古斯学研究》《满通古斯语族语言》《论满通古斯诸语研究的理论意义》《关于满通古斯诸语的分类及其特征》《关于通古斯诸语语音结构特征》《关于满通古斯诸语的辅音结构》《论满通古斯诸语的语音变化规则》《论满通古斯诸语格形态及其功能》《论满通古斯诸语形容词级》《论通古斯诸语的bugada》《论通古斯诸语拟声拟态词》《论通古斯诸语及文化》等对我国满通古斯诸语进行分析性、专题性、理论性、概述性研究的论文。同时，他在国内外学术会议上发表了《中国满通古斯诸语研究》《关于21世纪中国满通古斯诸语研究》《中国满通古斯诸语使用情况分析》《早期通古斯语言文化特征》《满通古斯诸语语言文字研究之价值》《论满通古斯诸语构词系统的音变规则》《论通古斯诸语语法词缀音变规则》《通古斯诸语的后置词》《通古斯诸语的拟声拟态词》《中国通古斯文化及其社会价值》《关于满通古斯诸民族宗教》等学术论文。除此之外，他主持并参与的与此相关的国内外课题有《中国民族语言文字使用情况研究》《中国少数民族语言文化研究》《中国语言接触研究》《语言类型学研究》《我国各民族语言音档》《中国少数民族语言研究文献数据库系统》《中国民族语言文字研究纲要》《中国民族语言文字资料数据库》《中国北方民族古代字研究》《满通古斯诸语现状》《古代通古斯研究》《通古斯语言文化研究》《通古斯诸语句子结构类型》等，还在同美国、加拿大、芬兰、荷兰、日本、韩国等国家的国际合作项目中完成了有关满通古斯语族语言研究的撰稿工作。应该提到的是，朝克在国内外进行讲学时，给研究生开设过《满通古斯语学》《满通古斯语研究》《满通古斯语言与文化》等课程。他的研究成果还体现在他对于满通古斯语族的满语、锡伯语、鄂温克语、鄂伦春语、赫哲语及其方言土语展开专题性、理论性、创新型研究方面。这主要包括《现代满语口语及其资料分析》（2008）、《现代满语研究》（2008）、《现代锡伯语口语研究》（2008）、《察布查尔锡伯自治县锡伯族语言文字使用现状调研》（2008）、《鄂温克语形态语音论与名词形态论》（2003）、《鄂温克语参考语法》（2009）、《鄂温克语研究》（1995）、《敖鲁古雅鄂温克语研究》（2016）、《鄂温克语音及基本词》（1991）、《通古斯鄂温克语研究》（2016）、《楠木鄂伦春语研究》（2008）等用汉、日、英文撰写出版的独著或合著的研究专著。除此之外，他还在濒危语言文化抢救性等方面做了一些工作并取得成果：《鄂温克语教程》（2016）、《满语366句会话句》《锡伯语366句会话句》（2014）、《鄂温克语366句会话句》（2014）、《鄂伦春语366句会话句》（2014）、《索伦鄂温克语会话》（2016）、《通古斯鄂温克语会话》、《敖鲁古雅鄂温克语会话》（2016）、《赫哲语366句会话句》（2014）、《鄂温克语三方言基础语比较》（1995）、《基础鄂温克语》（2005）、《索伦语基本列文集》（1991）、《索伦鄂温克语词汇》（2016）、《鄂温克语民歌歌词》（2016）、《鄂温克语谚语》（2016）等。另外，在国内外学术期刊上，他用汉、蒙、日、英、朝鲜等文发表的学术论文有120余篇。这些从语音学、语音形态论、词汇学、构词学、词源学、实词学、虚词学、语法学、语法形态论、名词形态论、动词形态论、句法学、语言接触学、语言变异学、濒危语言学等理论视角，专题性研究女真文、满语、锡伯语、鄂温克语、鄂伦春语、赫哲语语音、词汇、语法方面的学术论文，充分展示了朝克在该学术领域具有的代表性、前瞻性、创新性和应有的学术话语权。这里还应该着重提出的是，朝克通过对这些语言的语音、词汇、语法各方面的理论探讨，在满通古斯语族语言，乃至阿尔泰诸语基础理论研究方面提出了如语音形态论、名词形态论、动词形态论、濒危语言研究论等全新的学术理论。这些学术理论，在阿尔泰语学界也被认为是很有价值的。

总而言之，我国著名阿尔泰学专家朝克先生的学术贡献和业绩，主要分为（1）"东北亚学说"的提出；（2）"北极圈语言文化相关论"的提出；（3）阿尔泰语学领域"语音形态论"、"名词形态论"、"动词形态论"的提出；（4）"濒危语言研究论"的提出。他在我国北方民族语言研究领域方面的突出成就表现在：（1）北方民族语言综合性研究和比较研究；（2）阿尔泰诸语比较研究；（3）满通古斯语族语基础研究、比较研究、描写研究、理论研究、形态论研究；（4）满语满文及满文资料研究；（5）女真文及其资料研究；（6）锡伯语口语研究；（7）鄂温克语、鄂伦春语、赫哲语及其方言土语研究等方面。

第二篇

中国民族语言文字研究成果的全面回溯与科学展望

——评介朝克的《中国民族语言文字研究史论》[1]

戴庆厦[2]

中国民族语言文字是中国各民族长期积累的文化瑰宝，是各民族智慧的结晶，怎样认识古往今来学者们对中国民族语言文字研究的成果，如何从中提取经验和借鉴，是中国民族语言文字研究的一项既有学术意义又有应用价值的大事。我自己在长期的教学研究活动中，常常盼望有这样的成果陪伴我工作，帮助我思考问题，厘清方向。今见到朝克、李云兵等著的《中国民族语言文字研究史论》，兴奋不已！

《中国民族语言文字研究史论》是2003—2008年朝克、李云兵主持的中国社会科学院重大B类项目"中国民族语言文字研究史（SEC00080）"的最终研究成果，由老一辈民族语言学者陈宗振、宣德伍、吴安其、斯钦朝克图及中青年民族语言学者朝克、李云兵、曹道巴特尔、黄成龙、周毛草、木仕华、王锋、陈国庆、普忠良、尹蔚彬、韦学纯、杨将领、千玉花等共同完成，是一项集体攻关的科研成果。全书共3卷4册，252万字，于2013年由中国社会科学出版社出版。

《第一卷·北方卷》研究中国北方民族语言文字研究的历史，包括蒙古语族语言文字研究史、突厥语族语言文字研究史、满通古斯语族语言文字研究史和朝鲜语言文字研究史。资料扎实，注意史论结合，在对中国北方民族语言

---

[1] 本文发表于《民族语文》2014年第2期。
[2] 戴庆厦，著名民族语言学家，中央民族大学教授。

文字研究的历史进行回顾的同时，对民族语言文字发展的理论作了较为深入的论述。

《第二卷·南方卷》（上、下）研究中国南方民族语言文字研究的历史，包括藏缅语族语言文字研究史、壮侗语族语言文字研究史、苗瑶语族语言文字研究史、仡央语群语言研究史、中国南亚语系语言文字研究史、中国南岛语系语言研究史以及南方民族诸多古文字研究史。资料扎实，史论结合，在对中国南方民族语言文字研究的历史进行回顾的同时，对民族语言文字发展的理论作了较为深入论述。

《第三卷·索引卷》按语系、语族、语支、语言的层级分列以往国内外学者研究中国民族语言文字成果的相关文献。大量的中外文献，有助于研究者查阅和拓展视野。

全书通过对古今中外学者研究中国少数民族语言文字成果的搜集、整理、分类、分析，大致理清了中国民族语言文字研究从无到有的发展历程和中国民族语言文字研究的现状，清晰地揭示了中国民族语言文字研究发展的历史与现实。作者通过资料分析和研究相结合的方法，分析了古今中外不同形式、不同内容、不同层面、不同理论视角的中国少数民族语言文字研究的成果，梳理了中国民族语言文字研究的思路、理论、方法，对中国民族语言文字研究的重大成就和不足进行了客观评价。该书对推进、拓展、创新中国少数民族语言文字研究的思路、理论、方法，以及推动中国民族语言文字研究的深入发展，都将起到积极的推动作用。

该书是集资料性和学术性、基础理论研究与应用研究为一体的成果，对中国民族语言文字研究的基础理论建设和学科发展建设都会有重要的学术价值。对青年学者、研究生掌握和认识中国民族语言文字研究的历史与现状，确定各自的研究方向等，会有一定的导向作用。

《中国民族语言文字研究史论》是继《中国民族语言学史》[1]和《中国少数民族语言研究60年》[2]两部研究成果之后的又一部材料更丰富、分析更细致的力作，无论是时间跨度，还是资料、内容、形式和理论与方法，都有较大突破。该书有史有论：史，可以回溯中国民族语言文字研究的过去，探讨过去研

1　王远新著：《中国民族语言学史》，中央民族学院出版社，1993年版。
2　戴庆厦主编：《中国少数民族语言研究60年》，中央民族大学出版社，2009年版。

究的成就与不足；论，可以展望未来，拓展中国民族语言文字研究的空间、理论、方法，建立中国民族语言文字研究体系。它是集大成之作，对国内外中国民族语言文字研究将会产生重要影响。

任何一种研究史的研究，都是可持续发展的学科科研工程，在条件和资料成熟的时候可进一步进行拓展。中国民族语言文字研究也是这样。再过几年、十几年、几十年后，随着中国民族语言文字研究成果的不断增加，理论方法的不断创新，中国民族语言文字史论的研究必将向前推进，对中国民族语言文字研究成果的认识会出现新的调整，甚至会出现新的认识。不管怎样，《中国民族语言文字研究史论》所汇集的资料和所提出的认识，必将为将来编纂和研究中国民族语言文字研究的历史奠定坚实的基础。

当代中国的少数民族使用着120多种语言和20多种文字，保存了十几种古文字文献。无论是国内学者，还是国外学者，对中国民族语言文字的研究，多把注意力集中到使用人口较多、研究历史较长、资料较为丰富或容易调查研究的语言文字上，对使用人口较少、地处边远、文献不够丰富的语言和较难解读的古文字关注不够或研究较少。这种状况导致中国民族语言文字的研究存在较大的不平衡性，这一缺陷在该书也明显地反映出来。另外，国内一些学者的研究成果和国外早期的一些研究成果，可能由于难以查到，存在遗漏，不能不说是本书的不足。

但总的看来，《中国民族语言文字研究史论》总结了过去，展望了未来。作者敢做这一难度大、工作量繁重的工作，是有勇气的。我国学术史的评论还很薄弱，有待大力加强。我们期望以后能有更多的论著问世，以促进中国民族语言文字研究的更大发展。

第三篇
论朝克的语音形态论与名词形态论及动词形态论学说[1]

照日格图[2]　江　桥[3]　崔宝莹[4]

中国社会科学院民族语言学专家朝克研究员充分利用1983年以来田野调查中搜集到的540多万字的满通古斯诸语语音资料及语法资料，科学运用语音形态学和语法形态学研究方法与理论，以语音形态变化及语法形态变化方面最具代表性的鄂温克语为例，全面系统地分析研究了复杂多变的语音变化系统和名词类词语法形态变化体系，并于2003年、2009年分别出版了《鄂温克语语音形态论及名词形态论》（日文版）及《鄂温克语参考语法》等有力度的权威性理论著作。从某种角度讲，在国内外阿尔泰语学研究领域，是朝克首次提出了语音形态论学说。在此基础上，他充分运用这一理论方法，重新建构了该学术领域可变性语音音素变化规律研究之理论体系，对科学求真地阐释阿尔泰语言复杂多变的语音交替现象、语音和谐式音变现象、不同层面和等次的音变实例等，提供了极其重要而珍贵的理论支持，大大推进了阿尔泰语言可变性音素的研究工作。同时，他以鄂温克语名词、代词、数词和形容词及动名词等名词类词语法形态变化里存在的诸多共性和内在规律为理论依据，明确提出了名词形态论的观点，并用具有极强说服力的实例，对细化为数形态学、领属形态学、格形态学、级形态学四种语法形态变化理论结构体系进行了科学阐述和论证。朝克据此建立的阿尔泰语言名词类词形态变化研究的理论方法，使得名词类词

---

[1] 发表于中国网创新视点，2016年8月22日。
[2] 照日格图，内蒙古大学语言研究院教授。
[3] 江桥，中国社会科学院民族学与人类学研究所研究员。
[4] 崔宝莹，中国社会科学院研究生院研究生。

的纷繁细密的语法形态变化研究手段和思路更加系统化、规范化、理论化和科学化。另外，他根据鄂温克语里一般动词、形动词、副动词、助动词等动词类词的语法形态变化里出现的诸多共性和内在规律，进一步深度提炼出动词形态论学说，搭建起了以态、体、陈述式、祈求式、命令式、假定式、形动词、副动词、助动词等动词类词的形态变化语法现象系统研究的理论框架。语音形态论、名词形态论及动词形态论是朝克研究员在阿尔泰语系语言内提出的极具前瞻性、科学性、理论性和系统性的学术论点。其独辟蹊径的研究方法，为语音形态变化及语法形态变化极其复杂的语言研究注入了新思路、新思想、新途径、新方法。朝克的研究极大地推动了满通古斯语言研究乃至阿尔泰语言研究事业的创新发展。以下就朝克研究员提出的语音形态论、名词形态论及动词形态论学术思想分别进行阐释。

一、语音形态论之说

朝克研究员通过对构词词缀音素的形态变化、语法词缀音素的形态变化，以及词干音素的形态变化等展开全范围系统化的科学分析，论述了鄂温克语语音形态变化现象的结构类型、使用规则、变化原理，从而建构了语音形态变化研究方法论的理论框架。在下面，笔者将以构词词缀音素及语法词缀音素的语音形态变化现象为例，论说语音形态论的研究方法与思路。

（一）构词词缀音素语音形态变化现象

朝克研究员的研究表明，鄂温克语中的大多数构词词缀有语音形态变化现象。有语音形态变化的构词词缀，在语音形态论中发挥着极其重要的作用，这主要归因于语音形态变化的可变性元音音素和辅音音素。其中，可变性元音音素发挥着决定性作用。而且，从语音形态论角度，将构词词缀内部以可变性元音音素为中心构成的语音形态变化现象，首先根据可变性元音音素的变化类型分类为六种，其次将音素间的组合类型分类为七种结构类型，同时把可变性元音音素与其他音素间的结构类型分类为九种。

1. 构词词缀的可变性元音音素的结构类型可分类为二类型、三类型、四类型、五类型、六类型、八类型六种。

（1）二类型→V_2

二类型是指，主要以二元一体可变性元音音素构成的，有语音形态变化结构特征的构词词缀。而且，元音音素用符号V表示，小写的x则表示元音音素的可变性功能和作用。也就是说，语音形态论研究中，可变性元音音素要用符号V_x来表现。与此相关，不变形元音音素则用V来表示，不需要加小写的x。那么，表示二类型结构特征的构词词缀时要使用符号V_2。很显然，在表示元音音素符号V的右下方使用的小"2"是指该可变性元音音素的二元一体音变特征及结构类型。不过，语音形态论研究结果表明，该语言里属于二类型语音形态变化现象的构词词缀有A、B两种结构类型。具体讲，A类结构的二元一体可变性元音音素是a与ē，B类结构的二元一体可变性元音音素为u与ū。也就是说，在语音形态论里，由二元一体可变性元音音素a与ē为中心构成的构词词缀要用V_{2A}表示，由二元一体可变性元音音素u与ū为主组成的构词词缀则用V_{2B}替代。根据朝克研究员语音形态论研究，属于V_{2A}或者V_{2B}二类型语音形态变化现象的构词词缀确实有不少。请看下表所示：

V_x	二元一体可变性元音音素	以二元一体可变性元音音素为中心构成的构词词缀之语音结构形式				语音形态论符号学中的转写法			
V_{2A}	a/ē	–ma –mē	–dar –dēr	–nga –ngē	–gga –ggē	MV_{2A}	$DV_{2A}R$	NGV_{2A}	GGV_{2A}
V_{2B}	u/ū	–ur –ūr	–su –sū	–wun –wūn	–kku –kkū	RV_{2B}	SV_{2B}	$WV_{2B}N$	KKV_{2B}

从以上表格不难看出，在语音形态论符号学缩写形式中，所有不变形辅音音素均被大写字母取而代之，这使它们的语音形态论缩写形式变得更加规范、统一、严谨、科学。而且，V_2可以和各不相同的不变性辅音音素组成内涵丰富的构词词缀系统。正因为如此，它们的组合形式表现出各自特点，并各自具有的差异性和不同点。若将不变性辅音音素用C来替代的话，那么依据语音形态论对于语音组合形式的分析方法，把由V_2为核心构成的构词词缀之语音组合形式归纳为CV_2、V_2C、CV_2C、CCV_2、CV_2CV_2、CCV_2C、CV_2CCV_2七种类型。

（2）三类型→V_3

三类型是指，由三元一体可变性元音音素为核心构成的，具有语音形态变化结构特征的构词词缀。从语音形态论角度，完全可以用符号V_3来表示三元一体可变性元音音素。在朝克研究员看来，即使在语音形态变化现象十分复杂的语言内，属于V_3结构类型的三类型构词词缀之出现率仍十分低。比如说，在鄂温克语里，也似乎只有-gan/-gēn/-gin一套实例。不难看出，它们是由三元一体可变性元音音素a/ē/i为核心构成。而且，他的语音形态论分析法建构的符号学，将三类型构词词缀的语音结构里出现的不变性辅音音素g与n，分别以大写字母G和N来取代。其结果，三类型结构类型的构词词缀-gan/-gēn/-gin，在语音形态论的符号体系内表现为GV_3N。很显然，由V_3为核心构成的构词词缀之语音组合形式归纳为CV_3C类型。

（3）四类型→V_4

四类型构词词缀是指，以四元一体可变性元音音素为主构成的，具有语音形态变化结构特征的实例。在语音形态论研究中，要用V_4表示四元一体可变性元音音素。朝克研究员的研究表明，在有语音形态变化现象的语言里，有四元一体可变性元音音素结构特征的四类型构词词缀的数量十分可观且分为A、B两套结构类型。其中，A类结构的四元一体可变性元音音素是短元音音素a/ē/o/ō。但B类结构的四元一体可变性元音音素为长元音音素aa/ēē/oo/ōō。那么，将四元一体可变性短元音音素用V_{4A}来表示，把四元一体可变性长元音音素则用V_{4B}替代。请看表格中由V_{4A}与V_{4B}为核心组成的构词词缀之例：

V_X	四元一体可变性元音音素	以四元一体可变性元音音素为中心构成的构词词缀之语音结构形式		语音形态论符号学中的转写法	
V_{4A}	a/ē/o/ō	–ra/–rē/–ro/–rō	–ta/–tē/–to/–tō	RV_{4A}	TV_{4A}
V_{4B}	aa/ēē/oo/ōō	–maasir/–mēēsir/–moosir/–mōōsir		$MV_{4B}SIR$	

在表格中，根据语音形态论符号学转写法，把由V_{4A}与V_{4B}为主构成的构词词缀内出现的不变形辅音音素或不变形元音音素，均用大写字母取而代之。另外，朝克研究员还把以V_4为核心构成的构词词缀之语音组合形式，分类为CV_4、CV_4C、CCV_4C、CV_4CV_4、CV_4CV_4C五种结构类型。

（4）五类型→V_5

毋庸置疑，五类型是指由五元一体可变性元音音素为核心构成的，有语音形态变化结构特征的构词词缀。用符号V_5来表示五元一体可变性元音音素。朝克研究员的分析表明，在语音形态变化现象极其丰富的语言里，由V_5为核心构成的构词词缀数量十分有限。他所掌握的资料中，只出现-lja/-ljē/-lji/

-ljo/-ljō之例。那么，它们显然是以五元一体可变性短元音音素a/ē/i/o/ō为核心构成。在语音形态论符号转学法上的缩写形式应该是LJV_5。其中，L与J是不变性辅音音素l和j的大写字母，V_5是五元一体可变性短元音音素a/ē/i/o/ō的语音形态变化结构类型。再说，以V_5为主构成的构词词缀之语音组合形式也只有CV_5C。

（5）六类型→V_6

六类型是指，由六元一体可变性元音音素为主构成的，有语音形态变化结构特征的实例。在语音形态论上标记为V_6。而且，V_6同样有A与B两种结构类型。朝克研究员把V_6的A类结构类型用符号V_{6A}来表示，将V_6的B类结构类型则以符号V_{6B}来表达。他的研究表明，V_{6A}是指六元一体可变性短元音音素a/ē/o/ō/u/ū，V_{6B}则指六元一体可变性长元音音素aa/ēē/oo/ōō/uu/ūū。也就是说，从语音形态论角度分析，鄂温克语里有以V_{6A}或V_{6B}为主构成的六类型结构特征的构词词缀。请看下表中的实例：

V_X	六元一体可变性元音音素	以六元一体可变性元音音素为中心构词的构词词缀的语音结构形式	语音形态论符号学中的转写法
V_{6A}	a/ē/o/ō/u/ū	-da/-dē/-do/-dō/-du/-dū	DV_{6A}
V_{6B}	aa/ēē/oo/ōō/uu/ūū	-maan/-mēēn/-moon/-mōōn/-muun/-mūūn	$MV_{6B}N$

在该表格里，将构词词缀里出现的不变形辅音音素d/m/n，同样均由大写字母D、M、N取而代之。另外，以V_6为核心构成的构词词缀之语音组成形式被归类为CV_6、CV_6C、CCV_6三种结构类型。

（6）类型→V_8

朝克研究员的语音形态论研究表明，语音形态变化极其复杂的语言里，还有八类型结构特征的实例。也就是说，它的语音形态变化现象由八个可变性元音音素为主构成。根据语音形态论符号学上的转写形式，完全可以用V_8来替代八类型可变性短元音音素a/ē/i/e/o/ō/u/ū。其实，在鄂温克语的语音形态变化现象里，以V_8为中心组成的八类型构词词缀确实有一些。不过，它们基本上都属于短元音音素。比如说，就有-nga/-ngē/-ngi/-nge/-ngo/-ngō/-ngu/-ngū。在语音形态论的符号学里，把它们可以用NGV_8来表现出来。这其中，如果以N表示不变性辅音音素n，由G替代不变性辅音音素g等的话，那么八类型结构特征的构词词缀NGV$_{4A}$表示的自然是以八元一体可变性短元音音素构成的，一组具有相当复杂的语音形态变化现象的构词词缀系统。再说，以V$_8$为核心的构词词缀只有CCV$_8$一种语音组合形式。

2.语音形态变化构词词缀的音素组合内容有如下七种类型。

朝克研究员的语音形态论研究表明，有语音形态变化现象的语言里，构词词缀的可变性元音音素同其他音素间的组合内容各有不同。以鄂温克语构词词缀为例，主要几种类型的音素组合内容：

（1）V$_X$+C→单个可变性元音音素和单个不变性辅音音素的组合内容；

（2）V$_X$+CC→单个可变性元音音素和两个不变性辅音音素的组合内容；

（3）V$_X$+CCC→单个可变性元音音素和三个不变性辅音音素的组合内容；

（4）V$_X$V$_X$+CC→两个可变性元音音素和单个不变性元音音素及两个不变性辅音音素的组合内容；

（5）V$_X$+V+CC→单个可变性元音音素和单个不变性元音音素及两个不变性辅音音素的组合内容；

（6）V$_X$V$_X$+CCC→两个可变性元音音素和单个不变性元音音素及三个不变性辅音音素的组合内容；

（7）V$_X$+V+CCC→单个可变性元音音素和单个不变性元音音素及三个不变性辅音音素的组合内容；

以下是朝克研究员，对不同构词词缀中出现的不同音素的不同组合内容，以及结构形式所做的进一步分析。

（1）V$_X$+C→单个可变性元音音素和单个不变性辅音音素的组合内容，基本上有A、B两种结构类型的组合形式，即CV$_X$和V$_X$C。其中，A种结构类型的CV$_X$是指，单个不变性辅音音素出现于单个可变性元音音素之前的组合形式。比如说，有SV$_{2B}$（-su/-sū）、LV$_{2A}$（-la/-lē）等。B种结构类型的V$_X$C是指，单个可变性元音音素位于单个不变性辅音音素之前的组合形式。比如说，有V$_{2B}$R（-ur/-ūr）、V$_{2B}$N（-un/-ūn）等。

（2）V$_X$+CC→单个可变性元音音素和两个不变性辅音音素的组合内容，同样要涉及A、B两种结构类型的组合形式，即CV$_X$C和CCV$_X$。其中，A种结构类型的CV$_X$C表现出的是，单个可变性元音音素位于两个不变性辅音音素中间之组合形式。比如说，有$SV_{2B}N$（-sun/-sūn）、$LV_{4A}N$（-lan/-lēn/-lon/-lōn）等。B种结构类型的CCVX是指，单个可变性元音音素位于两个不变性辅音音素后面的组合形式。比如说，KKV_{2B}（-kku/-kkū）、GGV_{8B}（-gga/-ggē-/ggi/-gge-/ggo/-ggō/-ggu/-ggū）等。

（3）$V_X+CCC\rightarrow$单个可变性元音音素和三个不变性辅音音素的组合内容，只有CCV_XC一种结构类型的组合形式。而且，单个可变性元音音素，要位于两个不变性辅音音素之后，及其单个不变性单辅音音素之前。比如说，$TTV_{2B}N$（-ttun/-ttūn）、$KKV_{4A}N$（-kkan/-kkēn/-kkon/-kkōn）、$MKV_{2B}R$（-mkur/-mkūr）等。

（4）$VXV_X+CC\rightarrow$两个可变性元音音素与两个不变形辅音音素的组合内容，也只有一种结构类型的组合形式。那么，它的组合形式应该是，两个单个可变性元音音素同时出现于两个单个不变性辅音音素之前，也就是属于$C+V_X+C+V_X=CV_XCV_X$的组合形式。比如说，$SV_{4A}LV_{4A}$（-sala/-sēlē/-solo/-sōlō）等。

（5）$V_X+V+CC\rightarrow$可以看出，它是由单个可变性元音音素与单个不变性元音音素及两个不变性辅音音素的组合内容。它的组合形式只有一个，而且其组合形式是属于CV_XCV结构类型，即单个可变性元音音素与单个不变性元音音素之前各自出现两个不变形辅音音素。也就是属于$C+V_X+C+V=CV_XCV$的组合形式。比如说，DV_2aRI（-dari/-dēri）、$SV_{2B}HE$（-suhe/-sūhe）等。

（6）$V_XV_X+CCC\rightarrow$两个可变性元音音素与三个不变性辅音音素的组合内容。在有形态变化现象的构词词缀里，它表现为三种不同类型的组合形式。其中，（1）两个可变性元音音素均出现于单个不变性辅音音素之间的组合形式，即$C+V_X+C+V_X+C=CV_XCV_XC$。比如说，$DV_{2B}GV_{2A}R$（-dugar/-dūgar）等。（2）单个不变性辅音音素加单个可变性元音音素再加两个不变性辅音音素及单个可变性元音音素的组合形式，即$C+V_X+C+C+V_X=CV_XCCV_X$。比如说，HV_2AGTV_2A（-hagta/-hēgtē）等。（3）两个不变性辅音音素后连续出现单个可变性元音音素及单个不变性辅音音素，即$C+C+V_X+C+V_X=CCV_XCV_X$。比如说，$TTV_{2B}LV_{2A}$（-ttula/-ttūlē）等。

（7）$V_X+V+CCC\rightarrow$单个可变性元音音素与单个不变性元音音素及三个不变性辅音音素的组合内容，它有两种不同结构类型的组合形式。具体讲，（1）单个可变性元音音素及不变性元音音素各自处于单个不变性辅音音素之中的组合形式，即 $C+V_X+C+V+C=CV_XCVC$。比如说，$HV_{4B}CIR$（-haacir/-hēēcir/-hoocir/-hōōcir）。

（2）单个不变性辅音音素加单个可变性元音音素再加两个不变性辅音音素和单个不变性元音音素的组合形式，即 $C+C+V_X+C+V=CCV_XCV$。比如说，MV_2DDDI（-muuddi/-mūūddi）等。

（二）语法词缀音素语音形态变化现象

朝克研究员提出，从语音形态论角度去分析其复杂多变的语音形态变化现象，同样十分完美地体现在语法词缀系统之中。而且，其中可变性元音音素发挥着决定性作用。他还从语音形态变化现象的结构类型，以及不同组合内容及其组合形式入手，科学论述了语法词缀的语音形态变化现象。

1. 语法词缀的可变性元音音素的结构类型可分类为二类型、四类型、六类型三种。

（1）二类型→V_2

二类型是指，以二元一体可变性元音音素为主构成的，有语音形态变化结构特征的语法词缀。朝克研究员的分析表明，该语言的语法词缀系统内出现的二元一体可变性元音音素应该涉及四种结构类型。其中，就包括 V_{2A}（可变性短元音音素a/ē）、V_{2B}（可变性短元音音素u/ū）、V_{2C}（可变性短元音音素o/ō）、V_{2D}（可变性长元音音素uu/ūū）等。那么，由V_{2A}为核心构成的语法词缀之音素组合形式有CVx、CVxC、CVXCVX、CVxCVC、VXC、CCVX、CCVxC、CVxCCVxC八种，而且涉及到格、人称、态、体、式等诸多语法范畴；由V_{2B}为主构成的语法词缀之音素组合形式有CVxC、CVxCVx、CVxCVxC三种，涉及复数、人称、体等语法范畴形态特征；由V_{2C}为中心构成的语法词缀之音素组合形式只有CCVxCVC一种，并涉及副动词形态变化语法范畴；由V_{2D}为核心构成的语法词缀之音素组合形式也只有CV_XC、CV_XCCV两种，主要关系到体、数及副动词等语法范畴。例如：

V_{2A}→$JISV_{2A}$（-jisa/-jisē）→CCV_XC→动词类词进行体语音形态变化语法词缀；

V_{2B}→$SV_{2B}N$（-sun/-sūn）→CV_XC→名词类词复数第二人称语音形态变化语法词缀；

V_{2C}→$QQV_{2C}HIN$（-qqohin/-qqōhin）→CCV_XCVC→动词类词副动词语音形

态变化语法词缀；

V_{2D}→$MV_{2D}DDI$（-muuddi/-mūūddi）→CV_XCCV→动词类词意念副动词语音形态变化语法词缀。

（2）四类型→V_4

四类型是指，以四元一体可变性元音音素为主构成的，有语音形态变化结构特征的语法词缀。朝克研究员的分析表明，四类型结构的语法词缀主要以可变性短元音音素a、ē、o、ō为核心构成。不过，它们的音素组合形式却有CV_X、CV_XC、CV_XCV_X、CV_XCV_XC、CCV_X、CCV_XC、CCV_XCV_X、$CV_XCCV_XCV_X$八种。而且，涵盖数、格、级、态、式、时、体、副动词以及形动词等诸多语法范畴。例如：

$NV_{4A}R$（-nar/-nēr/-nor/-nōr）→CV_XC→名词类词复数语音形态变化语法词缀；

NV_{4A}（-na/-nē/-no/-nō）→CV_X→动词类词体语音形态变化语法词缀。

（3）六类型→V_6

六类型是指，以六元一体可变性元音音素为主构成的，有语音形态变化结构特征的语法词缀。这里所指的六类型语音形态变化结构类型的语法词缀，一般都以可变性短元音音素a/ē/o/ō/u/ū及长元音音素aa/ēē/oo/ōō/uu/ūū为核心构成。语音形态论上分别用V_{6A}与V_{6B}来表示。而且，它们主要由V_X、CV_X、CV_XC三种类型的音素组合形式。另外，它基本上用于数、格等名词类词的语法范畴。例如：

$SV_{6A}L$：-sal/-sēl/-sol/-sōl/-sul/-sū→CV_XC→名词类词复数语音形态变化语法词缀；

BV_{6A}：-ba/-bē/-bo/-bō/-bu/-bū→CV_X→动词类词体语音形态变化语法词缀；

$MV_{6B}N$：-man/-mēn/-mon/-mōn/-mun/-mūn→CV_XC→动词类词副动词语音形态变化语法词缀。

2.语音形态变化语法词缀的音素组合内容有如下十二种类型。

（1）由单个可变性元音音素构成的语法词缀→V_X

（2）由单个可变性元音音素和单个不变性辅音音素构成的语法词缀→CV_X

（3）由单个可变性元音音素和两个不变性辅音音素构成的语法词缀→CV_XC、CCV_X

（4）由单个可变性元音音素和三个不变性辅音音素构成的语法词缀→CCV_xC

（5）由两个可变性元音音素和两个不变性辅音音素构成的语法词缀→CV_xCV_x

（6）由单个可变性元音音素和单个不变性元音音素及两个不变性辅音音素构成的语法词缀→CV_xCV

（7）由两个可变性元音音素和三个不变性辅音音素构成的语法词缀→CV_xCV_xC、CV_xCCV_x

（8）由单个可变性元音音素和单个不变性元音音素及三个不变性辅音音素构成的语法词缀→CV_xCVC、$CVCV_xC$、CCV_xCV

（9）由两个可变性元音音素和四个不变性辅音音素构成的语法词缀→CV_xCCV_xC、CCV_xCV_xC

（10）由单个可变性元音音素和单个不变性元音音素及四个不变性辅音音素构成的语法词缀→$CVCCV_xC$、CCV_xCVC、$CCVCV_xC$

（11）由三个可变性元音音素和四个不变性辅音音素构成的语法词缀→$CV_xCV_xCV_xC$、$CV_xCCV_xCV_x$

（12）由两个可变性元音音素和单个不变性元音音素及四个不变性辅音音素构成的语法词缀→CV_xCCV_xCV

二、名词形态论之说

朝克研究员提出的名词形态论是指，从语法形态论角度对名词类词错综复杂的形态变化现象展开学术研究的方法。名词类词的范畴里包括名词、代词、数词、形容词等。名词形态论就是对于名词类词的复数形态变化现象、格形态变化现象、人称形态变化现象、级形态变化现象的语法关系、语法功能、语法作用及其使用规则和原理展开学术研究的理论方法。朝克研究员充分利用名词形态论，全面系统分析论述了鄂温克语名词类词的形态变化语法体系，进而在名词形态论框架内进一步提出了复数形态论、格形态论、人称领属形态论、级形态论的学术观点与理论。下面分别阐述他的名词形态论研究方法与理论。

（一）名词类词复数形态论之说

顾名思义，复数形态论就是对于名词类词的复数形态变化语法现象进行学术研究的理论方法。也就是说，在形态变化语法现象极其丰富的语言里，名词类词的复数概念要用约定俗成的形态变化语法词缀来表示。而且，由不同音素构成的各具特色的复数形态变化语法词缀，要根据使用条件、使用要求、使用规则，用于不同语言环境，进而表示含有微妙差异的复数语法概念。根据朝克研究员的复数形态论分析，它们被分类为以下四种类型。

1. $SV_{6A}L$ 类型，显而易见，$SV_{6A}L$ 类型的复数形态变化语法词缀是属于-sal/-sēl/-sol/-sōl/-sul/-sūl的语法形态论意义的表记形式，该类型在鄂温克语里使用率最高，而且为最常见的复数形态变化现象。它们由六元一体可变性短元音为核心构成，是具有元音和谐现象语音形态变化结构特征的产物。所以，主要用于陈述一般意义上的复数语法概念，并要严格遵循元音和谐基本原理。如下表：

语音形态论符号学中的转写法	具体表现形式					
$SV_{6A}L$	–sal	–sēl	–sol	–sōl	–sul	–sūl
使用条件（用于表格中出现的单元音或长元音音素为核心的名词类词词根或词干后面）	a/aa	ē/ēē	o/oo	ō/ōō	u/uu	ū/ūū

2. CEN类型，该类型复数形态变化语法词缀（cen）主要用于人名或亲属称谓等名词词根或词干后面，表示人或亲属称谓所含的复数概念。

3. NV_5L 类型，属于这一语音类型的复数形态变化语法词缀内部还要进一步分类出两种不同结构形式。一种是由四元一体可变性短元音音素为核心构成的复数形态变化语法词缀-nal/-nēl/-nol/-nōl，另一种是由中性元音e为核心构成复数形态语法词缀-nel。不难看出，第一种结构形式的复数形态变化语法词缀有元音和谐现象，并以四元一体可变性短元音音素a/ē/o/ō为核心构成。除在使用方面有严格规定和要求之外，基本上用于亲属称谓类名词词根或词干后面，表示说话人的一种亲切、亲密、亲近感。

语音形态论符号学中的转写法	具体表现形式				
NV₅L	–nal/-nēl/–nol/-nōl	–nal	–nēl	–nol	–nōl
	–nel				–nel
使用条件（用于表格中出现的单元音或长元音音素为核心的名词类词词根或词干后面）		a/aa	ē/ēē	o/oo/u/uu	ō/ōō/ū/ūū	无条件使用

4. C_{4C} 类型，从复数形态论角度来讲，该类复数形态变化语法词缀结构是一个极其复杂的系统，它的复杂性完全表现在其使用规则的约定俗成上。朝克研究员复数形态论研究表明：

语音形态论符号学中的转写法	音素结构形式			
C_{4C}	–l/–r/–t/–s			
	–l	–r	–t	–s
使用条件及其区别关系	表示与人有关的名词词根或词干后面，表示他们的复数概念	用于自然界坚硬物或石类物的名词词根或词干后面，表示它们的复数概念	用于名词类词词根或词干后面，表示含有不满、厌恶、反感、瞧不起等的复数概念	用于名词类词词根或词干后面，表示一般意义上的复数概念

（二）名词类词格形态论之说

格形态论是对于名词类词格形态变化语法现象进行理论分析的方法。众所周知，格形态变化现象是名词类词共有的产物，也是名词类词代表性的语法形态变化现象之一，它在结构特征、语法概念、使用关系等方面均表现出极强的复杂性和多变性。其中，除主格形态变化现象是属于零形式之外，其他格形态变化现象均用特定语法词缀来表示。朝克研究员从名词形态论及格形态论角度，对鄂温克语名词类词格形态变化语法现象的音素结构特征、语法意义及功能的分类和分析研究如下：

序号	分类	语音形态论符号学转写形式	结构性能	音素结构形式	形态变化结构类型	形态变化语法现象的意义及功能
1	主格	O（零形式）	不变性	O（零形式）	O（零形式）	表示动作行为的主体或叙述对象
2	领格	NI		–ni	单一性质	表示人或事物间的领属关系
3	确定宾格	$C_{2C}V_{6A}$	可变性	–ba/–bē/–bō –bo/–bu/–bū –wa/–wē/–wo/ –wō/–wu/–wū	六元一体可变性短元音音素–a/–ē/–o/–ō/–u/–ū及二元一体可辅音音素b/w形态变化结构类型	表示动作行为的支配对象或相关人或事物
4	不确定宾语	$C_{2G}V_{6A}$	可变性	–ja/–jē/–jō/–jo/–ju/–jū –a/–ē/–o/–ō/–u/–ū	六元一体可变性短元音音素–a/–ē/–o/–ō/–u/–ū及二元一体可变性辅音音素j/O形态变化结构类型	表示动作行为非确定性支配对象
5	与格	DV_{2B}		–du/–dū	二元一体可变性短元音音素–u/–ū形态变化结构类型	表示动作行为的受事者或对象或目的
6	位格	LV_{4A} $DV_{4A}LV_{4A}$		–la/–lē/–lo/–lō –dala/–dēlē/–dolo/–dōlō	四元一体可变性短元音音素–a/–ē/–o/–ō形态变化结构类型	表示动作行为发生地点场所及人或某物所处位置
7	不定位格	LI $DV_{2B}LI$		–li –duli/–dūli	二元一体可变性元音音素–u/–ū形态变化结构类型	表示某人或某事物所处的不太准确的位置或场所
8	工具格	JI	不变性	–ji	单一性质	表示人或事物的利用或使用关系
9	从格	DIHI		–dihi		表示动作行为的起始点及场所与时间
10	共同格	TE		–te		表示两个或两个以上人或事物共同进行的动作行为
11	方面格	GIIJI		–giiji		表示动作行为发起的方面
12	方向格	$THV_{4A}HI$		–thahi/–thēhi/ –thohi/–thōhi	四元一体可变性短元音音素–a/–ē/–o/–ō形态变化结构类型	表示动作行为进行的方向或趋向
13	比格	THI		–thi	单一性质	表示人或事物间产生的比喻关系
14	限定格	$C_{2A}V_{4A}N$	可变性	–han/–hēn/ –hon/–hōn –kan/–kēn/ –kon/–kōn	四元一体可变性短元音音素–a/–ē/–o/–ō形态变化结构类型	表示动作行为的限定关系
15	有格	CI	不变性	–ci	单一性质	表示人或事物的存在
16	所有格	TEEN		–teen		表示动作行为的所属关系

(三)名词类词人称形态论之说

朝克研究员提出,人称形态论是对于名词类词人称形态变化现象展开学术研究的理论方法。从某种角度讲,名词类词里出现的人称形态变化现象是并不十分复杂且较规范的形态变化语法词缀系统。通过分析,他明确提出,在像鄂温克语这样名词类词形态变化现象相当复杂的语言里,根据人称领属形态变化现象所表达的不同人称语法概念,首先分类出人称领属形态变化语法结构类型和反身领属形态变化语法结构类型。其次,依据其中包含的数形态变化的不同,在人称领属形态变化现象和反身领属形态变化现象内部还要各自分类出单数形态变化结构类型和复数形态变化结构类型。最后,按照人称领属形态变化语法词缀表现出的不同人称概念,还要在单数和复数范畴内各自进一步分类出第一人称、第二人称、第三人称两套六种形态变化结构类型。

1. 人称领属形态变化语法词缀的音素结构特征、语法意义及功能的分析研究和分类情况如下:

序号	分类		语音形态论符号学转写形式	结构性能	音素结构形式	形态变化结构类型	形态变化语法现象的意义及功能
	数	人称					
1	单数形态变化现象	第一人称	C2Cl	可变性	–bi/–wi	二元一体可变性辅音音素b/w形态变化结构类型	表示单数第一人称的领属关系
2		第二人称	Cl	不变性	–ci	单一性质	表示单数第二人称的领属关系
3		第三人称	NIN		–nin		表示单数第三人称或物的领属关系
4	复数形态变化现象	第一人称	MV$_{2B}$N	可变性	–mun/–mūn	二元一体可变性短元音音素–u/–ū形态变化结构类型	表示复数第一人称的领属关系
5		第二人称	SV$_{2B}$N		–sun/–sūn		表示复数第二人称的领属关系
6		第三人称	NIN	不变性	–nin	单一性质	表示复数第三人称或物的领属关系

2. 反身领属形态变化现象表示人或事物属于主体者自己。同样有特定形态变化语法词缀,不过从形态变化语法词缀表现出的实际作用来看,不具备区分人称语法概念的分类功能,只是具备数形态变化语法概念的分类条件。

序号	分类	语音形态论符号学转写形式	结构性能	音素结构形式	形态变化结构类型	形态变化语法现象的意义及功能
1	单数形态变化现象	WINI	不变性	–wini	单一性质	表示单数反身领属关系
2	复数形态变化现象	NIWV₄L	可变性	–niwal/–niwēl/ –niwol/–niwōl	四元一体可变性短元音音素–a/–ē/–o/–ō 形态变化结构类型	表示复数反身领属关系

（四）名词类词级形态论之说

朝克研究员的名词形态论及级形态论研究表明，在名词类词的研究范畴里，级形态论所涉及的形态变化现象极其复杂而丰富。而且，除了个别级形态变化现用副词表示之外，均有约定俗成的形态变化语法词缀。甚至，特定层级一些级形态变化现象，要用好几套语法词缀来表达。另外，这些用非常丰富的可变性元音音素和辅音音素为核心构成的级形态变化语法词缀内部，还存在十分微妙的具有区别意义的功能和作用。由此，朝克认为，名词类词级形态变化现象研究是一项极其细致而复杂的科研工作。他的鄂温克语级形态论分析研究结果如表所示：

序号	分类	语音形态论符号学转写形式	结构性能	音素结构形式	形态变化结构类型	形态变化语法现象的意义及功能
1	一般级	O（零形式）		O（零形式）	O（零形式）	表示一般意义上的性质功能及形状特征
2	次低级	SV₄ALV₄A HV₄ALV₄A KV₄ALV₄A KV₄AJV₄A	可变性	–sala/–sēlē/–solo/–sōlō –hala/–hēlē/–holo/–hōlō –kala/–kēlē/–kolo/–kōlō –kaja/–kējē/–kojo/–kōjō	四元一体可变性短元音音素 a/–ē/–o/–ō 及三元一体可辅音音素 s/h/k 形态变化结构类型	表示比一般级略低一级的事物性质功能及形状特征
3	低级	C2CV₄A		–han/–hēn/–hon/–hōn –kan/–kēn/–kon/–kōn	四元一体可变性短元音音素–a/–ē/–o/–ō 及二元一体可辅音音素 h/k 形态变化结构类型	表示比次低级略低一级的事物性质功能及形状特征

续表

序号	分类	语音形态论符号学转写形式	结构性能	音素结构形式	形态变化结构类型	形态变化语法现象的意义及功能
4	最低级	$SV_{4A}LV_{4A}HV_{4A}N$	可变性	–salahan/–sēlēhēn/ –solohon/–sōlōhōn	四元一体可变性短元音音素-a/-ē/-o/-ō及三元一体可辅音音素s/h/k或h/k形态变化结构类型	常用式
		$H_{2A}V_{4A}LV_{4A}HV_{4A}N$ $K_{2A}V_{4A}LV_{4A}HV_{4A}N$		–halahan/–hēlēhēn/ –holohon/–hōlōhōn –kalahan/–kēlēhēn/ –kolohon/–kōlōhōn		谦虚式
		$H_{2A}V_{4A}YV_{4A}HV_{4A}N$ $K_{2A}V_{4A}YV_{4A}HV_{4A}N$		–hayahan/–hēyēhēn/ –hoyohon/–hōyōhōn –kayahan/–kēyēhēn/ –koyohon/–kōyōhōn		疏远式
		$H_{2A}V_{4A}NSV_{4A}LV_{4A}$ $K_{2A}V_{4A}NSV_{4A}LV_{4A}$		–hansala/–hēnsēlē/ –honsolo/–hōnsōlō –kansala/–kēnsēlē/ –konsolo/–kōnsōlō		祈求式
		$H_{2A}V_{4A}NKV_{4A}N$ $K_{2A}V_{4A}NKV_{4A}N$		–hankan/–hēnkēn/ –honkon/–hōnkōn –kankan/–kēnkēn/ –konkon/–kōnkōn		命令式
		$H_{2A}V_{4A}HV_{4A}N$ $K_{2A}V_{4A}HV_{4A}N$		–hakan/–hēkēn/ –hokon/–hōkōn –kakan/–kēkēn/ –kokon/–kōkōn		愿望式
5	次高级	$C_2CC_2CV_{4A}N$		–ggan/–ggēn/ –ggon/–ggōn –kkan/–kkēn/ –kkon/–kkōn	四元一体可变性短元音音素-a/-ē/-o/-ō及二元一体可变性辅音音素g/k形态变化结构类型	表示比一般级略高一级的事物性质功能及形状特征
6	高级	VM+CVCVC VB+CVCVC VM+CVCVC	不变性	abattaddi ēwē rū tamtanga	重复词首音节式。词首音节由元音音素结尾，重复的词首音节末接缀双唇音；若由双唇音外辅音音素结尾，重复的词首音节末辅音音素换为双唇音	表示比次高级略高一级的事物性质功能及形状特征
7	最高级	MIIN MIINTI		miin miinti	名词类词前用程度副词的结构类型	表示比高级略高一级的事物性质功能及形状特征

以上表格充分显示，从名词形态论与级形态论角度，鄂温克语名词类词级形态变化现象分类为一般级、次低级、低级、最低级、次高级、高级、最高级七个结构类型。其中，（1）一般级是属于级形态变化语法现象的原级，也叫基本级。该类型要用名词类词的基本结构形式构成，不接缀任何形态变化语法词缀，前面也不使用副词或不产生词首音节重复式变化等。（2）次低级、低级、最低级、次高级均由约定俗成的四元一体可变性短元音音素-a/-ē/-o/-ō及二元一体可变性辅音音素h/k或三元一体可变性辅音音素s/h/k为核心构成。特别是在最低级系统里出现的11组44个形态变化语法词缀。而且任何一个可变性语音音素或辅音音素的美妙变化，都意味着语义深层次的变革。我们认为，这就是形态变化语法现象内音素频繁变异的原因所在。（3）级形态论中出现的高级形态变化现象又是一种很特殊的形态变化形式和内容。它的特殊性表现在名词类词词首音节的重复使用原理，以及词首音节末出现的语音形态变化规则方面。也就是说，重复式结构类型的词首音节末，必须使用双唇辅音音素。（4）最高级的形态变化语法现象，也是独树一帜的结构类型。它是以一般级名词类词前用约定俗成的程度副词的特定结构类型来表达。（5）由四元一体可变性短元音音素-a/-ē/-o/-ō为核心构成的级形态变化语法词缀，严格遵循四元一体元音和谐原理分别接缀于名词类词词根或词干后面。（6）在由二元一体可变性辅音音素h/k或三元一体可变性辅音音素s/h/k为核心构成的级形态变化语法词缀中，s-为核心的实例用于不同名词类词词干或词干后面，h-为主的实例用于由送气辅音音素或鼻辅音音素之外的辅音音素及元音音素结尾的名词类词词干或词干后面，不同名词类词词干或词干后面，以k-为中心的实例用于由送气辅音音素或鼻辅音音素结尾的名词类词词干或词干后面。（7）由二元一体可变性双辅音音素gg/kk为核心构成的级形态变化语法词缀里，gg-为主的实例用于送气辅音音素或鼻辅音音素之外的辅音音素及元音音素结尾的名词类词词干或词干后面，kk-为中心的实例用于由送气辅音音素或鼻辅音音素结尾的名词类词词干或词干后面。

三、动词形态论之说

朝克研究员指出，在有形态变化语法现象的语言里，动词类词的形态变化语法现象显示出旺盛的生命力，进而发挥着不可忽视的重要作用。这里提到的动词形态论，主要涉及一般意义上动词，以及形动词、副动词、助动词等。而且，它们的语法概念基本上靠复杂多变的形态变化语法词缀来表示。毫无疑问，所有这些语法词缀，均由可变性元音音素及辅音音素为主构成也都有约定俗成的使用原理及规则。研究表明，动词类词的每一个形态变化语法词缀，一般只表示一种语法概念。而且动词词根或词干后面经常出现一连串的、包含有各自不同的语法概念的形态变化语法词缀。很有意思的是，动词类词词根或词干在没有接缀任何语法词缀的前提下，几乎都不能表达一个完整的意思，也不能使用于语句之中。

根据朝克研究员的动词形态论研究，动词类词形态变化语法词缀的音素间的结构形式，以及所表现出的语法概念都有鲜明的区别性特征。所以，他提出，对于动词类词词干或词干后面出现的任何一个形态变化语法现象，或者说在动词类词词根或词干后面接缀的任何一个音素都要认真分析研究，要对包括可变性音素或不变性音素一视同仁，绝不能够放走任何一个音素。这样才能够从名词形态论角度，全面系统地科学阐释动词类词错综复杂的形态变化语法现象。他对动词类词形态变化语法现象极其丰富的鄂温克语的分析表明，该语言的动词类词分有态、体、式、形动词、副动词、助动词等形态变化结构系统。

（一）动词类词态形态论之说

态形态论既是对动词类词的态形态变化语法现象进行学术研究的理论方法，也是对不同动作行为用不同形态变化语法词缀在不同句子的主体和客体间建立不同语法关系的科研手段。以鄂温克语动词类词态形态变化现象为例：

序号	分类	语音形态论符号学转写形式	结构性能	音素结构形式	形态变化结构类型	形态变化语法现象的意义及功能
1	主动态	O（零形式）	不变性	O（零形式）	O（零形式）	表示动作行为的主体
2	被动态	WV_{2A}	可变性	-wu/-wū	二元一体可变性短元音音素 -u/-ū 形态变化结构类型	表示被动性质的动作行为
3	使动态	$C_2CV_{4A}N$	可变性	-han/-hēn -hon/-hōn -kan/-kēn -kon/-kōn	四元一体可变性短元音音素 -a/-ē、-o/-ō 及二元一体可变性辅音音素 h-/k-形态变化结构类型	表示使动性质的动作行为

续表

序号	分类	语音形态论符号学转写形式	结构性能	音素结构形式	形态变化结构类型	形态变化语法现象的意义及功能
4	互动态	LDI	不变性	-ldi	单一性质	表示互动性质的动作行为
5	共动态	TTE		-tte		表示同时进行的动作行为

朝克研究员提出，从动词类词态形态论角度，该语言的态形态变化现象分为主动态、被动态、使动态、互动态、共动态五种结构类型。其中，主动态为零形态变化结构类型，被动态由二元一体可变性短元音音素-u/-ū为核心构成，使动态由四元一体可变性短元音音素-a/-ē/-o/-ō及二元一体辅音音素h-/k-为主构成，互动态与共动态由不变性形态变化语法词缀构成。换言之，动词类词态形态变化语法现象里，主动态以词根或词干形式表现，而被动态、使动态、互动态、共动态则用特定形态变化语法词缀来表现。

（二）动词类词体形态论之说

体形态论就是对动词类词的体形态变化现象展开学术研究的方法论。众所周知，有形态变化语法现象的语言里，动词类词有一套自成体系的表示动作行为之不同性质特征、不同频率、不同数量、不同表现形式和内容的形态变化语法词缀系统，进而成为动词类词形态变化语法现象的重要组成。朝克研究员依据体形态论分析法，及鄂温克语动词类词体形态变化语法现象在句中发挥的不同功能和作用，将它们分为十四种结构类型，请看下表的体形态论分析：

序号	分类	语音形态论符号学转写形式	结构性能	音素结构形式	形态变化结构类型	形态变化语法现象的意义及功能
1	完成体	QQI	不变形	-qqi	单一性质	表示已经完成或终结的某一动作行为
2	进行体	JISV$_{4A}$	可变性	-jisa/-jisē/-jiso/-jisō	四元一体可变性短元音音素-a/-ē/-o/-ō形态变化结构类型	表示某一时间段正在进行的动作行为

续表

序号	分类	语音形态论符号学转写形式	结构性能	音素结构形式	形态变化结构类型	形态变化语法现象的意义及功能
3	未进行体	DDI	不变性	-ddi	单一性质	表示还未进行的动作行为
4	执行体	NV₄A	可变性	-na/-nē/-no/-nō	四元一体可变性短元音音素-a/-ē/-o/-ō形态变化结构类型	表示为目的或想法而实施的动作行为
5	延续体	TV₄BL	可变性	-taal/-tē ēl/-tool/-tōōl	四元一体可变性长元音音素-aa/-ē ē/-oo/-ōō形态变化结构类型	表示正在延续的动作行为
6	多次体	MV₄AL	可变性	-mal/-mēl/-mol/-mōl	四元一体可变性短元音音素-a/-ē/-o/-ō形态变化结构类型	表示某一时间段里多次发生或出现的动作行为
7	一次体	QQIL	不变性	-qqil	单一性质	表示一次性发生的动作行为
8	反复体	GV₂DQ	可变性	-guuq/-gū ūq	二元一体可变性长元音音素-uu/-ū ū形态变化结构类型	表示反复进行的动作行为
9	固定体	TV₄AN	可变性	-tan/-tēn/-ton/-tōn	四元一体可变性短元音音素-a/-ē/-o/-ō形态变化结构类型	表示固定性质的动作行为
10	中断体	JIQQI	不变性	-jiqqi	单一性质	表示中断性质的动作行为
11	愿望体	KKI	不变性	-kki	单一性质	表示含愿望希望的动作行为
12	未完成体	JI	不变性	-ji	单一性质	表示还未完成的动作行为
13	假装体	HV₄ACI	可变性	-haci/-hēci/-hoci/-hōci	四元一体可变性短元音音素-a/-ē/-o/-ō形态变化结构类型	表示假装性质的动作行为
14	试动体	MHI	不变性	-mhi	单一性质	表现试动性质的动作行为

以上表格显示，该语言动词类词体形态变化语法现象内，完成体、未进行体、一次体、中断体、愿望体、未完成体、试动体均属于不变性结构类型的体形态变化语法现象，而进行体、执行体、延续体、多次体、反复体、固定体、假装体则属于可变性结构类型的体形态变化语法现象。其中，进行体、执行体、多次体、固定体、假装体是以四元一体可变性短元音音素-a/-ē/-o/-ō为核心构成，延续体和反复体分别以四元一体可变性长元音音素-aa/-ēē/-oo/-ōō及-uu/-ūū为核心构成。

（三）动词类词式形态论之说

在有动词类词形态变化现象的语言里，无一例外地展示着式形态变化现象的及其复杂性多元一体的变化性。也就是说，无论从动词形态论还是从式形态论角度来分析，在动词类词里式形态变化现象是最为复杂的形式和内容。朝克研究员又在此研究领域花费了许多心血，进而整理、归纳、分析出陈述式、祈求式、命令式、假定式、疑问式五大结构体系的式形态变化系统。在此基础上，还充分发挥式形态论研究方法与理论，进一步分类出表示不同时间、不同数、不同人称概念的形态变化语法词缀。以下以鄂温克语动词类词为例，充分利用动词形态论和式形态论研究方法，分析阐述该语言错综复杂而结构严谨的式形态变化语法现象，以及与此相关的时间、数、人称形态变化语法词缀。

1.陈述式形态变化现象

该语言的动词类式形态变化现象中，有陈述式形态变化结构形式和内容。而且，在整个式形态变化现象里属于最为复杂的结构系统。朝克研究员认为，依据式形态变化语法词缀承载的不同时间、不同数、不同人称概念，从式形态论研究视角，其内部首先分类出现在时、现在将来时、将来时、过去时、过去进行时等表示不同时概念的形态变化语法现象。其次，根据不同数形态变化概念，分类出单数形态变化现象和复数形态变化现象两种结构类型。最后，在单数形态变化语法现象和复数形态变化语法现象语法内部，各自进一步分类出第一人称、第二人称、第三人称形态变化语法词缀。

一是现在时形态变化语法现象及其式形态论意义的分析归纳表格：

序号	分类		语音形态论符号学转写形式	结构性能	音素结构形式	形态变化结构类型	形态变化语法现象的意义及功能
	数形态变化语法现象	人称形态变化语法现象					
1	单数	第一人称	JIME	不变性	–jime	单一性质	现在正在进行的动作行为
2		第二人称	JINDE		–jinde		
3		第三人称	JIRV$_{4A}$N	可变性	–jiran/–jirēn/ –jiron/–jirōn	四元一体可变性短元音音素–a/–ē/–o/–ō形态变化结构类型	
4	复数	第一人称	JIMV$_{2B}$N		–jimun/–jimūn	二元一体可变性短元音音素–u/–ū形态变化结构类型	
5		第二人称	JIQQV$_{2B}$N		–jiqqun/ –jiqqūn		
6		第三人称	JIRV$_{4A}$N		–jiran/–jirēn/ –jiron/–jirōn	四元一体可变性短元音音素–a/–ē/–o/–ō形态变化结构类型	

可以看出，在作为现在时形态变化语法现象的表现形式的词缀系统里，单数第一人称和第二人称属于不可变结构类型的产物，单数和复数第三人称的形态变化语法词缀是以四元一体可变性短元音音素-a/-ē/-o/-ō为核心构成，复数第一人称和第二人称形态变化语法词缀是以二元一体可变性短元音音素-u/-ū为中心构成。

二是现在将来时形态变化语法现象及其式形态论意义的分析归纳表格：

序号	分类		语音形态论符号学转写形式	结构性能	音素结构形式	形态变化结构类型	形态变化语法现象的意义及功能
	数形态变化语法现象	人称形态变化语法现象					
1	单数	第一人称	JIME	不变性	–me	单一性质	现在将来正在进行的动作行为
2		第二人称	NDE		–nde		
3		第三人称	RV$_{4A}$N DV$_{4A}$N NV$_{4A}$N	可变性	–ran/–rēn/–ron/–rōn –dan/–dēn/–don/–dōn –nan/–nēn/–non/–nōn	四元一体可变性短元音音素–a/–ē/–o/–ō形态变化结构类型	
4	复数	第一人称	MV$_{2B}$N		–mun/–mūn	二元一体可变性短元音音素–u/–ū形态变化结构类型	
5		第二人称	QQV$_{2B}$N		–qqun/–qqūn		
6		第三人称	RV$_{4A}$N DV$_{4A}$N NV$_{4A}$N		–ran/–rēn/–ron/–rōn –dan/–dēn/–don/–dōn –nan/–nēn/–non/–nōn	四元一体可变性短元音音素–a/–ē/–o/–ō形态变化结构类型	

不难看出，现在将来时的形态变化语法词缀，在可变性与不变性短元音音素的使用原理上，与现在时的形态变化语法词缀基本一致，只是在单数和复数第三人称形态变化语法词缀的可变性音素的构成方面显示出有所不同。这一异同点，主要在于现在将来时单数和复数第三人称形态变化语法词缀中出现的三元一体可变性辅音音素的形态变化结构类型方面。

三是将来时形态变化语法现象及其式形态论意义的分析归纳表格：

序号	分类		语音形态论符号学转写形式	结构性能	音素结构形式	形态变化结构类型	形态变化语法现象的意义及其功能
	数形态变化语法现象	人称形态变化语法现象					
1	单数	第一人称	JIGV$_{4A}$WI	不变性	–jigawi/–jigēwi/–jigowi/–jigōwi	单一性质	现在将来正在进行的动作行为
2		第二人称	JIGV$_{4A}$CI		–jigaci/–jigēci/–jigoci/–jigōci		
3		第三人称	JIGV$_{4A}$	可变性	–jiga/–jigē/–jigo/–jigō	四元一体可变性短元音音素-a/-ē/-o/-ō形态变化结构类型	
4	复数	第一人称	JIGV$_{4A}$MV$_{2B}$N		–jigamun/–jigēmūn/–jigomun/–jigōmūn	四元一体可变性短元音音素及二元一体可变性短元音音素-u/-ū形态变化双重结构类型	
5		第二人称	JIGV$_{4A}$SV$_{2B}$N		–jigasun/–jigēsūn/–jigosun/–jigōsūn		
6		第三人称	JIGV$_{4A}$		–jiya/–jigē/–jigo/–jigō	四元一体可变性短元音音素-a/-ē/-o/-ō形态变化结构类型	

朝克研究员的分析表明，在动词类词的式形态论研究领域内，将来时的所有形态变化现象均使用可变性元音音素，而且都以四元一体可变性短元音音素-a/-ē/-o/-ō为核心构成。这充分显示出四元一体可变性短元音音素的使用价值和作用。不仅如此，像复数第一人称和第二人称的形态变化语法词缀中，还出现了二元一体可变性短元音音素-u/-ū。由此不仅证实了该语言动词类词式形态论研究对象里，有双重结构类型的可变性短元音音素的存在，还证实了可变性音素的复杂性和多变形。

四是过去时形态变化语法现象及其式形态论意义的分析归纳表格：

序号	分类		语音形态论符号学转写形式	结构性能	音素结构形式	形态变化结构类型	形态变化语法现象的意义及其功能
	数形态变化语法现象	人称形态变化语法现象					
1	单数	第一人称	SV$_{2B}$	可变性	–su/-sū	二元一体可变性短元音音素–u/-ū形态变化结构类型	已经过去的动作行为
2		第二人称	SV$_{4A}$CI		–saci/-sēci/-soci/-sūci	四元一体可变性短元音音素a/-ē/-o/-ō形态变化结构类型	
3		第三人称	SV$_{4A}$		–sa/-sē/-so/-sū		
4	复数	第一人称	SV$_{4A}$MV$_{2B}$N		–samun/-sēmūn/-somun/-sūmūn	四元一体可变性短元音音素–a/-ē/-o/-ō及二元一体可变性短元音音素–u/-ū形态变化结构类型	
5		第二人称	SV$_{4A}$SV$_{2B}$N		–sasun/-sēsūn/-sosun/-sūsūn		
6		第三人称	SV$_{4A}$		–sa/-sē/-so/-sū	四元一体可变性短元音音素a/-ē/-o/-ō形态变化结构类型	

过去时形态变化语法现象，同样都以可变性元音音素为核心构成。其中，有二元一体可变性短元音音素-u/-ū、四元一体可变性短元音音素-a/-ē/-o/-ō，以及双重结构类型的可变性短元音音素等。只有单数第一人称形态变化语法词缀是由二元一体可变性短元音音素-u/-ū为中心构成。其他则都使用了四元一体可变性短元音音素-a/-ē/-o/-ō。从这个意义上讲，在过去时形态变化语法概念的表述上，四元一体可变性短元音音素还是发挥着决定性作用。

五是过去进行时形态变化语法现象及其式形态论意义的分析归纳表格：

序号	分类 数形态变化语法现象	分类 人称形态变化语法现象	语音形态论符号学转写形式	结构性能	音素结构形式	形态变化结构类型	形态变化语法现象的意义及其功能
1	单数	第一人称	JISV$_{2B}$	可变性	–jisu/jisū	二元一体可变性短元音音素 –u/–ū 形态变化结构类型	过去时间里进行的动作行为
2	单数	第二人称	JISV$_{4A}$CI	可变性	–jisaci/–jisēci/ –jisoci/–jisōci	四元一体可变性短元音音素 –a/–ē/–o/–ō 形态变化结构类型	过去时间里进行的动作行为
3	单数	第三人称	JISV$_{4A}$	可变性	–jisa/–jisē/ –jiso/–jisō	四元一体可变性短元音音素 –a/–ē/–o/–ō 形态变化结构类型	过去时间里进行的动作行为
4	复数	第一人称	JISV$_{4A}$MV$_{2B}$N	可变性	–jisamun/–jisēmūn/ –jisomun/–jisōmūn	四元一体可变性短元音音素 –a/–ē/–o/–ō 及二元一体可变性短元音音素 –u/–ū 形态变化结构类型	过去时间里进行的动作行为
5	复数	第二人称	JISV$_{4A}$SV$_{2B}$N	可变性	–jisasun/–jisēsūn/ –jisosun/–jisōsūn	四元一体可变性短元音音素 –a/–ē/–o/–ō 及二元一体可变性短元音音素 –u/–ū 形态变化结构类型	过去时间里进行的动作行为
6	复数	第三人称	JISV$_{4A}$	可变性	–jisa/–jisē/–jiso/ –jisō	四元一体可变性短元音音素 a/–ē/–o/–ō 形态变化结构类型	过去时间里进行的动作行为

过去进行时形态变化语法现象中出现的可变性元音音素，同过去时形态变化语法词缀的情况基本项一致。其中，也有二元一体可变性短元音音素-u/-ū、四元一体可变性短元音音素-a/-ē/-o/-ō，以及双重结构类型的可变性短元音音素等。

2.祈求式形态变化现象

式形态论研究领域还涵括祈求式形态变化语法现象的分析内容。朝克研究员的研究表明，属于祈求式形态变化现象的语法词缀，主要表示含有期盼、渴望、祈求内涵的动作行为，具有表示不同数形态变化语法概念和人称形态变化语法概念的功能和作用。如表所示：

序号	分类 数形态变化语法现象	分类 人称形态变化语法现象	语音形态论符号学转写形式	结构性能	音素结构形式	形态变化结构类型	形态变化语法现象的意义功能
1	单数	第一人称	GV$_{4A}$RE	可变性	–gare/-gēre/-gore/-gōre	四元一体可变性短元音音素a/-ē/-o/-ō形态变化结构类型	表示含期盼渴望祈求内涵的动作行为
2	单数	第二人称	C$_2$CV$_{4A}$	可变性	–ha/-hē/-ho/-hō-ka/-kē/-ko/-kō	四元一体可变性短元音音素–a/-ē/-o/-ō及二元一体可变性辅音音素h/k形态变化结构类型	
3	单数	第三人称	GV$_{4A}$NE	可变性	–gane/-gēne/-gone/-gōne	四元一体可变性短元音音素a/-ē/-o/-ō形态变化结构类型	
4	复数	第一人称	GV$_{4A}$TMV$_{2B}$N	可变性	–gatmun/-gētmūn/-gotmun/-gōtmūn	四元一体可变性短元音音素–a/-ē/-o/-ō及二元一体可变性短元音音素-u/-ū形态变化结构类型	
5	复数	第二人称	C$_2$CV$_{4A}$LDV$_{2C}$NE	可变性	–haldone/-hēldōne/-holdone/-hōldōne-kaldone/-kēldōne/-koldone/-kōldōne	四元一体可变性短元音音素–a/-ē/-o/-ō及二元一体可变性辅音音素h/k形态变化结构类型	
6	复数	第三人称	GV$_{4A}$NE	可变性	–gane/-gēne/-gone/-gōne	四元一体可变性短元音音素a/-ē/-o/-ō形态变化结构类型	

式形态论研究显示，祈求式形态变化语法现象的不同时和人称的概念，均用四元一体可变性短元音音素a/-ē/-o/-ō为核心构成的语法词缀来阐述。当然，其中同样出现使用有四元一体可变性短元音音素-a/-ē/-o/-ō及二元一体可变性短元音音素-u/-ū之双重可变性元音音素的实例。另外，在复数第二人称形态变化语法词缀里，还出现四元一体可变性短元音音素及二元一体可变性短元音音素同二元一体可变性辅音音素h/k并用现象。

3.命令式形态变化现象

式形态论研究领域还包括命令式形态变化语法现象的分析内容。依据朝克研究员的分析结果，属于命令式范畴的形态变化现象同样均用约定俗成的语法词缀来表示，主要表示他者或自我命令下施事的动作行为。而且，命令式形态变化语法词缀同样具有区分不同数和人称的语法功能和作用。如表所示：

序号	分类		语音形态论符号学转写形式	结构性能	音素结构形式	形态变化结构类型	形态变化语法现象的意义功能
	数形态变化语法现象	人称形态变化语法现象					
1	单数	第一人称	GV$_{4A}$R	可变性	–gar/–gĕr/–gor/–gōr	四元一体可变性短元音音a/–ē/–o/–ō形态变化结构类型	表示他者或自我命令下施事的动作行为
2		第二人称	H	不变性	–h	单一性质	
3		第三人称	GIN		–gin		
4	复数	第一人称	GV$_{4A}$R	可变性	–gar/–gĕr/–gor/–gōr	四元一体可变性短元音音a/–ē/–o/–ō形态变化结构类型	
5		第二人称	C$_{2C}$V$_{4A}$LDV$_{2C}$N	可变性	–haldon/–hēldōn/–holdon/–hōldōn/–kaldon/–kēldōn/–koldon/–kōldōn	四元一体可变性短元音音素–a/–ē/–o/–ō与二元一体可变性短元音音素o/–ō及二元一体可变性辅音音素h/k形态变化结构类型	
6		第三人称	GIN	不变性	–gin	单一性质	

上述表格中高度浓缩归纳的分析说明，作为式形态论研究对象的动词类词命令式形态变化语法现象，除了有四元一体可变性短元音a/-ē-/-o/-ō为核心构成的单数第一人称、复数第一人称和第二人称形态变化语法词缀之外，像单数第二人称和第三人称、复数第三人称形态变化语法词缀是以不变性元音音素为主构成。在复数第二人称形态变化语法现象中，同样出现了四元一体可变性短元音音素-a/-ē-/-o/-ō与二元一体可变性短元音音素-o/-ō及二元一体可变性辅音音素h/k一同使用的复杂多变的结构形式和内容。

4.假定式形态变化现象

朝克研究员的式形态论研究中，还出现动作行为之假定概念的一整套形态变化语法词缀。而且，它们的词缀同样具备区分数和人称的语法功能和作用。请看下表：

序号	分类		语音形态论符号学转写形式	结构性能	音素结构形式	形态变化结构类型	形态变语法现象意义功能
	数形态变化语法现象	人称形态变化语法现象					
1	单数	第一人称	KKIWI	不变性	–kkiwi	单一性质	表示他者或自我命令施事某一的动作行为
2		第二人称	KKICI		–kkici		
3		第三人称	KKINI		–kkini		
4	复数	第一人称	KKIMV₂BN	可变性	–kkimun/–kkimūn	二元一体可变性短元音音素 -u/-ū 形态变化结构类型	
5		第二人称	KKISV₂BN		–kkisun/–kkisūn		
6		第三人称	KKINI	不变性	–kkini	单一性质	

从上表不难看出，动词类词的假定式形态变化语法词缀是在-kki后面，接缀不同人称领属形态变化语法词缀而构成。很显然，其中除了复数第一人称和第二人称的形态变化语法词缀以二元一体可变性短元音音素-u/-ū为核心构成之外，其他数和人称的假定式形态变化语法词缀均由不变性元音音素构成。

（四）动词类词形动词形态论之说

在有形态变化现象的语言的动词类词里，还有兼具形容词和动词语法功能和作用的形动词。正因为它是形动词，所以不仅能够表示动作行为，同时也能够表示事物的性质特征，它可以受副词的修饰和支配，进而在句中可以充当定语和宾语。对于形动词进行语法形态论视角的全范围的理论研究，就叫形动词形态论。在朝克研究员看来，形动词的分类虽然简单清楚，但从动词形态论和形动词形态论的层面来看，其内容极其复杂。以鄂温克语形动词为例，它同样具有十分规范的形态变化结构特征，并用约定俗成的形态变化语法词缀来表达。不过，它们的形态变化语法词缀没有区分数或人称之语法概念的功能，只有区分现在时、现在将来时、过去时等不同时间概念的功能和作用。请看下表：

序号	分类	语音形态论符号学转写形式	结构性能	音素结构形式	形态变化结构类型	形态变化语法现象的意义功能
1	现在时	JIR	不变性	–jir	单一性质	
2	现在将来时	R		–r		
3	过去时	$C_{2D}V_{4A}$	可变性	-sa/-sē/-so/-sō -qa/-qē/-qo/-qō	四元一体可变性短元音音素-a/-ē/-o/-ō与二元一体可变性辅音音素s/q之形态变化结构类型	表示他者或自我命令施事某一的动

从表格中的分析归纳不难看出，在动词类词的形动词形态变化语法现象内，表示现在时和现在将来时的形态变化语法词缀属于不变性结构类型的单一性质的产物。但在过去时形动词的形态变化语法词缀的构成原理中，不仅有四个一体可变性短元音音素-a/-ē/-o/-ō，同时还有二元一体可变性辅音音素s/q的交替使用现象。根据适用规则和原理，-qa/-qē/-qo/-qō使用于由鼻辅音及舌尖中辅音l等结尾的动词词根或词干后面，其他情况下均使用语法词缀-sa/-sē/-so/-sō。

（五）动词类词副动词形态论之说

依据朝克研究员的分析结果，在有形态变化现象的语言里，动词类词的副动词形态变化现象也是一个十分复杂的结构系统。众所周知，副动词是句子的辅助性动词，在句子中处于次要位置。副动词的不同功能和作用，全靠在副动词词根或词干后面接缀的形态变化语法词缀来发挥。从意义上讲，副动词的语用关系、语义结构充分体现在形态变化语法词缀上。如鄂温克语动词类词中的副动词，它们内部就有9种分类。请看下表：

序号	分类	语音形态论符号学转写形式	结构性能	音素结构形式	形态变化结构类型	形态变化语法现象的意义功能
1	目的副动词	NV$_{4A}$M	可变性	-nam/-nēm/-nom/-nōm	四元一体可变性短元音音素a/-ē/-o/-ō形态变化结构类型	表示目的关系的辅助性动作行为
2	条件副动词	SV$_{4A}$LV$_{4A}$	可变性	-sala/-sēlē/-solo/-sōlō		表示条件性质的辅助性动作行为
3	因果副动词	GEER	不变性	-geer	单一性质	表示因果关系的辅助性动作行为
4	紧随副动词	JILV$_{4B}$	可变性	-jilaahin/-jilēēhin/-jiloohin/-jilōōhin	四元一体可变性长元音音素aa/-ēē-oo/-ōō形态变化结构类型	表示紧随关系的辅助性动作行为
5	立刻副动词	KKIL	不变性	-kkil	单一性质	表示立刻性质的辅助性动作行为
6	让步副动词	KIKIT	不变性	-kikit		表示让步性质的辅助性动作行为
7	界限副动词	QQV$_{2D}$HIN	可变性	-qqohin/-qqōhin	二元一体可变性短元音音素-o/-ō形态变化结构类型	表示界限关系的辅助性动作行为
8	联合副动词	M	不变性	-m	单一性质	表示联合关系的辅助性动作行为
9	并进副动词	DDV$_{2B}$	可变性	-ddu/-ddū	二元一体可变性短元音音素-u/-ū形态变化结构类型	表示并进关系的辅助性动作行为

该语言里有九种形态变化结构类型的副动词，而且因果、立刻、让步、联合性质的副动词形态变化现象属于不可变的和单一性质的实例。与此相反，像目的、条件、紧随、界限、并进副动词是由可变性音素为核心构成的。其中，目的与条件副动词以四元一体可变性短元音音a/-ē/-o/-ō为主构成，紧随副动词以四元一体可变性长元音音素aa/-ēē/-oo/-ōō为中心构成，而界限和并进副动词显然是以二元一体可变性短元音音素-o/-ō以及二元一体可变性短元音音素-u/-ū为核心构成。

（六）动词类词助动词形态论之说

动词类词里有助动词。在有形态变化现象的语言中，助动词表现出的形态变化结构系统也是相当复杂。不过很有意思的是，助动词词根或词干后面接缀的错综复杂的形态变化语法词缀绝大多数源自式形态论里分析的内容。换言之，在助动词词根或词干后面接缀的形态变化语法词缀，几乎都来源于式形态变化现象的表现形式。当然，有的式形态变化语法词缀用于助动词时会出现一些变化。朝克研究员提出，在有形态变化现象的动词类词中，助动词也是一个非常复杂的动词形态论意义的研究课题。它的复杂性体现在来源的复杂、构成原理的复杂、使用关系的复杂，以及形态变化现象的复杂等诸多方面。他以鄂温克语为例，科学阐述了五种形态变化语法结构类型的助动词。

（1）定助动词有两种形态变化语法结构类型，即不变性单一性质结构类型及可变性多种形态变化音素结构类型两种。那么，不变性结构类型的否定助动词aacin不具备任何的形态变化特征，它的任何一个音素是固定不变的和稳定的，并以原有结构形式用于句子主要动词的后面，或用于句末出现的名词类词后面，从而表示否定助动词语法概念。具有可变性音素结构类型的否定助动词词根 ē -，基本上都能够接缀动词式形态变化语法词缀，以此构成富含有不同时态或人称形态变化形式和内容的否定助动词。不过，用于否定助动词词根 ē -后面的主要动词要接缀-ra/-rē/-ro/-rō ~ -da/-dē/-do/-dō ~ -ta/-tē/-to/-tō ~ -na/-nē/-no/-nō等形态变化语法词缀。

（2）也有不变性和可变性两种形态变化语法结构类型。其中，不变性单一性质结构类型的肯定助动词有bicin，属于可变性多种形态变化音素结构类型的肯定助动词有nēē-、bi-、gūn-等。这三个可变性结构类型的助动词后面，同样均可接缀式形态变化语法词缀。

（3）判断助动词也具备不变性和可变性两种形态变化结构特征。其中，不变性单一性质结构类型的判断助动词由cinjē来充当，可变性多种形态变化音素结构类型的判断助动词由词根oo-接缀式形态变化语法词缀来构成。

（4）应许助动词只有不变性单一性质结构类型的oodon。

（5）能愿助动词也分类为不变性单一性质结构类型和可变性多种形态变化音素结构类型两种。其中，不变性单一性质结构类型的能愿助动词有doroce，可变性多种形态变化音素结构类型的能愿助动词由 ētē-构成。毫无疑问，在能愿助动词ētē-后面接缀的也是式形态变化现象的语法词缀。

总之，朝克研究员的分析充分说明，动词类词的助动词的形态变化语法现象也是一个极其复杂的结构系统。其中，有像否定助动词aacin、肯定助动词bicin、判断助动词由cinjē、应许助动词oodon、能愿助动词doroce等。可以说，不变性单一性质结构类型的助动词在助动词的每一种分类中都可以出现，而可变性多种形态变化音素结构类型的助动词只有在否定助动词ē-、肯定助动词nēē-～bi-～gūn-、判断助动词oo-等中间出现。由于动词类词中助动词的构成原理、使用关系以及所包含的语法概念十分复杂，因此要讨论的语法内容、搞清楚的语法概念还很多，这就需要从助动词形态论角度进行更加细致、全面的科学研究与讨论。

四、语音形态论和名词形态论及动词形态论学术价值及影响

朝克研究员以形态变化现象最为复杂鄂温克语为例，对于语音形态变化现象进行全面而系统的科学分析，并充分利用语音形态论和语法形态论研究方法与理论，明确指出形态变化极为丰富的构词词缀和语法词缀之可变性元音音素系统、可变性辅音音素系统，词干的可变性语音音素系统等语音形态变化原理和功能。同时，他还提出与这些语音形态变化现象密切相关的极其细腻而微妙的语义变化关系。这使人们对于包括鄂温克语在内的阿尔泰诸语错综复杂的语音形态变化原理，能够有一个全面的科学认识。另外，朝克研究员充分利用语法形态论全新理论观点，也就是名词形态论和动词形态论研究方法，对形态变化现象的语言之名词类词及动词类词的语法形态变化原理和功能，以及内部结构系统和变化规则表现出的语法概念等进行了理论分析和科学阐释。所有这些，充分体现出他语音形态论、名词形态论和动词形态论的理论研究的学术价值，进一步强调了语音形态论、名词形态论和动词形态论理论观点对形态变化语言研究的重要性和科学性。毋庸置疑，这套研究方法与理论，将形态变化结构系统极其复杂多变的阿尔泰语学有力向前推进了一大步，使该领域的研究更趋于精密化、理论化、科学化。

朝克研究员提出的语音形态论，不仅解决了阿尔泰诸语形态变化语言的语法词缀、构词词缀中出现的错综复杂的音素变化现象研究领域遇到的难题，也解决了词根中的复杂多变的音素变化现象研究的理论方法，进而建立健全了形

态变化语言语音变化研究理论框架及其学术理论体系。另外，完全可以将语音形态论、名词形态论和动词形态论理论研究方法，直接应用到阿尔泰语学音素变化研究领域，进而科学阐释阿尔泰诸语错综复杂的语音形态变化现象。这样科学有效地解决在此研究领域遇到的一系列理论难题，同时也为具有形态变化现象的语言科学认知和形态变化音素的全面系统科学探讨提供了理论支撑。更为重要的是，阿尔泰语学形态变化音素的接触关系、变化原理、组合规律、搭配规则，以及具有的语音语法功能和作用得到了科学合理的归纳、分类、排列和论述，为阿尔泰语学语法形态变化现象的深度讨论提供了新思路。同时也给阿尔泰语言错综复杂的语音形态变化系统、名词类词和动词类词的语法形态变化系统的科学研究提供了理论方法。我们认为，语音形态论和名词形态论及其动词形态论研究方法，对于日本语、日本阿夷努语、朝鲜语以及东北亚诸民族语言，甚至对于北极圈诸民族或族群语言的语音形态变化、名词类词和动词类词语法形态变化研究同样产生深远的学术理论指导作用。

朝克研究员的另一力作《现代锡伯语口语研究》也充分利用语音形态论、名词形态论和动词形态论研究方法，系统而科学地阐释了现代锡伯语口语构词系统和语法词缀系统中出现的语音形态变化现象，以及名词类词语法词缀的形态变化现象和动词类词语法词缀的形态变化现象。这使该语言变化多样的语音形态变化现象、名词类词的形态变化现象语法现象、动词类词的形态变化语法现象完整地被展示了出来。与此同时，他的这些全新意义的学术理论，在他撰写出版的《楠木鄂伦春语研究》《鄂温克语参考语法》等科研成果，以及一系列学术论文中都得到充分应用与发挥。

总而言之，朝克研究员提出语音形态论、名词形态论和动词形态论是具有学术突破性、创新性、引领性的理论方法。这套学术理论的出现，不只是对满通古斯语族语言研究产生深刻影响，同时也对阿尔泰语学研究，东北亚诸民族语言、北极圈诸民族或族群语言研究，以及所有语音形态变化现象的语音和语法研究均有不可忽视影响。

第四篇
关于朝克在我国濒危语言研究领域做出的杰出成绩[1]

凯 琳[2]

朝克研究员是我国著名民族语言学家，他不仅精通汉语汉文、蒙语蒙文、满语满文、锡伯语锡伯文、达斡尔语、鄂温克语、鄂伦春语、赫哲语，以及俄罗斯西伯利亚地区的奥罗奇、埃文语埃文文、埃文基语埃文基文、那乃语和日语日文，并一定程度地掌握女真文、朝鲜语、哈萨克语、英语，还学过俄语、日本阿夷努语和乌依勒塔语、北美的爱斯基摩语、北欧的萨米语等多种语言文字。他是留日语言文化学专家，博士生导师，第九、第十、第十一届、第十二届全国人大代表，中宣部"四个一批"人才，享受国务院特殊津贴的突出贡献专家，中央联系专家，国家哲学社会科学领军人才，国家社科基金评委，国家民委语言工作专家委员会委员，中国蒙古语文学会副会长，内蒙古阿尔泰研究会副会长。他现任中国社会科学院民族文学研究所党委书记兼副所长。

自1982年至今，在34年的科研工作中，朝克研究员用汉文、蒙文、日文、英文撰写出版或发表了民族语言学、文化学、人类学、社会学、宗教学、文学等方面的著作44部（包括合著），学术论文160余篇，总字数超过1400万字。其中6部专著和12篇论文荣获国内外优秀科研成果奖。他曾在美国、芬兰、挪威、日本、韩国、蒙古国、新加坡、菲律宾、香港等国家和地区的40余所大学作过学术访问和讲学；主持或参加过20多项国内学术研究课题和15项国际学术合作研究项目；他还在国内外学术研讨会上宣读论文50余次。为了更好地抢

---

1 本文发表于中国网，2016年6月22日，责任编辑：孟超。
2 凯琳，中国社会科学院研究生院。

救、保护、弘扬我国丰富多样的民族语言文字，为了民族语言文字更好地为民族地区的政治稳定、经济发展、社会繁荣服务，朝克研究员在过去的学术生涯里，孜孜不倦地致力于有计划、有步骤、有力度、有成效地开展抢救与保护趋于濒危状态或已进入濒危状态的民族语言文化的工作。

本文旨在从他的主要学术专著、重大科研项目介绍、主要学术论文、学术演讲与学术论文宣读及他在全国两会上提交的建议等方面阐述朝克研究员在我国濒危或严重濒危语言文化研究领域所做出的突出贡献。

一、在濒危或严重濒危少数民族语言研究做出的贡献

朝克研究员成果等身，其44部研究著作均涉及我国濒危或严重濒危的民族语言，以及已经进入濒危状态的民族文化。这其中，就有全面分析和论述我国濒危或严重濒危的不同民族语言的巨著《中国民族语言文字研究史论》。该成果包括《北方卷》《南方卷（上下册）》《索引卷》四卷，约252万字，于2013年由中国社会科学出版社出版。书中几乎涉及我国所有濒危或严重濒危的民族语言文字，甚至包括这些严重濒危的方言土语研究历史、研究现状及采取的相关抢救保护工作等，对我国少数民族濒危语言文字研究，特别是对于人口较少民族的严重濒危语言研究有积极推动作用。同时，也为我国濒危语言的抢救保护工作，探索了多角度、深层次的研究方法，成功地开启了濒危语言研究的全新思路，对科学保护、保存珍贵濒危语言文字材料做出了卓越贡献。除了《中国民族语言文字研究史论》之外，朝克的研究成果还包括：（1）对北方濒危语言进行综合性研究的成果《北方民族语言变迁研究》（32万字，合著，中国社会科学出版社，2012）、《东北人口较少民族优秀传统文化》（51万字，方志出版社，2012）；（2）对濒危或严重濒危的满通古斯语族语言全面、系统、综合研究的成果主要包括《满通古斯语族语言研究史论》（70万字，中国社会科学出版社，2014）、《满通古斯语族语言词源研究》（57万字，中国社会科学出版社，2014）、《满通古斯语族语言词汇比较》（80万字，中国社会科学出版社，2014）、《满通古斯语族语言比较研究》（29万字，民族出版社，1997）、《满通古斯语及其文化》（18万字日文版，日本东北大学，2002）、《中国满通古斯语族语言基础语比较》（17万字日文版，日本小樽商科大学，1997）；（3）对严重濒危的满语口语研究成果《现代满语

口语及其资料》（35万字英文版，韩国首尔大学，2008）、《黑龙江现代满语研究》（18万字，黑龙江教育出版社，2001）、《满语366句会话句》（12万字，社会科学文献出版社，2014）；（4）对濒危锡伯语研究的成果《现代锡伯语口语研究》（33万字，民族出版社，2006）、《察布查尔锡伯自治县锡伯族语言文字使用现状调研》（43万字，方志出版社，2011）、《锡伯语366句会话句》（12万字，社会科学文献出版社，2014）；（5）对严重濒危鄂伦春语研究的成果主要有《楠木鄂伦春语研究》（25万字，民族出版社，2008）、《鄂伦春语366句会话句》（12万字，社会科学文献出版社，2014）；（6）对严重濒危的赫哲语研究方面的成果《关于赫哲语使用情况》（《世界各地语言文字使用现状分析》，香港城市大学，2001）、《赫哲语现状分析》（《满语研究》1992年第2期）、《论赫哲语动词陈述式》（《满语研究》1997年第1期）等一系列论文和《赫哲语366句会话句》（12万字，社会科学文献出版社，2014）等；（7）对濒危鄂温克语及严重濒危的鄂温克语方言土语的研究成果《鄂温克语语音形态论与名词形态论》（76万字，日文版，东京外国语大学，2003）、《鄂温克语参考语法》（44万字，中国社会科学出版社，2009）、《鄂温克语研究》（23万字，民族出版社，1995）、《通古斯鄂温克语研究》（26万字，社会科学文献出版社，2015）、《敖鲁古雅鄂温克语研究》（22万字，社会科学文献出版社，2015）、《鄂温克语教程》（26万字，社会科学文献出版社，2015）、《鄂温克语民间故事选》（47万字，蒙文版，内蒙古文化出版社，1988）、《鄂温克语民歌歌词（国际音标撰写）》（23万字，社会科学文献出版社，2015）、《鄂温克语谚语》（28万字，社会科学文献出版社，2015）、《通古斯鄂温克语会话》（27万字，社会科学文献出版社，2015）、《敖鲁古雅鄂温克语会话》（25万字，社会科学文献出版社，2015）、《索伦鄂温克语会话》（22万字，社会科学文献出版社，2015）、《索伦语基本列文集》（14万字，日文版，日本北海道大学，1991）、《基础鄂温克语》（16万字，日文版，日本大学书林，2005）、《鄂温克语366句会话句》（12万字，社会科学文献出版社，2014）、《鄂温克语基本词汇》（72万字，日文版，日本东京外国语大学，1991）、《鄂温克语三方言基础语》（17万字，日文版，日本小樽商科大学，1995）、《索伦鄂温克语词汇》（25万字，社会科学文献出版社，2015）等。另外，还有一些有关蒙古语族濒危语言进行田野调研和分析研究的文章和论文。

二、在严重濒危的满通古斯语族语言研究方面做出的贡献

就如前面所说，朝克研究员在濒危或严重濒危的满通古斯语族语言研究方面做出了鼓舞人心的杰出学术业绩。其中，最早出版的应该是《满通古斯语族语言比较研究》一书，这也是朝克研究员经过多年研究，于1996年撰写完成的国家社会科学基金资助的少数民族濒危语言研究项目。此项目是我国第一部有关濒危或严重濒危的满通古斯语族语言系统比较研究的理论著作。该成果资料翔实、立论精深、见解独到，运用比较语言学的方法，论证了濒危或严重濒危的满通古斯语族语言语音系统、形态变化语法结构的共有特征。同时，也阐述了满语、锡伯语、鄂温克语、鄂伦春语、赫哲语等满通古斯语族五种语言各自在语音和语法方面表现出的独特结构特征。这本书填补了我国民族语言研究事业中存在的缺憾与空白，突破了我国在该项研究里多年来一直呈现的单项研究的桎梏。从全书的内容、结构、观点等方面来看，该书具有很高的学术价值和精湛的学术质量，是一部不可多得的语言学专著，也是对于濒危或严重濒危语言研究方面的代表性科研成果。通观全书，从语音结构、语音对应规则、形态结构三个方面，具体、系统地对濒危或严重濒危的满通古斯语族语言进行了比较研究。通过比较研究，科学论述了满通古斯语族语言，在语音和语法结构方面呈现的不同程度的共同性和异同性。即满语和锡伯语的共同性较强，鄂温克语和鄂伦春语的共同性也相当明显，赫哲语则介于这两对共同性很强的共同体中间，但更接近于鄂温克语和鄂伦春语。此论点的提出，具有深刻的学术价值。在该书中，构拟早期语音系统和语法现象方面有诸多突破性成就，这对我国境内外满通古斯语族语言的比较研究，阿尔泰诸语及相关语言的比较研究有较强的学术价值和理论价值，对未来国内外满通古斯语族语言的比较研究，以及相关语言间开展进一步深入探讨起到重要作用。

朝克研究员经过30余年的学术探索和研究，于2014年撰写完成的三部权威性学术著作《满通古斯语族语言词源研究》《满通古斯语族语言研究史论》《满通古斯语族语言词汇比较》。该系列成果是继《满通古斯语族语言比较研究》之后，我国在该学术领域出版的系列精品力作。毫无疑问，这四本书的出版，奠定了我国在濒危或严重濒危的满通古斯语族语言研究领域的权威性，让

我们获得了在该学术领域的强势话语权。其中，《满通古斯语族语言词源研究》一书，从词源学、构词学、词汇学理论视角进行了对于我国满通古斯语族女真在内六种语言的同源词全面系统研究，这是在国内外该学术研究领域的第一本词源研究著作。该项科研成果的具体实施和圆满完成，填补了阿尔泰语言学研究领域有史以来留下的一个遗憾和空白。该著作科学论证了满通古斯语族语言固有词及基本词汇中，展现出的错综复杂的词源关系，科学阐述了同语族语言、同语支语言、不同语支语言中存在的同源词。同时，论述了它们的语音演变规律，词义演化原理等深层次的学术问题，还分析了与蒙古语族语言有同源关系的相关词汇。特别珍贵的是，该书对于濒危或严重濒危语言词源研究，探索出了一条全新的研究方法。也就是说，用科学严谨的态度，指出了濒危或严重濒危语言词源研究要紧密结合同一语言的方言土语间、同语支语言间、同语族语言间、同语系语言间、同一地区语言间做广泛深入调查研究的重要意义。更为重要的是，该书对于北方诸民族历史文化脉络的梳理，对于他们共同的悠久历史文化的科学阐释，积极深刻地体现了各民族和谐共存和共同建设美好家园的社会影响和效益；为濒危语言文化的抢救保护、语言文化安全发挥了积极推动作用。《满通古斯语族语言研究史论》一书也是如此，对我国境内的濒危或严重濒危甚至是已经消失的满通古斯语族六种语言的历史文献资料、研究文集、研究论著、教科书、辞书、词汇集、比较研究成果等，进行了全面系统、客观翔实讨论和研究。该书将我国满通古斯语族语言研究历史分为四个阶段：（1）从12世纪初至16世纪末的女真语研究、女真文创制、女真文研究时期；（2）从16世纪末至20世纪30年代末的满语满文研究的特定历史时期；（3）从20世纪30年代末至70年代末的满通古斯语族语言文献资料研究、口语资料的搜集整理、语法结构的系统研究方面取得较为显著学术业绩时期；（4）从20世纪70年代末至21世纪初的满通古斯语族语言研究的最繁盛时期。另外，《满通古斯语族语言词汇比较》对满通古斯语族六种语言五千余条基本词汇进行比较，也是一项重要研究成果。在国内外还没有满通古斯语族诸语言词汇对比研究相关成果的前提下，该著作的问世对满通古斯语族中的濒危或严重濒危语言词汇的搜集整理、永久保存的抢救保护具有非常深远的学术意义。尤其是书中的汉语和英语索引，给那些只懂汉语和英语的国内外专家学者查阅满通古斯语族语言词汇提供了极大便利，从而扩大了濒危或严重濒危语言词汇的使用面,增强了它们词汇的影响力与生命力。

众所周知,我国的阿尔泰语系语言包括蒙古语族语言、突厥语族语言和满通古斯语族语言三大部分。其中,蒙古语族语言和突厥语族语言的历史研究、历史比较研究、词源研究早有相关成果,由于满通古斯语族诸语言的词源研究领域成果的不足,一定程度上影响着阿尔泰语系语言更深层次的整体比较研究。因此,朝克研究员的满通古斯语族语言这一专著的问世,很大程度上填补了该领域的空白,从而为阿尔泰语系语言的全面系统科学研究提供了十分宝贵的科学依据,为以后这些民族的历史文化研究做出了突出贡献。

三、濒危或严重濒危语言方面实施的重大研究课题

朝克研究员紧密结合我国少数民族濒危或严重濒危语言抢救保护及分析研究工作需要,主持并参加了国内外一系列重大研究课题,同时撰写完成了相关项目报告、调研报告及科研成果,对我国濒危语言或严重濒危语言研究做出了历史性贡献。

他所主持并完成的国际合作重大研究课题有:(1)日本北海学园大学文部省国际合作项目《中国濒危语言文化研究》(2000—2001);(2)联合国教科文组织国际合作项目《世界语言报告》的《中国北方民族濒危语言研究》(2000);(3)加拿大语言研究中心国际合作项目《中国民族语言文字使用现状研究》(1987—1989);(4)美国夏威夷大学国际合作项目《中国北方民族社会现状研究》(1984—1987);(5)美国亚利桑那州立大学国际合作项目《中国北方民族古代字研究》(1997—2000);(6)香港城市大学国际合作项目《中国濒危民族语言音档》(1994—1995);(7)芬兰大学国际合作项目《满通古斯语族语言现状调研》(1999—2000);(8)韩国首尔大学的国际合作项目《满语口语调查与研究》(2006—2008);(9)联合国教科文组织的国际合作项目《三家子满语口语研究》(2006—2007);(10)日本北海道大学文部省国际合作项目《通古斯濒危语言文化研究》(1997—1999);(11)日本北海道大学文部省国际合作项目《鄂温克语濒危方言研究》(1994—1996);(12)联合国教科文组织国际合作项目《濒危赫哲语研究》(2005—2006)等。作为这些国际合作项目的中方代表或项目人,朝克研究员撰写了大量有关我国北方民族濒危或严重濒危语言文化的调研报告和科研

成果，为我国北方民族优秀传统文化与濒危或严重濒危语言的抢救保护发挥了积极作用。

与此同时，朝克研究员主持并参与了有关濒危或严重濒危语言文化抢救保护的一系列国内重大项目。这些项目有：（1）国家社科基金项目及重大委托项目《濒危鄂温克语言文化抢救性研究》（2010—2015）、《民族语言文字使用情况调查》（1986—1989）、《中国少数民族语言简志丛书》（1982—1987）、《中国少数民族语使用情况研究》（1985—1991）、《中国少数民族语言文化现状研究》（2010—2020）、《濒危或严重濒危的满通古斯语族语言研究》（2000—2003）、《满语口语现状研究》（1996—1998）、《满通古斯语族语言比较研究》（1993—1996）、《中国少数民族原始宗教研究》（1994—2000）等；（2）中国社科院项目《中国民族语言文字研究史》（2004—2008）、《中国少数民族语言研究文献数据库系统》（1995—1997）、《中国濒危民族语言资料数据库》（2003—2006）、《中国语言接触研究》（2003—2006）、《东北人口较少民族濒危语言及优秀传统文化现状调研》（2011）、《现代锡伯语口语研究》（2002—2005）、《察县锡伯族语言文字使用现状调研》（2010）、《鄂温克族驯鹿语言文化现状调研》（2006）等；（3）国家教委及国家民委重大项目《中国少数民族参考语法研究》（2004—2009）、《阿尔泰语言学研究》（1998—2000）、《中国少数民族语言文字保护研究》（2003—2007）等等。在这些项目的实施过程中，朝克研究员同样撰写了有关濒危或严重濒危的北方民族语特别是人口较少民族语言文化抢救保护方面的诸多论著，从而充分利用翔实可靠的第一手资料，科学论证和论述了我国濒危和严重濒危语言的现状，以及抢救保护工作的重要意义、科学方法与手段。

在这里还需着重提出的是，他主持的国家社科基金重大项目《濒危鄂温克语言文化抢救性研究》中明确指出："伴随我国社会、经济的快速发展和信息网络世界的迅速崛起，使鄂温克族用生命和信仰传承的一切传统文明面临了史无前例的严峻挑战。特别是，从20世纪90年代以后，鄂温克族生活的草原森林发生了翻天覆地的变化，这使他们中的绝大多数人很快迈入以电器化、电子化为主的现代化生产生活。与此同时，他们的传统文化和文明，也很快成为历史的记忆，从而不断被淡忘和消失。"根据朝克研究员所掌握的资料，现在真正掌握或使用母语的鄂温克人还不到一万人,除了牧区深处生活的鄂温克人的孩子之外,甚至在乡村所在地生活的鄂温克族青少年基本上都使用汉语或蒙语,许多走上工作岗位的鄂温克青年也在工作和生活中使用汉语或蒙语,很少使用母语。由此,他们的许多优秀传统文化,包括萨满信仰等均受到很大冲击。像以前的生活所需,如木刻楞房、仙人住、柳苇游牧包、兽皮被褥衣物、狗雪橇、马爬犁、牛车等也都在逐渐消失。总之,鄂温克族语言文化已经全方位地进入濒危状态,事实上一些地区的鄂温克族语言文化已经完全消失且族人已经完全进入汉语言文化的生活氛围。在这种现实面前,朝克研究员迫切地感受到对我国濒危或严重濒危语言文化进行抢救性搜集整理和分析研究的必要性和重要性。他还提出,对于濒危或严重濒危的民族语言及其方言的语音系统、词汇结构、语法关系等,应该进行全面搜集整理和分析研究,对于他们的民族语谚语、民歌歌词、会话资料、口传故事、有关地方文化性词汇等应进行抢救性搜集整理。在他看来,对于濒危或严重濒危的民族传统优秀文化,包括物质文化与精神文化同样要开展全面抢救性搜集整理和分析研究工作。其中,物质文化涉及衣食住行、历史、社会、生产、婚姻习俗等方面的诸多内容,精神文化涵盖鄂温克族传统信仰、伦理道德、哲学思想、文学艺术、喜庆节日等方面的内容。

众所周知,每一个民族都从历史走来,尽管历史进程和发展状况不同,但它们都有十分丰富而悠久的历史文化与文明。比如说,通古斯诸民族均属于跨境民族,在俄罗斯远东和西伯利亚地区以及蒙古国、日本、朝鲜,都有通古斯人,其中一些人虽然已融入蒙古人、日本人、朝鲜人之中,但他们祖先的历史足迹及其遗留的文化符号与影响还在延续。而且,满通古斯族语言文化,同俄罗斯远东及西伯利亚地区的原住民、阿尔泰语系诸民族、东北亚诸民族、北极圈诸民族,包括跟日本人、朝鲜人的语言文化间均存在不同层面、不同程度、不同视角的历史渊源关系。所以说,关于满通古斯诸民族濒危或严重濒危语言文化进行抢救性保护、搜集、整理与分析研究,对于我国东北寒温带地区远古历史文化与文明、宗教信仰、语言文字、物质文化与精神文化的研究,均有深远而现实的学术价值和意义。同样,对于阿尔泰语系诸民族、东北亚诸民族、北极圈诸民族的历史文化、宗教信仰、语言文字、物质文化与精神文化的研究也有十分重要的学术价值。特别是,我国正在实施的民族伟大复兴,对于濒危或严重濒危的人口较少民族的语言文化的抢救性保护，能进一步提升我国包括人口较少民族在内各民族的文化认同、文化自觉、文化自豪感、文化自信心，这对不断提高我国各民族在世界文化舞台上的话语权等具十分重要的意义和价值。

四、濒危或严重濒危语言研究论文

朝克研究员在国际国内重要学术会议及刊物上，先后用汉、蒙、日、英文多次发表过多篇科学论述我国濒危或严重濒危语言的学术论文。这些论文对于国内外学术界科学认识我国濒危或严重濒危语言文化，产生了极其深远的学术影响，同时也对我国实施的濒危和严重濒危语言文化的抢救保护工作提供了思路。另外，这些论文对于我国满通古斯语族语言的深入研究，对于我国乃至全球濒危语言的理论探讨等，均具有很强的理论意义和学术价值。这些论文有：《中国少数民族濒危语言文化抢救保护工程的科学理念》（英文，韩国《阿尔泰学报》2006年版）、《中国少数民族濒危语言文字保护学术价值》（《中国社科院研究生院学报》2009年第4期）、《人口较少民族濒危语言文化抢救的紧迫性》（《鄂温克民俗文化研究文集》，内蒙古文化出版社，2008）、《关于抢救保护濒危鄂温克语及口承文学基本思路》（《中国民族语言文字研究文集》，民族出版社，2008）、《人口较少民族濒危语言文化抢救的科学价值》（《北方语言论丛》2013第2辑）、《民族语言和民族口头传承文学抢救保护工程的重要性》（《中国社会科学报》2006年9月8日），《濒危民族语抢救的重要性》（《社科院院报》2006年10月26日4版）、《重视少时民族地区优秀传统文化的保护》（《中国社会科学报》2010年10月3日版）、《保护好多样的民族语言文字》（《中国民族报》2009年2月20日版）、《论新农村建设与保护民族传统文化的关系》（《社科院党校调研文集》，2007）、《民族地区现代化进程中充分保护传统文化》（《黑龙江民族丛刊》2009年第4期）、《现代化进程与民族地区传统文化》（《首届现代化进程与民族地区传统文化国际研讨会文集》，《中国国际环境科学学会刊》，2010）、《北方民族语言研究及其价值》（《北方民族语言研究通讯》2009年第1期）、《中国北方诸民族现状与濒危程度》（第194次《日本中国文化论谈会》2013年2月2日）、《经济社会的崛起与语言文化的变异》（日本北海学院大学东北亚研究中心《东北亚语言文化研究会》2001年4月12日)、《语言濒危及其研究方法》(日本大东文化大学《专家研讨会》2013年7月3日)、《满通古斯语族语言濒危现象》(日本大学《专家特别演讲会》2003年9月17日)、《东北亚人口较少民族语言文化濒危分析》(日本东北大学《共同研究会》2001年9月17日)、《中国民族语言濒危现象及其抢救保护政策》(韩国首尔外国语大学《中东研究会》2009年5月20日)、《满通古斯语族濒危语言的抢救和保护》(芬兰赫尔辛基大学《特别研究会》1997年11月4日)等等。朝克研究员的这些关于濒危语言及其文化方面的论文,很大程度上为我国濒危语言特别是对于人口较少民族严重濒危语言的抢救保护、搜集整理、分析研究工作提供了理论支撑。

自1986年以来,朝克研究员以濒危或严重濒危语言文化抢救保护为主题,先后在北京大学、清华大学、北京师范大学、北京外国语大学、中国人民大学、中央民族大学、内蒙古大学、黑龙江大学、新疆大学和香港中文大学、香港城市大学等高等学府,以及日本东京大学、京都大学、筑波大学、早稻田大学、日本大学、东京外国语大学、学习院大学、大阪外国语大学、东北大学、北海道大学、九州大学、大东文化大学,芬兰的赫尔辛基大学、拉普兰大学,挪威的奥斯陆大学,美国的旧金山大学、亚利桑那州立大学、崔皮克大学,新加坡的新加坡大学,韩国的首尔大学,蒙古国科学院等高等学府和科研机构为研究生开讲过《中国濒危民族语言文字学》《中国濒危民族语言与文化的抢救保护理念》《中国北方民族语言濒危现象》《东北亚人口较少民族语言文化与濒危现状》《濒危或严重濒危的满通古斯语族语言现状与研究》《濒危语言与文化学》《北极圈语言文化及其濒危》《寒带及寒温带地区人口较少民族语言文化现状》等专题课程或系列学术专题讲座。通过这些学术交流和课程教育和上面提到的一系列论文或专题学术报告,朝克宣传了我国优秀、先进、科学的民族政策,为濒危或严重濒危民族语言文化所做出了努力。

朝克研究员不仅在学术研究、学术思考、学术发表、学术讲座、学术报告、学术理论中不断强调对我国濒危或严重濒危民族语言文化的抢救保护、搜集整理、分析研究工作的重要性,不断宣传我国为濒危或严重濒危民族语言文化抢救保护出台并实施的一系列优秀先进的优惠政策,作为我国第九、十、十一、十二届哲学社会科学界全国人大代表,他还以"我国濒危语言文化抢救和保护工作"为主题,在每年的全国人大代表大会上提交一些经实际调研、深思熟虑、具有政策性和理论性的建议。其中包括《关于设立少数民族语言文字法的议案》(九届一次会议)、《加强对濒危民族语言文化的抢救保护工作的建议》(九届四次会议)、《西部开发中保护好民族优秀传统文化的建议》(九届四次会议)、《关于建立中国民族古文字博物馆的建议》(十届二次会议)、《关于有效落实人口较少民族濒危优秀传统文化抢救工作的建议》(十届一次会议)、《关于民族地区建设和规划中注重保护优秀传统民族文化及语言的建议》(十届二次会议)、《关于设立少数民族语言文字教育专项补助金的建议》(十届三次会议)、《关于具体落实边疆地区人口较少民族语言教育经费短缺问题的建议》(十届三次会议)、《关于加大保护我国濒危少数民族语言文字经费投入的建议》(十届四次会议)、《关于新农村建设中充分发挥民族传统文化生命力的建议》(十届五次会议)、《关于农村牧区现代化进程中充分发挥和弘扬民族优秀传统文化的建议》(十一届一次会议)、《关于进一步强化我国濒危民族语言的重视与保护工作的建议》(十一届一次会议)、《关于开展中国民族语言使用情况普查工作的建议》(十一届一次会议)、《关于建立国家级少数民族非物质文化产业园的建议》(十一届二次会议)、《关于进一步强化民族地区母语教学工作的建议》(十一届二次会议)、《关于开展中国民族语言及其方言普查工作的建议》(十一届三次会议)、《关于不断强化濒危民族语言及其民间文学抢救保护工作的建议》(十一届三次会议)、《关于设定我国少数民族严重濒危语言特别保护区的建议》(十一届四次会议)、《全球化背景下不断强化我国优秀传统文化保护工作的建议》(十一届五次会议)、《关于设立少数民族濒危语言特别保护区的建议》(十二届一次会议)、《关于进一步强化少数民族电视节目译制转播工作的建议》(十二届二次会议)、《关于强化濒危民族语言文化抢救保护工作生命力与实效性的建议》(十二届三次会议)、《关于做好〈格萨尔〉〈江格尔〉〈玛纳斯〉三大史诗翻译出版工作的建议》(十二届四次会议)等等。毋庸置疑,朝克研究员在全国人大代表大会上提出的有关濒危或严重濒危语言文化抢救保护方面的议案与建议,对于我国少数民族濒危语言文化,特别是严重濒危语言文化的调查研究和抢救保护工作具有积极促进作用。他的这些提案和建议,给国家相关部门制定民族语言保护、濒危民族语言抢救保护,制定对严重濒危语言文化的抢救性搜集整理的政策法规提供了可靠的资料依据、理论依据。在他看来，我国丰富的语言资源是发展中国语言学的宝贵财富。我国有许多小语种，至今还没有来得及被全面、系统、深入调查研究，这些语言的使用人口不多，但学术价值极高。对即将消亡的这些人口较少的民族语言资料，进行抢救性记录和保存，是我国民族语言学界专家学者肩负的重要使命，也是当下少数民族语言研究的最紧迫、最重要的工作之一。这些工作，对我国人口较少民族的文化、历史、民族、民俗研究都将起到积极推动作用，对深入研究我国各民族的历史关系，科学阐释我国民族大家庭多元一体格局的形成发展，促进我国各民族大家庭的团结和进步、和谐共处均有深远的学术价值和意义。在他看来，我国是一个多民族、多语言、多文种、多文化的国家，各民族语言文字及其优秀传统文化承载着各自丰富多彩的历史文化、文学艺术、民俗习惯、道德理念、思维规则、表述形式等，所有这些共同构成了绚丽多彩的中华文化与文明。我国各民族语言所蕴含的丰富的文化现象、文化要素、文化内涵，是语言使用者传承和弘扬本民族文化的最直接、最具体、最集中、最深刻的体现。一种民族语言的逐渐衰亡，对使用母语者来讲，是一种无法弥补的文化损失，也是我国乃至人类文化多样性的损失。所以，朝克研究员认为，一定要不失时机地抢救保护我国少数民族濒危语言文化，特别是人口较少民族的严重濒危的语言文化。

朝克还提出，语言是一种文化现象，语言多样性是文化多样性的最好体现，一种语言就是一种文化资源，多种语言并存是人类的福音，这也成为全世界有识之士的共识，更得到世界各国人民的认可和肯定。20世纪80年代以来，濒危语言问题已成为国际语言学界一个热门话题。重视对濒危民族语言的调查研究，更多地记录、保存和传承他们的语言符号和文化要素，这是不断增强少数民族语言活力，延缓少数民族语言濒危或严重濒危现象，以及不断满足少数民族对母语文化使用的基本需求，也是保持社会语言生活的丰富性、多样性、和谐性、生命力的重要表现和有力措施。

在朝克研究员看来，我国少数民族语言不仅维系着民族文化和民族认同，更是民族文化和民族认同的重要标志。一个民族若失去了自己的语言，就意味着在很大程度上失去了与生俱来的语音系统、词汇世界、思维规则、表述方式。无论民族大小，各民族都对母语有着特殊情感。我们在强化国家认同的同时，应该更好地维护民族语言文化的认同和民族认同。各民族语言是各民族文化的重要载体，也是非物质文化的重要组成部分，应该得到充分的重视和保护。在此方面我国政府和各有关部门做了大量艰苦卓越、科学扎实、富有成效的工作，强有力地推动了我国濒危或严重濒危语言文化的抢救保护工作。

朝克研究员明确指出，研究我国濒危民族语言和优秀传统文化，就是研究那些民族的过去、现在和未来。如果我们失去了这些优秀的历史文化遗产，那么我们也就失去了人类文明的一部分记忆。中华民族之所以屹立于世界民族之林，就是因为我们有着十分丰富的民族语言文化资源。这些民族语言文化所孕育的鲜明的民族精神属于我国各族人民，它和中华民族大家庭的历史和未来紧密相连、命脉相称，是符合各民族人民的发展需求和发展规律的。我们必须用发展眼光看待各民族优秀传统文化，同时我们也应该科学而理性地认识到，当今科学技术的发展，不能脱离优秀的民族语言文化的基本原理。

如上所说，朝克研究员在我国濒危语言研究领域有着卓越的成就和贡献。其在30余年的科研工作实践中，撰写并出版了我国濒危或严重濒危语言研究方面的多部优秀著作；主持或参与有关我国濒危语言研究的多项国内外重大课题；发表有关濒危语言研究的学术论文近百篇；在国内外多所名校及顶级科研机构以濒危或严重濒危语言文化研究为主题作过专题讲座或系列讲座；在国内外重大学术会上宣读濒危或严重濒危语言文化论文多篇；参加了从九届到十二届全国人大代表会议，并针对我国濒危语言文化抢救保护工作提出了许多建设性的意见和建议。如今，朝克研究员仍然在为我国濒危语言文化抢救保护工作努力工作，并不断推进濒危或严重濒危语言文化研究、保护、宣传研究工作力度。他说，这是他的使命，也是祖国、人民、中国社会科学院交给他的一项重要工作。

第五篇

朝克在阿尔泰语学提出的语音形态论及名词形态论创新理论观点[1]

呼　和[2]　斯琴格日乐[3]

朝克是我国著名的阿尔泰语学专家，他还在东北亚诸民族语言研究乃至在北极圈诸民族与族群语言文化研究方面也做出了十分突出的学术成绩。他提出的"东北亚语言文化共有论"、"北极圈诸民族与族群语言文化相关论"、"北美印第安诸语与我国诸民族语言关系说"等一系列理论观点，在东北亚语言文化研究，以及北极圈语言文化研究领域产生了深远的学术影响。他在日本用日文撰写出版的《鄂温克语语音形态论及名词形态论》是一部70余万字的、充满创新理念和思想、具有权威性和学术代表性的科研成果。它的创新点和学术理论，就在于它在国内外阿尔泰语学研究领域，首次提出语音形态论和名词形态论全新学说，这很大程度上推动了国内外阿尔泰语学研究事业，使那些变化多样、层级分明、结构严谨、内涵丰富的阿尔泰语系的语音形态变化现象的研究，以及名词类词形态变化语法现象研究变得更加规范、精细、科学和理论化。他的这些学术建树与理论，在东北亚研究、北极圈诸民族语言研究、阿尔泰语系研究领域发挥着极其重要的学术引领作用，受到了国内外学术同仁的高度评价和肯定。

《鄂温克语语音形态论及名词形态论》主要以阿尔泰语系内语音形态变化现象和名词类词形态变化现象最为复杂，最具代表性的鄂温克语为立脚点和切入口，首次在阿尔泰语学领域提出了语音形态论和名词形态论。该理论成果具

---

[1] 本文发表于中国社会科学网，2016年8月24日，同时转发于人民网、中国网。
[2] 呼和，中国社会科学院民族学与人类学研究所研究员，民族语言学家。
[3] 斯琴格日乐，内蒙古教育学院教师。

有较高的学术价值，荣获中国社会科学院优秀科研成果奖。

精心阅读这一具有全新思想理论的学术著作，会发现朝克通过对阿尔泰语系满通古斯语族通古斯语支的鄂温克语语音及名词类词[1]形态变化现象的研究，对阿尔泰语系的蒙古语族语言、突厥语族语言的语音形态变化现象及其名词类词形态变化语法现象有了更加清醒的认识和更加科学的把握。以往的阿尔泰语系语音变化现象的研究，以及名词、代词、数词、形容词等的语法现象的研究，都是逐一展开分别分析和重复阐释。所以在名词、代词、数词、形容词等名词类词中，某一语法现象会出现反复被讨论的现象。比如说，格形态变化语法现象的分析，在名词、代词、数词、形容词等的讨论中都会反复出现，从而显得十分繁琐和重复。但朝克先生的创新型研究改写了这一传统研究方法和它的历史，从名词形态论角度打开了一条科学的研究思路，在阿尔泰语系研究领域构建了语音形态论和名词形态论的全新理论框架。

一、语音形态论学术观点的提出

朝克研究员认为，语音形态论告诉我们对于所积累的语音资料，应如何进行更广泛、更深入、更精确、更科学、更全面系统的讨论。该项成果利用语音形态论研究创新理论，对鄂温克语语音形态变化现象进行了系统论述。朝克提出，除鄂温克语之外，在满通古斯诸语乃至阿尔泰语系其他语言内，也都同样不同程度地存在语音形态变化现象，以及约定俗成的规定、规则、规律。例如，由阳性元音a、o、u构成的词干后面，要接缀由阳性元音a、o、u构成的词缀系统；由阴性元音ē、ō、ü构成的词干后面也要接缀由阴性元音ë、ö、ü构成的词缀系统；由元音或辅音b、w、d、r、l、g、h、j、y、s、x、f结尾的词干后面要接缀由辅音h开头的词缀；由送气辅音p、k、t、q或鼻辅音n、m结尾的词干后面要接缀由辅音k开头的词缀。在像单数第一人称代词bi/mi "我"，以及名词laqqi/naqqi "树叶" 与 ata/ētē "祖母/祖父" 等里，就出现辅音b和m、l和n以及元音a和ē等一系列语音形态变化现象。在以往的研究中，对这些语音变化现象，多从元音和谐规律、辅音交替现象、辅音习惯性变化现象、辅音自

---

[1] 名词类词是指名词、代词、数词、形容词，也可以包括名词类词功能的形动词和部分副词等。

由换位现象等角度进行解释和讨论。而没有从它们本身的语音结构特征、音变内容、音变形式、音变规则、音变类型和音变体系表现出的深层关系对这些持有复杂多样的形态变化语音形式与内容,进行科学分类、排列和系统而全面探讨。所以,当人们接触这些语音形态变化现象时,自然觉得它们的语音系统以及音变形式十分复杂,难以掌握,只是机械地认为,这些语言有元音和谐规律和辅音交替现象,但对其内部变化形式和内容以及变化规则很难把握。朝克在该书的第一部分中,利用形态语音学全新理论,对鄂温克语极其复杂的音变现象作了全面科学的分析,指出该语言的构词词缀及语法词缀中存在非常丰富的可变性元音音素与辅音音素,甚至在词干或词根里也有可变语音音素。更加难能可贵的是,他明确指出:这些语音形态变化现象,往往跟十分微妙而细腻的语义变化内容产生直接关系。这使人们对包括该语言在内的阿尔泰语系错综复杂的语音形态变化现象,以及它们体现出的极其严密的内部结构原理、变化规则有了更深层面的科学认识和思考。

在朝克看来,阿尔泰语系语言里,像鄂温克语这样形态变化十分丰富的语言有很多,其形态变化不只是表现在错综复杂的语法系统里,同时也表现在极其丰富的语音变化系统中。以往的研究,对于这些语音形态变化现象,没有从语音形态论角度展开讨论。不过,语音形态变化现象,主要出现于构词词缀和语法词缀的结构体系中。类似现象,在整个阿尔泰语系语言语音变化现象中占有十分重要位置,在人们的生活语言、派生新词、词和词的结合、句子的构成等方面均发挥着极其重要的作用。所以,对那些有不同语音结构类型和语音分类特征的语音形态变化现象,必须要从语音形态论原理去分类、排列和分析研究。

该理论著作主要由绪论、第一部语音形态论、第二部名词形态论、结论及附属资料等章节和内容构成。绪论部分里主要论述了(1)该项研究的思路、观点、目的、重要性;(2)与形态语音变化现象及名词形态变化相关的学术理论问题;(3)分析和解释形态语音变化及名词形态变化现象的方法和手段;(4)研究意义和理论价值;(5)该项研究成果的结构关系及理论框架。

第一部语音形态论的四个章节里,充分利用语音形态论研究方法与手段,对于该语言的构词词缀、语法词缀、词干结构中出现的可变性元音音素、可变性辅音音素的形态变化现象展开全面系统的分析研究。同时,还进行了不同层面、不同角度、不同内容和形式的语音形态论分类。具体体现在如下方面。

第一章把构词词缀复杂多变的可变性元音音素的形态变化现象分类为如下六类九套结构类型：

（1）V_2→二元一体结构类型的可变性元音音素，包括V_{2A}（a/ē）、V_{2B}（u/ū）两套结构类型的可变性元音音素及其音变现象。

（2）V_3→三元一体结构类型的可变性元音音素，要涉及V_{3A}（a/ē/i）三个可变性元音音素及其音变现象。

（3）V_4→四元一体结构类型的可变性元音音素，包括V_{4A}（a/ē/o/ō）与V_{4B}（aa/ēē/oo/ōō）两套结构类型的元音音素及其音变现象。

（4）V_5→五元一体结构类型的可变性元音音素，要涉及a/ē/i/o/ō五个可变性元音音素及其音变现象。

（5）V_6→六元一体结构类型的可变性元音音素，要涉及V_{6A}（a/ē/o/ō/u/ū）与V_{6B}（aa/ēē/oo/ōō/uu/ūū）两套结构类型的六个可变性元音音素及其音变现象。

（6）V_8→八元一体结构类型的可变性元音音素，要涉及a/ē/i/o/ō/o/ū/u/ü八个可变性元音音素及其音变现象。

其次，从语音形态论角度，把构词词缀的可变性元音音素同其他音素的组合内容及其原理科学分类为如下五类十三种结构类型出

（1）$C^1V_X^2$～V_XC→单一可变性元音音素＋单一不变性辅音音素

（2）CV_XC～CCV_X→单一可变性元音音素＋两个不变性辅音音素

（3）CCV_XC→单一可变性元音音素＋三个不变性辅音音素

（4）CV_XCV_X→两个可变性元音音素＋两个不变性辅音音素

CV_XCV^3→单一可变性元音音素＋单一不变性元音音素＋两个不变性辅音音素

（5）CV_XCV_XC～CV_XCCV_X～CCV_XCV_X→两个可变性元音音素＋三个不变性元音音素

CV_XCVC～～CV_XCCV～$CVCCV_X$→单一可变性元音音素＋单一不变性元

1　C 表示不变性辅音音素。

2　V_X 表示可变性元音音素。

3　V 表示不变性元音音素。

音音素+两个不变性辅音音素。

再就是，充分运用语音形态论理论方法，将构词词缀的可变性元音音素的组合形式分成如下九种结构类型：

（1）VC
（2）CV
（3）CVC
（4）CVCV
（5）CVCVC   可变性元音
（6）CVCCV   →音素形态变化→
（7）CCV   结构类型
（8）CCVC
（9）CCVCV

V_{2B}

V_{6A}、V_{2B}、V_{2A}、V_{4A}

V_{2A}、V_{4A}、V_{2B}、V_{3A}、V_{6A}、V_{6B}、V_8

V_{6A}、V_{4A}、V_{2B}、V_{3A}、V_{6B}、V_8

V_{2A}、V_{2B}、V_{4B}

V_{2A}、V_{2B}

V_8、V_{2A}、V_{2B}、V_{4A}、V_{6A}、V_5

V_{2A}、V_{2B}、V_{4A}

V_{2A}、V_{2B}

在第二章语法词缀可变性元音音素的形态变化现象的分析中，首先，将它们的语音形态变化现象分成如下三类七套结构类型：

（1）V_2（V_{2A} ~ V_{2B} ~ V_{2C}^1 ~ V_{2D}）

（2）V_4（N^3+V_4 ~ V+V_4）

（3）V_6。

其次，把它们的语音组合内容归纳为如下八类十二种结构类型：

（1）V_X→STR^3

（2）V_X+C→STR

（3）V_X+CC→STR

（4）V_X+CCC→STR

（5）V_XV_X（~VXV）+CC→STR

（6）V_XV_X（~VXV）+CCC→STR

（7）V_XV_X（~VXV）+CCCC→STR

（8）$V_XV_XV_X$（~VXV）+CCC→STR。

最后，将语法词缀可变性元音的语音组合形式分为：（1）V、（2）CV、

---

1 可变性元音音素o与ō的形态变化现象。

2 N 表示Noum"名词"，在这里表示"名词类词"。

3 STR是structure的缩写，表示"结构"之意。

（3）CVC、（4）CVCV、（5）CVCVC、（6）CVCVCVC、（6）CVCCV、（8）CVCCVC、（9）CVCCVCV、（10）CCV、（11）CCVC、（12）CCVCV、（13）CCVCVC十三种结构类型

第三章分析归纳了语法词缀可变性辅音音素的形态变化现象及其结构原理。首先，他提出语法词缀可变性辅音音素的形态变化现象应该分类为如下三类六套结构类型：

（1）C_2→二元一体结构类型的可变性辅音音素，包括C_{2A}（h/k）、C_{2B}（s/q）、C_{2C}（b/w）、C_{2D}（g/k）四套结构类型的可变性辅音音素及其音变现象。

（2）C_3→三元一体结构类型的可变性辅音音素，要涉及n/d/r三个可变性辅音音素及其音变现象。

（3）C_5→五元一体结构类型的可变性元音音素，要涉及h/k/n/d/r五个可变性元音音素及其音变现象。而且，进一步细化为C_{5A}（h/k）与C_{5B}（n/d/r）。

其次，把它们的语音组合内容归纳为如下八类九种结构类型：

（1）C_X→单一可变性辅音音素

（2）C_X+V_X→单一可变性辅音音素+单一可变性元音音素

（3）C_X+C+V_X→单一可变性辅音音素+单一不变性元音音素+单一可变性元音音素

（4）$C_X+C+V_XV_X$→单一可变性辅音音素+单一不变性辅音音素+两个可变性元音音素

（5）C_X+C+V_X→单一可变性辅音音素+单一不变性辅音音素+单一可变性元音音素

（6）$C_X+CC+V_XV_X$→单一可变性辅音音素+两个不变性辅音音素+两个可变性元音音素

（7）$C_X+CCC+V_X$→单一可变性辅音音素+三个不变性辅音音素+单一可变性元音音素

（8）$C_X+CCC+V_XV_X$→单一可变性辅音音素+三个不变性辅音音素+两个可变性元音音素

$C_X+CCC+V_X+V$→单一可变性辅音音素+三个不变性辅音音素+单一可变性元音音素+单一可变性元音音素另外，将语法词缀可变性辅音的语音组合形式分类为如下九种结构类型：

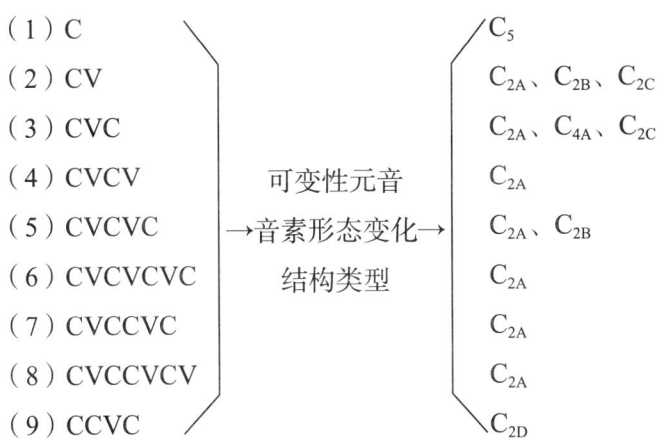

朝克研究员在该理论著作里，在从语音形态论视角研究构词词缀及语法词缀的可变性元音音素和辅音音素形态变化现象之外，还在该书的第四章中同样充分发挥语音形态论研究方法与理论，科学论证了词干内出现的可变性音素的形态变化现象及其结构特征。其中，一是分析了代词词干可变音素的形态变化现象与结构类型，二是论述了名词词干可变性音素的形态变化现象和结构类型，三是阐述了助词词干可变性音素的形态变化现象及结构类型。毋庸置疑，对于词干部分里出现的可变性音素的形态变化现象的分析与讨论，使该语言的语音形态论研究变得更加完整、全面、系统。由此帮助人们更加清楚、科学地认识和把握复杂多变的语音结构形式、内容及其规律。

语音形态论研究方法与理论，彻底冲破阿尔泰语系语言对语音变化现象展开学术研究时，一直遵循的是语音变化现象描写性研究的思维与框架。比如说，在过去的研究中，对于确定宾格语法词缀-ba/-bē/-bo/-bu/-bō/-bū及-wa/-wē/-wo/-wu/-wō/-wū结构关系与特征，从描写性研究的角度解释为：（1）由辅音b与w同短元音a、ē、o、u、ō、ū组合而成，（2）有词缀首辅音b与w的交替现象，（3）有短元音a、ē、o、u、ō、ū的和谐现象等。所以，从语音形态论角度，把具有十分复杂的语音形态变化现象的确定宾格语法词缀高度科学地归纳为$C_{2C}V_{6A}$。我们在此之前的语音形态论研究中，已经明交代了高度科学概括的$C_{2C}V_{6A}$的每一个符号所代表的实际意义，具体讲，C_{2C}的"C"代表辅音音素、"2C"指词缀首可变性辅音音素b与w的语音交替式变化现象，而V_{6A}的"V"代表元音音素、"6A"指六元一体可变性短元音音素a、ē、o、u、ō、ū。与此同时，把它从语音形态论音素组合内容归纳为$C_{2C}+V_{6A}→STR$的结构类型。其实,这个道理一看就明白,它的语音组合内容属于C_2C加V_{6A}。也就是说,在词缀首可变性辅音音素b与w后面,再加六元一体可变性短元音音素a、ē、o、u、ō、ū而构成的语法词缀。最后把它的语音组合形式归纳为C_XV_X,是由单一可变性辅音音素与单一可变性元音音素相结合形式构成的产物。总之,具有语音形态变化现象的确定宾格语法词缀-ba/-bē/-bo/-bu/-bō/-bū及-wa/-wē/-wo/-wu/-wō/-wū的语音形态论分析结果应该是:(1)结构类型是C_2CV_{6A};(2)结构内容是$C_2C+V_{6A}\rightarrow STR$;(3)结构形式是$C_XV_X$。很显然,语音形态论分析归纳使语音形态变化现象极其复杂的词缀系统研究变得更科学、规范、全面、完整和精细。

二、名词形态论学术观点的提出

朝克在该理论著作的第二部分里,充分利用名词形态论理论观点,对鄂温克语名词、代词、数词、形容词等名词类词汇的语法形态变化现象,包括其形式和内容以及内部结构、变化规则、语法概念等展开了全面的理论分析。众所周知,该语言名词类词的形态变化语法现象是一个极其丰富而复杂的结构系统,其复杂性不只是表现在错综复杂的语法词缀及形态变化语音形式上,同时也表现在极其细微、精密的语法概念的变化与表达形式方面。这一切语法现象,均可从名词形态论角度进行研究和科学阐释。也就是说,名词形态论部分从(1)八个方面分析了复数形态变化语法现象,(2)十六个方面论述了格形态变化语法现象,(3)三个方面讨论了人称形态变化语法现象,(4)三个方面和二十六个细节阐述了级形态变化语法现象。他在全面论述该语言名词类词语法形态变化现象及其构成原理、使用关系、语法内涵的基础上,科学论述了名词类词富有的复数形态变化语法体系、格形态变化语法体系、人称形态变化语法体系、级形态变化语法体系等。从而科学构建了名词形态论研究理论框架。

第五章名词形态论归纳分类出以下四种结构类型的复数形态变化语法现象:

(1)$SV_{6A}L\rightarrow$-sal/-sēl/-sol/-sōl/-sul/-sūl

(2)$NV_5L\rightarrow$-nal/-nēl/-nel/-nol/-nōl

(3)$CEN\rightarrow$-sen

（4）$C_{4C}\rightarrow$ -t/-r/-s/-l。

第六章名词形态论归纳分类出以下十七种结构类型的格形态变化语法现象：

（1）$C_{2A}V_{4A}N\rightarrow$ -han/-hēn/-hon/-hōn ~ -kan/-kēn/-kon/-kōn

（2）CI→-si

（3）TEEN→-teen

（4）NI→-ni

（5）$C_{2C}V_{6A}\rightarrow$ -ba/-bē/-bo/-bō/-bu/-bū ~ -wa/-wē/-wo/-wō/-wu/-wū

（6）$C_{2C}V_{6A}\rightarrow$ -a/-ē/-o/-ō/-u/-ū ~ -ya/-yē/-yo/-yō/-yu/-yū

（7）$DV_{2B}\rightarrow$ -du/-dū

（8）$LV_{4A}\rightarrow$ -la/-lē/-lo/-lō

（9）$DV_{4A}LV_{4A}\rightarrow$ -dala/-dēlē/-dolo/-dōlō

（10）LI→-li

（11）$DV_{2B}LI\rightarrow$ -duli/-dūli

（12）DIHI→-dihi

（13）JI→-zhi

（14）TE→-te

（15）GIIJI→-giizhi

（16）$THV_{4A}HI\rightarrow$ -thahi/-thēhi/-thohi/-thōhi

（17）THI→-thi

第七章名词形态论分析归纳出以下六种结构类型人称形态变化语法现象：

（1）$C_{2C}I\rightarrow$ -bi/-wi　　（2）CI→-si　　（3）NIN→-ni

（4）$MV_{2B}N\rightarrow$ -mun/-mūn~TI（5）$SV_{2B}N\rightarrow$ -sun/-sūn（6）JIN→-zhin

第八章从名词形态论角度将极其复杂多变的级形态变化语法现象高度精辟归纳为以下四种：

（1）$C_{2A}V_{4A}N$（比较一级）

（2）$SV_{4A}LV_{4A}$、$C_{2A}V_{4A}LV_{4A}$、$C_{2A}V_{4A}YV_{4A}$（比较二级）

（3）$SV_{4A}LV_{4A}HV_{4A}N$、$C_{2A}V_{4A}LV_{4A}HV_{4A}$、$C_{2A}V_{4A}YV_{4A}HV_{4A}N$、$C_{2A}V_{4A}NSV_{4A}LV_{4A}$、$C_{2A}V_{4A}NKV_{4A}N$、$C_{2A}V_{4A}HV_{4A}N$（比较三级）

（4）$G_{2D}G_{2D}V_{4A}N$、$K_{2D}K_{2D}V_{4A}N$（最高级）

所以，这些高度归纳浓缩的级形态变化语法现象的符号系统各自表达的形态变化语法词缀是：

$C_{2A}V_{4A}N \rightarrow$ -han/-hēn/-hon/-hōn ~ -kan/-kēn/-kon/-kōn

$SV_{4A}LV_{4A} \rightarrow$ -sala/-sēlē/-solo/-sōlō

$C_{2A}V_{4A}LV_{4A} \rightarrow$ -hala/-hēlē/-holo/-hōlō ~ $\rightarrow$ -kala/-kēlē/-kolo/-kōlō

$C_{2A}V_{4A}YV_{4A} \rightarrow$ -haja/-hējē/-hojo/-hōjō ~ $\rightarrow$ -kaja/-kējē/-kojo/-kōjō

$SV_{4A}LV_{4A}HV_{4A}N \rightarrow$ -salahan/-sēlēhēn/-solohon/-sōlōhōn

$C_{2A}V_{4A}LV_{4A}HV_{4A}N \rightarrow$ -halahan/-hēlēhēn/-holohon/-hōlōhōn~-kalahan/-kēlēhēn/-kolohon/-kōlōhōn

$C_{2A}V_{4A}YV_{4A}HV_{4A}N \rightarrow$ -hajahan/-hējēhēn/-hojohon/-hōjōhōn~-kajahan/-kējēhēn/-kojohon/-kōjōhōn

$C_{2A}V_{4A}NSV_{4A}LV_{4A} \rightarrow$ -hansala/-hēnsēlē/-honsolo/-hōnsōlō ~ -kansala/-kēnsēlē/-konsolo/-kōnsōlō

$C_{2A}V_{4A}NKV_{4A}N \rightarrow$ -hankan/-hēnkēn/-honkon/-hōnkōn~-kankan/-kēnkēn/-konkon/-kōnkōn

$C_{2A}V_{4A}HV_{4A}N \rightarrow$ -hahan/-hēhēn/-hohon/-hōhōn~-kahan/-kēhēn/-kohon/-kōhōn

$G_{2D}G_{2D}V_{4A}N \rightarrow$ -ggan/-ggēn/-ggon/-ggōn

$K_{2D}K_{2D}V_{4A}N \rightarrow$ -kkan/-kkēn/-kkon/-kkōn

从以上研究完全可以看出，名词形态论能对形态变化语法现象极其复杂的语言研究带来的诸多方便，是一种方便清晰、简练实用、严谨细致、规范科学、全面系统的研究方法与理论。其中的任何一个符号，均有严格意义上的使用内涵、使用要求、使用条件、使用规则，绝不能相互换用、相互颠倒。

总之，在《鄂温克语语音形态论与名词形态论》这一成果里，朝克研究员科学运用名词形态论的全新理论方法，客观翔实地分析研究了名词、代词、数词、形容词等名词类词的形态变化语法现象。书中的研究方法与思路，无一不渗透着他的创新学术理念和精神。他不仅在阿尔泰语系语言里创造性地提出名词形态论学说，还建立了一整套名词类词形态变化语法现象研究新思路、新观点、新途径。比如说，以数形态变化语法现象为对象的数语法形态学、以格形态变化语法现象为主题的格形态学、以人称领属形态变化语法现象为核心的人称语法形态学、以级形态变化语法现象为中心的级形态学等等。毫无疑问，这使名词类词形态变化语法现象的研究变得更加科学化、规范化、理论化和系统化。名词形态论这一创新学术理论的提出和一系列学术观点的产生，不只是对于阿尔泰语系满通古斯语族语言、蒙古语族语言、突厥语族语言的名词类词形态变化语法现象研究有特定学术理论价值与意义，同时也对俄罗斯西伯利亚地区语言以及日语和朝鲜语，乃至中亚地区诸民族语言及北极圈诸民族语言的名词类词形态变化语法现象及其规律的研究，有着十分重要的学术理论价值。在名词类词形态变化语法现象的研究中，朝克研究员提出的形态变化语法要素起源多元论、内部结构系统可变论、深层结构内涵相关论等学术理论，同样对形态变化语法现象深入研究起到积极推动作用。

除了以上提到的成果之外，经过多年的钻研和研究，朝克研究员还出版了不少在阿尔泰语学领域很有影响力的学术著作。它们是：《满通古斯语族语言词源研究》《满通古斯语族语言研究史论》《满通古斯语族语言词汇比较》《北方民族语言变迁研究》《锡伯语口语研究》《鄂温克语参考语法》《楠木鄂伦春语研究》等40余部专著，以及160余篇学术论文。同时，他还培养了不少阿尔泰语学博士生和博士后科研人员。从这一切可以清楚地看出朝克研究员在我国阿尔泰语学研究领域做出的辉煌业绩。语音形态论和名词形态论的提出，使阿尔泰语学研究走向了更加理论化的发展道路，迈入了新的历史发展时期。

第六篇
朝克主持的《中国民族语言文字研究史论》述评[1]

锡 莉[2]

　　朝克研究员说，我国少数民族语言文字有着悠久而辉煌的历史，同时也有极其辉煌的少数民族语言文字研究历史，我们要把它写入历史，这是我们责无旁贷的责任和义务。这样做既是为了以史为鉴，振兴当今，流传后世，也是为了建立健全我国民族语言学术平台，建构我国民族语言理论体系和话语体系，打造我国民族语言研究品牌和话语权。这就是朝克研究员当时启动该项重大课题的想法和目的。众所周知，我国有55个少数民族，它们使用着上百种语言和几十种文字，从而孕育了一个丰富多彩的少数民族语言世界和少数民族文字世界，并给人类留下了极其珍贵而浩瀚的思想空间、思维规则、表述形式、符号系统，以及历史文献资料。20世纪80年代以后，伴随着我国社会经济的快速发展，少数民族地区在各方面发生了巨大变化，包括交通、电讯、教育、文化、印刷等事业得到了空前的繁荣和发展。这给民族语言文字的研究工作提供了极大便利，我国从20世纪80年代初起开展了更大规模、更加全面而系统的民族语言文字使用情况大调查。在信息情报产业高度发达的今天，从事我国民族语言文字研究的国内外专家学者，都在翘首期盼该学术成果早日出版，因为该成果对古今中外的我国民族语言文字成果进行了全面搜集整理，具有权威性、综合性、系统性。时任中国社会科学院民族学与人类学研究所语言室主任的朝克研究员，主动地承担起这一历史任务和学术使命，并向中国社科院最高学术委员

---

[1] 本文发表于中国网，2016年8月14日，同时转发于中国网、光明网。
[2] 锡莉，任职于内蒙古大学蒙古学研究中心。

会提出实施这一重大项目的课题计划。朝克的提议很快得到批示，该项目被纳入2003年底中国社科院B类重点研究项目，于2004年初项目经费到位后开始启动整个课题研究工作。在朝克研究员的牵头和带领下，在民族语言文字学三代专家学者们的共同努力下，项目初稿约220万字，于2008年初基本完成。经补充调研、修改完善、专家审读审查，定稿于2012年底交中国社科院中国社会科学出版社。最终这套具划时代意义的成果于2013年3月第一次印刷并公开发行。《中国民族语言文字研究史》的问世，改写了我国民族语言文字研究历史，改变了我国民族语言文字研究没有自己历史的局面。该项成果在我国民族语言文字研究史上有其里程碑意义，为我国民族语言文字研究事业注入了强大的活力和生命力，同时产生了极其重要的学术价值和理论价值，发挥了其他任何科研成果无法替代的学术作用。毫无疑问，该项目对于我国民族语言文字学教学工作，尤其对培养高层次民族语言文字科研人才等方面也具有不可忽视的现实意义和实用价值。

《中国民族语言文字研究史论》是一套科学论述我国民族语言文字研究事业之发展道路以及历史过程的学术理论力作。如上所说，该成果主要由朝克研究员主持，并在他的努力下被立项为中国社科院B类重点项目"中国民族语言文字研究史"（SEC00080）。课题最终成果共三卷四册，244万余字。第一卷为北方卷，第二卷为南方卷（分上下两册），第三卷为索引卷。

第一卷《中国北方民族语言文字研究史》包括蒙古语族语言文字史、突厥语族语言文字研究史、满通古斯语族语言文字研究史、朝鲜语言文字研究史四个章节。该卷主要搜集整理、分析研究我国阿尔泰语系语言及朝鲜语研究论著、调研报告、语言教材、语言口语资料与研究、方言土语资料与研究、语言文字档案资料、语言文字历史资料、文字研究资料及相关语言方面的研究成果与资料等。在此基础上，该卷还对于古今中外以不同文字、不同形式、不同内容、不同层面、不同理论视角，在不同国家和地区公开出版或发表的关于我国境内的阿尔泰语系语言、印欧语系语言相关语言、朝鲜语等的研究成果及其资料进行了翔尽的分析与探讨。该卷使用的资料丰富扎实，理论手法坚实可靠，在对中国北方民族语言文字研究历史进行回顾的同时，对阿尔泰语系语言及朝鲜语研究事业进行了全面、系统、科学的论述，进而提出了以往研究中提出的理论观点及其优势和存在的问题等。

由于涉及的少数民族多，学术成果也不少，所以把110万余字的成果稿分为上下两册来印刷出版。其中，上册属于藏缅语族语言文字研究史；下册由壮侗语族语言文字研究史、苗瑶语族语言文字研究史、仡央语群语言研究史、中国南亚语系语言文字研究史、中国南岛语系语言文字研究史等章节构成。也就是说，这分上、下两册的南方卷，主要搜集整理、分析研究了南方诸民族语言文字研究论著、调研报告、语言教材、语言口语资料与研究、方言土语资料与研究、语言文字档案资料、语言文字历史资料、文字研究资料及相关语言资料等。在此基础上，对于古今中外以不同文字、不同形式、不同内容、不同层面、不同理论视角，在不同国家和地区公开出版或发表的关于我国境内的藏缅语族语言文字、壮侗语族语言文字、苗瑶语族语言文字、仡央语群语言、中国南亚语系语言文字、中国南岛语系语言文字等方面的研究成果进行了翔尽的分析与探讨。这套成果的研究资料、理论研究和分析方法扎实可靠，在对我国南方诸民族语言文字研究历史进行了全面回顾的同时，对发展变化的历史及其研究现状也作了系统、完整、科学的分析与归纳论述。

第三卷《中国民族语言文字研究论著索引》包括蒙古语族语言研究论著索引、突厥语族语言文字研究论著索引、满通古斯语族语言文字研究论著索引、朝鲜语言文字研究论著索引，以及藏缅语族语言文字研究论著索引、壮侗语族语言文字研究论著索引、苗瑶语族语言文字研究论著索引、仡央语群语言研究论著索引、南亚语系语言文字研究论著索引、中国南岛语系语言研究论著索引十个章节。该卷是我国少数民族语言文字论著，以及相关科研成果、科研资料、科研项目、科研工作的索引。该索引按语系、语族、语支、语言的层级分别列出了国内外公开发表的有关我国少数民族语言文字研究的成果及资料，包括专著、调研报告、辞书、词汇集、词汇比较、论文、论文集、语言教材、调研资料、学术资料、会话资料等等，涵盖了从古到今对于我国境内的少数民族语言文字、方言土语展开学术讨论的科研成果，同时也涉及用不同少数民族文或外文在国内外公开发表或出版的有关我国境内少数民族语言文字方面的学术成果。

总而言之，该项研究成果的第一卷和第二卷，全面而系统搜集整理和分析研究了古今中外用不同文种在不同国家和地区公开出版或发表的关于我国境内民族语言文字学的科研成果及学术资料。进而论述了其优点和存在的问题，阐述了不同学术影响、学术价值、学术作用与不同研究方法和理论意义等。不仅如此，前二卷还进一步论证了我国民族语言文字学研究事业从无到有、从小到大、从局部到全面走过的科学发展道路及其历史。通过阅读第一卷和第二卷，人们完全可以看到，我国少数民族语言文字研究走过的十分复杂而艰辛的发展历程。该项目的第三卷，对于建立健全我国少数民族语言文字学研究史，以及建立有史以来的民族语言文字研究资料分析库、信息库、档案库、数据库等，均起到十分积极的推动作用。因此，可以说这是一项将理论分析和资料收集整理科学整合为一体的，包含有诸多创新精神的前瞻性成果。

该项目对北方民族语言文字的研究，涉及满通古斯语族5种民族语与3种民族文字、蒙古语族7种民族语与5种民族文字、突厥语族10种民族语与5种民族文字、朝鲜语言文字等；在南方民族语言文字研究中，涉及藏缅语族5个语支的41种民族语、侗台语族9种民族语、苗瑶语族8种民族语、仡央语群6种民族语、南亚语系孟高缅语族语言和越芒语族语言、南岛语系相关语言，以及南方民族诸多古今文字方面的研究成果。尤其有价值的是，它涵盖了国内外由不同民族文字以及不同国家文字撰写的研究资料及其科研成果。所以说，该项目内容十分丰富，涉及了我国少数民族语言文字，乃至方言土语有史以来的研究成果。其主旨，就是要建立我国少数民族语言文字研究历史、研究理论体系、研究资料库，同时也建立全面而系统的我国少数民族语言文字研究海量信息资料库和数据库，以及我国少数民族语言文字研究的科研成果索引档案库等。进而，为温故知新、理论创新和繁荣发展我国新时期、新阶段、新条件、新环境和新理论思考下的民族语言文字研究事业提供强有力的支撑。

《中国民族语言文字研究史论》中汇集的研究资料及科研成果，以及分析归纳中提出的学术理论和观点，必将为未来编纂和研究我国民族语言文字大型百科全书奠定雄厚的基础。作为一项集学术性和资料性、基础理论研究与应用研究科学融合为一体的大型成果，它对我国民族语言文字研究基础理论建设，以及学科发展建设、科研队伍的培养和建设等，都有十分重要的现实的和长远的学术价值和意义。对青年学者掌握和认识中国民族语言文字研究历史与现状，确定研究方向等，也会有强有力的导向作用。不仅如此，该成果材料丰富、分析细致、涉及面广而深。无论是时间跨度，还是资料、内容、形式、理论方法都有重大突破和创新。该书有史有论：史，可以回溯我国民族语言研究的过去，探讨过去研究的成就与不足；论，可以展望未来，拓展我国民族语言文字研究的空间、理论、方法，建立中国民族语言文字研究体系。它是集大成之作，对国内外中国民族语言文字研究将会产生重要学术影响。

另外，作为朝克研究员主持完成的一项理论分析和研究资料搜集整理合为一体的课题成果，它在该学术研究领域中确实体现出了其特殊的历史性、现实性、和理论性作用。特别是，作为一项严格遵循我国民族语言文字研究学科之基础理论建设原则的、具有长远眼光的、又能满足当前需要的成果，它在各个方面都显示出了特有的价值。正因为如此，该成果有了严格意义上的学术内涵。

该课题是一项建立健全我国少数民族语言文字研究史、建立健全我国少数民族语言文字研究信息资料库与数据库的重大科研项目。类似的研究成果在国外也有很多，并且一直发挥着极其重要的作用。但在我国，少数民族语言文字研究还处于相对滞后状态，对国外用外文撰写发表的许多科研成果及资料，甚至是国内用少数民族文字撰写发表的古今科研论著及其资料等，还没有进行系统而全面的搜集整理和分析研究。因此，有时会出现不必要的重复式科研劳动现象。在我们看来，这些现象的出现，无疑是与没有全面掌握过去的国内外相关科研成果及研究历史、研究信息资料等密切相关。正因为如此，在我们看来，该项重大课题的具体实施及出色完成，以及按照出版计划顺利出版，很大程度上弥补了在此方面的缺憾。这是该项课题的可贺之处，同时也是该课题的价值和学术意义所在。今后对我国少数民族语言文字开展学术研究时，完全可以把该成果作为研究的一个基础资料。因为该成果是规范的，它的规范性，完全体现在对于以往成果及资料按规定标准进行搜集整理、规定标准原则进行分析研究、规定标准理论框架进行评述和论说等方面。正是这一缘故，该项巨大科研成果具有严格意义上的学术价值。

该项研究成果的完成，首先标志着我们对长达15个世纪的历史岁月中有关我国少数民族语言文字的研究成果及历史文献资料作了全面系统的搜集整理和分析研究；其次给国内外从事民族语言文字研究专家学者，奉送了一套完整的中国民族语言文字研究史，给他们的学术研究打下了雄厚研究资料基础和理论基础；第三，给从事我国民族语言文字教学单位或专家学者提供了一个相当理想而完整的教科书。

在朝克研究员全身心的投入下，该项目顺利结项并公开出版，引起国内外从事我国民族语言文字研究专家学者、研究机构及部门的极大关注。特别是，在东北亚及东南亚国家和地区引起强烈反响。对于那些关心和研究我国民族语言文字的国外专家学者来讲，这是一套学术理论价值、学术资料价值、学术教学价值并存的力作。

综上所述，该项244万余字的科研成果，给国内外民族语言文字学界专家学者提供了十分可观、翔尽、系统的民族语言文字研究史论及研究资料；对于培养民族语言文字学高层人才，高等院校及科研部门的教学工作，开展更高层面而更有深度和广度的学术研究、学术交流工作等均提供了必要的理论依据和研究素材；从资料学、信息学、情报学等不同学科、不同角度出发，进行了多方位的民族语言文字研究工作。因此，这套巨型力作充分体现出其特殊的历史性、理论性、现实性、实用性价值。所有这些，对我国民族语言文字学研究事业，都有特殊而重要的现实意义。由此，我们有理由相信，这套巨型力作的出版，对谱写我国民族语言文字研究历史，为建立健全我国民族语言文字研究理论体系，对对外宣传和弘扬我国民族语言文字研究取得的辉煌业绩，对提升和提高我国在此学术领域的学术地位、学术话语权、学术权威性，均会产生深远的影响力。

第七篇
朝克在满通古斯诸语研究做出的突出业绩[1]

赵 杰[2] 娜 敏[3]

我国著名民族语言学家朝克博士，从1982年从事民族语言文化研究工作至今已有34年的岁月了，他为我国民族语言研究事业做出了杰出贡献。特别是，他作为我国满通古斯语族语言研究的权威专家和引领者，在满通古斯语族语言方面取得的学术业绩更是鼓舞人心。朝克作为中国社会科学院的一名蜚声中外的民族语言文化专家，他身上确实体现着社科院学术大家具有的甘于清贫、甘于寂寞、甘坐冷板凳、甘于无私奉献的崇高品德和精神。每当和他在一起，或和他接触时，人就会不由自主地被他感染、被他感动、被他感召，总觉得他身上有用不尽的力量和智慧，有使不尽的劲儿。他总是说，中国社会科学院是哲学社会界优秀专家学者工作的地方，这里的每一个人都和他一样拼命为祖国和人民做学问。所以，才得到了祖国和人民的肯定、尊敬、爱护和爱戴。他说，没有废寝忘食的搞学问，没有夜以继日的拼搏，没有无怨无悔无私的奉献，怎能做出让祖国和人民满意的学术贡献。在朝克看来，中国社会科学院的每一位专家学者在各自的研究领域都是顶天立地的，都是祖国和人民骄傲的好学者、好专家。朝克他本人是这样想，也是这么要求自己的。他真是无愧于中国社会科学院这一学术品牌，这一学术殿堂，这一学术团队，这一学术智库。对于他做出的学术成绩国内有许多报道，他也获得过很多学术荣誉。在这里，笔者只想谈一谈他怎样通过扎实可靠的田野调查，以及笔耕不辍，为中国乃至国际满通古斯诸民族语言研究与抢救，做出了突出的学术成绩。

---

1 发表于中国社会科学网，2016年9月16日。
2 赵杰，北京大学东语系著名满语专家、教授。
3 娜敏，内蒙古呼伦贝尔学院教师。

众所周知,满通古斯语族语言包括历史上的女真语和现在的满语、锡伯语、鄂温克语、鄂伦春语、赫哲语。满通古斯语族语言属于阿尔泰语系,所以同蒙古语族语言、突厥语族语言、北方的朝鲜语及日本语均有不同程度的历史渊源关系。满通古斯语族语言的通古斯诸语均属于跨境语言,因此这些语言与俄罗斯远东及西伯利亚地区诸民族语言、蒙古国的察嘎坦语、日本的阿依努语和乌依勒塔语、北美的因纽特语、北欧的萨米语等均有不同层面的历史关系。我国满通古斯语族诸民族主要居住在黑龙江、辽宁、吉林、河北、北京、内蒙古、新疆等省、市、自治区。据2010年人口统计,满通古斯诸民族共有人口10623327人。其中,满族人口为10387958人,锡伯族人口为190481人,鄂温克族人口为30875人,鄂伦春族人口为8659人,赫哲族人口为5354人。然而,据不完全统计,其中使用母语者不足4万。由此,朝克明确提出,我国满通古斯诸民族语言文化已全范围进入濒危或严重濒危。朝克认为,现在全面掌握母语的满族不足10人、赫哲族不足20人、鄂伦春族不足100人、鄂温克族和锡伯族不足1600人。所有这些充分表明,满通古斯语族濒危或严重濒危语言文化的抢救保护,以及抢救性搜集整理、分析研究工作已达到刻不容缓的程度。他们许多远古记忆、语言表述形式、语言符号系统均变成片段化、碎片化。好在朝克从20世纪80年代初就开始背起田野调研的行装,走遍了满通古斯诸民族生活的边远地区的山山水水,走遍了他们的山林草原及农村牧区,进而搜集整理了数量可观而弥足珍贵的满通古斯诸民族语族文化第一手资料。在此基础上,他对于该语族语言的语音、词汇与词源、语法展开了全面系统的比较研究,并取得令学术界瞩目的辉煌业绩,同时,也把我国满通古斯语族语言研究推向了全新性、突破性、科学性、理论性研究学术境界,很大程度上提升了我国在此学术领域的代表性、权威性。比如说,他先后撰写出版了《满通古斯语比较研究》[1]、《满通古斯语族语言词源研究》[2]、《满通古斯语族语言研究史论》[3]、《满通古斯语族语言词汇比较》[4]、《满通古斯语族语基本词汇》[5]、

---

[1] 朝克著:《满通古斯诸语比较研究》,民族出版社,1997年。
[2] 朝克著:《满通古斯语族语言词源研究》,中国社会科学出版社,2014年。
[3] 朝克著:《满通古斯语族语言研究史论》,中国社会科学出版社,2014年。
[4] 朝克著:《满通古斯语族语言词汇比较》,中国社会科学出版社,2014年。
[5] 朝克著:《满通古斯语族语言基本词汇》(日文),日本北海道大学出版社,1997年。

《通古斯诸民族及其语言》[1]等等。以下从四个方面，论说朝克的满通古斯语族语言研究。

一、朝克的满通古斯诸语语音研究及成果

朝克在《满通古斯语比较研究》中，首先对满通古斯语族语言语音系统进行了比较研究。他在该书的第一章和第二章内，分别对满通古斯语族语言的语音结构及其语音对应规则作了全面比较研究；在论述该语族语言语音系统时，在进行了严格意义上的比较分析研究的基础上科学归纳整理了所有元音音位和辅音音位，同时还明确提出该语族语言语音结构里表现出的长元音、复元音、叠辅音、复辅音等语音现象。

朝克在分析满通古斯语族语言的音节结构原理及其特征时认为，其主要有V、VV、VC、VCC、CV、CVV、CVVC、CVC、CVCC[2]九种类型。在归纳分析该语族语言的元音和谐现象与规律时，他认为这些语言均有元音和谐现象，而且都有各自不同的和谐形式、内容及其规律。比较而言，锡伯语和赫哲语、鄂温克语与鄂伦春语两对语言间的元音和谐现象及其规律比较一致，而满语的元音和谐现象要比这些语言复杂。

他在该书里对满通古斯语族语言的语音变化规则以及重音现象等都做了系统分析。他还利用相当篇幅，系统分析和论述了该语族语言内出现的语音对应规律。其中，主要以该语族的a、e、i、o、u五个最为基础的元音音素为核心组成的一系列元音对应现象为例，讨论了元音和谐的结构特征、结构关系、结构原理。另外，也讨论了以舌尖音、舌面音、双唇音、舌叶音、唇齿音为核心组成的辅音对应规则。在书的附录中，他还用表格形式展示了满通古斯语族语言元音系统、辅音系统，以及女真字母例表、满文字母表、锡伯文字母表等内容。可以说，该书是对于我国满通古斯语族语言语音系统、语音结构特征、语音对应规律、语音和谐原理等第一次进行全面分析研究的科研成果。在此往后的满通古斯语族语言语音研究，基本上以朝克《满通古斯语比较研究》的语音分析结论为依据，再展开该语族语言不同层面、不同视角、不同范围的学术

1　朝克著：《通古斯诸民族及其语言》（日文），日本东北大学东北亚研究中心，1997年。
2　表示元音音素，表示辅音音素。

讨论。

与此同时，朝克还发表了对满通古斯语族语言的元音或辅音，或对某一语音特征、语音结构形式、语音变化现象等展开专题研究的一系列学术论文。其中，就包括专门论述该语族语言内复杂多变、各具特色的辅音音素中出现的极具说服力的共有现象，以及这些共有辅音音素的历史来源关系之论文《关于满通古斯语族语言的辅音结构》。还有专门讨论该语族语言中常见的词尾元音弱化与脱落、词中元音脱落、元音顺同化、元音逆同化、元音鼻音化、元音增加现象、元音i之演变、元音u之演变，以及辅音脱落、辅音顺同化、辅音逆同化、辅音s之演变、辅音k＞q＞h音节末的演变、辅音s＞h＞O之演变规则的论文《论满通古斯语族语言的音变规则》。朝克于2003年、2004年在日本当客座教授时，先后在日本青年语言学家学术讨论会（2003）、大阪大学语言学研究方法论讨论会（2004）、日本北海道大学语言学理论讨论会（2003）、日本九州大学语言学会（2003）以及《日本青山语言学报》（2003）上用日文发表《关于通古斯诸语语音结构特征》《论通古斯诸语语法词缀音变规则》《关于通古斯诸语词缀形态语音变化》《阿尔泰诸语形态语音论》《关于通古斯诸语语音结构特征》等学术论文。这些论文都论述了满通古斯语族语言语音结构关系及其特征、极其特殊而独特的音变内部规则、可变性词缀的语音变化现象、语音形态论等问题。

另外，朝克还对满通古斯语族语言中两个或两个以上语言的某一语音关系及其结构特征展开过比较研究。他在《鄂温克语和满语同源词元音对应规律》一文中，提出鄂温克语和满语的基本词汇里有相当数量的同源词，它们在语义结构和语音形式等方面均有很高的共同点，尤其是在所表示的语义结构方面有着相当高的一致性。不过，在语音形式方面出现了不少有规律的音变现象和区别性特征，所有这些问题完全可以通过语音对音现象的分析做出全面科学阐释。文中，主要从鄂温克语长元音同满语短元音的对音、鄂温克语短元音同满语短元音的对音、鄂温克语短元音同满语复元音的对音、鄂温克语词首辅音同满语零辅音的对音、鄂温克语辅音同满语辅音的对音等方面，系统分析了这两个亲属语言的元音对音及其辅音对音规律。另外，他在《鄂伦春语和鄂温克语语音对应关系》一文里，对鄂伦春语和鄂温克语具有代表性的基本词汇的语音系统进行了比较分析。鄂伦春语和鄂温克语是满通古斯语族中最亲近的两个语言，这两个语言的同源词达到86%以上，有着相当整齐而规范的语音对音规律。朝克分析了元音对应现象及其规律，包括短元音对应、短元音同长元音的对应、复元音与长元音的对应，以及单辅音的对应、零辅音同单辅音的对应、复辅音同叠辅音的对应等。并在此基础上，进一步论证了鄂伦春语和鄂温克语共有的语音系统及音变规律。

毫无疑问，他的这些满通古斯语族语言语音研究成果，不仅充分论证了满通古斯语族语言的语音系统、语音结构特征及其复杂多变的语音变化规则与语音和谐原理，同时很大程度上强化了满通古斯语族语言语音研究的全面性、系统性、客观性和科学性。

二、朝克的满通古斯诸语词源研究与词汇搜集整理的成果

朝克在他的著作《满通古斯语族语言词源研究》中，从词源学、构词学、词汇学、词用学、词汇变异学、词汇接触学等理论视角，对我国满通古斯语族语言的满语、锡伯语、鄂温克语、鄂伦春语、赫哲语以及女真语的三千余条基本词汇的来源，展开严格意义上的科学分析。并在此基础上，对于难点最大、涉及历史最长、语音和词义结构最为复杂的词源问题展开多视角、多层面、多范围、多方法论的理论探讨，进而科学论述了这些固有词的词源关系、音变规律、词义结构、使用特征等。同时，还论证了其中出现的同语族语言、同语支语言、不同语言间存在的同源词，科学阐述了满通古斯语族语言同源词与蒙古语族语言间产生的复杂多变的历史渊源关系，以及不同程度、不同内涵、不同规则的音变现象等。更加重要的是，他通过对满通古斯语族语言词源研究，探索出了濒危语言或严重濒危语言词源研究的一条全新意义的研究方法。即对濒危语言词源研究，要紧密结合同一语言的方言土语间、同语支语言间、同语族语言间、同语系语言间、同一地区语言、同一家族语言间的调查研究，即要在充分掌握有说服力的词汇词源资料基础上做研究。同时，他提出对于濒危语言或严重濒危语言展开词源研究时，必须要紧密结合濒危语言及严重濒危语言词汇的实际特点，既要从不同视角、不同层面、不同理论办法、不同历史文化、不同社会关系、不同民俗习惯、不同宗教信仰、不同伦理道德、不同心理素质、不同生存环境和地域自然环境角度入手，充分考虑到其他亲属语言词汇间出现的同源、共有、接触、借用关系，充分考虑到相关历史文献资料及早期词

汇调研成果的重要性。

在《满通古斯语族语言词源研究》一书中,朝克首次从词源学理论角度对我国满通古斯语族语展开全面系统的研究,这一研究成果对满通古斯语族语言词汇历史及其来源研究、词汇历史比较研究、词汇变异研究、语言发展史研究、语言文化学研究,以及满通古斯语族语言与蒙古语族语言,乃至阿尔泰语系诸语起源、历史关系、接触与影响、发展及变化研究均有很高的学术价值和应用价值。更为重要的是,这对于北方诸民族历史文化脉络的梳理,以及悠久而深远的历史文化的科学阐释,均会产生深刻的社会影响。而且对濒危语言文化的抢救保护及不断强化语言文化安全等方面,同样也能够发挥积极推动作用。

除以上之外,朝克还有一些专题性研究满通古斯语族语言词汇的论文。比如说,他在《民族语文》上发表的《论满通古斯诸语的bugada》一文,论述了满通古斯诸语同源词bugada(buga天+-da根、头)"天官">"天皇">"天神"的产生历史以及语音结构特征、构成原理、音变规律、词义内涵、语用关系等。他在日本学习院大学语言讨论会(1990)及中国民族语文研讨会(1985)等国内外学术讨论会上,先后发表《通古斯诸语的拟声拟态词》(日文)、《通古斯诸语的后置词》等论文,专题分析了满通古斯语族语言的拟声拟态词及后置词,从而对于人们科学把握和认识满通古斯语族语言虚词类词的历史来源、结构特征、语义关系、使用规则及其原理提供了必要的理论依据。

在这里还应该提到的是,朝克在满通古斯语族语言固有词汇、基本词汇、一般词汇、共有词汇的田野调研、搜集整理等方面做出了十分艰辛的努力,也取得了鼓舞人心的学术业绩。众所周知,满通古斯语族语言已经整体上进入濒危或严重濒危状态,所以每一种语言都已丢失了大量固有词汇、早期词汇、基本词汇、共有词汇等,取而代之的是新词术语或数量可观的借词等,这使它们原有的词汇系统变得不伦不类、残缺不全、支离破碎。在这种现实面前,要搜集整理这些语言的本民族基本词汇就显得十分艰难。朝克经30余年的努力,走过使用满通古斯语族语言的所有村落,搜集到数量可观的该语族语言的早期词汇,并此基础上先后在国内外编写出版了《满通古斯语族语言词汇比较》(2014)、《满通古斯语族语言基本词汇》(日文,1997)等著作。在《满通古斯语族语言词汇比较》一书中,他将女真语、满语、锡伯语、鄂温克语、鄂伦春语、赫哲语六种语言的5000余条基本词汇进行了比较。这些词汇中，也有从汉语、蒙古语、俄语等早期借用的个别名词术语。在《满通古斯语族语言基本词汇》一书中，收入了满语、锡伯语、鄂温克语、鄂伦春语、赫哲语五种语言的1000余条固有词。尤其可贵的是，他在《满通古斯语族语言词汇比较》中，除了将满通古斯语族语言的六种语言词汇进行比较，还将这5000余条词汇同汉语、英语作了对比，书的后页还附上汉语、英语索引及满通古斯语族六种语言的词汇索引。这六种语言词汇索引，事实上就是一本本单列的单一语言的词汇集，各自具有特定的学术价值和意义。目前，在国内外还未公开出版发行鄂温克语、鄂伦春语、赫哲语等较为全面的基本词汇集的情况下，朝克的这三本词汇索引填补了这一缺憾，同时也给学术界从事满通古斯诸语词汇研究，乃至对阿尔泰诸语及东北亚诸民族语、北极圈诸民族语词汇比较研究的学者提供了极其重要的基础词汇资料，由此很大程度上推进了满通古斯语族语言词汇研究事业。

三、朝克的满通古斯诸语语法研究及成果

朝克对于满通古斯语族语言语法研究的学术成绩，集中体现在《满通古斯语族语言比较研究》一书里。该书的第三章对于形态变化语法现象进行了比较研究，用十个小节全面系统论述了满通古斯语族语言名词类词的数形态、格形态、人称领属形态、级形态变化现象及其内部规律，以及动词类词的态形态、体形态、式形态、副动词形态、形动词形态、助动词形态变变化现象及其内部规律。他在书中明确提出：（1）满通古斯语族语言复数形态变化语法词缀有-s/-sa/-se/-si/-so/-sal/-sel/-sol/-sul/-ser/-sen、-qan/-qen、-hala/-hele/-ha/-ka、-ri/-rin、-l、-ta/-tes、-nar/-ner/-nor。（2）满通古斯语族语言格形态变化语法现象分：主格、领格、确定宾格、不确定宾格、与格、位格、不定方位格、造格、从格、比格、方向格、方面格、有格、所有格、离格、有格、经格、共同格18种。（3）满通古斯语族语言人称领属形态变化语法现象分人称领属单复数第一人称、第二人称、第三人称及单复数反身领属。同时，认为满语已失去人称领属形态变化现象。在满语、锡伯语、赫哲语很少见到反身领属形态变化语法现象，只有在鄂温克语及鄂伦春语内保存较完整。（4）满通古斯语族语言级形态变化语法现象中有一般级、次低级、低级、最低级、次高级、高级、

最高级七种。其中,一般级、次低级、低级、最低级、次高级有约定俗成的形态变化语法词缀,高级要用重复名词类词首音节之形态变化手段等表示,最高级则用在名词类词前使用程度副词的形式表示。(5)满通古斯语族语言态形态变化语法现象分主动态、被动态、使动态、共动态、互动态五种。其中,除主动态之外,像被动态、使动态、共动态、互动态均有特定形态变化语法词缀来表示。(6)满通古斯语族语言体形态变化语法现象有开始体、进行体、未进行体、中断体、一次体、多次体、反复体、执行体、延续体、持续体、假充体、愿望体、完成体、未完成体十四种等。他还指出,以上提到的满通古斯语族语言的体形态变化语法现象,在不同语言里使用程度有所不同,有的语言里出现得多,有的语言里出现得比较少。并且基本上均用特定形态变化语法词缀来表示。(7)满通古斯语族语言式形态变化语法现象分陈述式、祈求式、命令式、假定式四种。这四种式形态变化语法现象内部还有不同程度的时、数、人称的区别。(8)满通古斯语族语言副动词形态变化语法现象涉及联合、完成、延续、让步、条件、紧接、并进、界线、立刻、趁机、目的、前行、渐进、终极、结果、因果十六种附属语法内涵及其关系。(9)满通古斯语族语言形动词形态变化语法现象包含现在时、现在将来时、过去时三种。(10)满通古斯语族语言助动词形态变化语法现象及其语法内涵表现在否定、肯定、判断、应许、能愿五个方面。在该书中,他对名词类词及动词类词的形态变化语法现象做了详细而全面的分析研究。更可贵的是,对于所有形态变化语法现象均一一进行了举例说明。在朝克看来,满通古斯语族语言的语法现象是一个极其复杂的形态变化结构系统。在每一个语言内,演化出的实际情况虽然有所差异,但它们之间的共性化成分或共同要素占绝对优势。

朝克还曾在《内蒙古大学学报》上发表过专门讨论满通古斯语族语言的级形态变化语法现象的论文《论满通古斯语形容词的级》。该文以满通古斯语族语言使用级形态变化语法现象最多的形容词为例,充分论证了层级鲜明、结构严谨、自成体系、复杂多变、内涵丰富的级形态变化语法现象。在他的另一篇论文——《满语研究》刊发的《论满通古斯诸语格形态及其功能》(1995)中,对满通古斯语族语言名词类词分类最细腻、最复杂、最系统的格形态变化语法现象展开了深入全面的分析研究。

四、朝克的满通古斯诸语语言全面综合分析研究的成果

除《满通古斯诸语比较研究》之外，朝克在其他相关专著或论文里也曾对满通古斯语族语言的语音、词汇、语法展开过综合性讨论。比如说，在国家社科基金重大项目成果、社科院重大项目成果、国家教委项目成果《中国少数民族语言文化研究》（2010—2020）、《中国语言地图集社科出版社》（2009）、《中国民族题图集》（2007）、《20世纪阿尔泰诸语研究》（2000）、《阿尔泰语言学导论》（2002）等成果里，朝克都曾全面分析论述过我国满通古斯语族语言的语音、词汇、语法现象。另外，在他发表的《中国民族语言研究》（1997）、《阿尔泰诸民族语言文化共有特征》（2003）、《阿尔泰诸语研究及方法论》（2003）、《满通古斯语族语言》（2000）、《中国满通古斯诸语研究》（1993）、《中国的满通古斯诸语》《关于21世纪的中国满通古斯诸语研究》（英文，2004）、《关于国际通古斯学研究》（2000）、《关于满通古斯诸语的分类及其特征》（2000）、《论满通古斯诸语的历史研究》（2006）、《论满通古斯诸语研究的理论意义》（1999）等作品中，也不同程度地论述过满通古斯语族语言结构特征、分类原理、研究历史、研究现状、研究理论方法、研究价值与意义。特别是，他在于2014年出版的《满通古斯语族语言研究史论》中，全面系统地分析、论述、评论了古今中外满通古斯语族语言语音、词汇、语法、方言土语、文字、文献资料等各方面的研究成果。

与此同时，他还主持并参与了有关我国满通古斯语族语言研究的国内外一系列重大课题项目。其中，包括国家社科基金项目《语言类型学研究》（1994—1997）与《民族语言文字使用情况调查》（1986—1989）、国家自然科学基金项目《嗓音研究》（1996—1998）、中国社科院重点项目《各民族语言音档》（1995—1997）及《中国少数民族语言研究文献数据库系统》（1995—1997）、中国社科院A类重点项目《中国语言接触研究项目》（2003—2006），以及联合国教科文组织项目《世界语言报告》（2000）、日本北海道大学文部省国际合作研究项目《通古斯语言文化研究》（1997—1999）、日本东北大学国际合作项目《古代通古斯研究》（1997—2000）、日本东京外大项目《通古斯诸语句子结构类型》（2002—2003）、美国亚里桑

那州立大学国际合作项目《中国北方（通古斯）民族古代字研究》（1997—2000）、芬兰赫尔辛基大学国际合作项目《满通古斯诸语现状》（1999—2000）、加拿大语言研究中心的国际合作项目《中国民族语言文字使用情况研究》（1987—1989）、香港城市大学国际合作项目《中国民族语言简介及音档》（1994—1995）等。在这些国内外重大课题成果中，朝克撰写完成了满通古斯诸语类型研究、满通古斯语族语言文字使用情况调查与分析、满通古斯语族语言嗓音研究、满通古斯语族语言音档、满通古斯语研究文献数据库、满通古斯诸民族语言接触关系研究、满通古斯诸民族语言现状研究、满通古斯语族语言简介及音档等不同层面、不同角度、不同范围的科研工作任务。在以上提到的国内外课题中，朝克都发挥了不可替代的重要作用。这些项目以及项目成果涉及的满通古斯语族语言研究都有它的侧重点，都代表满通古斯语族研究的某一重要方面，具有很强的学术价值和意义，同样具有很强的学术代表性、权威性和引领性。不过，这些国内外项目，只是朝克学术工作的其中一部分，除此之外他还有一系列其他与满通古斯语族语言研究密切相关的项目及成果。

五、朝克连续三次成功召开国际满通古斯学术研讨会

朝克以他的辉煌学术成绩和学术地位，赢得了国内外学术同行和相关学术界的肯定与赞誉。这也是他能够成功召开三届国际满通古斯语言文化重大学术讨论会的基础和原因所在。自从2000年开始，到2015年的15年时间里，朝克更深入、更广泛、更强势地推动国内外满通古斯语族语言文化研究事业，也是为了进一步强化我国在此学术领域的权威性和话语权，在中国社会科学院领导及科研局、外事局的有力支持下，先后在我国内蒙古自治区呼伦贝尔市海拉尔召开三届国际满通古斯语言文化学术讨论会。每届的国际会议都有朝克主持和亲自部署安排，都有150名到180左右的国内外专家学者参加，有130名以上专家学者宣读有关满通古斯诸民族语言文化方面的学术论文，从而在国内外满通古斯诸学研究，包括阿尔泰学研究，东北亚诸民族语言文化学研究、北极圈诸民族或族群语言文化学研究等学术领域，均产生深远学术影响和积极推动作用。

首届国际满通古斯语言文化学术研讨会于2000年9月10日至12日期间在内蒙古呼伦贝尔海拉尔召开。这次的会议由中国社会科学院民族学与人类学研究所、日本东北大学东北亚研究中心联合主办，黑龙江大学满族语言文化研究中

心、内蒙古鄂温克研究会、内蒙古鄂伦春研究会协办。会议主题为"满通古斯诸民族的语言文化及其发展",主要探讨了我国历史上的女真语言文化及满、锡伯、鄂温克、鄂伦春、赫哲等民族的语言、文化、历史、文学、艺术、宗教信仰、风俗习惯、体质人类学、传统文化与现代化等学术问题。同时,还对满通古斯诸民族与阿尔泰语系诸民族,以及国内外相关民族间的语言文化等方面展开了比较研究。在这次会议上,除了我国的满通古斯学专家学者之外,还有来自日本、俄罗斯、美国、加拿大、德国、意大利、匈牙利、芬兰、荷兰、瑞士、挪威、韩国、蒙古国的160余名满通古斯学专家学者出席,其中有138名专家学者宣读了精心准备的学术论文。这也是我国首次组织召开国际满通古斯语言文化学术交流讨论会。

第二届国际满通古斯语言文化学术研讨会于2004年8月26日至28日在内蒙古呼伦贝尔海拉尔召开。会议由朝克主持,由中国社会科学院民族学与人类学研究所、日本国东北大学国际通古斯研究会、黑龙江大学满族语言文化研究中心联合主办,内蒙古鄂温克研究会协办。会议收到130余篇学术论文,这些论文主要涉及满通古斯诸民族语言文字、历史沿革、宗教信仰、风俗习惯、文化艺术、文学传说、经济社会、自然环境、环境保护、科技教育、体质人类学等学术研究领域,也有从比较学、对比学、接触学、语言学、文化学等视角讨论满通古斯诸民族语言文化同周边民族、东北亚诸民族、北极圈诸民族或族群语言文化及其他学术问题的论文。在这次的研讨会上,除了我国满通古斯学专家学者之外,还有来自美国、法国、意大利、俄罗斯、芬兰、荷兰、日本、韩国、以色列、蒙古国等国家的满通古斯学专家学者150余人,其中有132名与会专家学者先后在大会和分组会上发表了论文。

第三届国际满通古斯语言文化学术研讨会,同样在朝克的精心部署和主持下,于2015年8月10至11日在内蒙古呼伦贝尔海拉尔召开。会议由中国社会科学院民族文学研究所主办,内蒙古呼伦贝尔学院与呼伦贝尔历史文化研究院协办。会议主题是"国际满通古斯语言文化第三届学术讨论会暨满通古斯一带一路学术研讨会"。会议以满通古斯诸民族为核心,广泛涉及蒙古语族诸民族、突厥语族诸民族、北极圈和东北亚诸民族的语言文字、文学艺术、历史地理、经济社会、思想哲学、宗教信仰、文化教育、民俗习惯、环境保护、生态文明等方面的学术问题。同时,也讨论了满通古斯诸民族及阿尔泰诸民族、东北亚、东亚诸民族间产生的一带一路战略伙伴关系等。来自美国、法国、俄罗斯、日本、韩国、爱沙尼亚、蒙古国和我国的187名满通古斯学专家、学者出席了本次国际研讨会,并有136名专家学者发表了为本次会议准备的学术论文。

毋庸置疑,我国先后三次举办的国际满通古斯语言文化学术研讨会,不仅达到了让国内外满通古斯学专家学者的广泛而深入学术交流的目的,拓展了满通古斯学研究视野、研究思路、研究范围、研究理论,扩大和加强了国际满通古斯学研究队伍、研究力量、研究学科,同时也扩大了我国满通古斯学在国内外的学术影响力,强有力地宣传了我国在满通古斯学研究领域取得的辉煌学术业绩,以国内外满通古斯学研究最新成果、最新理论观点,积极推动了我国及国际满通古斯学的发展。

总而言之,作为我国优秀的民族语言文化学专家,作为国内外满通古斯语言学界著名专家,朝克凭借自身得天独厚的语言天赋以及扎实高深的语言学功底,在青年时期就在满通古斯诸语研究方面做出过突出成绩。中国语言学泰斗马学良先生曾高度评价他:"朝克运用比较语言学和语言类型学方法,对满语、锡伯语、赫哲语、鄂伦春语、鄂温克语语音和形态体系两大难题进行精辟、客观论述,科学阐述和论证了其共性和不同特性,构拟出满通古斯诸语原始语音系统和形态体系全貌,明确提出了语言分类原则和系属关系……尤为重要的是,朝克同志在研究中结合共时和历时等诸多研究方法和新语言学理论加以分析、判断、验证,写出了符合中国语言实际的研究专著,建立了满通古斯诸语比较研究的理论体系。"在取得了令人瞩目成绩后,朝克一如既往潜心研究,将视野放得更为开阔和长远,特别是《满通古斯语族语言比较研究》《满通古斯语族语言研究史论》《满通古斯语族语言词源研究》《满通古斯语族语言词汇比较》四本书的出版,充分证明我国在世界满通古斯学研究领域所处的领先地位,以及具有的权威性、引领性、理论性。另外,朝克也有不少从民族性、宗教学、文化学、社会学、历史学角度撰写完成并发表的学术成果。比如说,《论通古斯诸语及文化》(日文,北海道大学,2001)、《中国东北(满通古斯)诸民族宗教信仰》(日文,日本神奈川大学,2003)、《中国通古斯文化及其社会价值》(英文,赫尔辛基大学,1998)、《(满通古斯诸民族)语言与文化的关系》(日文,北海学园大学,2002)、《早期通古斯语言文化特征》（日文，日本东北大学，1999）、《论（满通古斯诸民族）人名与文化关系》（日文，大阪外国语大学，1999）、《论（满通古斯诸民族）语言中潜在的民族文化性》（日文，日本筑波大学，1990）等等。同时，在国外进行学术交流和学术访问期间，他还给研究生开设《满通古斯语研究》《满通古斯语族语言形态论》《满通古斯语言文化学》《满通古斯诸民族历史宗教与语言关系学》等课程。完全可以说，他在满通古斯语族语言文化研究、国内外重大课题的主持和参与、各种学术讲座和人才培养方面，均为我国满通古斯语族语言不断拓展学术研究领域、不断走向世界、不断打造出中国品牌和中国理论，不断强化中国在此学术领域的地位和话语权而发挥出了强有力的推动作用。

第八篇

填补空白、奠定权威的系列巨著

——评朝克满通古斯语族语言研究三部书[1]

力提甫[2]

朝克,我国著名的民族语言学家,在满通古斯语族语言研究领域做出了十分显著而突出的贡献。《满通古斯语族语言词源研究》《满通古斯语族语言研究史论》《满通古斯语族语言词汇比较》是朝克经过30余年艰苦卓越的研究而撰写完成的权威性、代表性学术著作。

这三本书是对我国满通古斯语族语言词源关系、研究发展的历史、基本词汇结构系统进行系统研究、比较分析等方面做了全面论述的优秀科研成果。从某种意义上讲,这一系列成果代表着对该学术领域——词源研究、比较研究、历史研究的最高层面的科学梳理和论证。该系列成果在对于濒危或严重濒危语言词汇进行系统搜集整理方面也属于处于领先地位。毫无疑问,加上此前出版的《满通古斯语族语言比较研究》,这四本书共同确立了我国在满通古斯语族语言研究领域的权威

朝克著作书影

---

1 本文发表于新华网、光明网、人民网,2016年1月6日。
2 力提甫,国家社科基金评委,著名阿尔泰语学专家,中央民族大学少数民族语言文学院教授、博士生导师。

性，打造出了我国在该学术领域的话语权。

一、关于《满通古斯语族语言词源研究》

该系列成果中的《满通古斯语族语言词源研究》一书，是国家社科基金一般项目。本书是朝克在20余年持之以恒、艰苦卓绝的田野调查、搜集整理、科学研究的基础上撰写完成的，是国内外该学术研究领域的第一本词源研究著作。该书对我国满通古斯语族语言的满语、锡伯语、鄂温克语、鄂伦春语、赫哲语以及女真语的3000条基本词汇的来源，从词源学、构词学、语用学、语言接触学的理论视角，对它们的词源问题展开严格意义的科学分析，并在此基础上论述了它们的词源关系。

该项成果科学论证了满通古斯语族语言固有词及基本词汇中富有的错综复杂的词源关系，论证了同语族语言、同语支语言、不同语言中存在的同源词。同时，论述了它们的语音演变规律，词义演化原理等深层次的学术问题，阐述了与蒙古语族语言有同源关系的相关词汇，以及来自蒙语、汉语的一些借词及其音变现象等。弥足珍贵的是，书中对于濒危语言、严重濒危语言的词源研究探索出一条新的研究方法与理论，同时突出了濒危语言及严重濒危语言词源研究的特色，提出了濒危语言及其严重濒危语言词源研究要从不同视角、不同层面、不同理论办法、不同历史文化与地域关系以及充分利用其他亲属语言词汇进行实地调研的同时，还要充分参阅相关历史文献资料及早期词汇调研成果等主要建树。

此书是对我国满通古斯语族语言首次从词源学理论角度全面系统展开研究的学术成果，对满通古斯语族语言词汇历史及其来源研究、词汇历史比较研究、词汇变异研究、语言发展研究、语言文化学研究，以及满通古斯语族语言与蒙古语族语言，乃至阿尔泰语系诸语起源、历史关系、接触与影响、发展及变化研究均有很高的学术价值和应用价值。更为重要的是，对于北方诸民族历史文化脉络的梳理、他们共有的悠久而深渊的历史文化的科学阐释，以及他们和谐共存和共同建设美好家园均会产生深刻的社会影响和效益，为濒危语言文化的抢救保护、语言文化安全发挥积极作用。

该成果的出版，填补了阿尔泰语言学研究中存在的缺憾与空白，对阿尔泰语系诸语言乃至东北亚诸民族语言与历史文化来源、相互关系、相互接触、相互影响及发展研究均会产生重要的学术影响和作用。

二、关于《满通古斯语族语言研究史论》

该系列成果中的《满通古斯语族语言研究史论》一书，系作者在30余年搜集整理满通古斯语族语言研究成果与资料基础上，完成的一部具有科研、教学、资料价值的经典之作。本书是第一部对中国境内的满语、锡伯语、鄂温克语、鄂伦春语、赫哲语、女真语六种语言及女真文、满文、锡伯文三种文字的进行研究的成果，书中还包括对该语族语言古今中外的历史文献与原始语言资料等进行的全面系统的科学分析。该书论述了有史以来用不同文字印刷、出版或发表的满通古斯语族语言研究成果与资料的学术思想、理论观点以及学术意义、价值、贡献及其存在的问题和不足等，梳理了该学科的发展历程，论证了它们的语言研究史。

该书对于我国满通古斯语族语言研究工作的成绩主要体现在四个阶段：第一阶段是从12世纪初至16世纪末，属于女真语研究、女真文创制、女真文研究的历史时期。第二阶段是从16世纪末至20世纪30年代末，属于满语满文研究的特定历史时期。在这一阶段不仅创制了满文，同时编写出版了浩如烟海的满语满文资料、满语各种辞书词典词汇集、满语各种版本的教材、满语语音词汇语法研究论著。与此同时，对于女真文研究及通古斯诸语的实地调研工作也取得一定成绩。第三阶段是从20世纪30年代末至70年代末，在满通古斯语族语言文献资料研究、口语资料的搜集整理、语法结构的系统研究方面取得较显著学术业绩。同时，创制了锡伯文。并且在国外女真文及满语满文研究方面做出一定成绩。第四阶段是从20世纪70年代末至21世纪初，属于满通古斯语族语言研究的黄金岁月。在这一历史阶段，我国专家学者在女真文研究、满语口语及方言土语研究、满语书面语研究、满语语音词汇语法研究、满语文献资料研究、满语各种词典词汇集的编写、满语教材的编写、锡伯语语音词汇语法研究、锡伯语口语资料的搜集整理、锡伯语词典词汇集的编写、锡伯语教材的编写、锡伯语会话资料的编印、鄂温克语与鄂伦春语及赫哲语语音词汇语法研究、鄂温克语与鄂伦春语及赫哲语方言土语资料的搜集整理和研究、鄂温克语与鄂伦春语及赫哲语词典词汇集的编撰、鄂温克语与鄂伦春语及赫哲会话资料的编写，以及满通古斯语族语言比较研究、地名学研究、语言接触学研究、语言文字使用情况调查研究，还有满通古斯语族语言与其他亲属语族语言和相关语言的比较研究、对比研究等等学术领域均取得世人瞩目的辉煌学术成绩；并在国内外先后成立一系列研究机构、研究中心、研究所、研究室、研究学会，开办了各种形式的满文满语学习班、培训班和速成班，培养了相当一批满语满文专业人才，召开了一系列国际国内大中型学术讨论会，启动了国内外一系列重大研究课题和项目。

综上所述，该书全面系统而客观真实地科学论述了我国满通古斯语族语言研究事业从无到有、从小到大、从局部到全面、从实践到理论的一个十分成功的发展历史。

三、关于《满通古斯语族语言词汇比较》

该系列成果中的《满通古斯语族语言词汇比较》一书，对我国境内的满语、锡伯语、鄂温克语、鄂伦春语、赫哲语等五种语言的五千余条基本词汇及历史上的女真语有关词汇进行了全面比较。此外，在将满通古斯语族语言词汇与汉语、英语作对比的同时，还附上汉语、英语索引。应着重提出的是，满通古斯语族六种语言的词汇索引，事实上是一本本单列的单一语言的词汇集，各自具有特定的学术价值和意义。因为，在国内外至今还未公开出版发行鄂温克语、鄂伦春语、赫哲语涵括内容如此丰富、数量如此之大的基本词汇集。

搜集整理和相互比较满通古斯语族语言词汇，对于严重濒危或濒危语言词汇资料的抢救和保护，对于包括俄罗斯远东地区的通古斯诸民族语言词源研究、词汇研究、构词研究，甚至对于它们的语音研究、语义研究、语言历史与变迁研究、语言接触与语言影响研究、语言濒危现象和混合语现象研究等均有十分重要的学术价值和意义。同样，对于同语系语言的蒙古语族语言与突厥语族语言词汇研究，以及对于朝鲜语、日本语、日本阿夷努语、日本乌依勒特语词汇研究，乃至对于北极圈诸民族语言词汇研究均有极其重要而深远的学术价值和意义。毫无疑问，该成果的出版结束了我国一直以来在此学术领域的空白，这不仅对满通古斯语族濒危或严重濒危语言词汇的抢救保护、搜集整理、永久保存，以及我国在该学术领域的权威性和话语权的树立均有现实而深远的意义，同时对阿尔泰语系诸语言词汇乃至东北亚诸民族语言词汇比较和研究同样有其十分重要的学术价值和意义。

众所周知，我国的阿尔泰语系语言包括蒙古语族语言、突厥语族语言和满通古斯语族语言三大部分。其中，蒙古语族语言和突厥语族语言的历史研究、历史比较研究、词源研究早已完成并发表，唯独满通古斯语族语言的词源研究成果迟迟没有问世，这在一定程度上也影响着阿尔泰语系语言的比较研究。朝克这一系列成果的完成，弥补了这一空白和遗憾，从而为阿尔泰语系语言的全面系统科学讨论提供了十分宝贵的科学依据。甚至，对于这些民族的历史文化研究同样具有重要的学术价值和意义。

第九篇
论朝克满通古斯语族语言研究三部书的学术价值[1]

哈申格日乐[2]

朝克是我国著名的民族语言学家,特别是在满通古斯语族语言研究领域做出了十分显著的贡献,从而赢得了学术同仁的高度肯定,帮助我国在该学术领域获得了话语权。所有这些与他的勤奋工作、潜心研究、敬业精神、无私奉献是离不开的。他经过30余年学术积累、学术探索、学术研究撰写完成并出版了具有权威性、代表性学术著作《满通古斯语族语言词源研究》《满通古斯语族语言研究史论》《满通古斯语族语言词汇比较》。这三本书是继《满通古斯语族语言比较研究》之后出版的精品成果。毫无疑问,这四本书的出版,确立了我国在满通古斯语族语言研究领域的权威性和我国研究者的话语权。

众所周知,我国满通古斯语族语言属于阿尔泰语系语言,在语音系统、词汇内容、语法关系等方面与突厥语族语言及蒙古语族语言均有极其亲密而深远的亲属关系,同时与朝鲜语、俄罗斯远东地区与西伯利亚地区的诸民族语、日本北海道网走地区的乌依勒塔语、北美的爱斯基摩语,甚至同日本的阿依努语、蒙古国的察嘎坦人使用的语言、北欧的萨米语、北美的爱斯基摩语等均有千丝万缕的共有关系。这些关系涉及语言的方方面面,而且很深很广很有意义和研究价值。或许正因为如此,在东北亚甚至是在北极圈这一广泛的学术研究领域从事语言文化学或历史民族学研究的专家学者,均十分关注满通古斯语族语言研究及其成果的问世。在我国,属于满通古斯语族语言的语言主要有满

---

[1] 本文发表于《满族研究》2014年第2期。同时转发于新华网、人民网、中国网。
[2] 哈申格日乐,内蒙古社会科学院语言研究所副研究员。

语、锡伯语、鄂温克语、鄂伦春语、赫哲语及历史上的女真语等。早期，满通古斯语也叫"满洲通古斯诸语"、"满通古斯诸语"、"通古斯满语"、"通古斯诸语"等。朝克在这三本书里，称其为"满通古斯诸语"。我们认为这样说，比较符合现代的说法及人们的理解。刚刚出版的上述三本书是对于我国满通古斯语族语言词源关系、发展史论、基本词汇结构系统比较全面展示或讨论的学术成果。从某种意义上讲，这一系列成果代表着该学术领域词源研究、发展史的梳理和论证、严重濒危词汇系统搜集整理方面的领先学术成果。

我国的满通古斯诸民族主要居住在黑龙江、辽宁、吉林、河北、北京、内蒙古、新疆等省、市、自治区。另外，还有一部分人生活在山东、河南、天津等省、市。据2000年人口统计，满通古斯诸民族共有10914427人。其中，满族有10682262人，锡伯族有188824人，鄂温克族有30505人，鄂伦春族有8196人，赫哲族有4640人。由于满通古斯语族人们的生活格局属于小聚居、大分散结构类型，加上横跨我国东西两个疆界，所以语言的使用根本连不成片，不同语言区间存在的空间距离太大，直接影响着他们之间用彼此熟悉的母语进行交流。同时，满通古斯语族语言，均处于强势语言的包围之中。例如，锡伯语处于突厥语族语言的使用区内；满语和鄂伦春语及赫哲语完全处于使用汉语的社会环境之中；鄂温克语处于使用蒙古语和汉语的语言区里。正因为如此，满通古斯语族语言的使用人群受外来语言的影响十分大，在他们的民族语里不同程度地借入了汉语、蒙古语、维吾尔语、哈萨克语等的词语，而且这种影响面仍在不断扩大和加深。结果就是除了满语和赫哲语只有60—70岁左右或在此年龄段以上的一些老人会本民族语之外，其他人几乎都失去了使用本母语之能力，反而改用了汉语汉文。也就是说，除了满族或赫哲族中极个别的老人懂本族语之外，其他人在日常生活以及学校和工作中均使用汉文或汉语。鄂伦春语的使用者现在也只达到50%或55%左右，而且也是中年以上的鄂伦春人使用本民族语言，青少年或孩童中懂本民族语的人越来越少，甚至许多鄂伦春青少年或孩童已经不会说母语了，这使鄂伦春语也自然成为了濒危语言。锡伯语和鄂温克语至今被使用得较好，使用本民族语人口基本上达到80%左右。不过，包括鄂伦春族、鄂温克族、锡伯族在内，那些会本民族语的人，除了基本上都懂汉语之外，还不同程度地掌握蒙古语、达斡尔语、维吾尔语、哈萨克语、俄罗斯语等。比较而言，鄂伦春族里懂本民族语者几乎也都掌握汉语以及达斡尔语等，鄂温克族的懂本民族语者也基本上会汉语、蒙古语、达斡尔语等，锡伯族懂本民族语者多数会维吾尔语和哈萨克语等。而且，在鄂温克族和锡伯族的会本民族语的老人里，也有懂俄罗斯语和日语的人。尽管在鄂温克族和锡伯族里会本民族语的人有不少，但由于这些民族地区的经济社会的快速发展，广播电视事业的不断普及，汉族移民的急剧增多以及这些民族里与汉族建立婚姻关系之现象越来越多等因素，鄂温克语和锡伯语的使用人口比例也开始逐年下降，这使鄂温克族和锡伯族也不得不开始思考，本民族语将要面临的濒危问题以及必须采取的保护母语的措施或方法。总而言之，我国的满通古斯诸民族，已经全范围面临了本民族语的濒危难题或即将开始的濒危问题。

一、满通古斯语族语言词源研究的学术价值

该系列成果的第一本《满通古斯语族语言词源研究》是国家社科基金一般项目。该项目对于我国满通古斯语族语言的满语、锡伯语、鄂温克语、鄂伦春语、赫哲语以及女真语的三千条基本词汇的来源，从词源学、构词学、语用学、语言接触学的理论视角，对它们的词源问题展开严格意义的科学分析，并在此基础上，论述了它们的词源关系。

该项研究主要是对我国满通古斯语族语言词汇来源问题、相互关系、语音发展变化原理等展开词源学理论视角的科学讨论。从而论证了满通古斯语族语言固有词及其基本词汇中富有的错综复杂的词源关系，论证了同语族语言、同语支语言、不同语言等中存在的同源词成分。同时，论述了相关语音演变规律，词义演化原理等深层次的历史、文化、地域、民俗等方面的内涵，还阐述了与蒙古语族语言的有同源关系的有关词汇，以及来自蒙语、汉语的一些借词，以及这些借词的语音变化现象等。弥足珍贵的是，对于濒危语言、严重濒危语言的词源研究探索出一条新的研究方法与理论，同时突出了濒危语言及严重濒危语言词源研究的特色，提出了濒危语言及其严重濒危语言词源研究要从不同视角、不同层面、不同理论办法、不同历史文化与地域关系以及充分利用其他亲属语言词汇进行实地调研的同时，还要充分参阅相关历史文献资料及早期词汇调研成果等主要建树。

该项成果主要由前言、凡例、第一章的同源名词分析、第二章的同源代词与数量词及形容词分析、第三章的同源动词与副词及虚词分析、附录、满通古

斯语族语言语音系统、汉语索引、英语索引、参考文献、后语等章节与内容构成。他在前言中全面系统地阐述了我国满通古斯语族语言文字使用状况，母语使用者生活的地域结构、自然环境、生存条件、生产关系、经济社会现状。同时，论述了有史以来国内外专家学者对满通古斯语族语言展开的实地调研、学术研究、研究成果、学术价值、理论观点、突出成绩等方面的学术问题。凡例交代了该书使用的满通古斯语族语言语音系统、有关符号系统、语言分类系统。书的第一章首先将该语族语言的同源名词根据表述内容和词义结构系统的不同，划分出自然物及自然现象名词、动物名词、植物名词、亲属称谓及人体结构名词、衣食住行名词、生产生活用具名词、社会与行政用语名词、文化名词、时间与方向名词九大类。进而，对于这些不同语义结构类型的名词词源，从词源学、构词学、词汇学、词汇接触学等学术理论视角进行了科学分析和论述。第二章着重讨论了同源代词、同源数词、同源量词、同源形容词。在第三章的同源名词的分析论述中，首先将动词分为及物动词和不及物动词两大类，其次对于这些动词的词源展开了学术研究和讨论，论述了它们之间存在的同语族语言及其同语支语言的同源关系。第三章还对满通古斯语族语言的同源副词及同源虚词进行了分析研究。该项目成果的附录部分中利用一定篇幅，在对于满通古斯语族语言的语音形式进行高度概括分析的基础上，言简意赅地阐述了每一种语言的语音系统。语音系统的分析涉及每一种语言的单元音音素、长元音音素、复元音音素，以及单辅音音素、复辅音音素、叠辅音音素等。另外，为了使国内外专家学者更好、更允分、更理想地利用该项成果，以及更快捷、更便利、更加得心应手地查找相关同源词及其分析研究内容，还专门编制了汉语词汇索引和英语词汇索引。在书的后页，还包括参考文献和后记。

毫无疑问，这是一本对于我国满通古斯语族的女真语、满语、锡伯语、鄂温克语、鄂伦春语、赫哲语六种语言词汇的词源问题全面系统研究的科研成果，也是在国内外该学术研究领域的第一本词源研究著作。多少年来，国内外专家学者都很期待这本书的问世。笔者认为，该项科研成果的具体实施和圆满完成，意味着填补了阿尔泰语学研究领域有史以来留下的一个遗憾和空白。满通古斯语族语言不仅在阿尔泰语系语言里占有极其重要而不可忽视的学术研究价值和学术地位，同时对于朝鲜语、日本语以及日本的阿依努语、北欧的萨米语、北美的印第安语等学术探讨和研究，均有十分复杂、多层面、深层次的共有关系。甚至，还直接关系到东北亚诸民族语言及其北极圈族群语言的远古历史。正因为如此，我国满通古斯语族语言的研究，一直引起国内外相关学科的极大关注。特别是，在像朝鲜语和日本语等语言的归属问题还没有搞清楚的前提下，满通古斯语族语言词源研究显得更加重要。这是由于，在朝鲜语和日本语及满通古斯语族语言里存在许多共有关系，这些共有关系不仅涉及他们语言的词汇系统，同时也涉及复杂多变的语法结构系统。一些专家认为，这些共有成分有可能源于古代通古斯语。这使满通古斯语族语言的词源研究显得更为期待、更为迫切、更为重要、更有学术意义和价值。

在具体实施该项目的过程中，作者运用了多层面、多视角、多方法论的研究手段。将历史文献资料词汇与国内相关研究成果中出现的词汇，同经多次田野调查搜集整理的词汇密切相结合，还有在我国已经消失了的语言词汇同即将消失的或将要成为严重濒危的语言词汇之间，展开词源学意义的学术研究与讨论，为濒危语言词源研究打开了新思路，有一定学术创新意义和方法论。这都显现出濒危语言或严重濒危语言词源研究的突出特点。该项课题成果，从另一个方面告诉人们，对濒危语言或严重濒危语言进行词源研究的重要意义。满通古斯语族语言词源研究，为科学构拟阿尔泰语系远古共同体，科学阐述阿尔泰语系语言进入各自发展阶段后出现的不同变化与发展规律，甚至在更广泛更深入探讨东北亚及其北极圈语言文化的诸多共性提供了必要理论依据。满通古斯语族语言保存的词汇系统，充分表现出人们对物质世界和精神世界的感悟、认识、理解，表现出他们民族的千百年历史、文化、文明。所以说，对于满通古斯语族语言词汇展开具有起源论、历史论、发展论意义的全面系统研究，有语言学、历史学、社会学、地域学、思想学、文化学、民族学、民俗学等诸方面的学术价值。也就是说，我们通过词源研究，可以科学阐释和论证他们走过的历史、发展的脉络、思维规则及表现形式。从这个意义上讲，对于已成为濒危或严重濒危满通古斯语族语言进行词源研究显得更为重要，更有历史意义和现实意义。

总之，该项项目成果科学论证了满通古斯语族语言固有词及基本词汇中错综复杂的词源关系，论证了同语族语言、同语支语言、不同语言中存在的同源词。同时也论述了它们的语音演变规律，词义演化原理等深层次的学术问题，阐述了与蒙古语族语言有同源关系的相关词汇，以及来自蒙语、汉语的一些借词，还有这些借词的音变现象等。特别珍贵的是，朝克对于濒危或严重濒危语言词源研究探索出一条全新的研究方法，突出了研究特色，指出濒危或严重濒危语言词源研究要紧密结合其与同一语言的方言土语间、同语支语言间、同语族语言间、同语系语言间、同一地区语言间的关系。可以说，这是首次从词源学理论角度对我国满通古斯语族语言全面系统展开研究的学术成果，也是国内外该学术领域里的第一项科研成果。对满通古斯语族语言词汇历史及其来源研究、词汇历史比较研究、词汇变异研究、语言发展研究、语言文化学研究以及满通古斯语族语言与蒙古语族语言，乃至阿尔泰语系诸语起源、历史关系、接触与影响、发展及变化等研究均具有重要意义。更为重要的是，这对于梳理北方诸民族历史文化脉络，科学阐释他们共有的悠久而深远的历史文化，建设他们和谐共存的美好家园均会产生影响。同时，这也为濒危语言文化的抢救保护、语言文化安全发挥积极作用。

二、满通古斯语族语言研究历史的学术价值

该系列成果的第二本《满通古斯语族语言研究史论》是一部对我国境内的女真语、满语、锡伯语、鄂温克语、鄂伦春语、赫哲语六种满通古斯语族语言文字展开学术讨论的论著，其对相关历史文献资料、论文集、教科书、辞书、词汇集、比较研究或对比研究成果进行了全面系统又客观实在的讨论和评价。由于满语言文字方面的历史文献资料非常多，所以对这一部分的讨论占了相当长的篇幅；女真语言文字的研究成果也有个少，加上其研究论著呈现出的复杂性，对其进行分析和阐述也占去了不少页面；锡伯语言文字和鄂温克语研究方面的成果也有不少，因此在具体论述其论著等的学术价值和作用时也都占有了一定篇幅；相比之下，与鄂伦春语和赫哲语相关的科研成果比较少，自然对它们的分析讨论就在页面上略显单薄。该书对于每一种语言的研究成果进行分类时，完全是根据成果内容的丰富和成果数量的多少来划分小节的。例如，有的语言语音研究成果较丰富，那么就给语音研究成果分析单列一个小节，有的语言语音研究成果和词汇研究成果都不多，就将该语言的语音研究和词汇研究成果并入同一个小节里作分析和研究。这样做就使每一个小节的内容都较为丰富，所占有的篇幅也显得相对合理、科学。

该项成果的具体章节安排如下。（1）前言。（2）女真语研究，包括女真

语言文字历史研究、女真语语音研究、女真语词汇研究、女真语语法研究、女真碑文牌印墨迹文献研究、女真语辞书及其研究、女真语与其他语言比较研究、女真语综合研究、结束语等内容。（3）满语研究，包括概述、清代满语满文研究、满语语音研究、满语词汇研究、满语语法研究、满文文字研究、满文词典词汇集及研究、满语及相关语言比较研究、满文文献资料翻译注释研究、现存满语口语研究、满语教科书、结束语等内容。（4）锡伯语研究，包括概述、锡伯语语音研究、锡伯语词汇研究及词典词汇集、锡伯语语法研究、锡伯文文字研究、锡伯语比较研究及对比研究、锡伯语使用及语言接触研究、锡伯语教学及研究、结束语等内容。（5）鄂温克语研究，包括概述、鄂温克语语音研究、鄂温克语词汇研究及词典词汇集、鄂温克语语法研究、鄂温克语比较与对比及语言接触研究、鄂温克语使用及语言社会学研究、国外鄂温克语研究、结束语等内容。（6）鄂伦春语研究，包括概述、鄂伦春语语音及词汇研究、鄂伦春语语法研究、鄂伦春语使用及语言接触及语言对比研究、鄂伦春语话语资料及历史文献研究、国外鄂伦春语研究、结束语等内容。（7）赫哲语研究，包括概述、赫哲语语音与词汇及语法研究、赫哲语使用及语言接触研究、赫哲语话语资料及词汇集、国外赫哲语研究、结束语等内容。（8）满通古斯语族语言与相关语言相关学科关系研究，包括概述、满通古斯语族语言比较研究、满通古斯语族语言与阿尔泰语系语言比较研究、满通古斯语族语言与相关语言关系研究等内容。除此之外，在附录里还包括中国满通古斯语族语言研究相关文献资料、中国满通古斯语族语言研究机构及社团组织、中国满通古斯语族语言研究学术报刊、中国满通古斯语族语言专家学者、中国满通古斯语族语言研究论著索引等内容。最后还有后记。

我国满通古斯语族语言的研究工作的成绩主要体现在以下四个阶段。第一阶段是从12世纪初至16世纪末的女真语研究、女真文创制、女真文研究的历史时期。第二阶段是从16世纪末至20世纪30年代末，属于满语满文研究的特定历史时期。在这一阶段不仅创制了满文，同时编写出版了浩如烟海的满语满文资料，满语各种辞书、词典、词汇集，满语各种版本的教材，满语语音词汇语法研究论著。与此同时，这一阶段对于女真文研究及通古斯诸语的实地调研工作也取得了一定成绩。第三阶段是从20世纪30年代末至70年代，这一阶段专家学者在满通古斯语族语言文献资料研究、口语资料的搜集整理、语法结构的系统研究方面取得了较显著学术业绩。同时，创制了锡伯文。而且，在国外女真文及满语满文研究方面做出一定成绩。第四阶段从20世纪70年代末至21世纪，是属于满通古斯语族语言研究的黄金岁月。在这一历史阶段，我国专家学者在女真文研究、满口语及方言土语研究、满语书面语研究、满语语音词汇语法研究、满语文献资料研究、满语各种词典词汇集的编写、满语教材的编写、锡伯语语音词汇语法研究、锡伯语口语资料的搜集整理、锡伯语词典词汇集的编写、锡伯语教材的编写、锡伯语会字了得编印、鄂温克语与鄂伦春语及赫哲语语音词汇语法研究、鄂温克语与鄂伦春语及赫哲语方言土语资料的搜集整理和研究、鄂温克语与鄂伦春语及赫哲语词典词汇集的编撰、鄂温克语与鄂伦春语及赫哲会话资料的编写，以及满通古斯语族语言比较研究、地名学研究、语言接触学研究、语言文字使用情况调查研究，还有满通古斯语族语言与其他亲属语族语言和相关语言的比较研究、对比研究等学术领域均取得了令世人瞩目的学术成绩。这一时期，国内外先后成立了一系列研究中心、研究所、研究室、研究学会，开办了各种形式的满文满语学习班、培训班和速成班，培养了相当一批满语满文专业人才，召开了一系列国际国内大中型学术讨论会，启动了国内外一系列重大研究课题和项目。综上所述，书中全面系统、客观实在地论述了我国满通古斯语族语言研究事业从无到有、从小到大、从局部到全面、从实践到理论的发展历程。

三、满通古斯语族语言搜集整理和比较研究的学术价值

该系列成果的第三本《满通古斯语族语言词汇比较》对满通古斯语族语言的满语、锡伯语、鄂温克语、鄂伦春语、赫哲语五种语言的5000余条基本词汇进行了搜集整理和比较。尤其可贵的是，将女真语珍贵的有限词汇也放入其中，并做了比较。前言主要介绍了这些语言的分布、使用人口、语言濒危程度、相互间的关系及其分类情况；凡例主要交代了词汇集里使用的不同语言的不同记音符号，以及不同语言的语音系统；书的基本词汇部分是该书的重中之重，属于核心部分。书中所选词汇，除了极其个别的有其特定词汇研究价值、词汇发展意义的借词之外，没有涉及更多的外来语及其借词实例。在这里还应该着重提出的是，满通古斯语族六种语言的词汇索引，事实上就是一本本单列的单一语言的词汇集，各自具有特定学术价值和意义。这是因为，在国内外至

今还未公开出版发行涵括鄂温克语、鄂伦春语、赫哲语这种内容丰富、数量较大的基本词汇集。这对满通古斯语族濒危或严重濒危语言词汇的抢救保护、搜集整理、永久保存，以及我国在该学术领域的权威性和话语权的树立均有极强的现实意义。另外，书中的汉语和英语索引，给那些只懂汉语和英语的国内外专家学者查阅满通古斯语族语言词汇提供了极大的便利条件，从而扩大了词汇集的使用面、影响力及生命力。后面还附有重要参考资料和后语。

上文提到，在这本满通古斯语族语言的词汇集里，还收入了一小部分借词。这是因为，这些借词已经成为该语言交流中不可缺少的内容，它们完全融入到了该语言和词汇系统之中。这其中，有早期蒙语、俄语借词，还有一些现代汉语借词。现代汉语借词虽然被借用的历史不算太长，但使用率要比早期蒙语借词等高，涉及面也要比早期借词广泛。对于严重濒危语言来讲，新借入进来的汉语借词占有的比重越来越大。

总之，在这本满通古斯语族语言的词汇集里，名词占绝大多数，名词里动植物名词、自然现象名词、生产生活名词等十分丰富。其次是动词和形容词，还有一部分代词、数词、副词以及一小部分感叹词、连词、后置词等。特别可贵的是，该书搜集到了相当数量的量词。对满通古斯语族语言词汇进行搜集整理和相互比较，对于严重濒危或濒危语言词汇资料的抢救和保护，对于包括俄罗斯远东地区的通古斯诸民族语言词源研究、词汇研究、构词研究，甚至对于他们的语音研究、语义研究、语言历史与变迁研究、语言接触与语言影响研究、语言濒危现象和混合语现象研究等均有十分重要的学术价值和意义。同样，对于同语系语言的蒙古语族语言与突厥语族语言词汇研究，以及对于朝鲜语、日本语、日本阿夷努语、日本乌依勒特语词汇研究，乃至对于北极圈诸民族语言词汇研究也均有极其重要而深远的学术价值和意义。

众所周知，我国的阿尔泰语系语言包括蒙古语族语言、突厥语族语言和满通古斯语族语言三大部分。其中，蒙古语族语言和突厥语族语言的历史研究、历史比较研究、词源研究早已完成，但是满通古斯语族语言的词源研究成果一直到今天才问世，这一定程度上影响着阿尔泰语系语言的比较研究。这一成果的完成，弥补了从前的空白和遗憾，为阿尔泰语系语言的全面系统科学讨论提供了十分宝贵的科学依据，对于这些民族的历史文化研究同样具有重要的学术价值和意义。

第十篇
朝克在锡伯语口语研究方面取得的辉煌学术业绩[1]

宝玉柱[2]　布日古德[3]

锡伯语口语研究是我国少数民族语言研究领域一项重要且难度大的课题。由于历史、地理、政治、文化及其迁徙路线的复杂性，锡伯语口语里融入许多新的成分，甚至对其原本就错综复杂而结构严谨的语音系统、语法关系等都产生了一定程度的影响。特别是在锡伯语口语进入濒危状态及大量外来词汇的不断冲击下，它在各方面的变化显得更加突出。在这种情况下，对于锡伯语口语语音、词汇、语法、方言土语差别，包括语音、语法变异现象进行专门研究的科研人员不多，尤其是接收语言学理论系统教育或严格培训的锡伯语口语专家学者十分短缺。锡伯语口语中有史以来保存和传承的语音符号、词汇符号、语法符号还没来得及被全面搜集整理、深入系统研究，就已经不断被丢失或遗忘。过去刊发的有关锡伯语口语研究成果，往往局限于史学、民族学、文化学、文献学专家学者或民间爱好者们的相关调研报告、调研资料、词汇搜集、口语读本、初级教材等方面，致使导致锡伯语口语研究缺乏有深度、有理论、有影响力的专业性科研成果。在这种研究资料匮乏，前人研究不足的情况下，中国社会科学院著名阿尔泰语学专家朝克研究员近几年先后研究出版的锡伯语口语方面的系列成果，一定程度上填补了该学术领域中存在的不足与遗憾，为锡伯语口语基础理论研究及其学术理论建设奠定了坚实基础，同时也弥补了满通古斯语族语言研究有史以来留下的缺陷，从而很大程度上推动了满通古斯语

---

[1]　本文发表于中国网，中国理论，2016年6月24日。
[2]　宝玉柱，中央民族大学语言文学院教授，著名蒙古语言学家，博士生导师。
[3]　布日古德，中国社会科学院民族学与人类学研究所语言室副研究员。

族语言全面系统比较研究及其阿尔泰语学的研究进程。

朝克研究员认为，锡伯族的"锡伯"是该民族的自称。锡伯族与我国史书中的东胡、乌恒、鲜卑、契丹、室韦等民族和族群均有十分密切的渊源关系。锡伯族的"锡伯"一词，同汉魏时期史书的"鲜卑"一词有必然联系。对于"鲜卑"一词有（1）革带；（2）带钩；（3）瑞兽；（4）驯鹿；（5）神兽；（6）驯养鹿的部族，等不同说法与解释。另外，"锡伯"一词，在史书里还用汉字转写为"胥纰"、"犀毗"、"师比"、"失比"、"犀比"、"席北"、"西北"、"西百"、"西博"等。众所周知，锡伯族是内蒙古呼伦贝尔地区的原住民，根据考证锡伯族先民早期居住于大兴安岭东麓与嫩江上游西岸及其嘎仙洞一带，唐代迁至嫩江中下游，金代部分锡伯人迁至内陆地区，元代来到嫩江中下游地区。17世纪中叶以后，锡伯族被编入蒙古八旗和满洲八旗，先后派往齐齐哈尔、盛京（沈阳）和京师（北京），乾隆二十九年（1764年）千余名锡伯族官兵奉命携家驻防新疆伊犁戍边，并在那里定居下来，从而锡伯人形成了一个民族分居东西两地的格局。现在锡伯族有人口188824人（2000年），主要分布于辽宁、新疆、黑龙江、吉林，少数散居于内蒙古等地。居住模式呈现"大分散，小聚居"的特征。锡伯族不仅有自己的语言，也有本民族文字。但因新疆锡伯族从东北语言社会分离已有200多年，加上外来语言不断渗透和影响，锡伯族人在母语使用方面不断发生着变化，进而导致锡伯语口语在自身发展过程中产生了一定程度的演变。

朝克指出，锡伯语属于阿尔泰语系满通古斯语族满语支，锡伯语口语似乎没有太明显的方言差异，只是存在差别不太明显的村话或土语。锡伯族使用的文字是由满文改制而来的、从左向右竖写的拼音文字。现在的锡伯语及锡伯文，只有在新疆维吾尔自治区伊犁哈萨克自治州察布查尔锡伯自治县[1]锡伯族聚居区内使用。而在东北等地的锡伯族早已不使用母语和本民族文字了，他们都完全改用了汉语和汉文。另外，新疆锡伯族人除使用母语之外，还通晓汉语、维吾尔语、哈萨克语等民族语言文字。

朝克在他的相关研究成果中明确提出，锡伯族有其漫长的狩猎和牧业生产

---

[1] 新疆维吾尔自治区伊犁哈萨克自治州察布查尔锡伯自治县中的"新疆维吾尔自治区"简称"新疆"，"伊犁哈萨克自治州"简称"伊犁"，"察布查尔锡伯自治县"简称"察布查尔"。

生活历史，在他们的语言中有极其丰富的寒温带森林草原及生产生活方面的远古词汇。然而，伴随他们农业化生产生活的开始和不断深入，及青铜加工产业的不断成熟，与此相关的词汇和表述形式不断出现，从而丰富和发展了锡伯语口语。根据有关调查资料[1]，生活在新疆伊犁察布查尔等地的锡伯族至今使用母语情况比较好，特别是中年以上锡伯族均能十分流利地用母语进行交流。与此相反，东北锡伯族早已失去母语交流能力而改用了汉语汉文。朝克研究员的实地调研资料表明，现代锡伯语口语基本上没有显著的方言差别，只在孙扎齐土语、伊车嘎善土语、塔城土语间存在微妙差异，并体现在个别名词术语及外来词的使用方面。尽管如此，他们之间完全可以用彼此熟悉的口语进行交流。同时，锡伯族中青少年会母语者开始不断减少。他认为，这种现象的出现，跟他们从小在汉文或维文学校读书和学习文化知识密切相关。朝克还指出，据不完全统计，新疆锡伯族中，懂母语者几乎都懂汉语、维吾尔语、哈萨克语，甚至有人兼懂蒙古语。依据朝克的分析，除了和异族通婚的锡伯族家庭的孩童之外，其他锡伯族青少年均不同程度地掌握母语。甚至，像察布查尔等地的汉族或哈萨克族老人也都一定程度地掌握锡伯语，并能够用锡伯语口语进行简单对话或交流。锡伯语口语尽管有一定活力，但已进入濒危语言行列，锡伯语口语的使用者开始逐年减少，学习和掌握锡伯文的人数减少得更快。

为抢救保护锡伯语口语这一濒危语种，多年来朝克研究员收集整理了大量的锡伯语口语第一手语言资料，并在此基础上潜心研究，进而撰写完成和出版了全面系统、深度科学研究的锡伯语科研成果，以及抢救保护、搜集整理锡伯语现存口语方面的学术著作。其中，就包括《现代锡伯语口语研究》（民族出版社，2006）、《察布查尔锡伯自治县锡伯族语言文字使用现状调研》（方志出版社，2009）、《锡伯语366句会话句》（社科文献出版社，2014），以及相关学术论文《论锡伯语研究》（《满语研究》2000年第1期）、《关于现代锡伯语口语单元音系统》（《满语研究》2005年第1期）、《关于现代锡伯语口语辅音系统》（《中国民族语言学研究》，社科文献出版社，2008）、《论现代锡伯语口语级形态语法结构》（民族语言片重点学科论文集论文，2005）等。另外，他还主持完成并出版了中国社会科学院国情调研重大项目《察布查

---

1 朝克主编：《察布查尔锡伯自治县锡伯族语言文字使用调研》，方志出版社，2011年。

尔锡伯语口语使用情况调查研究》。与此同时，他还在本人主持和参加的《中国民族语言文字研究史论》（中国社科院B类重大项目，中国社会科学出版社，2013）、《满通古斯诸语比较研究》（国家社科基金青年项目，民族出版社，1997）、《满通古斯语族语言词源研究》《满通古斯语族语言研究史论》《满通古斯语族语言词汇比较》（国家社科基金项目，中国社会科学出版社，2014）、《中国满通古斯诸语基本词汇》（日本文部省国际合作项目，日本小樽科大学，1997）、《阿尔泰语言学导论》（国家教委项目，民族出版社，2002）等课题成果中，也都不同程度地分析和论述了锡伯语口语语音、词汇、语法、使用现状等方面的学术问题。所有这些成果，强有力地奠定了我国锡伯语口语研究的雄厚理论基础，为研究锡伯语口语及满通古斯诸语，甚至阿尔泰语系语言研究提供了弥足珍贵的学术理论依据。以下具体述评朝克研究员关于锡伯语研究的两部优秀科研成果。

一、关于《现代锡伯语口语研究》的学术理论价值

就如上面所说，《现代锡伯语口语研究》（33万字）于2006年由民族出版社出版发行。这是一部在国内外首次将锡伯语现存口语语音、词汇、语法的全面系统科学研究及口语资料密切相结合的优秀科研成果，也是朝克博士多年来对锡伯语口语深入调查研究的精髓，曾获得中国社科院优秀科研成果奖。

朝克研究员早在1992年就启动了锡伯语口语研究工作，并开始搜集整理第一手口语资料。在此基础上，2002年他提交要实施《现代锡伯语口语研究》之科研计划，经院所两级学术委员会审查审核通过，获国家社科基金青年项目专项资助。该项目按计划于2002年底具体实施，于2005年顺利完成该课题的全部撰稿工作，于2006年由民族出版社出版发行。该科研成果由前言、语音结构分析、词汇特征分析、语法形态变化现象分析及句子结构分析、现代锡伯语口语基础会话资料等内容构成。该项成果，主要运用了历史比较语言学、结构语言学、语言形态学以及功能语言学的研究方法与理论。

该书所体现的理论方法有这样几个方面：一是，语言资料扎实可靠且具有说服力；二是，客观实在地评估了前人的科研成果，明确指出了其中存在的问题和不足，以及传统研究方法和现代理论密切相结合的重要意义；三是，充分利用语法形态论研究方法及学术思想，科学阐明了现代锡伯语口语语法形态

结构体系，用精炼而格式化、表格化的研究手法高度概括性地分析论述了其错综复杂的语法关系；四是，提出锡伯语口语语音同满语书面语语音平面比较研究的错误观点，进而强调锡伯语口语语音历时和共时研究的必要性；五是，科学论述了语言资料与理论研究紧密结合的科学原理，研究方法与规则。毫无疑问，理论研究与口语资料密切相结合的研究方法，对于研究成果的进一步考证和科学评价，以及与此相关的原始语言资料的永久保存，对于口语资料的抢救和保护等方面均会发挥积极作用。

该书的学术价值体现在：一是，首次将锡伯语口语元音音位定为8个，辅音音位定为20个；二是，充分发挥语法形态论研究方法论，首次在锡伯语口语研究领域提出名词形态论和动词形态论的学术观点，进而科学论证了它们的历时性、共同性、异同性、可变性和不变性等因素；三是，科学阐述了濒危语言研究实践中，将传统语言学理论和现代语言学理论要密切结合、相互补充和互相借鉴的学术价值和意义；四是，积极采取了理论研究成果和实证语言资料同时公开，合二为一之当今语言学界所奉行的科研态度，使理论成果和语言资料相互配套、相互作用。该成果首次在国内外将现代锡伯语口语1000句基础会话资料同科研成果一并发表，这对已进入濒危状态的锡伯语口语会话资料的搜集整理有其特殊学术价值。

总而言之，《现代锡伯语口语研究》这项优秀科研成果，实事求是地总结和评述了国内外锡伯语口语专家学者的研究成果，科学归纳了该语言的音位系统和语音结合规律，全面论述了词汇结构体系及特征，论证了名词类词和动词类词的形态变化原理，从而理论上客观实在地分析了该语言的本质特征。该成果的撰写出版，不仅为锡伯语口语研究及锡伯语口语资料的抢救保护提供了有力的理论依据，同时为建立健全我国人口较少民族语研究，以及对我国濒危民族语言文字的抢救和保护同样有着十分重要的学术价值和意义。

二、关于《察布查尔锡伯自治县锡伯族语言文字使用现状调研》学术理论价值

这里提到的锡伯语口语方面的第二本科研成果《察布查尔锡伯自治县锡伯族语言文字使用现状调研》（43万字）于2011年由方志出版社出版。该成果是中国社会科学院国情调研重大项目，由察布查尔锡伯语言文字使用调查分析、

察布查尔锡伯语口语调查分析、察布查尔锡伯语口语及文字学研究概述、察布查尔锡伯语口语会话调查、调研表格、察布查尔语委提供的相关资料等五个部分组成。

　　该项课题成果的前期准备工作做得很细致、很扎实、很全面。特别是，在规划设定各种田野调查表格时，充分体现出了高深的专业知识功底和分析问题能力，几乎囊括了与项目密切相关的所有内容和细节。精心设定并有很强学术价值的这些表格，在其他民族语言的使用情况的实地调研中，特别是对于濒危或严重濒危语言的抢救性实地调研时，都可以广泛借鉴和使用。我们认为，这是一项很有学术价值而实际意义的国情调研重大项目。在该项国情调研重大课题成果里，对于锡伯族使用母语及本民族文字的实际情况，以及锡伯族使用其他民族语言文字的现象，也都做了十分翔实而全面的调查研究，在此基础上提出如何更好地保护和使用锡伯口语及民族文字的可行性而建设性建议，很有深度和广度，很有代表性、实用性、现实性、前瞻性和理论性。另外，在该项国情调研重大项目里，还进一步深度分析了察布查尔锡伯语口语里出现的语音系统的复杂化、词汇体系的多元化、语法结构的简略化及可变性现象。同时，成果中针对性地收集整理了察布查尔锡伯语口语会话资料，实事求是地分析阐述了察布查尔锡伯语口语研究中取得的学术成绩及学术价值等。从而充分体现出了该项国情调研重大项目成果的现实意义、应用价值和学术理论价值。总之，这是一个很优秀的国情调研重大项目，其成果的学术价值和理论价值都很高，每一部分都有其特定的学术侧重点和学术内涵。而且，对于已进入濒危状态的锡伯族语言文字使用现状的实地调研、资料论据、深度分析、科学论述，以及明确提出的抢救保护方面的建设性意见都显示出了学术敏锐性、学术前瞻性、学术实用价值和理论指导作用。从而充分体现出，该项成果在濒危语言研究及其理论观点上的全新思考与大胆探索。

　　在这里还应该强调指出的是，中国社科院的该项国情调研重大项目成果不仅分析了察布查尔锡伯语口语现有的基本结构特征及其变化规律，同时还搜集整理了察布查尔锡伯语口语现存会话资料，论述了察布查尔锡伯语口语研究资料及相关学术观点。所有这些，充分展示出课题负责人具有的权威性学术视野和学术观点。成果最后部分，利益附录展示的锡伯语口语第一手资料显示出特定学术资料价值。尤其重要的是，有很强的鉴定成果资料的真实性、代表性、学术性的参考意义。就像刚才所说，这是一个很好、很优秀、很有代表性、很有学术价值、很有前瞻性而实用性的国情调研学术成果。在调研框架的设定，以及国情调研成果的写作形式上，均体现出独特创意和创新理念。该项国情调研成果内涵盖的学术思想、学术理念、学术观点，不仅仅是在国情调研这一特定研究领域能够广泛发挥作用，而在民族语言文字使用情况的实地调研，乃至濒危语言或严重濒危语言的抢救性研究工作中均可起到学术导向作用。

总的说来，朝克研究员主持完成的该项成果的学术价值和应用价值主要体现在：（1）进一步贯彻落实了国务院和相关部委提出的，加大锡伯族濒危语言文字抢救保护力度的重要指示精神。（2）对锡伯族濒危语言文字的抢救和保护提供了必要的理论依据。（3）对锡伯族现代化进程中遇到的语言文字使用问题，以及传统文化与现代文化的冲突等问题的科学解决提出了合理化建议。（4）对偏远地区和特定生存环境下，如何更好保护和传承濒危民族语言文字提供了政策性思路。（5）锡伯语言文字是满族语言文字的另一种传承形式，锡伯文就是满文的延伸和发展。所以说，锡伯族语言文字的抢救和保护，同样有利于满族已进入严重濒危状态的语言文字的抢救保护，以及有利于研究整理清代浩如烟海的满文历史文献和图书资料。（6）该项成果的具体实施充分体现出我国对锡伯族濒危语言文字抢救保护工作的重视。

察布查尔锡伯族濒危语言文字已进入关键阶段，由此该语言的抢救保护工作显得更为迫切而重要。而且，此项工作需要实事求是的实地调研，客观实在地科学分析。然而，该项国情调研课题的顺利进行和圆满完成，对国家各有关部门正在实施的人口较少民族濒危或严重濒危的民族语言文字的抢救保护工作等，均有非常重要的现实意义和长远的学术价值、理论价值。

三、朝克锡伯语口语研究取得成绩的理论总结

综上所述，朝克研究员在现代锡伯语口语研究事业方面确实取得了显著的学术成就，完全可以从以下几个方面进行理论总结。

第一，科研工作中使用的现代锡伯语口语第一手语言资料，扎实可靠且具很强的代表性、普遍性、使用性、理论性，有很强的说服力。

第二，客观实在地科学评估了前人的研究成果，指出了其中存在的问题与不足，以及传统研究方法与现代理论研究方法密切相结合的重要性。

第三，充分利用语法形态论的学术理论，科学阐释了现代锡伯语口语名词形态论和动词形态论语法形态变化现象及其结构体系，用精炼而格式化、表格化的手法高度概述了复杂多变的语法现象、语法关系、语法体系。

第四，提出锡伯语口语语音同满语书面语语音平面比较研究的错误观点，进而强调锡伯语口语语音结构特征及音变规律历时研究与共时研究的必要性。

第五，科学论述了语言资料与理论研究紧密结合的基本原理。进而提出，这些资料，对于研究成果的科学考证、科学运用和科学评价，以及与此相关的原始语言资料的永久科学保存，乃至对于口语资料的及时抢救保护等均能够发挥积极作用的特殊学术价值。

第六，首次科学阐述了现代锡伯语口语语音系统和音变规律。同时，也科学论述了语音多变性、多元性、复杂性、曲折性变化的基本特征，以及受特定语言历史、语言社会、语言环境的极大影响而出现的不同层面、不同程度、不同范围、不同规律变化与变迁等。

第七，充分利用名词形态论、动词形态论、语法形态论、语法类型学、语法功能学的理论观点，提出了锡伯语口语名词形态论、动词形态论、语法形态论等学术理论。同时，论证了现代锡伯语口语错综复杂的形态变化系统，以及在可变性和不变性语法形态变化现象间存在的共性、异性、相关性、互动性、变异性特征及规律。

第八，科学阐述了传统语言学和现代语言学密切结合、相互补充和借鉴的重要学术理论及其价值。还积极采取了理论研究成果与实证语言资料同时公开，合二为一的当今语言学界所奉行的科研态度，使理论成果和语言资料相互配套、相互作用、相互作证、相互约束。

第九，在国内外，首次将现代锡伯语口语基础会话资料，以及基础词汇同现代锡伯语口语理论研究科研成果一并公开出版，这对于进一步科学检验和对照考证锡伯语口语语音、语法理论研究成果的真实性、精确性、科学性有其极其重要的学术价值。同时，对于已进入濒危状态的现代锡伯语口语会话资料、基础词汇资料的科学精确地搜集整理，富有成效地保护抢救、传承发展均有特殊的学术价值和现实意义。

总之，朝克研究员的科研成果用扎实可靠的语言资料，结合传统研究办法与现代理论研究手段，科学论述了现代锡伯语口语的语音形态、名词形态、动词形态、语法形态变化原理及其规则，从而客观翔实地分析了该语言的本质特征。他的研究，对于锡伯族语言文字的保护和使用有其特殊的指导意义和学术价值，对于语言接触研究、语言融合研究、濒危语言研究提供了重要学术思路和学术观念，对于跟锡伯语言文字同根同源而命脉相承的满语言文字的研究同样有其重要的学术价值。朝克研究员有关锡伯语的学术成果，有它特定创新性、理论性、科学性和学术理论性。他的研究不仅为锡伯语研究与该语言的抢救保护提供了有力的理论依据，同时为建立健全我国人口较少民族语研究，以及对我国濒危民族语言文字的抢救和保护同样有十分重要的学术价值和意义。

第十一篇
锡伯语研究再现新成果[1]

乌日娜[2]

锡伯族曾是内蒙古呼伦贝尔地区的原住民，17世纪中叶以后，锡伯族被编入蒙古八旗和满洲八旗，其中一部分为保卫边疆从东北迁至新疆伊犁地区，因而形成了一个民族东西两地分居的格局。而且语言使用上也发生了很大变化。锡伯语属阿尔泰语系满通古斯语族满语语支，朝克博士在他的新著《现代锡伯语口语研究》中，对锡伯语作了系统而深入的探索。

朝克的《现代锡伯语口语研究》由前言、语音结构分析、词汇特征分析、语法形态分析及句子结构分析、现代锡伯语口语基础会话资料等内容构成。该项成果，主要运用了历史比较语言学、结构语言学、语言形态学以及功能语言学的研究方法撰写完成。

该书所体现的理论方法有这样几个方面：语言资料扎实可靠且具有说服力；充分利用语法形态论的学术理论，科学阐明了现代锡伯语口语的语法形态结构体系，用精炼而格式化、表格化的手段高度概述了其语法关系；客观实在地评估了前人的科研成果，指出了传统研究方法和现代理论密切相结合的重要性；提出锡伯语口语语音同满语书面语语音平面比较研究的错误观点，进而强调锡伯语口语语音结构特征及音变规律研究的必要性；论述了语言资料与理论研究紧密结合的科学原理。这对研究成果的考证、运用和科学评价以及与此相关的原始语言资料的保存，对于该民族语言口语资料的保护和抢救等方面均会发挥积极作用。

该书的学术价值体现在：首次将锡伯语口语元音音位定为8个，辅音音位

---

1 本文发表于《中国民族》2009年第12期。
2 乌日娜，民族出版社副编审。

定为20个；根据语法形态论，初次在锡伯语里提出名词形态论和动词形态论的学术观点，论证了它们的共同性、异同性、相关性；科学地阐述了传统语言学和现代语言学密切结合、相互补充和借鉴的重要意义；采取了理论研究成果和实证语言资料同时公开，合二为一之当今语言学界所奉行的科研态度，使理论成果和语言资料相互配套、相互作用。该成果首次在国内外将现代锡伯语口语1000句基础会话资料同科研成果一并发表，这对已进入濒危状态的锡伯语口语会话资料的搜集整理有其特殊学术价值。

锡伯族与我国史册中出现的东胡、乌恒、鲜卑、契丹、室韦等均有十分密切的渊源关系。对于锡伯族的"锡伯"一词史学家们认为，同汉魏时期史书上的"鲜卑"有关。由于和其他民族的接触较少，居住又集中，所以他们能较好地保留了本民族语言和文字。据2000年全国人口普查统计，锡伯族总人口约为18.9万。

锡伯族不仅有自己的语言，也有本民族文字。但因新疆锡伯族从东北语言社会分离已有200多年历史，加上外来语影响，他们母语在彼此发展过程中都发生了一定变化。朝克还指出，锡伯族有其漫长的狩猎和牧业生产生活历史，在他们的语言中有极其丰富的寒温带森林草原及生产生活方面的词汇。然而，伴随他们农业化生产生活的开始和不断深入，及青铜加工产业的不断成熟，与此相关的词汇和表述形式不断出现，从而丰富和发展了锡伯语口语。他在书中根据有关调查资料写到，生活在新疆伊犁哈萨克自治州察布查尔锡伯自治县（简称"察县"）等地的锡伯族至今还使用母语，特别是中年以上锡伯族均能用母语十分流利地交流。与此相反，东北锡伯族早已失去母语交流功能而改用了汉语汉文。朝克在书中明确提出，现代锡伯语口语基本上没显著方言差别，只在孙扎齐土语、伊车嘎善土语、塔城土语间存在微妙差异，并体现在个别名词术语的叫法及外来词的使用方面。尽管如此，他们之间完全可以用彼此熟悉的口语进行交流。同时，锡伯族青少年中会母语者开始不断减少。他认为，这种现象的出现，跟他们从小在汉文或维文学校读书学习有关。朝克接着提出，据不完全统计，新疆锡伯族中，懂母语者几乎都懂汉语、维吾尔语、哈萨克语，甚至有人兼懂蒙古语。依据朝克的分析，除了和异族通婚的锡伯族家庭的孩童之外，其他锡伯族青少年均不同程度地掌握母语。甚至，像察布查尔县等地的汉族或哈萨克族老人也都一定程度地掌握锡伯语，并能用锡伯语进行交流或简单对话。

　　锡伯语口语尽管有其一定活力，但已进入濒危语言行列，锡伯语口语的使用者开始逐年减少，学习和掌握锡伯文的人数减少得更快。在朝克看来，改变这一现状，不仅需要锡伯族全体人民的共同努力，还需要锡伯族生活区其他社会成员的积极配合和协助，更需要政府部门的大力扶持和关心。进而他指出，目前最重要的是政府应拿出更多经费重新编写出版适于时代和锡伯族传统文化的新教科书，改变传统的教学方式方法及教学制度，在锡伯族生活区广泛开展锡伯语言文字扫盲教育，在高中和大学以及就业等方面优先照顾或考虑懂母语的锡伯族，以此激励锡伯族青少年学习和掌握本民族语言文字，并为本民族语言文字的保护、抢救和发展做出贡献。

　　《现代锡伯语口语研究》实事求是地总结和评述了国内外锡伯语口语专家学者的研究成果，科学归纳了该语言的音位系统和语音结合规律，全面论述了词汇结构体系及特征，论证了名词类词和动词类词的形态变化原理，从而理论上客观实在地分析了该语言的本质特征。该成果的撰写出版，不仅为锡伯语研究与该语言的抢救保护提供了有力的理论依据，同时为建立健全我国人口较少民族语研究，以及对我国濒危民族语言文字的抢救和保护同样有着十分重要的学术价值和意义。

第十二篇
《鄂温克语形态语音论及名词形态论》评述[1]

赵阿平[2]

中国社会科学院民族学与人类学研究所研究员朝克用日文撰写完成的《鄂温克语形态语音论及名词形态论》一书由日本亚非语言文化研究所于2003年7月公开出版。该专著对鄂温克语形态语音与鄂温克语名词形态进行了全面的科学分析与深入的理论探讨，从而以创新的观点、丰富的论据系统论述揭示出鄂温克语形态语音及名词形态的变化原理和变化规则。全书约70万字，这是在满通古斯诸语研究领域、乃至阿尔泰诸语言以及我国的民族语言研究领域具有重要学术价值与理论意义的一部大作。

在阿尔泰语系诸语言甚至世界诸语言中，鄂温克语属于有着非常丰富而复杂的形态结构体系以及形态变化体系的语言之一。一直以来，鄂温克语极其丰富的形态语系变化现象和名词类词汇的语法形态变化现象、内容都没有能够得到充分的研究，这不能不说是一件十分遗憾的事情。以往的鄂温克语研究，关系到形态论的问题时，均未展开详细而彻底的讨论，只是从描写语言学的角度对语言、语法、词汇等研究领域的基本情况进行描述，没有进行过深入系统的分析研究。例如，在语言研究中，只是注重介绍语音的基本结构，而未认识到同语音密切相关的形态变化系统及其结构特征。对于名词类词汇的语法研究，也只是解说性地概述诸语法现象，因此，未能全面系统地论证极其丰富而复杂的形态变化现象和体系。一直以来，鄂温克语研究都把重点放在了客观描写分析方面，而即使在该方面，也常常是在不太充分的语言资料基础上进行的。直到最近，有些论文已开始对以主观性观点为准绳的描写与研究模式中存在着诸

---

[1] 本文发表于《满语研究》2004年第1期。
[2] 赵阿平，黑龙江大学满语研究所教授。

多问题提出异议。这一现象表明语言研究已开始将重视语言事实作为拓展研究工作的重要因素。

鄂温克语形态语音论与名词类词汇语法形态论研究如何对于所积累的语音事实资料进行更广泛、更深入、更精确意义上的讨论之问题，已成为极为重要的研究课题。令人欣喜的是朝克的《鄂温克语形态语音论及名词形态论》一书运用了综合而创新的方法，在对鄂温克语形态语音和名词形态论的基本结构体系进行系统论述的同时，建立了鄂温克语形态语音论和名词形态论理论框架。鄂温克语与满通古斯诸语乃至阿尔泰诸语一样，在语音结构中存在着极其系统而规范的语音变化规则。例如，由阳性元音a、o、u构成的词干后面要接缀由阳性元音a、o、u构成的词缀；由阴性元音ē、ō、ū构成的词干后面也要接缀由阴性元音ē、ō、ū构成的词缀；由元音或辅音b、w、d、r、l、g、h、j、y、s、x、f结尾的词干后面要接缀由辅音h开头的词缀；由送气辅音p、k、t、q可或鼻辅音n、m结尾的词干后面要接缀由辅音k开头的词缀部分中还有bi/mi"我"、laqqi/naqqi"树叶"、ata/ētē"祖母/祖父"等辅音b和m、l和n以及元音a和ë等语音变化现象。以往的研究也对这些语音变化从元音和谐规律、辅音交替现象、辅音习惯性自由变化现象等不同角度作过解释和讨论。然而，对于这些持有复杂多样的语音变化形式的词缀或现象的本身的语音结构特征、音变规则、音变类型和音变体系所表现出的深层次的意义关系等从未进行过科学分类、排列和系统而全面的探讨。所以，当人们接触这些形态语音变化现象时，就会感到其语音系统以及音变形式十分复杂，难以掌握其原理和规则，只是机械地认为，这些语言有元音和谐规律和辅音交替现象等。朝克在该书的第一部分中，运用形态语音学理论，对鄂温克语的这些语音变化现象进行了全面科学分析，进而指出了在鄂温克语中存在着丰富的构词词缀的可变元音系统、语法词缀的可变元音系统、构词词缀和语法词缀的可变辅音系统、词干的可变语音系统等形态语音变化形式和内容。同时也明确指出了与这些形态语音变化密切相关的一些微妙的语义变化关系等。这使人们对于鄂温克语在内的阿尔泰诸语错综复杂的形态语音变化原理能够有一个科学的认识和理解。在该书的第二部分中，朝克利用语法形态论的理论观点，对鄂温克语的名词、代词、数词、形容词等名词类词汇的语法形态变化形式和内容以及内部结构和变化规则所表示的语法概念等进行了理论分析。这些研究工作和成绩，不仅有利于系统认识和把握满通古斯诸语以及阿尔泰诸语的形态语音变化原理、名词类词汇的语法形态变化规则,对与阿尔泰诸语密切相关的日本语、朝鲜语等语音变化规律的研究、名词类词汇的语法形态变化的研究等均有十分重要的理论价值。

朝克指出,鄂温克语是形态变化十分丰富的语言,其形态变化不只是表现在错综复杂的语法系统里,同时也表现在极其丰富的语音变化系统中。以往的研究对于这些形态语音变化结构及其类型没有专门讨论。他在该书中对此进行了专门讨论,指出在鄂温克语的语音结构当中,有一部分与形态学直接相关的音变现象。而且它们主要存在于构词词缀和语法词缀方面,甚至在整个词缀系统中,61%的词缀有不同程度的形态语音变化现象。朝克在该书中明确提出,对于那些有着不同语音结构类型和语音分类特征的形态语音变化现象,必须要利用形态语音学的方法和原理去分类、排列和分析研究。在鄂温克语中,为表示某一语法概念或派生同一个概念的新词时,常常使用几个或几十个富有形态语音变化的词缀体系。例如,表示确定宾格的语法概念时就使用-ba/-bē/-bo/-bō/-bu/-bū或-wa/-wē/-wo/-wō/-wu/-wū12有形态语音变化的词缀。又比如,为表达比较级的语法概念,要使用由形态语音变化的可变元音-a/-ē/-o/-ō(V_{4A})及有形态语音变化的可变辅音-h/-k(C_{2A})构成的72个词缀系统。

另外,在派生新词的词缀系统中也有-nka/-nkē/-nki/-nke/-nko/-nkō/-nku/-nkū等形态语音变化现象。所有这些在鄂温克语语音结构中占有十分重要位置,从而在鄂温克人的日常生活语言、新词的派生、词和词的结合、句子的构成等方面均发挥着极其重要的作用。

朝克在该书中,对于以上有形态语音变化词缀的不同语音结构形式和类型展开了全面细致的科学讨论。他提出,如上述鄂温克语确定宾格的-ba/-bē/-bo/-bō/-bu/-bū或-wa/-wē/-wo/-wō/-wu/-wū12个有形态语音变化特征的词缀系统,在过去发表和出版的研究论著中只解释为:"-ba等确定宾格的词缀要接缀于由鼻辅音结尾的词干后面,-wa等确定宾格的词缀要接缀于由鼻辅音以外的辅音或元音结尾的词干后面。"或者解释为:"确定宾格共有12个词缀,这些后缀分别接缀于不同的词干后面。"或者概述为:"确定宾格的不同词缀,根据元音和谐规律,分别接缀于不同的词干后面。"很显然,这种过于简单的解释或说明,未将确定宾格错综复杂的音变类型及其结构特征分析清楚。同时,对于确定宾格词缀产生音变的基本规律也未详细论述。因此,他指出,必须要利用形态语音学的研究方法和手段,细致认真而全面地进行分析研究。形态语音学是对那些可变性的形态音素,也就是在传统语音学中所说的那些富有变化功能的最小语音单位,依据其不同结构形式和内容,设立不同类型和项目,并在不同类型和项目中把所有的形态音素加以分类和排列,进而按顺序展开研究的办法和手段。他还指出,形态素是不同形态结构的表现形式,而形态音素是同一个形态素的不同的语音变化形式和内容。形态语音学就是对那些可变的形态音素展开科学分析和讨论。按照形态语音学的研究办法论,对鄂温克语确定宾格的音变形式和内容进行分析,如:"鄂温克语确定宾格-ba/-bē/-bo/-bō/-bu/-bū或-wa/-wē/-wo/-wō/-wu/-wū的词缀是(1)由可变单元音音素和可变单辅音音素的内容组合而成;(2)是可变辅音音素在前,可变元音音素在后的结构形式构成;(3)有a、ē、o、ō、u、ū,妊六种类型的可变单元音音素的变化特征,而且这些可变单元音音素的形态变化是取决于词干的元音结构和特征;(4)有b和w两种类型的可变辅音音素的变化特征,而且这一可变辅音音素的形态语音变化取决于词干末尾的语音结构和特征;(5)每一个形态音素均作为严格设定的最小语音单位和最小语义单位而存在;(6)在语法形态结构中专门表示确定宾格的语法意义;(7)是属于确定宾格特定的可变性后缀体系。"朝克从以上7个方面把鄂温克语确定宾格里出现的形态语音变化形式和内容、形态音素间的组合特征和原理及其具体发挥的语法功能和作用等都解释得十分清楚。

总之,在鄂温克语的音变系统里,有许多与形态学密切相关的音变现象必须用形态语音学的原理和方法去探讨和解决。因此,要从形态语音学的角度,对于语音系统中出现的可变性或多变性的最小形态音素及其结构特征和作用进行分析研究,在此基础上做各种分类和排列,从而全面系统地给予解释和论述。只有这样,才能把与形态学相关的错综复杂的形态语音变化形式和内容搞清楚,才可以建立鄂温克语形态语音变化的系统结构的理论框架。另外,通过对鄂温克语中相当丰富的形态音素结构群的综合性分析,可以科学地认识和把握该语言的形态语音学中包含的诸多音变现象和内容,及其各形态音素变化范畴间产生的相互关系。因此,必须充分利用形态语音学的分析方法和手段,全面系统地论述鄂温克语词干或后缀里实实在在存在的形态音素变化现象。

在该书中,朝克以鄂温克语中的最大方言辉河方言为基础,并充分利用他从1983年以来20余年的田野调查中搜集的520余万字的语言资料，参阅利用欧美以及日本语言学界对于形态语音论和语法形态论方面的科学研究成果及理论，对鄂温克语的形态语音变化现象和名词类词汇内出现的复数形态变化、格形态变化、人称形态变化、级形态变化分别展开了讨论。

该书主要由绪论、第一部形态语音论、第二部名词形态论、结论、附属资料五个部分构成。绪论部分里主要论述了该项研究的思路、观点、目的、重要性；与形态语音变化现象及名词形态变化相关的学术理论问题；分析和解释形态语音变化及名词形态变化现象的方法和手段；研究价值和理论价值；该项研究的结构及理论框架。

第一部形态语音论里通过构词词缀的可变元音音素的形态语音变化之分析、语法词缀的可变元音音素的形态语音变化之分析、词缀系统的可变辅音音素的形态语音变化之分析、词干的形态语音变化之分析等4章，从不同角度和层面论述了鄂温克语的形态语音变化原理及其类型。从而构筑了鄂温克语形态语音变化的理论框架。

第二部名词形态论里通过复数形态变化的8个特征之分析、格形态变化的16特征之分析、人称形态变化的3个特征之分析、级形态变化的3大分类特征及26项结构特征之分析等4章，全面论述了鄂温克语名词类词汇的语法形态变化原理及其作用。从而科学论述了鄂温克语名词类词汇富有的复数形态变化体系，格形态变化体系，人称形态变化体系，级形态变化体系，建立了鄂温克语名词形态论之理论体系。

在结论部分里，朝克对于形态语音变化和名词形态论的论述进行了总结性概述，进一步强调了形态语音变化和名词形态论的科学价值，论证其合理性和科学性，进而确立了鄂温克语形态语音论和名词形态论的理论框架。他还具体制定出鄂温克语形态语音论和名词形态论的研究范畴，提出为了明确论证形态语音论和名词形态论体系，要充分利用形态论的研究方法和手段，设定出不同项目、类型、范畴，对于不同的形态变化现象都要进行不同层面和不同类别的认定、分类、排列，并进行有顺序而科学的论证，然后客观而系统分析了形态变化现象的普遍性，以典型实例证实了它们的类似点、共通点、等质关系等。同时，他还着重强调从典型实例中抽出合理部分过分追求其理论性，有可能导致对研究对象做出的结论不全面、不客观、不科学的危险。

在附属资料部分中，朝克利用翔实而强有说服力的鄂温克语语音资料，阐述了该语言的语音结构特征、语音变化体系、音节划分原理、元音和谐规则、辅音重叠现象、易混淆语音音位的区别方法等。

朝克的分析研究，采用了同形态语音论和名词形态论相关的所有语言资料。他从宽松的认知态度和认识论的视角，尽可能地吸纳客观存在的特殊实例，即采纳了将典型实例和非典型实例一并研究的方法，以那些形态变化要素的特殊性、典型性、共存关系作为基本论据，科学阐明了构筑诸形态变化体系的根本规则。同时从句子成分间建立的各种特定关系的层面，论证了鄂温克语形态变化要素，并提出在形态论研究中，必须要重视形态要素间的独立性、相关性、连续性和系统性之观点。最后指出，形态论的研究方法是研究鄂温克语形态变化现象的最有效手段。

《鄂温克语形态语音论及名词形态论》一书的学术价值主要体现于以下几个方面。

其一，鄂温克语形态语音论及名词类词汇语法形态论与客观论述相适应，对积累的客观资料进行科学研究。不以特别假定作为全面论证的依据，而是以鄂温克语中客观而实际存在的形态语音变化现象和名词类词汇语法形态变化现象及内容作为理论依据，广泛参阅欧美及日本的最新形态论成果和理论，并同鄂温克语形态语音论和名词类词汇语法形态资料有机地相联系。从而加强了鄂温克语形态语变化研究和名词类词汇语法形态研究的理论化和科学化。

其二，充分搜集鄂温克语形态语音论和名词类词汇语法形态论形态变化现象及资料，并将个别性分析、研究和系统性分析、研究有机联系。另外，把典型的形态变化现象分析、研究同非典型的形态变化现象分析、研究有机联系。从而使鄂温克语形态语音论和名词类词汇语法形态的分析更加全面化和体系化。

其三，对鄂温克语形态论以及名词类词汇语法形态中出现的数量可观的形态变化现象和内容，逐个进行分类和排列的同时，设定和建立了相关项目、类型和范畴，并论证了关于形态变化的基本原理和根本规则。

其四，将鄂温克语形态语音和名词类词汇语法形态的诸形态变化在形态论上发挥的功能和作用的个别分析，同句子结构中其他成分之间产生的各种关系的分析以及整个句子结构的分析有机联系，进而从不同层面进行了具体而客观地研究。同时，论证了形态语音论及名词类词汇语法形态相关的形态变化要素，在不同层面各自发挥的语法功能和作用。

其五，严格遵循了在鄂温克语形态语音论和名词类语法形态论中将实证性描写和理论性研究合理相结合、语言事实和形态论理论相联系等语音研究之基本原则。从而力求构筑本质性的鄂温克语形态语音论和名词类词汇语法形态论。另外，该书中使用的语音举例基本上都是来自朝克从1982年以后的20年时间对我国鄂温克语实地调查的资料。还有，严格遵循了在举例说明和讨论时尽可能保存原来的语音结构形式和内容之原则。

该书通过综合而深入的研究，使鄂温克语形态语音论和名词类词汇语法形态论研究更加具体化。同时，对于过去鄂温克语形态语音和名词类词汇语法形态研究不太充分的内容，即有关形态结构和形态变化等现象，特别是对于那些特殊的、极其复杂而丰富的形态内容，从实际出发，一并进行了科学讨论。总之，该书强调了以上研究的重要性和科学性，从而将此领域的研究向前推进了一步，其学术价值是重大的。

第十三篇

满通古斯语研究的一部杰作

——评介朝克新著《鄂温克语研究》[1]

刘景宪[2]　赵阿平[3]

中国社会科学院民族研究所语言研究中心副研究员D·O·朝克的《鄂温克语研究》一书已于1995年10月由民族出版社出版。这是我国满通古斯语研究领域的又一部令人瞩目的杰作。正如我国著名语言学专家马学良教授在该书"序"中所评价的那样，"它是一部富有开拓精神和科学价值的专著，是一部研究满通古斯语和阿尔泰语学后出转精的专著"。

该书从描写语言学和结构语言学角度对鄂温克语进行了全面、系统的科学研究，为我国满通古斯语研究作出了贡献。该书的出版必将为我国满通古斯诸语的深入研究，乃至阿尔泰语等诸语研究的深入发展起到积极的促进作用。在此以前，我国虽曾陆续出版过《鄂温克语简志》《鄂伦春语简志》《赫哲语简志》《锡伯语简志》等书，但由于受体例的限制，不能对每一种语言诸多复杂内部结构展开研究，其内容含量远不如研究某一种语言的专门著作。我们一直认为要提高我国满通古斯语研究的整体水平，必须对本语族诸语言进行全面、深入、细致的探讨和研究，在此基础上撰写能反映各种语言全貌的精品佳作，才能使人们既能在宏观上，又能在微观上更加清楚、全面地了解各种语言的内部结构和来源关系，进而在更大的范围内，更深的层面上对满通古斯诸语展开切合语言本质的科学研究工作。简而言之，要想把我国满通古斯语研究得精

1　本文发表于《满语研究》1997年第1期。
2　刘景宪，黑龙江大学满语研究所教授。
3　赵阿平，黑龙江大学满语研究所教授。

深,首先要把本语族诸语言研究得精深。每位从事满通古斯语研究工作的科研人员、专家学者都应朝着这个目标去努力,在各自的研究领域里勤奋钻研,多出精品。从这个意义上看,青年语言学家朝克率先在鄂温克语研究领域做出了突出贡献。他熟悉本民族语言,有着坚实的语言学理论功底,更具有实事求是、严谨治学的态度和全心投入、勤于笔耕、一丝不苟的工作作风。十余年来,为攀登科学高峰,他不辞辛苦,走遍了鄂温克族的山山水水,进行实地调查,掌握了大量的第一手语言材料。与此同时,他还如饥似渴地博览群书,去伪存真,吸取精华,虚心学习。短短的十余年里,他先后在国内外学术刊物上用汉文、蒙文、日文发表了60多篇论文,并出版了6部专著。这些有着重要学术价值的鄂温克语研究成果引起了国内外学术界的高度重视,在社会上产生了很大影响,使其在国内外同行之中尤具实力,独占鳌头。尽管如此,朝克并不满足于已取得的成绩。在前期研究成果的基础上,仍然对鄂温克语继续进行深入研究,锐意进取,刻意求实,精益求精。《鄂温克语研究》一书正是他15年来研究成果的精髓,心血的结晶,堪称精品之作,传世之作。该书出版后,受到国内外学术界同行们的好评与高度重视。

《鄂温克语研究》一书共分三章:一是语音结构部分;二是词汇结构部分;三是语法结构部分。

在语音结构一章里又分十二节,即①元音及元音分类;②元音的说明及例词;③短元音与长元音的区别;④容易混淆的元音区别;⑤辅音及辅音分类;⑥辅音特征及例词;⑦复辅音系统;⑧辅音重叠现象;⑨语音变体现象;⑩元音和谐规律;⑪音节及音节的构成规则;⑫词重音现象。朝克在第一节中明确指出鄂温克语有长、短元音各8个,短元音为i、e、a、o、u、ō、ū、ē;长元音为ii、ee、aa、oo、uu、ōō、ūū、ēē。在第三节中,他通过实例说明长、短元音之间存在着严格区别词义的功能。另外,由于鄂温克语的重音位于词首,故长元音和短元音区别词义的功能主要存在于词的前三个音节内,尤其存在于第一和第二两个音节中,若在词首部分的音节内混淆短元音和长元音,则会给词义结构带来很大混乱。继而在第四节对鄂温克语中由于发音时出现的音位差异不甚太大、唇状变化又不十分明显而极容易被混淆的那些元音诸个地进行了论证,如i与e(ii与ee)、e与ē(ee与ēē)、o与ō(oo与ōō)、u与ü(uu与ūū)、ē与ō(ēē与ōō)、o与u(oo与uu)、ū与ō(ūū与ōō)等。有力地证实了每一个元音音素除有舌位和唇状的不同以外，还有着相当严格的相互区别词义的功能。进而说明这种功能明显地体现在词首的前三个音节之中，而第三音节以下各音节内的元音将逐渐失去区别词义的功能的理论。在第五节中指出鄂温克语的辅音分为单辅音和复辅音两类。单辅音为 b、p、m、w、d、t、n、l、r、s、j、q、x、y、g、k、h、ng 共18个；复辅音为 nd、nt、rd、rt、ld、lt、nj、nq、ng、nk、jg、jk 共12个。接着在第七节中严肃地指出，复辅音是按照严格的内在结构规律，依据发音时自然形成的发音部位或发音方法上某一特有的共性构成一体的。在第八节中以相当有价值的实例论证了18个重叠辅音与18个单辅音之间存在着区别词义的功能，绝不能将其混为一谈。这18个重叠辅音为. bb、pp、mm、dd、tt、nn、ll、rr、ss、gg、kk、nn、hh、jj、qq、xx、yy、ww。在第十节中着重论述了元音和谐在鄂温克语音节结构中占有极其重要的地位。该现象存在于词根、词干以及一系列的后缀之中。不仅阳性元音、中性元音、阴性元音各自之间有着严格的和谐规律，甚至每一个元音音位也均属于最小的元音和谐单位。在论述音节及音节构成规则时，指出在鄂温克语词汇中虽然有单音节词和多音节词，但以多音节词居多。而多音节词还可从双音节词细分到七音节词。但在日常生活中出现最多的是双音节词和三音节词。

在词汇结构一章里又分两节，即词汇基本结构和构词结构。在此两节中，从词汇优势、词汇音义结构特征、共有词和借词、派生词、合成词、语音交替法、谐音法等七个方面对鄂温克语的词汇结构进行了全面、具体、系统的科学论述，并说明在鄂温克语里狩猎业和动植物方面的词汇相当丰富而系统。此外，还提到关于畜牧业方面的词汇也十分发达。又从同义词、近义词、多义词、同音词、谐音词的构成及内部结构规则的角度论述鄂温克语词汇意义结构特征。在共有词和借词一节中，指出鄂温克语同达斡尔语、蒙古语共有的词汇较多。借词中多为蒙古语和汉语借词。而在借词中有不少译义词、半译音半译义词、译音加注词等。这些借词也有派生新词的构词功能。最重要的是首次提出了137套派生新词的成分。其中派生名词的成分最为丰富，派生动词、形容词的成分次之。在构词结构一节中，着重论述了以并列、修饰、补充、表达、重叠等方式合成的新词体系以及用语音交替形式和谐音手段构成新词的情况。对此，作者提出了许多新的见解和观点。

在第三章里，作者用了约占全书4/5的篇幅对鄂温克语的语法结构，即阿尔泰语系内常说的形态语法进行了论述。从形态学和语法结构学的角度对词类的划分、词组结构、句法结构做了严密而细致、全面而系统的研究。关于词类划分问题，朝克认为鄂温克语属于有形态变化的语言，划分词类时，一定要考虑到形态问题。从语言实际来看，属于实词范围的词，其形态变化十分复杂，远远超出虚词类的那些词。所以，应将鄂温克语中那些在形态变化上相当复杂、词根或词干后面能够接缀一系列附加成分的词归为实词类；而将那些形态变化较为简单，甚至在词根或词干后面几乎不接缀任何附加成分的词归为虚词类。同时他又指出，这并不是唯一的标准，仅仅从形态方面去划分词类是不够的，也是不完整的，还必须考虑到每一个词在句中的实际作用和地位，以及它所表示的词义价值。总之，实词所表示的概念清楚而实在，独立性强。据此，实词应包括名词、动词、代词、形容词、数词、副词等。其名词、代词、形容词、数词均有数、格、领属等语法范畴；动词有态、体、时、式、人称等语法范畴。值得提出的是形动词后面也可以接缀数、格、领属等形态成分。朝克从形态结构的角度，认为实词是由词根或词干与后缀构成的；强调词根是每一个词的最原始的语音和语义材料，是词的最稳定部分；在词根后面接缀有关后缀则构成词干，词干能单独使用，并能接缀其他后缀，但词干后面接缀的任何后缀均没有独立意义，只能赋予词某种引申或辅助作用，表示某种语法意义，是词在句中的一个组成部分。在鄂温克语中，表示各种形态的后缀相当发达。正因如此，虚词在句中的使用率相对要低些。虚词包括后置词、助词、连词、语气词、感叹词、拟声、拟态词等。

　　关于对鄂温克语名词的研究，朝克强调指出名词的格形态结构极其复杂，并根据其特有的不同格形态功能首次将名词的格划分为14种，即主格、领格、不定宾格、确定宾格、与格、位格、从格、造格、共同格、方面格、方向格、不定方位格、比格、有格。

　　关于动词的研究，朝克认真地分析了鄂温克语动词的形态结构，明确指出动词的各种语法范畴取决于不同的后缀，不同的后缀表示不同的语法概念，动词完全靠后缀在句中发挥作用。根据动词后缀的结构特点及其语法功能，其语法范畴可分为态、体、式、时、人称等。动词的态又可分为主动态、被动态、使动态、互动态、共动态。而主动态的标志即动词词根本身，或者说动词词根后面不接缀任何后缀。其余各种态的标志是在动词的词根或词干上接缀一定的后缀。值得说明的是，他提出了表示态的后缀可以以重叠形式使用这一新的学术观点。将动词的体分为完成体、进行体、未进行体、执行体、延续体、多次体、一次体、反复体、固定体、中断体、愿望体、未完成体。令人兴奋的是，朝克在15年的刻苦钻研过程中，发现了从未被人发现的多次体的形态成分这一新的语法现象。把动词的式分为陈述式、祈使式、命令式、假定式。并将陈述式细分为现在时、现在将来时、过去时单复数第一人称、第二人称、第三人称形式；将祈使式、命令式、假定式分别分为单复数第一人称、第二人称、第三人称形式，并对此进行了深入浅出的论述。继而又对副动词、形动词、助动词进行了具体而客观的分析和研究。他还根据它们在句中的作用，将副动词分为目的副动词、条件副动词、因果副动词、界限副动词、立刻副动词、紧随副动词、让步副动词、联合副动词、并进副动词；将形动词分为现在时、现在将来时、过去时三种形态形式；将助动词分为否定助动词、肯定助动词、判断助动词、应许助动词和能愿助动词等五种。朝克对鄂温克语的动词进行认真细致的研究之后，认为动词的态、体、式、时及人称等的形态结构极其丰富，其表现形式和内容相当系统而完整。它们虽然各有一套独立的语法范畴，但相互之间又有着密不可分、错综复杂的关系，从而共同构成了鄂温克语动词的形态结构体系。

在代词一节中，朝克将鄂温克语的代词分为人称代词、反身代词、指示代词、疑问代词、确定代词和不定代词，并指出有些代词有单复数的区别。在人称代词、反身代词后面均可接缀表示数、格、领属的形态成分，在疑问代词和确定代词后面也可接缀有关形态成分。而指示代词和疑问代词的词义结构比较复杂，但在构成形式上，不定代词更为复杂。在确定代词和不定代词中有利用重叠式和省略式表示不同意义的现象。

在形容词一节里，朝克将鄂温克语的形容词分为性质形容词和关系形容词。并从不同的角度分析了形容词的构成特征和功能，同时指出不论是性质形容词，还是关系形容词，均可在其后面接缀表示数、格、领属的形态成分。清楚地分析了层次十分分明的形容词的级结构，并将其分为一般级、次低级、低级、最低级、次高级、高级、最高级。其中，一般级是以形容词的词干形式表示；次低级、低级、最低级、次高级用特定后缀表示；高级则以重复形容词词首音节和在一般级形容词前面使用副词danqi（很）、mandi（很）等形式表示，但重复出现的形容词词首音节末音必须是b、m、w。最高级是在一般级形容词前使用副词miin的（最）、miinti（最）的形式表示。通过作者对鄂温克语形容词级结构的精深研究和精辟论述，使我们不难看出该语言形容词级的发展情况，其系统性、完整性及其表达同一事物的性质、状态的细小差异性恐怕比阿尔泰语系中其他诸语言都要优越得多。如果缺乏从量的角度去分析、辨析这些形容词的变化，也就不会将这一系列表示不同级的形容词词缀研究得如此深入、透彻。

在数词一节中，朝克将鄂温克语的数词分为基数词、序数词、集合数词、平均数词、概数词、分数词、限定数词、重复数词，并对数词的结构及格变化进行了全面的分析、深入的研究。

在副词一节里，他根据副词所表示的实际意义和语法功能，将其分为程度副词、时间副词、行为副词、范围副词、处所副词、数量副词、语气副词；从构成的角度，又将其分为派生副词和非派生副词，并指出这些派生副词主要来源于名词、形容词、代词等实词，在一定程度上具有实词的性能，但不能像实词那样表示某种具体意义，非派生副词没有词形变化，不带有任何附加成分。可贵的是他还列举了大量的实例对副词的结构特征及其在句中的功能进行了明确的论证。

朝克对鄂温克语的虚词部分作了全面的探讨和研究，将其分为六类，即后置词、助词、连词、语气词、感叹词、拟声拟态词。他提出了许多新的观点和独到的见解；第一次详细而全面的研究了鄂温克语的助词结构，否定了过去有关学者提出的鄂温克语中没有助词的观点；并对后置词和连词的构成及来源作了仔细而切合语言实际的分析；以精确的语言科学分类法对每个虚词结构体系作了客观的分类，并以大量的、有说服力的语言材料予以说明。

关于词组结构的研究，朝克明确地指出，鄂温克语的每个词组结构在组成范围内所表示的语法意义都相当复杂，互不一致，必须下功夫搞清它们的基本结构及语法意义上产生的细微差别，否则就难以掌握词组范围和词组结构的特征。他考虑到鄂温克语的词组结构虽然有其一定程度的稳定性，但由于没有书面文字、口语也不太规范，且越来越强烈地受到外来语的影响等诸多情况之后，对鄂温克语的词组结构进行了切合语言实际的分析，科学地总结出词组的八种结构形式，即并列式、表述式、修饰式、补充式、限定式、支配式、否定式及判断式等,并从语法意义角度分别进行了阐述。

关于句法结构的研究,朝克从主语、谓语、宾语、补语、定语和状语的角度分析了鄂温克语句法的基本特征及结构形式,并指出主语和谓语是句子的主要成分,主语在前,谓语在后,而谓语是每个句子必有的成分。其宾语、补语、定语和状语是句子的次要成分,在句中起修饰或连带主语和谓语这两个直接成分的作用。宾语常用于谓语之前,定语则出现在被修饰的名词之前,补语用于动词之前。最后对鄂温克语的插入语和复句在句法中的作用等问题进行了分析研究。

综上所述,不难看出《鄂温克语研究》一书字里行间无不渗透着朝克的心血与汗水,无不凝聚着他的深思与才智。纵观全书,使我们深深感到该书的选材丰富而扎实,内容全面而系统,结构合理而严谨,例证充分而有力,论述精深而透彻,观点鲜明而独到。可以说,《鄂温克语研究》一书是朝克在鄂温克语研究方面所获成果的集中体现。该书的出版弥补了我国以往对鄂温克语一些领域里研究的不足和缺憾,否定了一些不正确的观点,提出了一些令人信服的科学观点,进而使我国的鄂温克语研究又登上了一个新的高峰。所以,我们认为《鄂温克语研究》一书是我国目前对鄂温克语研究的精品之作。

当然,正如世上少有无瑕美玉一样,作为我国目前对鄂温克语研究的这部精品之作来说,亦难免会有些不足之处,恳请读者、研究者给予指出。唯愿遇此高明,大为笔削,补其不足,匡其不逮。

第十四篇
评介朝克的两部鄂温克语专著[1]

刘景宪[2] 吴宝柱[3]

中国社会科学院民族研究所语言室满通古斯语助理研究员朝克先生在日本留学期间用日文撰写的《鄂温克语基础语汇集》和《索伦语基本例文集》两部专著于1991年3月在日本出版。

《鄂温克语基础语汇集》（以下简称《语汇集》）由日本东京外国语大学亚非语言文化研究所出版。《语汇集》共收录鄂温克语基本词汇4410条，近74万字，并同汉语和英语进行了比较。因此，该《语汇集》实为《汉英鄂温克语对照语汇集》。《语汇集》除词条、序文外，又用三章的篇幅概述了鄂温克语语音体系及结构、鄂温克语构词系统、鄂温克语语法体系。《语汇集》的编写打破了中国编纂辞典只收录词条的传统原则。

《语汇集》的序文部分对我国鄂温克语的系属及其民族分布状况、人口情况进行了详细的介绍，用翔实而有说服力的材料和确切的数字概述了鄂温克语的使用现状。作者根据传统的说法指出鄂温克语分三大方言：即辉方言（索伦语）、陈方言（通古斯语）、敖方言（雅库特语），并对每一方言的人口分布及其历史上的称谓进行了全面论述。如："第一方言区（辉方言）人口较多，约16000人，其中有10998人使用本民族语言，其主要分布在内蒙古自治区呼伦贝尔盟鄂温克族自治旗，莫力达瓦达斡尔族自治旗，扎兰屯市及黑龙江省讷河县，嫩江县等地。该方言区的鄂温克语称之为辉方言，历史上称之为索伦语。"

作者认为鄂温克语诸方言差异较大，其中语音方面的差异最明显，辉方言

---

1 本文发表于《满语研究》1992年第2期。
2 刘景宪，黑龙江大学满语研究所教授。
3 吴宝柱，黑龙江大学满语研究所教授。

和陈方言之间语音差异虽然比较小，但这两个方言区的人们在用各自的鄂温克语方言进行交流时，还是常常遇到一些障碍。这时，他们一般用蒙古语来进行交流。陈方言区的人们对巴尔虎蒙古语和布利亚特蒙古语十分熟悉。但是，呼盟莫力达瓦旗的鄂温克族人由于生活在达斡尔族和汉族之中，所以，他们除了懂得本民族的语言外，还熟悉达斡尔语和汉语；阿荣旗，鄂伦春旗的鄂温克人除了掌握鄂温克语外，还懂达斡尔语、汉语、鄂伦春语，他们同陈方言的鄂温克人在无法进行交谈时，即借用蒙古语、汉语、达斡尔语交谈。可是陈方言的鄂温克人对达斡尔语和汉语不太熟悉等。

另外，在序文部分里，作者提出了鄂温克语在五种不同语言环境中的语言交流结构。它们分别属于鄂温克语地区、混合语地区、蒙古语地区、达斡尔语地区、汉语地区，并对每个语言区进行了细致的讨论。作者还在自己多年研究的基础上，自制了鄂温克族分布地图，这对鄂温克族及其语言状况的研究都具有较高的学术价值。

第一章又分以下六个小节对鄂温克语语音体系及结构进行了全面地论述。

在第一节元音部分中，作者明确提出鄂温克语有八个短元音a、ē、i、e、o、u、ō、ū和八个长元音aa、ēē、ii、ee、oo、uu、ōō、ūū，并用元音音位图作了充分说明。在此科研领域里，作者首次运用了大量的富有说服力的例词证明了鄂温克语的长元音和短元音在语义上的区别，而这种区别特征是明显的，尤其在第一音节和第二音节短元音和长元音的区别十分严格。若短元音和长元音错位或混同，就会在语义上造成混乱。例如短元音a和长元音aa的区别：

ahin（兄）　　　　aahin（肝）
xiwar（泥）　　　 xiiwar（楔）
tala（眼前的那儿）　taala（美丽）　　　talaa（遥远的那儿）
agga（方法）　　　aagga（枯草根）　　aggaa（锚）

另外，对极易被混淆的元音作了系统而全面的论述。如短元音i和e的区别、长元音oo和ōō的区别。例如：

ani（谁）　　　ane（年）
axi（利益）　　axe（尊夫人）
too（数字）　　tōō（廌）

作者在第二节辅音部分中指出鄂温克语有b、p、m、w、d、t、n、l、r、

s、j、q、x、y、g、k、h、ng十八个辅音,并详细地说明了鄂温克语十二个复辅音的产生原因和发展情况。

第三节是语音变体现象,包括元音变化。

第四节是元音和谐律,包括阳性元音和谐规律、阴性元音和谐规律、中性元音和谐规律及每个元音音素的和谐情况。

第五节是音节特征和音节结构特征。

第六节是重音特征。

在第二章鄂温克语构词体系里,作者对名词、代词、动词、形容词、副词、数词、连词的派生体系做了科学系统地介绍,明确指出了鄂温克语的132个构词附加成分。我们认为,该书对鄂温克语构词附加成分的研究比以往任何研究都更加全面和系统。

在第三章鄂温克语语法体系里,作者对鄂温克语的格系列、动词态系列、动词体系列、动词陈述式系列、动词命令式系列、动词假定式系列、副动式系列、形动式系列、形容词级系列等主要形态变化做了全面细致的论述。尤其对鄂温克语格结构的研究是非常全面、深刻的,他首次提出鄂温克语有15个格结构。这就说明作者的研究成果不仅有深度而且具有新意和突破性。

作者在《语汇集》里把所收入的词条按自然、自然现象、动物、植物等内容归类,共分32个类别。这不仅便于查找、更有助于对鄂温克语的深入研究。该书后还附有英文目录和汉文目录,便于读者检索使用。

另外,在该书的末尾部分,作者用132个例句分三种语体具体说明了鄂温克语句式。例如:那三个人是学生。(英)Copula sentence(eg. those three persons are seudents);(鄂)tari ilan bey bikkiwi soroqqi。

《语汇集》是我国第一部用日文撰写并同英语、汉语进行对照的研究鄂温克语的专著,该书不仅全面、系统、科学地论述了鄂温克语语音体系、语法体系,更重要的它是把鄂温克语的研究推向了世界,为国外满通古斯语语言学界了解和研究我国鄂温克语提供了材料。

《索论语基本例文集》(以下简称《例文集》)是由日本北海道大学文学部于1991年3月出版的。该书由朝克同日本北海道小樽商科大学副教授津曲敏郎先生、北海道大学研究生风间伸次郎先生合编。《例文集》中所说的索伦语即《语汇集》中提到的我国内蒙古自治区呼伦贝尔盟鄂温克族自治旗境内使用的鄂温克语。该地区的鄂温克语历史上一直被称之为索伦语或鄂温克语索伦方言。所以，该《例文集》也遵循传统的称谓，称之为《索伦语基本例文集》。

《例文集》主要分基本语句和基本会话语句两部分。在基本语句里共列举42个短句，用会话形式介绍了在鄂温克语索伦方言中常见的13个基本语句。在基本会话语句里共收录了富有代表性而又与鄂温克族现代生活密切相关的692个短句，并根据这些短句所表示的内容分编成27组会话题。

《例支集》所选用的734个鄂温克语索伦方言的短句全部用国标音标转写。为了印刷方便，把鄂温克语辅音zh、ch、sh分别换用j、q、x，并附有日文译文。另外，考虑到为初学鄂温克语和从事鄂温克语研究的专家学者们学习和研究创造更好的条件，作者把每个短句中出现的有形态变化的词全部用音节分离号（一）将词根或词干同表示不同语法意义的各附加成分分开。

《例文集》的序言中主要论述了鄂温克语索伦方言历来的研究情况及索伦方言的现状。《例文集》还概述了鄂温克语索伦方言的语言结构、基本语法成分及有关助词。在语音结构部分里主要谈了元音、辅音、元音搭配现象及重音等四个方面。在基本语法成分部分里主要谈了三个问题：一是名词的语法成分，包括复数附加成分，格附加成分及所属人称附加成分；二是动词的语法成分，包括态附加成分、体附加成分、陈述式附加成分、祈求式附加成分、命令式附加成分、假定式附加成分、形动词附加成分及副动词附加成分；三是形容词的语法成分，包括次低级、低级、最低级三个级别的附加成分。在有关助词部分里，主要根据日语语法阐述了系助词、副助词、终助词的语法作用。值得提出的是该《例文集》获得了日本文部省科学研究费补助金，并被日本编入1991年日本国际学术研究成果档案，归档号码为63041002号。

《语汇集》和《例文集》这两部专著的出版，在世界学术界产生了深远的影响，为国内外研究鄂温克语的专家、学者提供了丰富的素材，对鄂温克语的深入研究起到了促进作用。此外，从这两部专著的内容来看，作者不仅具有坚实深厚的语言学基础理论知识，更具有谦逊求实的治学精神。

多年来，朝克先生潜心研究鄂温克语，取得了卓著的成绩，包括上面介绍的两本专著在内先后共出版了4本专著，发表了40余篇论文和10余篇译文。这些科研成果不仅受到国内外阿尔泰语言学界的瞩目和好评，而且填补了我国对鄂温克语研究的空白。

第十五篇
鄂温克语研究权威专家朝克的学术业绩[1]

敖特根[2]　娜　佳[3]

我国著名民族语言文化学专家朝克博士，从1982年至今一直在中国社会科学院从事东北亚民族以及北极圈主民族语言文化研究工作，朝克博士掌握汉语、蒙语蒙文、满语满文、锡伯语锡伯文、鄂温克语、鄂伦春语、赫哲语、达斡尔语、日语日文，以及俄罗斯的埃文语、埃文基语、那乃语等，还学过英语、俄语、朝鲜语、日本阿依努语等。

30多年间朝克博士先后用汉、蒙、日、英文撰写出版和发表民族语言学及民族文化学、人类学、社会学、宗教学、文学等方面的专著44部，学术论文170余篇和10篇译文，字数达1400余万字。其中7部专著和16篇论文荣获国内外优秀科研成果奖。他还在美国、芬兰、挪威、日本、韩国、蒙古国、新加坡、菲律宾、印度、香港等国家和地区的40余所大学作过学术访问和专题讲学；参加过20多项国内学术研究课题和15项国际学术合作项目；在国内外学术讨论会上宣读论文50余次。朝克博士提出的阿尔泰诸语语音形态论、名词形态论、动词形态论，濒危语言研究实践论，北极圈诸民族或族群语言文化相关论，日本阿依努语和阿尔泰诸语共有论，美洲印第安诸语与我国诸民族语言关系说，日本和朝鲜语多元论等全新学术观点和创新理论得到国内外学术界和学术同仁的高度关注与评价。对于朝克的学术业绩，国内外相关新闻媒体、相关学术部门进行过多次报道。

纵观朝克博士的学术业绩，可以看出他在鄂温克语研究方面做出的杰出贡

---

[1] 本文发表于光明网、新华网、呼伦贝尔网，2016年7月23日。
[2] 敖特根，呼伦贝尔学院教授。
[3] 娜佳，中国社科院研究生院。

献。鄂温克族是一个跨境民族，除了在我国东北和新疆生活外，在俄罗斯远东和西伯利亚地区、蒙古国的库苏古尔省北部、日本北海道网走地区也有鄂温克族。除此之外，鄂温克族同满通古斯诸民族、阿尔泰诸语诸民族、俄罗斯西伯利亚诸民族、日本人和日本的阿依努人、朝鲜人等东北亚诸民族、北极圈诸民族或族群间均有不同程度的历史渊源关系。正因为如此，朝克博士在鄂温克族语言文化方面取得的学术业绩，一直引起相关学术界的高度关注。朝克博士也不负众望，在鄂温克语研究，以及同鄂温克族相关民族的研究方面确实做出了很大成绩，从而成为该学术领域的学术权威和顶级专家。特别是，鄂温克族语言研究在历史上几乎空白，当下他们的语言文化又处于严重濒危状态，所以朝克经田野搜集整理并分析研究发表的语言文化成果显示出弥足珍贵的学术价值和意义。以下对于朝克博士的鄂温克语研究学术成绩做些客观实在、实事求是的述评。

依据现已掌握的资料，朝克博士至今为止有关鄂温克语研究出版20余部专著，主要有《鄂温克语参考语法》（2009）、《鄂温克语研究》（1995）、《鄂温克语简志》（1986）、《鄂温克语366句会话句》（2014）等，以及国家社科基金重大委托项目《濒危鄂温克语言文化抢救性研究》的系列成果《通古斯鄂温克语研究》（2016）、《敖鲁古雅鄂温克语研究》（2016）、《鄂温克文教程》（2016）、《索伦鄂温克语会话》（2016）、《通古斯鄂温克语会话》（2016）、《敖鲁古雅鄂语会话》（2016）、《索伦鄂温克语词汇》（2016）、《鄂温克族民歌歌词》（2016）、《鄂温克语谚语》（2016）等，还有用蒙文撰写出版的《鄂温克语民间故事选》（1988）一书。另外，他还有一些用日文撰写出版的鄂温克语成果，如：《鄂温克语语音形态论与名词形态论》（2003）、《基础鄂温克语》（2003）、《鄂温克语基础语汇集》（2003）、《索伦语基本例文集》（2003）、《鄂温克语三方言基础语比较》（2003）五本，及英文索引本《鄂温克语词汇英文索引》等著作。除了以上提到的20余部专著之外，他还发表了80余篇有关濒危鄂温克语研究方面的学术论文。朝克博士关于鄂温克语的研究成果，不仅涉及鄂温克语语音、词汇、语法、方言，还涉及鄂温克语话语资料、词汇搜集整理、口头传说的国际音标撰写、口语会话资料、谚语及民歌歌词的国际音标撰写等方方面面。所以这些成果均有很深的学术理论、学术指导、学术资料、学术数据等价值和意义。特别是，那些学术理论性很强的、具有创新思想和理念的研究著作，更是充分体现出他严谨的学术态度、精湛的学术造诣、精辟的学术论点。这些代表性科研成果，几乎倾注了他30余年的心血和学术研究精力。30余年来，他一直潜心搞学问，充分发扬了中国社会科学院专家学者遵循的甘于清贫、甘于寂寞、甘于坐冷板凳、甘于奉献的治学精神。或许正是坚持了这一精神，他才在鄂温克语研究方面取得如此大的成就。说实话，真的让人感佩。这也是我们想动笔写此述评的思想动机。以下就朝克博士的几部代表性科研成果的学术价值进行述评。

一、关于《鄂温克语语音形态论与名词形态论》一书

朝克博士于2003年用日文在东京外国语大学出版的《鄂温克语语音形态论与名词形态论》在阿尔泰诸语里首次提出语音形态论和名词形态论学术观点。这是朝克通过研究阿尔泰诸语中形态变化现象最为复杂的鄂温克语语音形态变化现象，以及名词类词的语法形态变化现象，在从形态论视角进行全面系统科学研究的基础上提出来的具有突破性、创新性、权威性的学术观点。对此国内外学术界给予了充分的肯定和很高的评价。

在鄂温克语语音形态论部分中，他充分利用语音形态论研究方法与理论，科学分析和阐述了鄂温克语构词词缀和语法词缀里出现的可变性音素的形态变化现象及其规律，以及产生形态变化现象的语音环境、语音条件、语音结合关系等。其中，在第一章里，主要分析了鄂温克语构词词缀的可变性元音音素的形态变化现象及规律。经过严格意义上的语音形态论分析，他明确提出构词词缀的可变性元音音素有：（1）V_2（V_{2A}~V_{2B}）、（2）V_3、（3）V_4（V_{4A}~V_{4B}）、（4）V_5、（5）V_6、（6）V_8六类八种形态变化结构类型。与此同时，他还科学论述了构词词缀的可变性元音音素与其他音素间的组合内容，并归纳为（1）CV_X~V_XC、（2）CV_XC~CCV_X、（3）CCV_XC、（4）CV_XCV_X~CV_XCV、（5）CV_XCV_XC~CV_XCVC~CV_XCCV_X~CV_XCCV~$CVCCV_X$~CCV_XCV_X五类十三种结构类型。再就是，全面而系统论述了构词词缀的可变性元音音素与其他音素间的组合形式，并归纳为（1）VC、（2）CV、（3）CVC、（4）CVCV、（5）CVCVC、（6）CVCCV、（7）CCV、（8）CCVC、（9）CCVCV九种结构类型。

第二章中，朝克主要分析研究了形态变化语法词缀的可变性元音音素的

形态变化现象。首先，他提出，语法词缀的可变性元音音素的形态变化现象，分为（1）V_2（V_{2A}~V_{2B}~V_{2C}~V_{2D}）（2）V_4（$N+V_4$~$V+V_4$）、（3）V_6三类八种结构类型。其次，论述了语法词缀的可变性元音音素的组合内容，并归纳为（1）V_X→STR、（2）V_X+C→STR、（3）V_X+CC→STR、（4）V_X+CCC→STR、（5）V_XV_X（~V_XV）+CC→STR、（6）V_XV_X（~V_XV）+CCC→STR、（7）V_XV_X（~V_XV）+CCCC→STR、（8）$V_XV_XV_X$（~V_XV）+CCC→STR共八类十二种结构类型。而且，他将语法词缀的可变性元音音素的语音组合形式分为（1）V、（2）CV、（3）CVC、（4）CVCV、（5）CVCVC、（6）CVCVCVC、（7）CVCCV、（8）CVCCVC、（9）CVCCVCV、（10）CCV、（11）CCVC、（12）CCVCV、（13）CCVCVC十三种结构类型

第三章中，朝克主要研究归纳了语法词缀的可变性辅音音素的形态变化现象及其结构原理。首先，他提出，语法词缀的可变性辅音音素的形态变化现象分为（1）C_{2A}、（2）C_3、（3）C_5三种结构类型，进而把语法词缀的可变性辅音音素的组合内容分类为（1）C_X、（2）C_X+V_X、（3）C_X+C+V_X、（4）$C_X+C+V_XV_X$、（5）C_X+C+V_X、（6）$C_X+CC+V_XV_X$、（7）$C_X+CCC+V_X$、（8）$C_X+CCC+V_XV_X$~$C_X+CCC+V_X+V$八类九种结构类型。与此同时，他将语法词缀的可变性辅音音素的语音组合形式分为（1）C、（2）CV、（3）CVC、（4）CVCV、（5）CVCVC、（6）CVCVCVC、（7）CVCCVC、（8）CVCCVCV、（9）CCVC九种结构类型。

朝克博士在该理论著作里，在从语音形态论视角研究鄂温克语构词词缀及语法词缀里出现的可变性元音音素和辅音音素之外，在第四章中同样充分发挥语音形态论研究方法与理论，科学论述了词干部分内出现的可变性音素的形态变化现象及其结构特征。其中，一是分析了代词词干的可变性音素的形态变化现象与结构类型，二是论述了名词词干的可变性音素的形态变化现象及其结构类型，三是阐述了助词词干的可变性音素的形态变化现象与结构特征。毋庸置疑，他这些对于词干可变性音素的形态变化现象的分析与讨论，使该语言的语音形态论研究变得更加完整、全面、系统。进而让人们更加清楚、科学地认识和把握鄂温克语及其复杂多变的语音结构形式、内容及其规律。

我们完全可以说，鄂温克语语音形态论研究彻底打破或者说彻底冲破了

阿尔泰诸语里对于语音变化现象展开学术研究时一直遵循的逐次反复阐述的方法与手段。比如说，对于-ra、-re、-ri、-ro、-ru以及-han、-hen、-hin、-hon、-hun两套语法词缀，过去的分析中首先分别解释为由辅音r与元音a、e、i、o、u构成的语法词缀，以及由辅音h、n与元音a、e、i、o、u构成的语法词缀等。而在语音形态论里把这两套语法词缀的音变形式，首先归纳为V_5（五元一体可变性元音音素结构类型），其次将语音组合内容归纳为$V_5+C \to STR$（五元一体可变性元音音素+一个不变性辅音音素的结构类型$CV_5 \to RV_5$）与$V_5+CC \to STR$（五元一体可变性元音音素+两个不变性辅音音素的结构类型$CV_5C \to HV_5N$），最后把语音组合形式归纳为VC（辅音音素+元音音素的结构类型）与CVC（辅音音素+元音音素+辅音音素的结构类型）。也就是：属于V_5、V_5+C（$CV_5 \to RV_5$）$\to STR$与V_5+CC（$CV_5C \to HV_5N$）$\to STR$、CV与CVC结构类型。很显然，名词形态论分析变得更科学、规范、全面、清楚和完整。

  在该理论著作的第二部分中，朝克博士主要从名词形态论角度，对鄂温克语名词类词的形态变化语法体系里出现的数、格、人称和级等形态变化现象进行了全面科学分析。换言之，在第五章的讨论中研究归纳出$SV_{6A}L$（-sal、-sēl、-sol、-sōl、-sul、-sūl）、NV_5L（-nal、-nēl、-nel、-nol、-nōl）、CEN（-sen）、C4C（-t、-r、-s、-l）四种结构类型的复数形态变化语法现象。第六章的研究，归纳出$C_{2A}V_{4A}N$（-han-hēn-hon-hōn ~ -kan-kēn-kon-kōn）、CI（-si）、TEEN（-teen）、NI（-ni）、$C_{2C}V_6A$（-ba、-bē、-bo、-bō、-bu、-bū ~ -wa、-wē、-wo、-wō、-wu、-wū）、$C_{2C}V_6A$（-a、-ē、-o、-ō、-u、-ū ~ -ya、-yē、-yo、-yō、-yu、-yū）、DV_{2B}（-du、-dü）、LV_{4A}（-la、-lē、-lo、-lö）、$DV_{4A}LV_{4A}$（-dala、-dele、-dolo、-dōlō）、LI（-li）、$DV_{2B}LI$（-duli、-düli）、DIHI（-dihi）、JI（-zhi）、TE（-te）、GIIJI（-giizhi）、$THV_{4A}HI$（-thahi、-thĕhi、-thohi、-thōhi）、THI（-thi）等十七种结构类型的格形态变化语法现象。

  第七章里，朝克对人称形态变化语法现象分析时分类归纳出C2CI（-bi、-wi）、CI（-si）、NIN（-nin）、$MV_{2B}N$（-mun-mūn）、TI（-ti）、$SV_{2B}N$（-sun-sün）、JIN（-zhin）八种结构类型。第八章的讨论中，他从名词形态论角度将极其复杂多变的级形态变化语法现象精辟、高度地归纳为$C_{2A}V_{2A}N$（比较一级）、$SV_{4A}LV_{4A}$、$C_{2A}V_{4A}LV_{4A}$、$C_{2A}V_{4A}YV_{4A}$（比较二级）、

$SV_{4A}LV_{4A}HV_{4A}N$、$C_{2A}V_{4A}LV_{4A}HV_{4A}$、$C_{2A}V_{4A}YV_{4A}HV_{4A}N$、$C_{2A}V_{4A}NSV_{4A}LV_{4A}$、$C_{2A}V_{4A}NKV_{4A}N$、$C_{2A}V_{4A}HV_{4A}N$（比较三级），$G_{2D}G_{2D}V_{4A}N$、$K_{2D}K_{2D}V_{4A}N$（最高级）等结构类型。那么，这些高度浓缩的级形态变化语法现象的符号系统各自表达的形态变化语法词缀是：

$C_{2A}V_{2A}N$（-han、-hën、-hon、-hön ~ -kan、-kën、-kon、-kön）

$SV_{4A}LV_{4A}$（-sala、-sëlë、-solo、-sölö）

$C_{2A}V_{4A}LV_{4A}$（-hala、-hëlë、-holo、-hölö ~ -kala、-këlë、-kolo、-kölö）

$C_{2A}V_{4A}YV_{4A}$（-haja、-hëjë、-hojo、-höjö ~ -kaja、-këjë、-kojo、-köjö）

$SV_{4A}LV_{4A}HV_{4A}N$（-salahan-sëlëhën-solohon-sölöhön）

$C_{2A}V_{4A}LV_{4A}HV_{4A}N$（-halahan-hëlëhën-holohon-hólöhön^-kalahan-këlëhën-kolohon-kölöhön）

$C_{2A}V_{4A}YV_{4A}HV_{4A}N$（-hajahan-hëjëhën-hojohon-höjöhön^-kajahan-këjëhën-kojohon-köjöhön）

$C_{2A}V_{4A}NSV_{4A}LV_{4A}$（-hansala、-hënsëlë、-honsolo、-hönsölö ~ -kansala、-kënsëlë、-konsolo、-könsölö）

$C_{2A}V_{4A}NKV_{4A}N$（-hankan、-hënkën、-honkon、-hönkön ~ -kankan、-këhën、-konkon、-könkön）

$C_{2A}V_{4A}HV_{4A}N$（-hahan、-hëhën、-hohon、-höhön ~ -kahan、-këhën、-kohon、-köhön）

$G_{2D}G_{2D}V_{4A}N$（-ggan-ggën-ggon-ggön）

$K_{2D}K_{2D}V_{4A}N$（-kkan-kkën-kkon-kkön）

从以上对比完全可以看出，名词形态论给形态变化语法现象极复杂语言带来了规范科学的研究方法与理论。其中的任何一个符号，均有严格意义上的使用内涵、使用要求、使用条件、使用规则，绝不能相互换用或相互改动。

总而言之，《鄂温克语语音形态论与名词形态论》一书是朝克博士充分利用全新的理论方法撰写完成的理论著作，书中的研究方法与思路都充分体现他的突破性、创新型、前瞻性学术理念，以及他的新探索、新观点和新发现。朝克在该著作中独创性地提出了名词类词形态变化语法现象研究的一整套理论方法，其中就包括以数形态变化语法现象研究为核心的数形态论、以人称领属形态变化语法现象研究为主的人称形态论、以格形态变化语法现象研究为对象的格形态论、以级形态变化语法现象研究为中心的级形态论四种名词类词形态变化语法现象研究方法与学术观点。所有这些，使名词类词形态变化语法现象的研究变得更加科学化、规范化、理论化和系统化。在此基础上，他顺理成章地构建了名词形态论之理论学说，从而科学结合了语音形态论及语法形态论之形态学研究方法。该理论成果对于那些形态变化语法现象复杂多变的语言展开学术研究，特别是对于有极其复杂的形态变化语法现象的语言进行科学讨论，具有很强的指导性和引领性理论作用和价值。这一创新学术理论的建立，不只是对于阿尔泰诸语的满通古斯语族语言、蒙古语族语言、突厥语族语言的形态变化语法现象研究有特定学术理论价值与意义，同时对于俄罗斯西伯利亚地区语言以及日语和朝鲜语，乃至东北亚和中亚地区诸民族语言及北极圈诸民族语言的形态变化语法现象及其规律的研究，均会发挥十分重要的学术理论价值。在名词类词的形态变化语法现象的研究中，朝克博士提出的形态变化语法要素起源多元论、内部结构系统的可变论，以及深层结构内涵的相关论等学术理论，对于形态变化语法现象的深入研究同样具有理论指导意义。该专著出版后，引起国内外同行极大关注和好评，还获得了中国社会科学院优秀科研成果奖。

二、关于《鄂温克语参考语法》及《鄂温克语研究》两本书

朝克博士于2009年由中国社会科学出版社出版的《鄂温克语参考语法》一书，有44余万字。该书的研究，使用了参考语法研究方法，同时也充分体现出他的名词形态论以及动词形态论研究思路。这是在我国用汉文撰写出版的研究著作里，首次提到或者说运用了名词形态论和动词形态论。特别是，在对于动词类词（动词、形动词、副动词、助动词）错综复杂的形态变化语法现象的讨论中，国内外在此学术领域几乎是第一次提到或运用了动词形态论这一学术观点。所以，书中较理想地发挥了动词形态论研究方法。也就是说，人们从朝克对鄂温克语动词类词形态变化语法现象的分析中，能够看得出他的动词形态论研究方法与思路。该书由绪论、第一章名词类词形态变化语法体系、第二章动词类词形态变化语法体系、第三章鄂温克语句法结构、附录、参考文献和后语等内容组成。从某种意义上，也可以把《鄂温克语参考语法》看作是全面概述名词形态论、动词形态论及句法结构论的一本理论著作。

该书的绪论部分主要对我国鄂温克族鄂温克语使用人口、使用情况、语言

分布、方言土语的分类，以及国内外研究情况、研究方法与手段等进行了科学阐述。朝克博士指出，鄂温克语三大方言的区别特征主要体现在语音方面，其次是在外来语的不同程度使用，相关语法现象的变异等方面。在他看来，辉方言语言活力最强，形态变化语法现象保存最好，使用人口也最多，而且使用面也最广。或许正因为如此，他的这本专著是以鄂温克语辉方言为对象，在实地调研的基础上撰写完成的。

第一章主要论述了名词类词的数形态、格形态、领属形态和级形态四种语法结构体系的形态变化语法现象，以及变化规律、语法功能和作用。其中，在论述数形态变化语法现象时，朝克主要分析了单数与复数形态变化语法现象及代词数形态变化语法现象的结构关系、结构特征、结构功能、结构系统。在格形态变化语法现象的阐述中，分析了主格、领格、确定宾格、不确定宾格、反身宾格、与格、位格、不定位格、工具格、从格、方向格、方面格、比格、限定格、共同格、有格、所有格共十七种格形态变化语法现象及其形成原理、结构特征、使用原理及语法功能。在领属形态变化语法现象的研究中，着重讨论了人称领属与反身领属形态变化语法现象结构关系及特征，以及领属形态变化语法现象和格形态变化语法现象间产生的接触关系、接触原理、接触作用。在级形态变化语法现象中，提出了一般级、次低级、低级、最低级、次高级、高级和最高级七种级形态变化语法现象，并做了详尽、细微、深度、全范围的科学讨论。

第二章主要论述了动词类词里出现的态形态、体形态、陈述式形态、祈求式形态、命令式形态、假定式形态、副动词形态、形动词形态、助动词形态等的语法结构体系的形态变化现象、规律、作用和意义。他经过反复多次实地调研和多年研究的基础上明确提出：动词类词的（1）态包括主动态、被动态、使动态、互动态和共动态形态变化语法现象及其词缀系统；（2）体包括完成体、进行体、未进行体、执行体、延续体、多次体、一次体、反复体、固定体、中断体、愿望体、未完成体、假装体、试动体形态变化语法现象及其词缀系统；（3）陈述式包括现在时、现在将来时、将来时、过去时、过去进行时形态变化语法现象，同时，还要涉及单数和复数以及第一人称、第二人称、第三人称形态变化语法现象表现形式及其分类原理；（4）祈求式、假定式、命令式主要包括单数和复数以及第一人称、第二人称、第三人称形态变化语法现象及其词缀系统；（5）副动词包括目的副动词、条件副动词、因果副动词、紧随副动词、立刻副动词、让步副动词、界限副动词、联合副动词和并进副动词形态变化语法现象及其特定表现形式和手段；（6）形动词包括现在时、现在将来时和过去时形态变化语法现象及词缀系统；（7）助动词包括否定助动词、肯定助动词、判断助动词、应许助动词和能愿助动词形态变化语法现象及约定俗成的表现形式和内容。

在第三章句法结构中，朝克全面系统论述了方位词、时间词、代词、数词、副词、后置词、连词、助词、拟声拟态词、语气词、感叹词等的基本结构特征及其构成原理、分类规则、使用条件、演变规律等。另外，他还分析了句子成分的组成要素、搭配原理、结构关系、分类原则、使用要求等。与此同时，他把该语言的句子词组分为并列式、支配式、修饰式、补充式、限定式、表述式、否定式和判断式八种结构类型。

在该书的附录中，朝克还介绍了鄂温克语辉方言的语音结构系统及词汇结构体系，系统阐述了该语言的短元音、长元音结构特征及使用情况，还对短元音和长元音的区别性特征以及容易被混淆的元音进行了客观实在而深入扎实的科学分析。同时，还讨论了辅音系统的结构性特征，辅音的音变原理及其不同语音环境中具有的不同使用规则，复合辅音的产生原理及发展走势，辅音重叠现象的构成特征及其结构性特征，元音和谐规律的内在的本质性联系和严格规范的使用要求，音节的构成要素、划分标准、分类规则及重音现象等。在附录的第二部分中，他对鄂温克语的同义词、同音词、多义词、谐音词、同源词、借词以及构词系统等作了深入浅出的讨论与交代。

在我们看来，《鄂温克语参考语法》一书是在满通古斯语族语言内第一次有机、有效、有力结合参考语法学和语法形态论理论观点，科学、系统、全面论述了鄂温克语错综复杂的形态变化现象的科研成果。尤其可贵的是，该书研究了过去的语法研究书里没有涉及、没有纳入、没有分析讨论的一些参考性质的形态变化语法现象和语法关系。比如说，单数形态变化现象。在以往的研究中，专家学者们一致认为，数形态变化语法现象只涉及复数，不单数没有关系。换言之，只有复数有形态变化语法现象，而单数则没有形态变化语法现象。然而，朝克所掌握的第一首语言资料却显示，数形态变化现象里有单数形态变化语法现象。把这样极其特殊、曾经人们有没有发现的形态变化语法现象,作为一个参考内容放入该成果中一并进行讨论,让该项成果的学术价值更高,从而给人们全面了解鄂温克语形态变化语法现象提供了更成熟、更细致、更完整的学术思考和研究思路。

另外,笔者在这里还想提到的是朝克博士于1995年由民族出版社出版的专著《鄂温克语研究》。该20余万字的研究著作是在他经十余年的田野调查和掌握极其丰富的第一手口语资料基础上撰写完成的,这是一部系统研究现代鄂温克语语音、词汇、语法的科研成果。该书主要由前言、语音结构体系、词汇结构体系、语法结构等章节构成。对于该项成果,我国著名民族语言学家马学良和鄂温克族著名教育家沙驼教授曾给予了很高评价。马学良教授在《序》中写道:"朝克用15年研究完成了这本书,朝克多年来不辞辛苦,历经艰辛地走遍了鄂温克族生活地区,搜集了几百万字的珍贵资料,同时博览古今中外的大量书籍。他刻苦求实、勤奋钻研、全心投入、一丝不苟的敬业精神和勇攀科学高峰的坚定信念确实值得赞誉。朝克同志的研究成果,一直得到国内外阿尔泰语言学界同行们的瞩目,并且给予了跟高的评价。这是一部富有开拓精神和科学价值的专著,是满通古斯语和阿尔泰语学后出转精的专著。"[1]沙驼教授写道:"朝克的鄂温克语研究成果已受到国内外相关学术界的认可和赞赏,产生了一定社会影响。该书凝聚着作者刻意追求、勤奋钻研的敬业精神,显示出他具有的较扎实雄厚的理论功底。该书的出版在伟大中华民族浩瀚博大的文化园林中,增添了芳香殊异的瓣花片叶。"[2]我们通过两位学术大家的评语,完全可以领略朝克博士的这本书具有的厚重学术价值。

朝克博士在该书的前言里,论述了鄂温克语社会现状、语用情况、语言分布、方言土语及其区别性特征,以及阿尔泰诸语同日本语、日本阿依努语、朝鲜语、美洲印第安诸语和爱斯基摩诸语、北欧的萨米语间存在的不同层面、不同范围、不同程度的同源关系、共有关系、接触关系等问题。在语音分析里主要讨论了元音、辅音、短元音和长元音音素及区别性特征,以及易混淆元音的区别关系、复辅音和叠辅音产生条件、语音变体原理、元音和谐规律、词重音现象等。在词汇结构的分析中,着重概述了鄂温克语词汇基本情况、词汇音义关系、共有词和借词体系、派生构词法、合成构词法、语音交替式构词法、

---

[1] 朝克著:《鄂温克语研究》,民族出版社1995年,第1–3页。
[2] 同上,第5–6页。

谐音式构词法等。在语法结构的研究里，首先将鄂温克语的词分为实词类词和虚词类词两大类，实词类词包括名词、动词、代词、形容词、数词和副词，虚词类词涵括后置词、助词、连词、语气词、感叹词、拟声拟态词。在实词类词里，还进一步分类出名词类词和动词类词，名词类词指名词、代词、形容词和数词等，动词类词指动词、副动词、形动词、助动词等，并以名词形态变化语法现象为理论依据，系统论述了数、格、领属形态变化语法现象的结构特征及语法功能等。与此同时，还以形容词中使用的级形态变化现象为例，科学阐述了级形态变化现象的结构关系、使用规则、语法功能等。该书在讨论鄂温克语极其复杂的动词形态变化现象时，根据其不同结构特征和语法功能将其内部分为态、体、式、时、人称、形动、副词、助动等形态变化语法范畴，进而展开全面、系统、细致入微、实事求是的科学研究。此外，还对鄂温克语复杂多变的虚词系统、词组结构特征、句子成分及句子结构关系作了全范围的科学讨论。

我们认为，《鄂温克语研究》的出版，对我国北方民族语言研究，特别是阿尔泰诸语研究产生了深远影响。著名满语专家刘景宪等在《满语研究》1992年第2期上刊发《评介朝克的两部鄂温克语专著》之评论文章，评价说："该项研究成果为国内外研究鄂温克语的专家学者提供了丰富的素材，对鄂温克语深入研究起到了促进作用。朝克博士不仅有坚实深厚的语言学基础理论知识，更具有谦逊求实的治学精神。"[1]

总之，从20世纪80年代至今，朝克博士一直潜心致力于满通古斯语族诸语研究工作，尤其在鄂温克语语音、词汇、语法、方言土语，以及鄂温克语同阿尔泰诸语的比较研究，鄂温克语同东北亚及北极圈诸民族语言的对比研究，鄂温克语同汉语的接触与影响研究，鄂温克语使用与语言社会学研究，鄂温克语话语资料及口头传说语言资料的搜集整理等诸多方面都取得了十分显著的学术成绩。

三、关于国家社科基金重大委托项目《鄂温克族濒危语言文化抢救性研究》系列成果

自从2010年年底开始接受国家社科基金重大委托项目《鄂温克族濒危语言文化抢救性研究》以来，朝克全身心地投入到了鄂温克族濒危语言文化抢救性

---

[1] 刘景宪等：《满语研究》，1992年第2期。

搜集整理和深入分析研究工作之中。为了不负使命，为了圆满完成该项重大委托项目，他几乎走遍了鄂温克族生活的山山水水、草原森林、偏远农村牧区。功夫不负有心人，作为该项重大委托项目的第一批学术研究成果的10本书，今年初由中国社会科学院社会科学文献出版社出版，为鄂温克族即将进入严重濒危语言文化抢救性保护与研究工作做出了不可忽视的重要贡献。这10项成果里，既有还未涉足的方言土语调查研究资料，也有还未公开发表的民歌歌词、谚语等进行抢救性搜集整理的书本。作为项目负责人及首席专家，朝克博士每年都拿出一定时间，带着项目组成员奔赴鄂温克族生活区域开展抢救性田野调查工作，从而获取了数量可观且弥足珍贵的语言文化、风俗习惯、文学艺术、社会历史等方面的第一手宝贵资料。在此基础上，他还以语言学、文化学、历史学、地域学、社会学、民族学、民俗学、宗教学、文学艺术学等方面的全新理论为指导进行学术分析和研究。他现已出版的10本书包括《通古斯鄂温克语研究》《敖鲁古雅鄂温克语研究》《鄂温克文教程》《通古斯鄂温克族历史文化》《鄂温克语民歌歌词》《鄂温克语谚语》《索伦鄂温克语会话》《通古斯鄂温克语会话》《敖鲁古雅鄂温克语会话》《索伦鄂温克语词汇》等。

这10项成果里，像《通古斯鄂温克语研究》与《敖鲁古雅鄂温克语研究》，是对生活在内蒙古自治区呼伦贝尔市陈巴尔虎旗莫日格勒鄂温克苏木的通古斯鄂温克族严重濒危语言，以及生活在呼伦贝尔根河市敖鲁古雅鄂温克民族乡的严重濒危方言的语音、词汇、语法进行全面研究的科研成果。《通古斯鄂温克族历史文化》是对于莫日格勒鄂温克苏木的通古斯鄂温克族历史文化、风俗习惯、婚丧嫁娶等展开全面研究的成果。《鄂温克文教程》是针对大学生和研究生学习掌握鄂温克语或教学使用而撰写完成的鄂温克语教程。当然，对于高中生也可以用该教程教鄂温克语。该教程主要由前言、第一章鄂温克语字母及使用关系、第二章鄂温克语词汇、第三章鄂温克语名词类词形态变化体系、第四章鄂温克语名词类词形态变化体系、第五章鄂温克语句子结构组成，共涉及二十一节课程内容。《鄂温克语谚语》是属于鄂温克语谚语搜集整理的产物，书中收入与人相关的、与生产生活生产工具相关的、与自然界自然现象自然物相关的、与动植物相关的、与信仰相关的450余条鄂温克语谚语。《鄂温克语民歌歌词》中共收入涉及动植物与自然界、爱情、情感、思乡、教育、英雄人物、宗教信仰等内容的101首民歌歌词。其中，更可贵的是还有像《袍子之歌》《海拉尔河畔》《跳吧》《额列和阿列的歌》《萨满之歌》等由20余段或30来段组成的长歌。《索伦鄂温克语会话》《通古斯鄂温克语会话》《敖鲁古雅鄂温克语会话》主要搜集整理了鄂温克语索伦、通古斯、敖鲁古雅三大方言的口语会话资料。《索伦鄂温克语词汇》是对于索伦鄂温克语口语词汇进行搜集整理的词汇集。

  毫无疑问,国家社科基金重大委托项目《鄂温克濒危语言文化抢救性研究》第一批系列专著的出版和发行,在鄂温克族研究史上有其里程碑意义。这十本书的出版发行,对于鄂温克族濒危语言文化的抢救保护,弥足珍贵的语言文化资料的永久保存,将会产生极其重要的现实意义和长远的历史意义。特别是,对于我国寒温带地区特有的语言文化的保护,对于寒温带地区动植物名称及自然现象称谓的保存,对于阿尔泰诸语诸民族及东北亚诸民族历史文化关系的研究,对于早期人类萨满信仰的进一步解读,对于人口较少民族的现代化进程中遇到的诸多现实问题的科学阐释,均有极强的学术价值和理论意义。朝克博士主持、撰写完成的一系列科研成果,不仅为人们对鄂温克语的学习和了解带来了极大方便,也为国内外专家学者对鄂温克语的研究提供了资料和方向。这一系列科研成果不只是对满通古斯语族、蒙古语族、突厥语族语言文化的比较研究提供了极其重要的理论依据,也对俄罗斯远东和西伯利亚地区诸民族语言研究、日语和朝鲜语归宿问题研究,乃至东北亚诸民族及其北极圈诸民族语言文化的比较研究和对比研究、语言文化接触研究、濒危现象研究,均会产生极其重要的学术影响。

第二部分

朝克学术成长和学术贡献的报道与评价

第一篇

系中华文化之情扬民族语言文化之魂
——访全国人大代表、中国社科院科研局副局长朝克[1]

泽 昇[2]

刚刚从"两会"回到单位的朝克时间显得十分繁忙,作为中国社会科学院科研局副局长、研究员、博士生导师,我国著名少数民族语言文化学家,中宣部"四个一批"人才,享受国务院特殊津贴的突出贡献专家,他多次获得国内外优秀科研奖项和荣誉,作品众多,在国内外都有巨大影响,还承担着北京蒙古语专家委员会副会长、内蒙古阿尔泰研究会副会长、北京草原英才学会副会长、北京鄂温克研究会长、黑龙江大学和呼伦贝尔学院特聘教授等社会职务,可谓少数民族之英才。我十分理解他的繁忙和确实没有时间接受采访的缘由。在几次约访均未成功后,没办法,我直接到他的办公室提出了采访的要求,朝克只好放下了手中的工作和我谈了起来。

"朝克"是"朝气蓬勃"的意思。这真是名副其实的朝克,无论谁只要接触到他就会感到生命原本有的一种"朝气蓬勃"精神和生活态度。已近天命之年的朝克,相貌俊朗年轻,一身儒雅的学者气派,但骨子里透出的英气却咄咄逼人。当我带着几分好奇地问到他:"您怎么保持地这么年轻?"他十分自然而轻松地回答:"革命人就是永远年轻,一个有信仰,并把信仰融入血液和灵魂的人,会为此而永不停止地拼搏、奋斗、追求,他就会有做不完的工作,干不完的事业。"是啊,一个有着坚定不移的信仰的人,一个为了自己的信仰和信念而不懈地努力奋斗的人,总是给人一种特殊的感觉,他身上有特殊的精神

---

[1] 本文发表于中共中央党校办《中华魂》2013年4月下半月刊,总第238期。
[2] 泽昇,《中华魂》编辑部记者。

和力量。

朝克今年再次当选人大代表,这已经是他第四次当选全国人大代表(连续四届即第九、第十、第十一、第十一届)。在这连任全国人大代表,连续十余年参加"两会"的岁月里,朝克作为一名社科界的人大代表,始终怀着对于我国哲学社会科学发展事业的一颗赤胆忠心。同时,作为一名我国北方人口较少民族的优秀知识分子和全国人大代表,他从未放弃或忽略过对于少数民族民族文化事业的关心。由此,他在每年的两会上,都要为哲学社会科学事业和民族语言文化的繁荣发展进言献策,提出经过自己实际调查和考虑成熟的建议和意见要求,不断呼吁哲学社会科学研究工作及科研事业繁荣发展的重要性,以及抢救、保护、挖掘、整理、弘扬、发展民族优秀传统文化及其濒危语言的重要性与紧迫性。

从某种意义上讲,著名学者与全国人大代表的双重身份,使得朝克博士在参加两会的同时,对诸多社会发展进程中遇到的现实问题深度关注。他在第十一届"两会"上提出:"建设一个美丽的中国,实现中国梦,应该包含两个概念,一是指物质世界的美丽,也就是建立一个人与社会及自然环境、生态环境合为一体的美丽幸福的家园;二是指精神世界的美丽,也就是建立一个美好思想、高尚品德、美好精神世界、美好信仰和信念的高度和谐文明的美丽幸福的家园。"朝克还提到,我国少数民族,尤其是那些人口较少的民族,在漫长的历史进程中用他们共同的劳动和智慧,创造了无数个让世人感叹、倾慕、迷望的优秀传统文化与文明,给人类世界带来了无穷的快乐与幸福,使我们生活的世界变得五彩缤纷、绚丽夺目。然而,在大一统的后电器化、电子化、信息化时代的冲击下,所有这些变得弱不可击、危在旦夕。许多弥足珍贵的文化与文明,已经无可怀疑的进入濒危或严重濒危状态,使人类不断失去历史的和早期的文明与文化的记忆。因此,我们在现代建设与发展中,一定要下本钱保护好这些不可多得的文化遗产、精神财富、历史记忆。他强调说,所有这些都是凝聚我们中华民族心灵的精神家园,是我们中华民族生生不息的精神力量。为此,他在每年的"两会"上,都要提交与此相关的建议和意见。

说实话,朝克身上有许多使人感佩的故事和业绩。近几年来,朝克担负着中国社科院科研局副局长的职务,但他始终把做学问和搞研究作为体现自己生命核心价值的一个重要组成部分,科研管理和组织工作再忙,他也会起早贪黑、持之以恒地在学术田野和那片丰美的精神沃土上耕耘。仅仅在2011年到2013年间，他就主编多项国家社科基金、中国社科院、中宣部等方面的重大、重要研究课题，先后出版了《察县锡伯族语言文字使用现状调研》（2011）、《思绪》（2011）、《东北人口较少民族优秀传统文化》（2012）、《北方民族语言变迁研究》（2012）、《鄂温克族文化》（2011），以及由中国社会科学出版社2013年3月刚刚出版的一套三卷四本的《中国民族语言文学研究史论》（250余万字）等书籍。用他的话说，人活在世上应该有质量、有精神、有灵魂，否则生命就像过眼的风，没有意义和内涵。

朝克的学术生涯非常特殊。他说，在国外留学或进行学术交流、学术访问的时候，就接触过许多杰出的专家学者，拜读过许多经典的有思想理论的巨作，也参加过许许多多的重大学术活动，所有这些使他更加深刻地懂得了生命的意义、存在的价值、奉献的快乐。他的研究领域涉及北极圈住民族语言文化、东北亚住民族语言文化、我国北方民族语言文化。在他30余年的从事民族语言文化研究的岁月里，他的耕耘的脚步踏过北方民族生活的山林、草原、农村、牧场，踏过北极的萨米村落、北欧爱斯基摩人的帐篷、北海道阿夷努人的木屋、蒙古国牧马人牧场、韩国渔民的木船。他收集整理了数量可观而有很高学术理论价值的第一手资料，并在此基础上用多种文字在国内外发表170余篇学术论文，30余部研究专著，其中一些论著在国内外荣获优秀科研成果奖。他提出的北极圈语言文化相关论、印第安及爱斯基摩语言文化与我国北方民族语言文化的关系说、日本阿夷努语言文化与阿尔泰诸语关系论、日本和朝鲜语言文化多元说、语音形态论、名词形态论、动词形态论等学术观点在国内外学术界引起很大反响，得到很高评价。说到他的学术业绩时，他是那样淡然，他说："这些成绩只能说明你的过去，说明过的岁月里确实对得起支撑你思想、信仰、信念、灵魂的生命。未来还需要不断拼搏和奋斗，这样才给生命一个满意而完整的答案与回报。"

或许是勤奋好学，或许他特有的天赋，朝克的脑子装满了各种语言文字符号及其思维规则。比如说，他掌握汉语、蒙古语族诸语言及文字、满语满文、锡伯语锡伯文、鄂温克语、鄂论春语、赫哲语、达斡尔语、日语日文，俄罗斯的埃文语、埃文基语、那乃语等；还学过英语、俄语、朝鲜语、日本阿依努语等。这些语言犹如他脑海中装备了10余套思维程序和系统，平时"互不干扰，各自为政",在他需要它们之间翻译和转换时,它们"运作"得又是那么精准。他还对这些语言作过多理论、多视角、多层面的比较研究,提出过许多有创新观念的学术理论。他有着超常的语言天赋,并因此令许多国外专家学家折服。朝克还在美国、芬兰、挪威、日本、韩国、蒙古国、新加坡、菲律宾、印度、香港等国家和地区的多所大学作过学术访问和讲学,参加过多项国际合作重大学术研究课题,多次在国际重要学术舞台上宣读过全新的学术观点和理论。

能取得这样的成绩,朝克付出的辛苦可想而知。从成吉思汗草原的儿子,到大都市高等学府的"骄子",从中国社会科学院一名青年研究员,到国际知名学者,朝克走过的路艰辛而漫长。面对人生的一次次挑战和考验,朝克始终用平和的心态和特殊的敬业精神支撑着生命和事业。浩如烟海的文字资料,田野调研的辛苦奔波,夜以继日的殚精竭虑,才让朝克成为学术界权威。每每夜深人静、疲惫不堪地倒在书海里进入梦乡的时候,朝克脑海里经常出现家乡童年的美好时光——阳光、原野、河流、牧场、牛羊、花草、彩蝶、梦想……

朝克出生于草原一个普通干部家庭。家庭当中浓重的进取思想融入了他的理想信念之中。朝克的叔爷早年曾到俄罗斯和蒙古国投身革命,十年浩劫中他们一家因此受到迫害。但是,前人的经历成为他为之骄傲的精神财富,使他深深懂得了为了事业无私奉献的精神内涵和高尚气节。高中毕业,朝克下乡成为知识青年,他担任过青年突击队长,省级青年突击手。参加工作后,他被评为单位"十大杰出青年",在这一代人的岁月中,他总是走在优秀的进步的人的队伍里。由此,我们对于他当选四届人大代表,也就不感到意外了。这也是祖国和人民给他的使命和重托。对此,他心里最清楚,他常说:"是祖国和人民培养了我,所以我的一切应属于祖国和人民!"

在学术研究上不断攀登新高峰的同时,朝克还认真履行了一位人大代表的职责,他每年都要深入牧区农村调研,家乡草原更是他最为关注的地方。16年来,他向全国人大提交了73项议案和建议,其中涉及民族语言文化和草原建设方面的议案和建议占相当比例。出于对语言学的深深热爱,从1983年到1987年,朝克几乎每年都拿出一定的时间,利用有限的科研经费,频繁出入于满通古斯诸民族生活的边远山林开展调研工作。朝克经常与猎民、牧民们吃住在一起,有时一住就是几个星期、几个月。他白天与猎民、牧民、农民们边劳动边搞调研，晚上则住在简易的茅屋里油灯下整理资料，常常工作到深夜甚至到天明。经历过艰辛和付出，他更加懂得了生命的坚强，更加明白了生命的真正价值和意义。他说，他就是这么一点点积累、提升、磨练、坚定了自己的信念和信仰。

应该提到的是，1999年冬朝克和牛玉儒还代表我国参加了在菲律宾召开的首届亚欧青年议员代表会议。他在那次大会上的发言，引起了各国青年议员的广泛关注。他在发言中详细而深刻地阐述了亚洲金融危机中中国政府的态度和作用。鉴于当时一些国家对我国人权问题的质疑，朝克特意在发言的最后谈到了我国的民族问题。朝克说，我是来自中国一个人口很少民族的代表，今天在这里代表自己国家的13亿人阐述在亚洲金融危机中我国采取的积极有效的态度和措施，这就足以证明我国先进、平等、优秀的民族政策和人权主义。进而他向与会的各国青年议员从我国每一个民族都保存着鲜明的民族特征、通行的人民币上印有少数民族的美丽身影、少数民族有使用本民族语言文字、穿戴本民族服饰等各方面的自由等方面阐明了我国的民族平等以及党和政府对少数民族的特殊照顾、扶持、爱护和关心。发言中，朝克还展示了自己独特的民族语言，这令各国青年议员赞叹不已，使他们更加清楚地了解了我国平等、先进的民族政策和人权主义。朝克说，他走过许多国家和地区，也深度接触过那里的少数民族，所以他深深地懂得中国的各民族平等相处、和睦友好、互相爱护、相互尊重、共同进步、共建美好家园的真实内涵。

岁月，已经让朝克成长为一名名符其实的民族语言文化学界的知名专家。面对人们的赞扬和已取得的成绩，他却认为是祖国和人民养育了他，是他们给予了他智慧和力量。他说，其实生命很简单，有那么一种强盛而永恒的信念、信仰在他心中，在他灵魂深处，这信念和信仰源于对草原、对学术，对社会、对祖国与人民的忠贞与博爱。

第二篇

翻山越岭的语言学者

——记中国社科院鄂温克族副研究员朝克[1]

张大伟

中国社会科学院民族研究所副研究员朝克的父亲是鄂温克族人,母亲是蒙古族人。他从小生长在一个鄂温克、达斡尔、蒙、汉等多种语言混合使用的地区。特殊的语言环境使他很早就熟悉和掌握了多种民族语言。高中毕业后他自愿到条件艰苦的牧区工作。牧区广阔而火热的实践生活不仅锻炼了他的身体和毅力,而且使他渐渐对民族语言学产生了浓厚的兴趣。

从1983年到1987年,朝克几乎每年都拿出一定时间,利用有限的科研经费,频繁出入于满通古斯诸民族生活的边远山林开展调研工作。由于鄂温克、鄂伦春等民族主要以狩猎和游牧为生,平时居住分散,有的猎民点仅三两户人家,且居无定所,流动性很大,给田野调查工作带来极大困难。为找到这些猎民、牧民的居住点,朝克经常顶风冒雨,晓出夜行,跋涉于崇山峻岭和茫茫林海之中。几年来,他走遍了满通古斯诸民族生活的猎场和牧区,东北平原、大小兴安岭和呼伦贝尔草原都留下了他坚实的足迹。由于山高林密,车马难行,他经常骑着当地民族的主要交通工具驯鹿随引路人去寻找目的地。一次夜行至原始森林,途中不慎与引路人走散,他只身一人在黑暗中摸索前进,险些迷失方向,幸而依靠驯鹿的灵性才逐渐步出险境。他经常与猎民、牧民们吃住在一起,有时一住就是几个星期。白天与猎民们一同吃野果、驯鹿肉,晚上则住在用桦树皮制作的透风漏雨的简易房(当地人称"仙人柱")内。一次他害了严重的腹泻,浑身颤抖,几天无法进食,但他仍然拖着病弱的躯体与猎民一起寻

---

[1] 本文发表于《人民日报》1997年2月19日,第10版文化学者剪影。

找驯鹿。他的真诚使猎民们深受感动，调研工作也因此得到了猎民们的积极配合。经过艰苦努力，朝克终于掌握了几百万字的第一手语言调查材料。

为扩大研究视野，朝克除掌握鄂温克语、蒙语、鄂伦春语、达斡尔语、赫哲语、汉语和日语外，还学会了满文、锡伯文，并可以较熟练地使用阿夷奴语、朝鲜语和英文资料。1989年，朝克利用在日本读语言学博士课程的机会，搜集、查阅了大量日本语言学资料。在将这些资料与我国北方少数民族语言进行综合比较研究之后，他惊喜地发现了它们之间的诸多类同现象。他随即将自己的研究成果发表在一系列学术报告和论文中，指出日本阿夷奴语同我国北方满通古斯诸语及阿尔泰诸语间的底层结构中存在着不可否定的共有关系，日本语同我国北方的达斡尔语有着特殊的亲近关系，爱斯基摩语、西伯利亚诸民族语、日本北海道阿夷奴语与我国北方少数民族语言均有着深层次的关系。在此之前，日本语言学家只承认阿夷奴语同中国大陆之外的爱斯基摩语、印第安语有关系，最主要的原因在于他们并不了解我国北方民族的语言结构。朝克的观点引起了日本语言学界的强烈反响，一些日本语言学家对此表示异议，但他们当中的大多数人在朝克展示的大量真实可信的语言资料和成果面前，最终不得不表示折服和认同。

第三篇

朝克的文化"苦"旅[1]

从事包括满语在内的满通古斯语族语言研究的30余年间,中国社会科学院民族文学所党委书记、副所长朝克走遍了满通古斯各民族生活的地区进行田野调查,掌握了该语族语言的第一手资料,也看到了这些民族语言正在面临的危机。

2009年,联合国教科文组织绘制了一个《全球濒危语言分布图》,直观地展现出全球部分族群母语濒危的现状。分布图显示,在全世界现存的6000多种语言中,大约有2500种濒临灭绝。

中国虽不在语言濒危的热点地带,但至少也有几十种语言处于濒危状态,其中西南地区、东北地区和陕晋黄河中游

2010年7月,朝克(左二)在内蒙古呼伦贝尔市鄂温克族自治旗红花尔基嘎查进行调研

地区被联合国教科文组织列为中国濒危语言最集中的地区,而满语更是被列为"极度濒危"级别,在五级濒危等级制中排在第四级。对于中国社会科学院民族文学所党委书记、副所长朝克来说,满语的消亡危机不仅仅是调查报告中看到的数据,更是亲眼见到的事实。30余年间,中国社会科学院民族文学所党委书记、副所长朝克走遍了满通古斯各民族生活的地区进行田野调查,掌握了该语族语言的第一手资料,也看到了这些民族语言正在面临的危险。"在

---

[1] 本文发表于《中国科学报》2014年8月8日,第17版《文化周刊》。同时发于科学网。

我国约1100万人口的满通古斯诸民族里,使用母语者已减到3万多人,而且基本上处于高龄化人群。更可怕的是,他们还在以惊人的速度不断丢失母语词汇和母语记忆。"朝克告诉《中国科学报》记者,现在的他只能不停地开展调研工作,不断地抢救性搜集整理和记录已经濒危或严重濒危的,甚至已经成为碎片化而不成系统的语言符号,尽可能地保存和抢救这些即将消失的民族语言。

一、30多年的田野调查

7月上旬,朝克带着几个博士生从东北刚刚回到北京。在这次田野调查中,他们用了半个月的时间走过了兴安岭深处杜拉尔民族乡、萨马街民族乡以及草原深处的莫日格勒民族乡等乡政府所辖的通古斯诸民族生活的边远村落。他说,在通古斯诸民族生活的一些村落,能清楚地看到河对岸洗衣服的俄罗斯人。通古斯诸民族牧民或猎民生活的一些地方实在是太偏远、太偏僻,有的所谓村寨只有几户人家散落在广袤的山林或偏僻草原,别说没有下榻的旅店,连电话信号都连接不上。然而,越是这样远离现代都市或城镇的偏僻山村及偏远牧场生活的通古斯诸民族保存母语及传统文化越多、越全面、越珍贵。

朝克1982年就开始了这样艰辛的田野调查和科学探索。30多年来,他几乎每年都要拿出一定时间深入到满通古斯诸民族生活的地区开展田野调查。在那些艰难的旅途中,没有公路没有汽车,他骑过马、骑过驯鹿,坐过牛车、坐过马车,乘过马拉雪橇、驯鹿雪橇,也乘坐过木筏子、桦皮船、木船,有时一走就走好几天,甚至几天几夜。就这样,他独身一人走过赫哲族及鄂伦春族住过的江河湖泊,走过鄂伦春人及鄂温克人生活的深山老林,走过鄂温克族生活的一望无际的草原,走过满族及锡伯族生活的偏远农村农家,不断地、点点滴滴地搜集整理着那些濒危或严重濒危语言的词汇符号及其错综复杂的语法符号。

朝克说:"那些远离城市的偏远山村牧区保存有弥足珍贵的濒危或严重濒危的语言资料。而且,像这些地方外国研究者基本上没有去过,所以我们一定要去,拿到那些第一手语言资料。这些是我们的祖先用共同的智慧和劳动留给后人的极其珍贵的语言文化财富和遗产,我们要尽最大的努力抢救和保护它,不要让国外拿走，这是我们的权利和义务，也是我们的使命和任务。我们必须在此学术领域争得学术话语权，占领好学术制高点。"

每到一个调研点，朝克都要与发音合作人或调研对象展开话题进行交流，在宽松、自然、温馨、快乐的环境中边聊边调研边记录。有很多通古斯诸民族的老人不会汉语，此时朝克精通的通古斯诸语的功夫就自然会派上用场，他会用那些老人最为熟悉的母语进行交流。除熟练掌握鄂温克语、鄂伦春语、赫哲语、锡伯语、满语等通古斯语族语言之外，朝克还掌握这些老人较熟悉的蒙语、达斡尔语、布里亚特蒙古语、巴尔虎蒙古语、沃鲁特蒙古语。这也是他在田野调查中能够获得第一手资料的优势。

二、濒危的满通古斯语族语言

据朝克介绍，在我国1000多万满族人中，现在能够使用母语的只有十几人；赫哲语使用者还不足十人；鄂伦春语情况好一些，使用者约有一百来人，实际上熟练使用母语者可能比这还要少得多，绝大多数人都不能说得很完整。鄂温克语和锡伯语还有较多人在使用。然而，熟练掌握者只有一万多人。满通古斯语族语言已经全范围地进入了濒危或严重濒危状态。

导致这种语言濒危或严重濒危现象的原因比较复杂。满通古斯各民族生活格局属于小聚居、大分散的结构类型，加上横跨我国东、西两个疆界，所以语言方面很难形成有效语言区域，也连不成语言片，不同语言区间存在的空间距离太大，从而直接影响着他们之间用彼此熟悉的母语进行交流。他们的母语使用区域，自然成为其他强势语言包围下存在的语言孤岛。朝克说："例如，锡伯语处于突厥语族语言的使用区内；满语和鄂伦春语及赫哲语完全处于使用汉语的社会环境之中；鄂温克语处于使用蒙古语和汉语的语言区里。正因如此，满通古斯语族语言受外来语言的影响非常大，从而不断加速他们语言的消失。"由此带来的结果就是，满族和赫哲族只有60~70岁或以上的极其个别老人会本民族语，其他人几乎都失去了使用本族母语的能力，反而均改用了汉语和汉文。"相比之下，锡伯语和鄂温克语的使用相对好一些。不过，伴随这些民族地区经济社会的快速发展，以及广播电视网络的不断普及，与汉族通婚现象越来越多等因素的直接影响，鄂温克语和锡伯语的使用人口比例也急剧下降。"朝克介绍道。

三、传承民族文化与文明的活化石

"民族语言文字蕴藏着本民族特定的思维规则、表现形式、符号系统和历史文化现象,是传承不同民族特有的文明和思想内涵的活化石。"朝克认为,"一旦一种少数民族语言文字濒危或消亡,其中积存和蕴藏的人类文明和文化现象也将随之消失。这会给人类自身造成无法挽回的损失,人类的语言、词汇、思维、语法形式和表现手段等都会从丰富逐渐走向单一、枯涩和乏味。"

我国东北寒温带或温寒带山林草原及边疆地区的很多山河、草木、昆虫、动植物的名称源自满通古斯语族语言。"如果我们不抓紧时间进行抢救性搜集整理和保护,那么我们在未来的语言交流中只能用'这种树''那种草''这种昆虫'等来表述兴安岭森林和呼伦贝尔大草原富有的山水和动植物了,却无法叫出它们的名称。那是一个多么单调无味而没有生命力的语言交流呀。"朝克感叹道,"我们知道浩瀚的兴安岭及其辽阔无边的呼伦贝尔大草原的动植物与山水湖泊均有特定的名称或叫法,这是满通古斯诸民族的祖先用千百年的劳动和智慧共同创造的语言财富、语言符号系统、语法表现手段,其中包含有他们先民的生活、劳动、智慧、文化和文明。毫无疑问,那是一个十分成熟、严谨、完美而极其丰富的语言符号系统,与这些符号系统相配套的是深远、独特、厚重的历史和文化"。

同样致力于满通古斯语言研究的北京大学教授赵杰说:"过去,我们说语言是一个交际工具,后来说是思维工具、文化传承工具和联络感情的工具。我想说的是,语言还是一个民族的第二表情,是再现本民族古代文化信息的映射器。对满通古斯语族进行深入研究,就像拿镜子将满通古斯语族先民的发展历程清清楚楚地照出来。"

四、如何抢救和保护

我国在民族语言文字的保护上有其坚实的政治基础,这个基础来自于我国优秀的民族政策。"这些民族政策使得人口在1万人以下的赫哲族、哈尼族等将本民族母语带入到21世纪的今天,至今保存着自己的语言。"朝克介绍说。

近年来,为保护民族语言,国家还设立了"非物质文化遗产保护专项资金",开展了少数民族濒危或严重濒危语言文化现状的一系列大调查和启动了一系列重大抢救、保护、研究项目,还启动了"中国少数民族濒危语言文字数据库""建立少数民族'双语'环境建设示范区"等工程。所有这些,为濒危或严重濒危民族语言文化的抢救性保护作出了很多贡献。"在此方面我们要做的工作还很多,要走的路还很长,还很艰辛。"朝克说。

今年1月,朝克将30多年的田野调查实践中搜集整理并研究的成果撰写为《满通古斯语族语言词源研究》《满通古斯语族语言研究史论》和《满通古斯语族语言词汇比较》三本书,共计244万字。

作为连续四届全国人大代表,朝克也在不断呼吁对濒危民族语言的关注和保护。在进行大量实地调研的基础上,他提出建立健全我国少数民族语言文字法,加大边疆地区群众文化生活基础设施建设,建立中国民族古文字博物馆、中国民族文学博物馆和各少数民族风俗博物馆,在城市建设和规划中注重保护传统民族文化特色等建议和意见。

"通过抢救这些濒危或严重濒危语言,我们希望能把他们的祖先,也就是我们的先民早期用共同的劳动和智慧创造的古老文化与文明留给今天,也留给无限的未来的人类。"朝克认为,现在抢救和保护这些濒危或严重濒危民族语言最好的方法就是"尽量完整地、实实在在而科学地记录下来、保存下来"。

今年1月,朝克在过去30多年田野调查、搜集整理和科学研究的基础上,出版了满通古斯语族语言研究系列著作,包括《满通古斯语族语言词源研究》《满通古斯语族语言研究史论》和《满通古斯语族语言词汇比较》三本。

朝克著作书影

在《满通古斯语族语言词源研究》一书中，朝克首次对满语、锡伯语、鄂温克语、鄂伦春语、赫哲语以及女真语共3000条基本词汇的来源及其词源关系作了科学分析。《满通古斯语族语言研究史论》堪称第一部对中国的满语、锡伯语、鄂温克语、鄂伦春语、赫哲语和女真语六种语言以及女真文、满文、锡伯文三种文字的研究成果与资料。在书中，朝克对该语族语言古今中外的历史文献与原始语言资料进行了分析和研究。《满通古斯语族语言词汇比较》则对中国的满语、锡伯语、鄂温克语、鄂伦春语、赫哲语和女真语共5000条基本词汇作了全面比较。

五、国内外满通古斯语族语言研究

对满通古斯语族语言的研究从17世纪初就已经开始了，在各个研究阶段，国内外研究者取得了不同的研究成果，这些成果为今天对满通古斯语族语言抢救和保护奠定了基础。17世纪初国外开始对女真语言文字进行研究。当时，朝鲜王朝司译院设立女真学厅，对女真文资料进行大量翻译，并编写女真文教科书。

满语研究开始，留下了大量满文书籍和历史资料，其中也有不少满语研究著作、满语教材、满语满文词典等，如沈启亮的《大清全书》、清代官修的不同语种对照的系列辞书《清文鉴》、清舞格的《清文启蒙》等。18世纪末，国外开始有一定影响力和学术价值的研究成果先后问世。19世纪中后期，西方人开始研究女真语，产生了伟烈、戴维里亚、葛鲁贝以及日本的白鸟库吉等女真语专家学者，他们主要以《女真译语》等早期女真语资料为基础，对女真语展开学术讨论。20世纪初期至40年代末，我国满通古斯语族语言研究工作的侧重点，几乎放在了有关女真文文献资料、女真字碑文、女真字研究以及满文文献资料、满文档案、满文墓碑文的考证、注释、分析整理，以及满语词汇的研究等方面。

在国外，以西方的李盖提、克恰诺夫、康丹，日本的桑原骘藏、石田干之助、鸟居龙藏、渡边熏太郎、园田一龟、田村实造、山本守、山路广明和韩国的李基文等为代表，出现了一批女真语专家学者。日本的一些学者在对鄂温克语和鄂伦春语词汇进行实地调查的基础上，刊印过有关鄂温克语和鄂伦春语基本词汇方面的小册子。国内外有关民族学、民俗学、社会学、人类文化学的科研成果里开始出现分析研究鄂温克语、鄂伦春语、赫哲语语音、词汇及语法方面的有关内容。1947年，对锡伯族当时使用的满文进行了一定程度的改进和补充，从而创制了锡伯族现在使用的所谓的锡伯文。20世纪40年代后期至70年代后期，国内外的满通古斯语族语言专家学者，对满语满文以及女真文开展了进一步深入研究，同时对于通古斯诸语言进行了较为全面而系统的田野调查，收集了大量的第一手语言资料，并对资料进行了科学分析整理和归类。20世纪70年代后期—21世纪初，女真语研究专家们较系统而全面地讨论了女真语基本结构特征，包括女真语语音系统、词汇结构、相关语法现象和形态变化原理、文字的形成和使用关系等方面的学术问题。

满语研究方面，在美国、日本、韩国、德国先后成立了满学会或相关研究机构，国内也成立了中国社会科学院民族研究所满通古斯语研究组、黑龙江省满语研究所等研究机构，出版和发表了全面而系统的满语语法研究成果，同时对现存满语口语语法进行较有深度和广度的调查研究。

第四篇

不放过田野记忆中的任何一个原始符号

——访中国社会科学院民族文学研究所党委书记、副所长朝克[1]

语族语言研究是重要的国际学术问题,涉及多种语言,要全面把握、深入研究,难度极大,堪称绝学。中国社会科学院民族文学研究所党委书记、副所长朝克研究员从1982年进入中国社会科学院工作以来,30多年坚持不懈研究满通古斯语族语言。朝克用汉、蒙、日、英文在国内外发表150余篇学术论文,出版30余本专著,其中绝大部分属于满通古斯语族语言文字学领域的学术成果。朝克日前推出的《满通古斯语族语言词源研究》《满通古斯语族语言研究史论》《满通古斯语族语言词汇比较》三部著作,引起了学界广泛关注。近日,记者就有关问题对朝克进行了专访。

一、满通古斯语族语言亟待抢救和研究

朝克生活照

(一)《中国社会科学报》:满通古斯语族语言研究有什么学术价值,为什么受到学界的高度重视?

朝克:我国满通古斯语族语言与突厥语族及蒙古语族语言同属于阿尔泰语系,并与俄罗斯西伯利亚及远东地区的诸民族语、日本鸟依

---

[1] 本文发表于《中国社会科学报》2014年8月8日,总第631期。

勒塔语、北美爱斯基摩语,甚至日本的阿依努语、蒙古国的察嘎坦语,以及与朝鲜语和日本语、北欧的萨米语、北美的印第安诸语等均有极其复杂、多层面的深层关系。因此,在东北亚乃至北极圈学术领域从事语言文化与民族历史研究的专家学者,均十分关注满通古斯语族语言研究及成果。

(二)《中国社会科学报》:我国满通古斯语族各语言基本情况如何?满通古斯语族的人口有多少,其中使用各自民族语言的有多少人?

朝克:我国满通古斯语族语言包括满语、锡伯语、鄂温克语、鄂伦春语、赫哲语及历史上的女真语。我国满通古斯诸民族约有1100万人口,但使用母语者已减到3万多人,且基本上是高龄化人群。满通古斯诸民族仍在以惊人的速度丢失着母语词汇和母语记忆,特别是,女真语已成为历史而不再使用,像满语、赫哲语、鄂伦春语已进入严重濒危状态,锡伯语及鄂温克语也即将进入严重濒危状态。

满通古斯语族语言研究,有其特定的学术价值和意义,对抢救保护我国濒危或严重濒危语言,对永久保存我国弥足珍贵的文化遗产,对我国民族语言文化安全,对树立我国满通古斯语族语言学术研究的权威地位及掌握学术话语权,均有极其重要的现实意义和长远的历史意义。

二、满通古斯语族语言词源关系复杂而丰富

(一)《中国社会科学报》:您对满通古斯语族语言进行了深入系统的词源研究,请问词源研究具有什么重要性?

朝克:满通古斯语族语言与阿尔泰语系语言、东北亚及北极圈诸民族语言间存在复杂的内在联系,这些充分表现在他们固有的早期词汇系统中。这也就体现了词源研究的重要性。也就是说,满通古斯语族语言词源关系显示出十分复杂而丰富的内涵,其中保存有寒温带及温寒带地区人类生活、活动、生产中使用的早期语言符号系统,它们不仅与阿尔泰语系语言有关,甚至与东北亚及北极圈诸多民族语言也有复杂而多层面的内在关系。因此,该族语言词源研究,一直受到国内外相关学科的极大关注。特别在朝鲜语和日本语的归属问题还未搞清楚的前提下,满通古斯语族语言词源研究显得更为重要,因为在朝鲜语和日本语里存在不少与满通古斯语族语言的共有成分。一些专家认为,这些共有成分可能源于古代通古斯语。

人们常说,语言是人类的"活化石"。从这个意义上讲,满通古斯语族语言词汇中同样包含着这些民族千百年的历史、文化、文明与思想。对其展开词源研究,在语言学、历史学、社会学、地域学、思想学、文化学、民族学、民俗学等方面有重要的学术价值。

(二)《中国社会科学报》:您在词源研究的研究方法方面有什么探索和心得?

朝克:对于濒危或严重濒危语言展开词源研究,我认为最为重要的是进行细心、认真、全面、系统的田野调查,不能放过他们记忆中留存的任何一个原始符号。哪怕这些符号系统已变得碎片化,我们也要像考古学家那样经过实地调研和科学研究尽量使其复原。这需要紧密结合单一语言的方言土语之间、同一个语支语言之间、同一个语族语言之间、同一个语系语言之间、同一地区的语言之间,作广泛深入的调查研究。这种科学态度和研究方法,对词源研究,特别是对濒危或严重濒危语言词源研究十分必要、重要。

(三)《中国社会科学报》:多位学者对《满通古斯语族语言词汇比较》附录里的词汇索引给出了很高的学术评价,请您介绍下相关情况。

朝克:该书附录里的六种语言词汇索引,事实上也是一本本单一民族语言词汇集,各自具有特定学术价值和意义。此前,国内外至今还未公开出版发行有关鄂温克语、鄂伦春语、赫哲语如此丰富、数量可观的基本词汇。这对濒危或严重濒危的满通古斯语族语言词汇的抢救保护、搜集整理、永久保存,以及树立我国在该学术领域的权威性和学术话语权,占领学术制高点均有极强的现实意义和深远的学术价值。

再说,锡伯语、满语、女真语词汇索引同样有特定学术价值。另外,汉语和英语索引,为那些只懂汉语和英语的国内外专家学者查阅满通古斯语族语言词汇提供了极大便利,从而扩大了词汇集的使用面、影响力和生命力。

三、田野调查是语言科学研究的基石

(一)《中国社会科学报》:您长期坚持田野调查,请您谈谈对"田野调查"和"扎实学风"的看法。

朝克:在语言科学研究、探索的道路上,田野调查工作十分重要,是这项研究事业的基础、基石,没有丰厚、可靠、扎实、全面、系统的田野调查的第一手资料，就没有可靠的科研成绩或成果，也就没有我们学术上的话语权，也谈不上过硬的理论。因此，在我们的研究实践中，一直以来强调理论源于实践、实践是检验理论的重要手段等学术观点。

坚持田野调查已经成为我严格遵守的学风。说实话，没有自己经过田野调查获取的第一手原始资料，做起研究来心里总是不踏实。总的说来，科学、扎实、有效的田野调查，从实践中探索理论、理论联系实际是我最崇尚的治学态度和学术风格。

（二）《中国社会科学报》：7月您奔赴内蒙古和黑龙江进行田野调查，这次主要做了哪些调查研究？关于满通古斯语族研究，您下一步准备进行哪些工作？

朝克："满通古斯语族语言系列著作出版座谈暨学术研讨会"结束第二天，我就带着研究生和课题组成员，到内蒙古、黑龙江鄂温克族生活的山林草原及农村牧区进行田野调查。因为，现在我在科研第一线研究所里主持工作，所以不能像过去那样拿出充分时间搞田野调查，只能抓住暑期集中休假时间搞调研。这次是为了完成国家社科基金重大委托项目"鄂温克族濒危语言文化抢救性研究"课题进行的田野调查，走访了兴安岭深处的六个村寨和草原深处的四个牧业点，基本按照计划完成了田野调查工作任务。下一步要对第一手田野调查资料作分析研究，努力按计划圆满完成这一国家社科基金重大委托项目。

第五篇

朝克：满通古斯语族语言的守望者[1]

北京市建国门内大街5号。朝克的办公室不大，除了一张办公桌和一张沙发，屋里其余的地方几乎全被书柜占去。

书柜里满满当当，有他刚刚出版的大部头，也有他这些年田野调查时的笔记、资料。他一页页细心翻阅着这些资料，仿佛与远古的思想和文明进行交流。

2014年7月，朝克出版了自己历经30年搜集、整理和研究的系列学术专著《满通古斯语族语言词源研究》《满通古斯语族语言研究史论》和《满通古斯语族语言词汇比较》。在新书发表的研讨会上，学界同仁纷纷用"绝学"、"原创"和"唯一"来评价这套巨著及其学术价值。

朝克说，在我国满通古斯语族语言全面走向濒危的今天，必须抓紧时间进行抢救保护，为未来的人们尽可能多地留下一些满通古斯诸民族语言文化遗产，留下这份人类文明进程中弥足珍贵的历史记忆。

最新的资料显示，历史上曾在我国北方少数民族地区广泛使用的满通古斯语族中的绝大多数语言，由于使用人口过少已经濒临灭绝。而由于研究难度大，在世界范围内真正从事满通古斯语族语言研究的学者也寥寥无几……

一、为了正在消失的记忆

2014年8月初，记者来到了位于北京市东城区东堂子胡同附近的一所中学。多年前，这里曾办有北京市唯一的一所满文教学机构——满文书院。据知情者讲，满文书院从上世纪80年代中期开始免费教授满文，办了将近20年。但最终由于师资缺乏等原因，不得不在2003年停办。

附近的一位居民白先生说，他本人就是满族，但对满文却一无所知，"连

---

[1] 本文发表于人民网、中国共产党新闻网，2014年9月16日。

一个字都不认识"。在他所认识的族人中,除了个别的尚能记得几个满文词汇,其余人的情况也大致与他相同。

朝克告诉记者,目前我国境内掌握母语的满族人已经不足10人了,且基本上都是生活在东北偏僻农村的七八十岁的老人。而就是这些老人的口语里仍大量使用汉语借词,他们对于母语的记忆已经变得不完整、不系统,甚至已经碎片化。

与满语的遭遇类似的还有赫哲语和鄂伦春语等满通古斯语族通古斯语支语言。根据最新的统计资料,在我国1100万满通古斯诸民族人口中,使用母语者已经减至3万多人,且基本上属于高龄人群。而同属满通古斯语族语言并在我国历史上曾经有重要地位的女真语,早在清朝前期就已经灭亡。

语言是一个民族文化的重要载体,如果失去了本民族的语言,这个民族文化的生命力就会被削弱。"由于生活方式的变化和全球化的影响等原因,满通古斯诸民族的语言遇到空前危机,许多古老的词语因不适应现代生活的需要而不断消失,许多珍贵的民族记忆也就此消失了",朝克说。

对于满语和满文来说,这同样是一个不容忽视的问题。中国社科院秘书长、著名清史研究专家高翔说,语言是历史研究的基础。国家第一历史档案馆中保存的明清档案中绝大多数是满文或满汉合璧的清朝档案,故宫博物院中许多珍贵的历史资料也是用满文写成。如果不懂得满语或满文,这些历史档案就无人能识,这对我国历史研究的影响可想而知。

与此相关,曾被广泛提及的一个例子是:1689年雅克萨之战后,中俄双方签定的《尼布楚条约》有满文、俄文和拉丁文等诸多版本。如果我们不懂满文和那些外文,就很难读懂这些档案资料了。

而在中国社科院原副院长汝信看来,由于满通古斯语族语言与俄语、朝鲜语和日本语之间诸多复杂的联系,满通古斯语族语言研究也具有了世界意义。对提升我国在东北亚乃至北极圈诸民族语言文化研究的水平,增强文化自信有着直接而现实的影响。

"比如一般认为从西方传来的圣诞节,其实与在寒带、寒温带地区牧养驯鹿的通古斯诸民族早期文明有着必然的联系。"朝克说,"在极度严寒且难得见到阳光的冬至时节,赶着驯鹿雪橇在风雪中为人们送去燃料和食物的白发老人(圣诞老人)就是他们共同而古老的记忆。"

二、满通古斯语族语言研究的合适人选

盛夏的北京,酷暑难耐。而在千里之外的内蒙古兴安岭深处,人们却还要在早晚换上秋装甚至薄棉衣才能抵挡高山深林的寒风。7月初新书发表的研讨会刚刚结束,朝克就带上他的研究小组,又一次离开北京踏上了田野调查的征程。

从事满通古斯语族语言研究30多年来,朝克每年都会拿出充足的时间进行田野调查。在他看来,对从事哲学社会科学研究的专家学者来讲,田野调查实践是理论基础和不可忽视的重要环节。为此,他学术探索的脚步踏遍了满通古斯诸民族生活过的山山水水。

1957年,朝克出生在内蒙古自治区呼伦贝尔市的鄂温克草原。在那里,鄂温克人、鄂伦春人、达斡尔人、汉人、蒙古人等众多民族和睦相处,所以他从小就熟练掌握汉语、鄂温克语、鄂伦春语、蒙古语等多种民族的语言。

1975年,他高中毕业后,曾在鄂温克草原的伊敏苏木("苏木"蒙语,指"乡")的一所小学教书。两年后恢复高考,他匆匆复习后就进考场,顺利考上了中央民族学院蒙古语言文学专业。

当时的中央民族学院,民族语言文字教学力量十分雄厚,像马学良、戴庆厦、张恭瑾、陈其光等均属该学科代表性人物。也正是从那时起,在老师们的指导下朝克充分认识到,自己从小就会说的那些民族语言所蕴含的无尽奥秘。

"无论有没有文字,满通古斯诸民族语言均有丰富独特的词汇系统,完美严谨的表现形式和语法体系。这对研究我国寒温带或温寒带地区的自然环境及社会文化有着极其重要的学术意义",朝克说。

1982年大学毕业时,朝克的学士论文《论鄂温克语的语音系统》被中国社科院民族研究所语言室的胡增益研究员看中。朝克独特的语言背景和天赋,使胡增益觉得他是从事满通古斯语族语言研究的合适人选。随后朝克进入该所工作,他的满通古斯语族语言研究之路也由此开始。

彼时的中国,国门初开。已经停滞多年的民族语言研究工作也重获新生。当时,北京各高校的各种学术讲座和沙龙不断。朝克经常到社科院相关研究所及各大院校聆听吕叔湘、王力、季羡林、费孝通等老先生的讲座,并有幸获得他们的当面指导。

当时，国外的民族语言学家与国内的学术交流活动也有很多。刚刚走上满通古斯语言研究之路的朝克，经常能听到王士元、梅祖麟、白保罗、马蒂索夫等国际语言学界大师的讲座，并与罗杰瑞、杨虎嫩、桥本万太郎等大师进行学术交流。"那是我国民族语言学发展的黄金时代，也是我广泛汲取前人学术思想，打造坚实的学术理论基础，拓展学术视野的理想时期"，朝克说，"是改革开放的新时代培养了我，让我得以在大师们的关心、指导下一步步成长"。

1989年初，朝克到日本攻读语言学研究生。令日本学术界惊叹的是，他在不到一年的时间内就在日本国际阿尔泰学会、日本东方学会和日本语言学会等组织的一系列重大学术交流活动中崭露头角。

他先后用日文撰写并发表了《日本阿依努语与阿尔泰诸语的关系》《论日本阿依努语与通古斯诸语共有关系》《论语言中潜在的民族文化性》等一连串的学术论文，进而否定了日本学界提出的阿依努语与阿尔泰诸语无关系论。这让他的日本导师大为震惊。他万万没有想到，来日本留学不到半年的朝克就已经能用熟练的日文发表学术论文，并用坚实可靠的理论否定日本学界长期固守的学术观点。接下来，朝克在赴美国、欧洲进行学术交流时，提出了北极圈诸民族语言文化相关论、东北亚诸民族语言文化关系说，以及日本和朝鲜语起源多元论等学术观点。这些观点一直引领并影响着相关学术领域的研究。

这是朝克学术生涯的辉煌时刻，也是他语言研究的新起点。此后，他以更宽广的视野继续自己的研究，先后提出了美洲印第安诸语与我国诸民族语言的关系说、美洲爱斯基摩语与满通古斯语族语言底层结构共有论、北欧萨米语言文化相关性等全新学术观点。这些学术理论和观点很大程度上改变着学界，特别是西方学术界曾经有过的不成熟、不切合实际的学术态度和思想，并为我国包括满通古斯语族语言研究在内的北方诸民族语言文化研究注入极大活力和生命力。

由于他在学术方面取得的突出成绩，1997年英国剑桥大学授予朝克"20世纪成就者勋章"，1999年世界名人委员会又授予他"世界文化名人成就奖"。现在，他是中共中央直接联系的社科专家、国家高层次人才特殊支持计划哲学社会科学领军人才、中宣部"四个一批人才"、国家社科基金评审组专家、中国社科院最高职称委员会委员、国家民委语文工作专家咨询委员会委员等。

三、把"绝学"传下去

朝克生于1957年,今年刚好57岁。从1982年开始从事满通古斯语族语言研究时起,他坚持每天写学术笔记,即使是在野外进行田野调查时也不例外。32年来,他先后出版了语言学、人类学、社会学等方面的专著37部,学术论文150余篇,总字数超过1200万字。

这些著作和资料都珍藏在他的书房里。如今,打开他的书柜,我们仍能看到他多年前在田野调查时所做的笔记。这些已经泛黄了的笔记本,不仅是他青春时期的记忆,更是我国满通古斯诸民族语言历史文化的珍贵记录。朝克将它们按照年份和日期一一编号并整理归档。他说,这些资料不属于我个人,而是属于社科院和我的祖国,属于全人类。

朝克精通汉语、蒙语、满语、鄂温克语、鄂伦春语、锡伯语、赫哲语、达斡尔语、俄罗斯西伯利亚地区诸民族语言和日语,同时还学过俄语、英语、朝鲜语、日本阿依努语、北美爱斯基摩语和北欧的萨米语等多种语言。英国剑桥大学东方研究中心及日本多所大学和语言研究所都曾以高薪邀他前去任教,却都被他婉言谢绝。他说:"我的根在祖国,我的学问和研究的沃土也在祖国。我没有权力离开她,只能以无私的奉献来回报她的养育之恩。"

自近代以降,国际东方学的中心就在欧美。这使中国在涉及自身重大利益的问题上每每丧失话语权,进退失据。如果我们不能保护好自己的民族语言,那我们的历史将如何传承?国家利益又将如何保护?由于使用者少,研究者更少,多年以前外界就视满通古斯语族语言为"绝学"。对此,朝克也颇为无奈:"实际上,有的语言几百年前就已经是'绝学'了。女真语,不就灭绝几百年了吗?而很多关于大金朝的女真文历史资料也随之而去,所剩无几!"他现在担心的是,由于现代化和全球化的发展,满通古斯诸民族的生产和生活方式发生着日新月异的变化,这种现实面前他们的母语还能保存多久?事实上,现在严重濒危的满通古斯语族的一些语言,除了极个别的而极其有数老人或个别专家以外,已经无人能说了。伴随他们一个个离去,使用母语者也一个个减少,他们用生命维系的那些符号及其历史记忆也不断被丢失。朝克想抓紧时间多培养一些博士、多带一些博士后,把这门"绝学"尽量传承下去。"这是我不可推卸的责任和义务",朝克说。正值中年的他,竟有一种时不我待的紧迫感。

第六篇
朝克：满通古斯语族语言研究系列著作出版座谈暨学术研讨会举行[1]

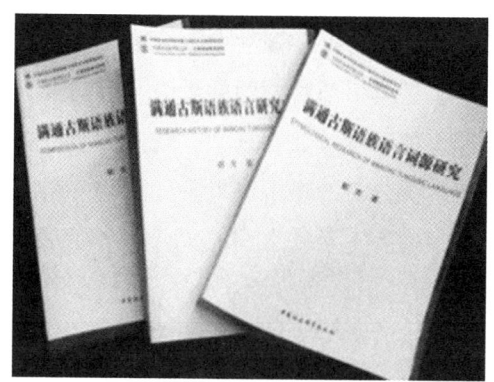

朝克著作书影

满通古斯语族诸语言，是我国北方重要的民族语言，这些语言均已进入或即将进入严重濒危状态。7月5日，由中国社会科学院科研局和中国社会科学出版社主办的满通古斯语族语言研究系列著作出版座谈暨学术研讨会在京举行。中国社会科学院党组成员、秘书长高翔出席会议并讲话。中国社会科学出版社社长兼

中国社会科学院党组成员、秘书长高翔在发言

---

1 本文发表于人民网，光明网，民族网，新浪网，中国社会科学网，2014年7月5日。

总编辑赵剑英出席会议并致辞。中国社会科学院原副院长、学部委员汝信,中国社会科学院人事教育局局长张冠梓,中国社会科学院科研局副局长陈文学,民族学与人类学研究所党委书记张昌东,民族学与人类学研究所研究员、学部委员何星亮,语言研究所原所长、学部委员沈家煊,世界宗教研究所研究员、学部委员魏道儒,《民族语文》主编、突厥语专家赵明鸣,以及来自北京大学著名满语专家赵杰教授,中央民族大学著名民族语言学家戴庆厦教授,中央民族大学著名阿尔泰语学专家力提甫教授等多位知名学者出席会议。

此次出版的满通古斯语族语言研究系列著作包括《满通古斯语族语言词源研究》《满通古斯语族语言研究史论》和《满通古斯语族语言词汇比较》三种。其中,《满通古斯语族语言词源研究》是国内外在该学术领域第一本词源研究著作。《满通古斯语族语言研究史论》是第一部对中国的满语、锡伯语、鄂温克语、鄂伦春语、赫哲语、女真语等六种语言以及女真文、满文、锡伯文三种文字的研究成果与文献资料进行全面系统分析的学术成果。《满通古斯语族语言词汇比较》则首次对上述六种语言中的五千条基本词汇进行了全面系统的比较。

高翔在讲话中充分肯定了满通古斯语族语言研究系列著作的成果和学术价值,并对该系列著作作者朝克研究员多年来潜心学术的精神表示了敬意。高翔说,满通古斯语族语言研究系列著作的撰写完成和顺利出版,在相当程度上弥补了阿尔泰语系语言研究一直以来存在的缺陷与缺憾,是一套十分有价值的学术成果,对建立我国满通古斯语族语言研究体系、历史研究具有十分重要的现实意义和长远的历史意义。高翔还肯定了中国社会科学出版社在编辑出版满通古斯语族语言过程中所做的工作,并希望社科出版社能继续多出好书,为推动当代人文社会科学的发展做出更大的贡献。高翔指出,这套精品精品力作对于满通古斯语族语言词汇的抢救和保护,以及基本词汇的研究、词源研究、学术发展史的全面了解和把握,满通古斯族与阿尔泰语系其他语言以及东北亚诸民族语言的比较和对比研究,特别

朝克研究员在发言

是我国满通古斯语族语言研究体系的建立,具有十分重要的学术价值和现实意义。同时,这套研究成果,对于我国满通古斯诸民族语言文化安全,强化我国在此学术领域的影响力和话语权,均有积极作用。希望该书作者和相关研究机构,继续深化满通古斯语族语言研究工作,并加强语言学与史学等其他学科的交流和互动,推动多学科、跨学科合作,共同保护我国民族语言文化。

赵剑英在致辞中祝贺了朝克三部著作的出版发行,他说,三部著作中《满通古斯语族语言研究史论》是属于宏观层面,是对学术史的反思,另外两本书则属于微观层面,三部著作全面系统而又细致入微地分析了满通古斯语族语言在语言发展中具有的重要意义。赵剑

中国社会科学出版社社长赵剑英在发言

英认为,在今天满通古斯语族语言全面进入濒危或严重濒危状态的特殊历史时期及该语族语言初语十分危机的时刻,出版这套弥足珍贵的研究著作,以及书中涵括的有史以来的研究资料、历史文献、科研成果、学术观点,还有数量可观大量第一首词汇资料,都具有极其珍贵的文献价值、资料价值、学术价值、理论价值。这些成果的发表和出版,对于维护中华民族文化的多样性、文化宝库的发扬光大、文化安全的进一步强化,也都有着强烈的现实意义和长远的历史意义。而且,这些著作体现出一种明显的学科发展的自我意识,通过梳理学科历史、总结研究经验、提炼中国话语,呈现出中国特色、中国风格和中国气派。这也是哲学社会科学工作者对于国家文化繁荣和民族团结进步的特殊作用和贡献。

系列著作作者、中国社会科学院民族文学研究所党委书记、副所长朝克在会上介绍了研究的相关情况。他提出,我国满通古斯语族语言与突厥语族语言、蒙古语族语言同属于阿尔泰语系。所以说,这套书的出版,包括满通古斯语族的满语、锡伯语、鄂温克语、鄂伦春语、赫哲语以及历史上的女真语的研究,以及蒙古语族语言和突厥语族语言的历史来源和语音音系系统、词汇构成系统、语法结构体系的深度研究和讨论,进而构拟它们原始的原始音系、原始词汇系统及语法关系的构拟都会产生重要学术价值。与此同时,对于东北亚诸

民族语言与阿尔泰诸语的比较和对比研究,乃至北美爱斯基摩语与印第安诸语、北欧萨米语等同阿尔泰诸语的深度比较火对比研究均会产生不可忽视的重要学术价值和意义。在他看来,在阿尔泰语系语言各自的描写研究、语言结构的本体研究、语言个体发展与变化研究基本进入后期阶段的今天,语言间的比较研究、对比研究,以及语言的历史来源研究显示出一定的生命力和发展势头。那么,作为阿尔泰语系语言的一个重要组成部分,满通古斯语族语言研究在许多方面确实表现出滞后态势,从而一定程度地影响着阿尔泰语系语言更深更广更高层面的比较研究。从这个意义上讲,满通古斯语族语言这三本书的出版,确实弥补了这一阿尔泰语系语言研究历史的缺失和缺憾。我相信它们的出版,一定会给阿尔泰语系语言研究,乃至对于东北亚及其北极圈诸民族语言的比较和对比研究将会产生积极的推动作用。或许正因为如此,满通古斯语族语言研究一直以来引起阿尔泰语系语言,以及从事东北亚乃至北极圈诸民族语言文化、民族历史研究专家学者们的普遍关注。

学术研讨会会场

与会专家学者认为,该系列著作对中国满通古斯语族语言研究发展的历史,基本词汇的系统比较,不同语言的词源关系做了全面系统的梳理和研究,代表着该学术领域的前沿水平,将对阿尔泰语系诸语言乃至东北亚诸民族语言以及历史文化的研究产生重要的推动作用。在中国满通古斯诸民族语言全面濒危的急迫态势下,该系列著作的出版对于推动相关濒危语言,特别是严重濒危语言词汇的抢救和保护工作,乃至保护和发展少数民族的历史文化,尤其具有现实意义。也就是说,在满通古斯语族语言中,女真语作为一种消失语言已经不被使用;像满语、赫哲语、鄂伦春语都已成为严重濒危语言,真正使用者都加起来不足百人;像锡伯语和鄂温克语也即将进入严重濒危状态,母语使用日趋减少。在这样的紧迫的形势面前,对这些濒危及严重濒危语言的词源研究、历史研究、基本词汇的全面搜集整理及全面系统研究,对于我国濒危或严重濒危民族语言和文化资源的抢救与保护工作,显示出及其重要而深远历史的意义和价值。该系列著作同作者之前出版的《满通古斯诸语比较研究》一起,为中国在满通古斯语族语言研究领域赢得了强势学术地位、产生强势学术影响力,进而具有了强势学术话语权。

中国社会科学院原副院长、学部委员汝信,中国社会科学院人事教育局局长张冠梓,语言研究所原所长学部委员沈家煊,世界宗教研究所研究员学部委员魏道儒,民族学与人类学研究所研究员学部委员何星亮,中国社会科学院民族学与人类学研究所党委书记、民族学与人类学研究所党委书记张昌东,《民族语文》主编、突厥语专家赵明鸣,北京大学著名满语专家赵杰,中央民族大学著名民族语言学家戴庆厦,中央民族大学著名阿尔泰语学专家力提甫,以及来自院内外的多位语言学专家先后发了言。他们对于朝克的这套科研成果给予了很高评价,并从各自的角度实事求是地讨论了这套优秀科研成果的学术价值和深远的学术作用。他们认为,这是学术界期盼已久的科研成果。特别是,对于阿尔泰语系语言来讲,这套科研成果更加显示出它们的学术价值和意义。因为,像蒙古语族语言、突厥语族语言的相关历史研究、词汇比较的成果过去已经都出版了,大家一直期盼着满通古斯语族语言领域的这些成果。所以说,它们的出版会很大程度上推动阿尔泰语系语言的比较研究、历史来源的研究、发展史的研究、未来走向的研究等等。

中国社会科学院原副院长、学部委员汝信在讲话中指出,少数民族语言的濒危是全球性的问题,而中华文明是多民族文化的融合。因此,如何保护和传承我国少数民族的濒危语言是当下面临的一个十分棘手的问题,必须引起我们的高度重视,并时不可待地采取必要措施抢救和保护这些濒临消亡的民族语言。而朝克同志在此方面做了大量工作,也做出了十分艰辛的努力。过去还主持并编写出版过濒危或严重濒危的口语资料、会话资料、故事资料等等,均很有学术价值和意义。在此基础上,他经过自己30多年的积累和专心致志的潜心研究,

中国社会科学院原副院长、学部委员汝信讲话

现在出版的这三本满通古斯语族语言的真可谓是后出转精的精品力作。这三本书的出版不仅仅是对于我国满通古斯语族语言研究，对于阿尔泰语系语言的研究，还是对于我国民族语言研究均做出了非常重要的贡献。同时，对于濒危或严重濒危语言研究也做出了十分重要的学术贡献。

据与会专家们的讨论和评价，这三部著作中《满通古斯语族语言研究史论》之书，堪称第一部对中国的满语、锡伯语、鄂温克语、鄂伦春语、赫哲语、女真语六种语言以及女真文、满文、锡伯文三种文字的研究成果与资料，是对该语族语言古今中外的历史文献与原始语言资料、文集、教科书、辞书、词汇集、调研报告、比较研究或对比研究成果等进行全面系统科学分析的学术成果。这对于人们全面系统了解和掌握，有史以来的满通古斯语族语言的研究情况、研究成果、研究方法与理论，以及学术研究发展历史均会产生极其重要学术价值和意义。特别是，对于阿尔泰语系语言历史的科学认识，乃至书写阿尔泰语系语言史，提供极其重要的、成熟的、可靠的有价值的历史资料与学术理论依据。另外，对于编写阿尔泰语言学教程或历史教科书有其特定的学术价值和意义。从这些方面讲，《满通古斯语族语言研究史论》不仅富有理论价值、学术价值，而且也具备应用价值、教学价值和资料价值。

《满通古斯语族语言词汇比较》首次收入我国境内的满语、锡伯语、鄂温克语、鄂伦春语、赫哲语五种语言的五千余条基本词汇。尤其可贵的是，将女真语弥足珍贵的有限词汇也放入了书中，使这本书更加显示出厚重的学术价值。在书的前言里，作者主要介绍了语言分布、使用人口、濒危程度、相互间的关系及其分类情况；凡例中，主要交代了不同语言的语音系统；书的基本词汇部分是该书的重中之重，是核心部分。书中，还收入了极个别而有其特定意义和使用价值的借词。这里，还应该提出的是，附录里的六种语言词汇索引，事实上也是一本本单一语言的词汇集，各自具有特定学术价值和意义。因为，在国内外至今还未公开出版发行有关鄂温克语、鄂伦春语、赫哲语等方面的如此丰富、数量可观的基本词汇。这对濒危或严重濒危的满通古斯语族语言词汇的抢救保护、搜集整理、永久保存，以及树立我国在该学术领域的权威性和话语权均有极强的现实而深远的学术价值。锡伯语、满语、女真语词汇索引同样有特定学术价值。另外，汉语和英语索引，给那些只懂汉语和英语的国内外专家学者查阅满通古斯语族语言词汇提供了极大便利，从而扩大了词汇集的使用面、影响力及生命力。也就是说，这里搜集整理的我国满语、锡伯语、鄂温克语、鄂伦春语、赫哲语以及女真语五千余条基本词汇，不仅对满通古斯语族语言深入系统比较研究提供强大资料依据，同时对阿尔泰语系语言的比较研究，甚至对于东北亚诸民族语言及其北极圈诸民族和族群语言的比较研究和对比研究，还有对于那些濒危或严重濒危语言词汇的抢救保护工作，均会产生十分积极的推动作用，发挥长远的学术作用和影响。

《满通古斯语族语言词源研究》是国家社会科学基金项目优秀成果，受到全国哲学社会科学规划办公室和学术界的高度肯定。该书不仅从词源学理论角度，首次对中国满通古斯语族的满语、锡伯语、鄂温克语、鄂伦春语、赫哲语以及女真语三千条基本词汇的来源及其词源关系作了严格意义上的科学分析，还客观实在地论证了满通古斯语族语言的同语族语言、同语支语言、不同语言中存在的不同程度的同源词。同时，还科学论述了它们的音变规律及词义演化原理，指出了与蒙古语族语言及阿尔泰语系语言有同源有关的词，以及来自汉语、俄语等的一些早期借词等。所有这些，使该本词源研究具有了十分重要的语言学、历史学、社会学、文化学、地域学、民族学、民俗学等方面的学术价值。与此同时，该书探索出了对于这些语言词源研究的新路子新办法，即对于濒危或严重濒危语言进行词源研究时，要在紧密结合同一语言的方言土语间、同语支语言间、同语族语言间、同语系语言间、同一地区语言间广泛深入地开展调查研究，掌握极具说服力的第一首词源资料的基础上，展开更深更准确更能够说明历史来源的学术研究。

会议由中国社会科学出版社副总编辑郭沂纹主持。

中国社会科学院党组成员、秘书长高翔，中国社会科学院原副院长、学部委员汝信出席会议并讲话，中国社会科学出版社社长兼总编辑赵剑英出席会议并致辞。

第七篇

著名学者朝克的别样风采

——他让呼伦贝尔扬名海内外,他为草原文化增添光彩[1]

一、已进天命之年的朝克

(一)个人档案

朝克,鄂温克族,全名杜拉尔·敖斯尔·朝克,1957年出生于呼伦贝尔草原南屯镇。他当过知青,上过大学,先出国留学,后出国讲学,"演说"到过世界20多个国家和地区。他是第九届第十届全国人大代表,中国社会科学院研究员,享受政府特殊津贴专家,博士生导师,曾荣获英国剑桥大学"20世纪成就者勋章"等荣誉。朝克现任中国社会科学院民族学与人类学研究所北方语言研究室主任、所学术委员会委员、国际通古斯学会会长、北京鄂温克研究会会长、中国蒙古语文学会副会长兼语言文化专家委员会常务副会长、内蒙古大学阿尔泰研究会副会长等职。

朝克在研究室

(二)朝克主要成就

朝克主要从事东北亚诸民族语言及阿尔泰诸语言研究,掌握汉、蒙古、满、锡伯、鄂温克、鄂伦春、赫哲、达斡尔和日语等多语言知识。另外,朝克还学过英语、俄语、朝鲜语、日本阿依努语等。

---

[1] 本文发表于《呼伦贝尔报》2008年2月5日,第3版名人版,同时转发于中国网、光明网等。

朝克著述丰富。1982年至2005年间，他用汉、日、英文共出版《满通古斯诸语比较研究》《鄂温克语形态语音论和名词形态论》《黑龙江现代满语研究》等18部专著、120余篇学术论文和10篇译文，参与完成20余项国内学术研究课题和10余项国际学术合作项目，总计600余万字。其中，5部专著和14篇论文荣获国内外优秀科研成果奖。朝克多次访问美国，芬兰，挪威，日本，韩国，蒙古国，新加坡，菲律宾，香港等国家和地区，在各国30余所大学及科研机构进行学术访问和讲学，在50余次国内外学术讨论会上发表和宣读论文。

朝克的部分专著

朝克自1982年1月至今在中国社会科学院民族研究所从事民族语言研究工作；1987年3月至1988年3月在北京大学东语系给硕士研究生教满蒙比较语言课程；1989年3月至1991年3月在日本东京外国语大学朝语系攻读博士课程。1992年8月晋升为中国社会科学院副研究员；1997年8月晋升为中国社会科学院研究员；同年荣获中国社科院"十大杰出青年"称号。2004年7月在日本获得语言文化学博士学位。

（三）朝克博士的家

北京潘家园古玩市场因为常常会让人找到罕见的国宝，吸引着全世界各地的收藏家。

而在这个国际有名的古玩市场附近一座临街的楼房，非常巧合的是中国社会科学院宿舍。这座与周围建筑没有多大区别的楼房里，住着一些不同寻常的人物。他们用自己缜密的思索，刻苦钻研的精神探求着人和社会的诸多命题，时常有相关领域的重大发现从这里走向世界。

朝克的家就在这座大楼里。

朝克的家布置得简单、质朴、整洁，不事雕琢中又颇有创意。一进门就是客厅，迎面墙壁上挂着一幅油画。画面上是一片白桦林，这是朝克老家呼伦贝尔的风景。朝克说是家乡的朋友送给他的。只要家乡有人来，他再忙也一定抽出时间，端上一碗醇香的奶茶或煮上一锅纯正的草地面条接待家乡的朋友。

从客厅的玻璃窗可以看见朝克的书房和茶室，走过茶室才可以到他的书房。书房占据两面墙的是书橱。对面写字台上并排摆放两台电脑，还堆满了他正在看的书和修改的书稿。

再回到客厅。油画对面的墙上挂着一只普通的电子钟。但这钟却是朝克心里的一种念想，一种归宿。每每看到它，尤其夜深人静时听它滴答的声音，朝克就会想到自己的母亲。这是母亲为朝克当时刚上初中的女儿买的。母亲说，人的一生就像钟表，在滴滴答答的分秒中渡过，珍惜生命的分分秒秒，只争朝夕的人才能找到生命的价值。每每看到墙上的电子钟，朝克和女儿就会愈加激励自己努力拼搏进取。朝克的女儿阿丽娅不仅高分考取北方交大，还在大二时就被学校选送出国继续深造。

或许是母亲教导有方，朝克兄弟姐妹中，令人骄傲地出了3位博士，其中两位是在国外获得的博士学位。

朝克的妻子汪力珍，是一位在哈尔滨长大的满族姑娘，现在就教于中央民族大学，她是文学博士。算起来，这家人何止3人，一共有4人是博士了。草原为之骄傲。

（四）朝克的故事之一

语言是人类交流的第一重要工具。一般人通常只会说母语，最多再学习一两种其他民族语言，精通一门外语，把握那种语言的内在精神，而融入其中的语言氛围如鱼得水，堪称了得？除了母语之外的任何语言，都需要博闻强记，要靠勤奋刻苦见缝插针的学习精神。但仅此远远不够，学习语言还要有超常的记忆力，敏捷的感悟力和良好的表达能力。而语言学的研究更是一门严谨的科学。朝克懂得10余种语言。这些语言犹如他脑海中装备了10余套思维程序和系统，平时"互不干扰，各自为政"，在需要它们之间翻译和转换时，它们"运作"得又是那么精准，比如他著述的《论日本阿依努语和鄂温克语共有动词》《论日语和达斡尔语的关系》《世界各国语言政策研究》等等。他的确有着超常的语言天赋。

朝克第一次在日本讲学时还很年轻，那天只来了十几个听课的学生，朝克知道自己研究的领域偏，不可能有多少人懂，多少人有兴趣，但他还是认认真真地讲完自己所要讲授的内容。第二次讲课，出乎朝克意料，听课的学生竟然坐满教室。原来第一次听完课的10几名学生回去作了"广告",他们说这个年轻人是国际学者,讲课特别透彻,让人收益多多。

能取得这样的成绩,付出的辛苦可想而知。从呼伦贝尔草原上一名普通知青,到首都高等学府的"天之骄子",从中国社会科学院一名青年研究员,到国际知名学者,朝克走过的

朝克在田野调研旅途中

路是艰辛而漫长的。面对人生的一次次挑战和考验,朝克始终用平和的心态和特殊的敬业精神支撑着生命和事业。浩如烟海的文字资料,田野调研的辛苦奔波,夜以继日的殚精竭虑,才让朝克成为相关学术界的权威人士。

每每夜深人静、疲惫不堪地倒在书海里进入梦乡的时候,朝克脑海里经常出现家乡童年时代的故事。那时,他真想回到过去,不在书海里拼搏了。但是梦中醒来,听到墙上的钟声,他就像听到了发达国家同行们进取的脚步声。

"一切荣誉和掌声,都已成为过去,任何时候面对的都是现在和未来。作为草原的儿子,草原母亲养育了我,就应该让母亲为我而骄傲和自豪……"朝克如是说。

(五)朝克的故事之二

1997年,刚刚晋升为社科院研究员的朝克,事业正如日中天,蓬蓬勃勃,遇到了人生的重要选择:正在香港中文大学进行学术交流活动的朝克,接到英国剑桥大学聘请。

剑桥大学是多少青年学者梦寐以求的地方?但就在那时,北京来电告知他已当选全国人大代表,要他赶紧回京参加会议。一方是国际顶级学府和西方优裕的物质生活,一方是祖国的召唤,人民的重托。面对这一人生的重大选择,朝克毅然决然回到北京。

对于他的选择,好多人不理解,好多人为之惋惜。但是,只要了解他成长的经历,就知道他回北京的选择是一种必然。

朝克出生于草原普通干部家庭。家庭浓重的进取思想深深影着他的理想信念。朝克的叔爷早年到俄罗斯和蒙古国投身革命,十年浩劫中他们一家曾因此

受到迫害，但是叔爷的经历成为朝克为之骄傲的财富，让他深深懂得为了事业无私奉献的精神内涵和高尚气节。高中毕业，他下乡成为知识青年，担任过青年突击队长，省级青年突击手。参加工作后，他被评为单位"十大杰出青年"，他总是优秀的、进步的。

所以，当他得知自己当选人大代表时，他感到一种使命和责任。中国正在勃发新的活力，而文化建设多么需要人才。"是祖国和人民培养了我，否则也不会有我的今天！"回到北京后的朝克，在学术研究上不断攀登新高峰的同时，认真履行了一位人大代表的职责，他每年都要深入牧区农村调研，家乡呼伦贝尔更是他最为关注的地方。10年来，他向全国人大提交了73项议案和建议，其中涉及呼伦贝尔的文化和发展的议案和建议占相当比例。

（六）朝克的故事之三

朝克和牛玉儒的友谊始于一次特殊的经历。1999年，全国人大办公厅派朝克和牛玉儒，代表中国参加首届亚欧青年议会代表大会。当时西方一些反华势力以民族问题为借口，攻击中国人权问题。所以第一天开幕式气氛就有些紧张。当一些国家代表在会议上公开质疑中国人权和民族问题时，朝克站起来发言。他声调不高，却句句掷地有声："我是一个在中国只有3万多人口的鄂温克族人大代表，他（指牛玉儒）是蒙古族人大代表，我们在中国全国人大会议上和其他代表有着平等的发言权力。而美国国会有印第安人代表吗？加拿大议会有爱斯基摩人代表吗？北欧议会有萨米人代表吗？日本的阿依努人在他们国会中有一席之地吗？"

印第安人、爱斯基摩人、萨米人、阿依努人，这些分布在世界各地的原住民的政治待遇问题由一位中国学者提交到国际舞台上。

与会代表面面相觑，被这位中国少数民族代表问得哑口无言。

朝克以语言学家的敏锐发现了会场上的变化，他接着说："中国有近13亿人口，而代表中国参加今天这一重大国际会议的却是两位少数民族人士，这就充分体现了中国先进而优秀的民族政策，平等而文明的人权。"接着，朝克和牛玉儒还用各自的母语说了一段话。朝克的发言让与会者深受震撼，他和牛玉儒当即成为会议关注的焦点。

中国这个发展中国家，正以崭新的姿态走向国际舞台。朝克不失时机地向世界各国很好地表现和传达了中国正在发生的变化和可喜的形势。

（七）朝克的故事之四

朝克不仅仅在日本生活、工作过6年，他还在美国、韩国、蒙古国、香港和欧洲等国家、地区先后工作过。他的研究成果和理论得到国际相关学术界专家学者的高度评价，认为他的学术成果里涵盖着"大中国"学者所富有的人格魅力和人文修养。

国内学术界也确认朝克从事科研工作严谨认真的风格和开阔的视野已经表现出走向国际化学者的潜质。在关于草原生态问题的认识上，朝克就有自己与众不同的见解。

朝克认为草原现代化进程是历史的进步，是人为无法阻挡的必然趋势。草原人必须用发展的、科学的、进步的思想看问题。草原生态和环境的恶化，是发展付出的代价，无论哪个国家的发展都付出过同样的代价，这是一种暂时现象。我们不能要求草原牧民为保持传统文化和原生态生活方式，一年四季住在蒙古包里赶着勒勒车过羊油灯下的苦日子，当城市进入电子电器化现代生活时，我们怎能忍心让草原牧民为保守传统而远离现代文明？

对草原"原生态"的艰苦生活，朝克有刻骨铭心的记忆。30年前一个北风呼啸的清晨，身为青年突击队长的朝克正带领一群青年们赶着牛车，穿越冰雪覆盖的湖面去割苇子，突然湖面塌陷，与他们一起去的7辆牛车一下落进冰裂中。冰裂中一半泥泞，一半冰水，拉车的黄牛越挣扎陷得越深。朝克跳进冰冷刺骨的湖水中，卸下车上的货物背到湖边，以减轻牛车的负重把它们拉上来。青年突击队员们也一个个跳进冰冷的湖水里，奋战两个多钟头。就在他们将要把最后一辆牛车拉出冰裂时，领路的牧民道尔吉老人和牛车却陷进湖中的深水坑，没入水中。朝克当即跳进深深的水坑把道尔吉救了出来……那天他的脚上和腿上被芦苇根扎得鲜血直流，至今还留着累累疤痕。被他救起的道尔吉老人去世前，逢人就说是朝克救了他的命。人类一代又一代努力奋斗和奉献着，就是为了改善生存环境和条件，所以现代化是必然的。如何使草原人民在逐步改变原生态生活方式同时，保持生态平衡和水土丰美，创造新世纪全新的现代化游牧文明，是朝克作为一名学者和人大代表始终关注和研究的重要课题。

（八）朝克的故事之五

朝克在撰写大量学术著作之外，还写过与他学术研究密切相关的一些文学作品。他在一首诗中写到：

朝克在日本阿夷努人家里调研

朋友，外国朋友，
你不要单纯地认为，
身居摩天高楼，
就会变得何等高大和上流。
其实，你阅读的那本书，
我从小小的木屋，
奉献给了世上所有的朋友。

这是朝克博士在芬兰赫尔辛基大学讲学时写的一首《朋友，外国朋友》长诗的节选。这首诗写的是他真实的感受，源于一个真实的故事。

那是2000年初春的一天，在芬兰讲学的朝克，在该大学东方研究院主任教授引领下，去见一位十分敬慕他的西方专家。当主任教授向正在图书馆看书的那位专家介绍朝克说"这是我们刚刚邀请到东方研究院讲学的中国专家"时，那位正在埋头看书的专家只是点点头，继续看他的书。他的动作和表情中流露的傲慢显而易见。这时主任教授提示他"这就是你要见的中国社科院的朝克教授，你现在看的那本书就是他写的专著"时，那位专家马上放下手中的《满通古斯诸语比较研究》一书，用十分生硬的汉语恭敬地说："啊，您就是朝克教授吗？刚才我失礼了，我不知道是您。您这本书写得很好"，并紧紧地握住了朝克的手。

先怠慢后热情的态度，让朝克感受十分复杂，他想了许久许多，后来他就写下这首诗。他在这首诗里不仅表现出自己的人格和尊严，同时他把这首诗像一部宣言书和挑战书一样送给了那位专家作为永远的纪念。他在诗的最后以博大的心胸写到：

朝克与妻子

朋友，外国朋友，
我们在一张洁白的图纸上，

已经勾画出崭新的未来。
我们在共和国的土地上，
已经开始了新世纪全新的创造。
我们在科学的殿堂里，
已经运筹宇宙的旅游。
人类的进步会使我们更加亲近，
假如我们还能相见，
请你忘掉傲慢和偏见，
就像久别的老兄弟，
热情而坦诚地拥抱，
就像重逢的老乡，
笑谈村庄的变迁和感受。

是啊，在人类智慧的舞台上，智者与智者的较量和竞争，不仅需要知识和智慧，更需要人格和尊严。在朝克心里，"地球村"越来越小，但祖国伟大而神圣，他的事业伟大而神圣，养育他的草原同样伟大而神圣。

30年前，在一个冬日的傍晚，呼啸的北风中飞舞着满天雪花，年轻的朝克含泪离开母亲、亲人、草原，带着家乡人民的嘱托和希望，带着母亲亲手为他做好的棉衣和面包，独自一人踏上了追求知识、追求理想和未来的列车。30年过去了，家乡呼伦贝尔发生了翻天覆地的变化。千年草原洋溢着现代化的气息，进入科学、文明、和谐和可持续发展的轨道。关注民生、优化环境、保护生态已成为草原人民更高层面的人性化和科学化发展理念。而朝克，经过不断努力，现已成为一位国际知名学者。母亲和草原上的人们每每听到游子的成就时，总是祈祷和祝愿他像草原的雄鹰一样在蓝天飞得更高更远，为祖国民族研究事业做出更多更辉煌的学术成绩。

本文截稿时，记者又一次拨通朝克博士的电话。他告诉记者他刚刚接到已经当选即将召开的第十一届全国人大代表的通知。这样他就连续三届当选全国人大代表了，这在历届人大代表中，也不多见。

春节将要来临，朝克说一定要通过《呼伦贝尔日报》给家乡的父老乡亲拜个早年，祝福草原永远美好！

第八篇
朝克：语言天赋令人折服[1]

今年初的全国"两会"上，有一位代表领衔提出了《关于尽快制定中华人民共和国少数民族语言文字法的议案》，提交了《关于加大我国濒危民族语言保护力度》《关于少数民族特需商品质量进行监督检查》等建议。不难看出，这是一位心系民族语言文化、关注少数民族地区发展的代表。他就是本文的主人公———十一届全国人大代表、中国社科院博导、研究员朝克。从1998年起，朝克已连续三届连任全国人大代表，提交了近80项议案和建议。他告诉笔者，作为社科界的人大代表，他"深感责任重大"。

一、知青时代的历练

杜拉尔·敖斯尔·朝克，是按鄂温克族传统起的名字。"杜拉尔"是他家族的姓氏，"敖斯尔"是他父亲的名字，"朝克"才是他本人的名字，寓意"朝气蓬勃"。就像这个名字一样，无论身处何境，朝克都充满乐观。

30多年前，高中毕业后下乡到牧区的朝克，经历了这样一次考验。

初冬时节的内蒙古草原，寒风呼啸。为了完成给生产队割苇子（建蒙古包、牛羊棚顶的重要原料）的任务，一大早，身为青年突击队长的朝克便带领一小分队人马出发了。他们艰难地行进在冰雪覆盖的湖面上，就在他们将要抵达芦苇场的时候，已经靠近岸边的七辆牛车突然坠入冰裂的湖水里，黄牛越挣扎陷得越深，情况危急。

眼看着生产队的黄牛和牛车上的财产就要被湖水吞没，朝克没有多想，立即跳进冰冷刺骨的湖水，卸下车上的货物背到湖边，以减轻黄牛的负重。在他的带动下，突击队员们一个个跳进冰冷的湖水里……奋战两个多小时后，就在

---

[1] 本文发表于《检察日报》，2008年10月13日，第8版，同时转发于中国网、光明网等。

他们将要把最后一辆牛车拉出来时，意外又发生了！牛车和领路的牧民道尔吉老人陷进湖中，瞬间消失在湖水里。紧急关头，朝克又一次奋不顾身地潜入湖中，搜救道尔吉老人。

老人得救了，朝克的腿上、脚上被芦苇根扎得鲜血直流，劳累、寒冷、饥饿一齐袭来，朝克晕倒在湖边。正是这种无私无畏的精神给朝克带来很多荣誉：省级优秀共青团干部、优秀知青、优秀青年突击手等。然而，那些芦苇根和冰刺的累累疤痕至今还留在朝克腿上，默默地记述着那一段艰苦的岁月。

经历过知青时代的生活磨难，朝克学会了坦然面对各种困苦和难题。市场经济条件下，在属"冷门"的语言学研究领域里，他耐得住寂寞，锲而不舍，同样取得了骄人的成绩。

高考恢复第一年，朝克就被生产队推荐报名，可那时他想扎根牧区、当一名称职的牧民。在生产队和公社领导一再催促下，时为民办教师的朝克，匆匆复习一个多月就参加了高考。结果，他"一举中的"，考入中央民族学院。

刚刚复苏的高等教育，沉积了10年的巨大能量。历史的使命、时代的感召和如饥似渴的学习气氛，让朝克很快进入新的角色。大学毕业时，他的一篇题为《论鄂温克语的语音系统》的论文被中国社科院看中，很快，他成为该院民族学与人类学研究所的一位科研人员。从此，他的人生有了新的奋斗目标。

在看似单调、寂寞、清贫的学术研究中，朝克找到了乐趣。"民族语言承载了千百年的历史文明和思想文化信息，可是我国民族语言研究落后于国外，要做的工作还有很多。"朝克边思考、边探索，他依据民族语言的语音结构、符号系统、思维规则进行研究，不断有所斩获。短短几年，他就公开发表了数十篇学术论文，出版两本专著，引起国内外学术界的关注。

上世纪90年代，朝克考到日本东京外国语大学朝语系，攻读语言文化学博士学位。凭借多年的学习和语言研究天赋，朝克通晓日语，并很快在日本语言学界占据了独特的学术地位。他提出的"日本阿依努语和阿尔泰诸语的共有论"，"日本语和朝鲜语结构的多元论"，"北极圈族群语言文化的相关论"等观点得到国内外学术同仁的关注和肯定。朝克一步一个脚印，从草原走到北京，又从中国走向世界，成为民族语言学研究领域的一位骄子。

熟悉朝克的人，都会被他的语言天赋所折服。他不仅掌握了汉、蒙、达斡尔、鄂温克、鄂伦春、赫哲、锡伯等民族语言，还学过英、俄和朝鲜等语种，在民族语言研究上有特殊造诣。1982年至2008年的26年间，朝克用汉、蒙、日、英文撰写、发表和出版民族语言学、文化学、宗教学等方面学术论文120余篇，专著18部，达600余万字，主持和参与完成国际国内40多项重大研究课题。

二、在亚欧青年议会上"舌战群儒"

朝克从心里热爱民族语言文化研究事业，并把这份热爱无怨无悔地落到了实处。早在日本留学期间，朝克就省吃俭用，把一部分奖学金积攒下来。回国后，他用这些积蓄，在内蒙古呼伦贝尔市的鄂温克旗，兴建了"鄂温克族民俗文化村"。当时我们国家还不富裕，朝克投资的十几万元人民币在周围人看来，也相当可观。或许正是这个缘故，朝克的举动引起了不少人的关注。1996年，《人民日报》（海外版）等多家媒体对此进行了报道。1997年，他被评为"社科院十大杰出青年"，并成为当时中国社科院最年轻的研究员之一。

1997年，在香港中文大学人类学系进行学术交流活动时，朝克收到了英国剑桥大学的邀请，希望他去任教。到国际顶级学府进一步发展自己，是进入学术成熟期和旺盛期的青年学者所渴望的。但就在那时，朝克当选了全国人大代表。这是朝克不得不面对的人生的重大选择：一方是国际著名大学和西方优裕的物质生活，一方是人民的重托，何去何从？朝克决定提前结束在香港的学术交流，回到北京开始履职议政。

朝克的选择，与他出生在一个有着革命传统的家庭有关。家庭熏陶让他时刻有一种建设国家的责任感，"我走过很多国家，很多地方，但是我最热爱的还是我的民族，我的祖国。"

1999年，朝克和牛玉儒（已故呼和浩特市委书记、全国人大代表），代表全国人大参加首届"亚欧青年议会代表大会"。没想到，会议开幕之前，西方一些反华势力以我国人权和民族问题为借口，准备攻击中国的人权问题。结果，会议一开幕，气氛就显得十分紧张。

当会议上一些国家的代表，提及中国的人权和民族问题时，朝克当场反驳道："我是一个在中国只有3万多人口的鄂温克族人大代表，他（指牛玉儒）是蒙古族人大代表，我们在全国人民代表大会上和其他代表有着平等的发言权。请问美国国会里有印第安人的代表吗？加拿大议会里有爱斯基摩人的代表吗？北欧议会里有萨米人的代表吗？日本的阿依努人在他们国会中有一席之地吗？中国有近13亿人口，而代表中国参加今天这一重大国际会议的却是两位少数民族人士，这就充分体现了中国先进而开明的民族政策，体现了平等文明的人权状况。"

朝克的批驳，让与会者刮目相看，而朝克和牛玉儒也成为与会代表关注的"焦点人物"。他们向世界很好地表现了来自中国的新变化——民主、进步。第二年，葡萄牙派出了由300名中青年议员、企业家等组成的代表团来中国参观学习，他们想知道这个古老文明的国家正在发生着怎样的变化。

三、在草原密林间寻求第一手资料

一个学者取得的学术成就令人景仰，不仅因为他为科学进步作出了贡献，更因为他为此付出了艰辛而不懈的努力。作为一名代表，为了更好地实现人民的重托，朝克同样付出了艰辛的努力。"实事求是"是中国社科院的"院训"，被很多学者当作"座右铭"，这四个字更是朝克严格要求自己的行动准则。他每年参加"两会"之前，都要深入基层调研，在掌握第一手资料的基础上，撰写有针对性、建设性的议案及建议。

2006年夏，朝克带着自己的研究生与相关专家、地方人大代表及官员，到内蒙古呼伦贝尔市辖的农村牧区，对新农村建设及自然资源与文化遗产的保护利用等问题展开专题调研。一个多月的时间里，他们穿行在呼伦贝尔大草原和大兴安岭密林中的鄂温克、鄂伦春、达斡尔等人口较少的少数民族生活区，深入到农牧民当中调查了解情况。结果，他们在调研时发现"在新农村建设的过程中，一些农村牧区的少数民族传统文化遭到一定程度的破坏"。朝克感叹："从南到北、从东到西几乎都是一个模式的砖瓦房，这使人们无意中损害着在千百年的历史进程中，用他们共同的劳动和智慧创造的优秀民族文化遗产。毫无疑问，丢失或破坏了这些弥足珍贵的文化遗产，我们同样会丢失或破坏经济社会发展的一个有利条件——文化软实力。"那次专题调研结束后，朝克马上就写出了3万多字的专题调研报告。接着，他在2007年的全国人代会上提出了《关于农村牧区的新农村建设中充分发挥民族传统文化的作用及旅游经济价值的建议》，引起与会代表的共鸣。

10余年人大代表生涯，对朝克来说既充实又有意义。他每年都抽出一定时间为履职深入牧区农村，走访牧户农家，搜集第一手材料，积累素材。正是因为这样的执著努力和付出，10余年的时间里，朝克先后提交的近80件议案和建议，引起了不少共鸣和关注，而且"无一例外地得到各有关部门的回复和关注，有的已经落到实处"。

"当全国人大代表，责任重大。所以，必须在任何时候，都毫不含糊地认真履行代表的职责。因为，这是党和人民赋予你的责任和权力。"朝克告诉笔者，前不久，他刚刚当选为中宣部评选的"四个一批"人才，还到内蒙古自治区进行专题调研。这次专题调研中，他同样获得了重要的第一手资料，尤其是有关草原生态和自然环境的保护，对草原的科学发展等方面有了更加深刻的认识，他打算在明年的"两会"期间提出一些与此密切相关的议案或建议。

第九篇

朝克：朝气蓬勃　享誉全球[1]

朝克，全名杜拉尔·敖斯尔·朝克，民族语言学家，鄂温克族，内蒙古呼伦贝尔人，现任社会科学院民族学与人类学研究所北方语言研究室主任、国际通古斯学会会长、中国蒙古语文学会副会长兼语言文化专家委员会常务副会长、北京鄂温克研究会会长、内蒙古大学阿尔泰研究会副会长等职。主要从事东北亚诸民族语言及阿尔泰诸语言研究，成就突出。著作有《满通古斯诸语比较研究》《黑龙江现代满语研究》（合著）、《阿尔泰语言学导论》（合著）、《鄂温克族萨满圈》（合著）、《鄂温克族宗教信仰与文化》等。

一、从草原走出的博士

1957年9月29日，朝克出生于内蒙古自治区呼伦贝尔盟鄂温克旗巴彦托海镇（南屯镇）。

朝克的名字是按鄂温克族传统起的，"杜拉尔"是他的家族的姓氏，"敖斯尔"是他父亲的名字，"朝克"才是他本人的名字，寓意"朝气蓬勃"。

朝克的故乡居住着鄂温克、鄂伦春、达斡尔、蒙古、汉等多个民族。小时候，朝克在家里说鄂温克语，在学校讲蒙古语，去集市购买日用品时，则用鄂温克语、达斡尔语或是赫哲语。汉语是他接受较晚的一种语言，高中毕业时，才真正熟练地掌握。从小在若干种民族语言的交错使用中生活，这对朝克后来的学术研究有着特殊的意义。

长在新中国的朝克，像其他学龄期少年一样，顺利地在当地县城里的学校读完了小学和中学。1975年高中毕业后，他下乡到伊敏嘎查（公社）中学

---

[1] 本文发表于金星华主编：《共和国少数民族文化学者传》，贵州出版社，2013年。

教书。

下乡期间,一个北风呼啸的清晨,担任青年突击队长的朝克带领青年同伴赶着牛车去割苇子,在穿越冰雪覆盖的一片宽广湖面时,冰面突然塌陷,他们的7辆牛车掉进冰裂中。冰裂中一半泥泞,一半冰水,拉车的黄牛越挣扎陷得越深。朝克跳进冰冷的湖水中,卸下车上的货物背到湖边,队员们也都跳进湖水里转移货物,奋战了两个多钟头。就在他们要把最后一辆牛车拉出冰裂时,领路的牧民道尔吉老人和牛车却陷进了湖中的深水坑,眼看就要没入水中。朝克当即跳进水中把老人救了上来。那天,他的脚和腿被芦苇根扎得伤痕累累……

恢复高考第一年,朝克就被生产队推荐,报名参加高考。当时任民办教师的朝克,在繁忙的工作之余仅复习1个多月就参加了高考,最终考上了中央民族学院,攻读蒙古语文专业。

经过4年的刻苦学习,大学毕业时,朝克的一篇题为《论鄂温克语的语音系统》的论文被中国社会科学院看中,他因此被分配到该院民族研究所,成为一名科研人员。随后短短的几年里,他就公开发表了数十篇学术论文,出版了两本专著,引起国内外学术界的关注。1987年3月至1988年3月,他还在北京大学东语系给硕士研究生上过满蒙比较语言学课程。

1989年3月至1991年3月,朝克考到日本东京外国语大学朝语系,攻读语言文化学博士学位。凭借多年的学习和语言研究天赋,**朝克很快以优秀的学业在日本语言学界占据了独特的学术地位**。他提出的"日本**阿依努语和阿尔泰诸语的共有论**"、"日本语和朝鲜语结构的多元论"、"北**极圈族群语言文化的相关论**"等观点,得到了国内外学术同仁的关注和肯定。

2004年7月在日本获得语言文化学博士学位。后来,在他的鼓励与影响下,他的另外两个兄弟也都获得了博士学位。

二、突出的语言研究贡献

由于早年生活环境的熏陶,再加上后来的努力学习,朝克**精通多门少数民族语言**,能熟练运用蒙古语、满语、锡伯语、鄂温克语、鄂伦春语、赫哲语、达斡尔语和日语等8门语言,并学习了英语、俄语、朝鲜语及日本的阿依努语。这样的语言修养是极为难能可贵的,也给他的学术研究提供了极大的基础和便利。

在1982年至今的30多年间，朝克用汉文、蒙古文、日文、英文发表和出版了民族语言学、文化学、人类学、社会学、宗教学、文学等方面的专著20余部（包括合著），学术论文120余篇，字数达700余万字。

他的多部专著和十数篇论文荣获国内外优秀科研成果奖：1991年，《鄂温克语简志》（汉文版，与胡增益合著，民族出版社，1986）一书获社科院（1987—1991年度）优秀科研成果奖。1996年，《鄂伦春旗语言文字使用概述》等4篇论文获社科院（1992—1994年度）优秀科研成果奖。1997年，《无文字少数民族中进行双语教学的问题》等5篇论文荣获吴玉章奖金语言文学优秀奖。2003年7月，《鄂温克语研究》（汉文版，民族出版社，1995）一书荣获内蒙古鄂温克研究会优秀科研成果一等奖。

此外，他的著作还有《鄂温克族民间故事选》（蒙文版，与奈登合编，内蒙古文化出版社，1988），《阿尔泰语言学导论》（汉文版，与力提甫等合著，民族出版社，2002），《鄂温克族萨满圈》（汉文版，与汪力珍合著，中国社会科学出版社，1999），《鄂温克族宗教信仰与文化》（汉文版，与汪力珍合著，中央民族大学出版社，2002）等等。

30余年来，朝克参与国内学术研究课题20多项，参加国际学术合作项目15个；在美国、芬兰、挪威、日本、韩国、蒙古国、新加坡、菲律宾以及我国香港等国家和地区的40余所大学作过学术访问和讲学；在国内外学术讨论会上宣读论文50余次。

朝克第一次在日本讲学时还很年轻，看上去还有些腼腆。那天，只有来十几个学生来听课。朝克深知自己研究的领域比较冷僻，不可能有很多人有兴趣，也不可能有很多人懂，但他还是认认真真地讲完自己所要讲授的内容。第二次讲课，出乎朝克意料，听课的学生竟然坐满教室。原来，第一次听完课的十几名学生回去作了"广告"，他们说这个年轻人是国际学者，讲课特别透彻，让人获益多多。

朝克的代表性著作是《满通古斯诸语比较研究》。朝克在研究中发现，虽然国内对满通古斯诸语的研究著作甚多，但进行系统比较研究的著作几乎没有，谈到我国通古斯诸语形态变化等现象的也比较少。根据这一发现，他在1994—1997年间，3次到鄂温克族、鄂伦春族、赫哲族居住地区进行广泛深入的田野调查，收集了大量的语言、语汇、语法方面的话语素材，在此基础上撰写了《满通古斯诸语比较研究》。在书中，他从比较语言学的角度探讨了我国的满语、锡伯语、赫哲语、鄂伦春语、鄂温克语的语音体系、语言对应体系以及重要的形态体系等问题，指出满通古斯诸语在语言结构、词汇构成及形态变化方面均表现出相当的一致性。从这个意义上分析，有关满通古斯诸语的满语支和通古斯语支的分类以及将通古斯诸语分成南通古斯分语支和北通古斯分语支是完全正确的，满语和锡伯语属于满语支，赫哲语属于南通古斯分语支，鄂伦春和鄂温克语则属于北通古斯分语支。有学者认为，《满通古斯诸语比较研究》是"我国满通古斯语研究领域中的又一部令人瞩目的杰作"。

2000年初春的一天，朝克在芬兰赫尔辛基大学讲学时，该校东方研究院主任教授引他去见一位十分想见他的西方专家。他们来到图书馆，当主任教授向正在图书馆看书的那位专家介绍"这是我们刚刚邀请到东方研究院讲学的中国专家"时，那位埋头看书的专家只是点点头，自顾看书不停。这时主任教授提示他："这就是你要见的朝克教授，你看的书正是他的专著。"听到这话，那位专家马上放下手中的《满通古斯诸语比较研究》，用十分生硬的汉语说："啊，您就是朝克教授吗？您这本书写得很好！"并紧紧地握住了朝克的手。

这紧紧的一握，无疑是对朝克学术地位的肯定。

三、在人大代表的岗位上

朝克是学术研究领域的骄子，也是热爱祖国、**热爱中华民族**的优秀中华儿女。1998年以来，他连续3次当选为全国人大代表，**积极参与**了许多社会活动，同样引起了广泛影响。

早在日本留学期间，朝克就省吃俭用，把一部分奖学金积攒下来。回国后，他用这些积蓄，在家乡鄂温克旗兴建了"鄂温克族民俗文化村"。那时国家还不富裕，朝克投资的十几万元人民币在周围人看来相当可观。或许正是这个缘故，朝克的举动引起了不少人的关注。1996年，《人民日报（海外版）》等多家媒体对此进行了报道。1997年，他被评为"社科院十大杰出青年"，并成为当时中国社科院最年轻的研究员之一。

1997年，朝克在香港中文大学人类学系进行学术交流活动时，收到了英国剑桥大学的邀请，希望他去任教。到国际顶级学府进一步发展，是众多青年学者所梦寐以求的。但也就在那时，朝克当选了全国人大代表。朝克决定提前结束在香港的学术交流，回到北京参加大会。

1999年，朝克等代表全国人大参加首届"亚欧青年议会代表大会"。会议开幕之前，西方一些反华势力蠢蠢欲动，企图攻击我国的大权问题。当会上一些国家的代表提及我国的人权和民族问题时，朝克当场反驳道："我是一个在中国只有3万多人口的鄂温克族人大代表，他（指牛玉儒）是蒙古族人大代表，我们在全国人代会上和其他代表有着平等的发言权。请问美国国会里有印第安人的代表吗？加拿大议会里有爱斯基摩人的代表吗？北欧议会里有萨米人的代表吗？日本的阿依努人在他们国会中有一席之地吗？中国有近13亿人口，而代表中国参加今天这一重大国际会议的却是两位少数民族人士，这就充分体现了中国先进而开明的民族政策，体现了平等、文明的人权状况。"

2006年夏天，朝克带着自己的研究生和地方人大代表等，到内蒙古呼伦贝尔市辖的农村牧区，进行新农村建设及自然资源与文化遗产保护利用等问题的专题调研。1个多月的时间里，他们到了鄂温克、鄂伦春、达斡尔等人口较少的少数民族生活区，深入农牧民当中调查了解情况。他们在调研时发现，"在新农村建设的过程中，一些农村牧区的少数民族传统文化遭到一定程度的破坏"。调研结束后，朝克马上就写出了3万多字的专题调研报告。接着，他在2007年的全国人代会上提出了《关于农村牧区的新农村建设中充分发挥民族传统文化的作用及旅游经济价值的建议》，引起与会代表的共鸣。

10余年的人大代表生涯，对朝克来说既充实又有意义。他每年都要抽出一定时间深入牧区农村，走访牧户农家，搜集第一手材料。正是因为这样执著的努力，他先后提交了近80件议案和建议，而且"无一例外地得到各有关部门的回复和关注，有的已经落到实处"。

如今，朝克仍旧在他的学术天地里拼搏着，在人大代表的岗位上坚守着……

第十篇

从牧场主到语言学家

——访鄂温克族学者朝克[1]

他的家乡在内蒙古东北部一个美丽的草原小镇。他的民族只有语言而没有文字,民族的历史与风俗在孩子与老人那里口口相传。然而,他却凭借着汉、蒙、满、日等多种语言文字,展示着中国北方各少数民族语言的特色。

今年3月19日,在美国亚利桑那州凤凰城举办的"原始宗教国际讨论会"上,中国学者的一篇论文引起了与会专家们的兴趣;随后为期三天的"第6届东西方语言文化国际研讨会",又一篇来自中国的论文再次调动了各国专家极大的讨论热情,给以讨论"英语的传播、应用及发展"为主要内容的研讨会增添了新鲜的论题。

这两篇论文均出自中国社会科学院民族研究所的语言学家朝克的笔端,它们分别是《中国北方萨满教特殊称谓及印第安宗教称谓的关系》《论北极圈语言文化的类同现象》。朝克是鄂温克人,他的祖先曾以狩猎和渔牧为生,足迹遍及大兴安岭与呼伦贝尔草原一带,这是一个只有语言而没有文字的民族。"鄂温克"的原意是"住在大森林中的人们",按照朝克的解悟,则代表着与大自然息息相通。朝克认为,自己的过去、现在与未来也都凝结在大自然中。

"我没有想到自己会从事语言学研究,高中毕业后很长一段时间,我还一直认为自己会成为一名地地道道的牧场主。"朝克这样说时,眼神中还流露出无限的神往,仿佛看到了蓝天下广阔的牧场和牛羊。

---

[1] 本文发表于《华声月服》,1997年9月15日,第9期。

一、一天要使用好几种语言

朝克的全名叫杜拉尔·敖斯尔·朝克,"敖斯尔"是他父亲的名字,而"杜拉尔"则承袭了先祖的名字,这是鄂温克人命名的传统,希望后代有先祖一样优良的品性。

1958年,朝克出生在内蒙古自治区东北部濒临着草原与森林的小镇——南屯镇,在这片土地上,居住着鄂温克、鄂伦春、达斡尔、蒙、汉等多种民族。小时候,朝克在家里说鄂温克语,在学校讲蒙语,而他去集市购买日用品时,用达斡尔语、鄂温克语还是赫哲语,就看卖主是谁了。汉语是他接触较晚的一种语言,高中毕业时,他才真正熟练掌握汉语。

从小在若干种民族语言的交错使用中生活,朝克并未意识到这对他有什么特殊的意义。他小时候最喜欢做的事,莫过于置身草原、牧场,凝神观看牧民放牧,制作精致的马鞍、农具,怀着虔诚的心理参加富有民族特色的古朴的萨满教仪式、神秘的喇嘛教仪式。

二、在牧场与大学之间的抉择

朝克是"文化大革命"结束后第一批通过考试进入大学的学生。谈起参加高考的经历,他觉得自己很幸运。

高中毕业后,朝克在鄂温克旗伊敏索木(蒙语,指公社)伊敏嘎喳(蒙语,指生产队)插队,他现在还固执地认为那是自己的一段"辉煌"岁月。

在亲手建造完自己的营地之后,朝克就与同去的知青一起,每天早晨4点钟起床,学着干各种农活,制作各种农具,放养牲畜,开始了如牧人一般的生活。

还记得插队不久后的一个10月份的清晨,他与三个知青一同去草场打苇子,他们坐着牛车,都揣着手随着牛车来回摇摆着,尚浓的睡意却被刺骨的寒冷惊走,他们连人带车都掉进了冰窟窿中。东北的10月可不是一派迷人的秋色,那是近乎冰天雪地的寒冷。当他们把牛车从冰水中拉出来时,所有人的下肢已冻得麻木了,他们爬着找到了避风的地方。那一刻,朝克觉得自己长大了。

由于各方面都表现出色,后来朝克担任着令知青羡慕的青年突击队队长、知青队队长等职,并兼任牧区学校的语文和算术老师。

插队时朝克最喜欢的是黄昏的时光。蒙古族牧民会拉起马头琴，在悠悠荡漾的曲调中，倾听鄂温克老人诉说着世代口口相传的民族历史、传说，领悟着民族深厚、质朴的文化底蕴，那时他从心底里感到草原特别美。

全国恢复高考之后，经过公社知青办、党委、团委的层层审核、筛选，伊敏嘎喳决定推荐朝克去参加考试。

社里的通知连续下了两次，都未见朝克前来报到。第三次是队干部将通知送到朝克的屋里，他答应一定要去试试。偏巧那天下着大雨雪，从生产队到公社的道路泥泞不堪，一时又找不到合适的车马，报考的事又被搁置了。当时他并没有感到一丝遗憾，只觉得自己快要成为一个真正的牧场主了。

几天之后，公社团工作的干部专程赶到嘎喳，对朝克诉说机会如何来之不易，陈述学好知识与建设草原的关系。于是，在1977年冬天一个晴好的日子，朝克骑了一匹健壮的白马，奔驰在阳光与白雪相映的原野上，从此也踏上了一条与牧场主截然不同的道路。

1978年2月，朝克正式进入中央民族学院蒙古族语言文学系学习。初到北京时，他曾写信给父母："我不想留在北京了，我不能习惯这里的一切，我想回草原。"在后来的大学时光里，也许是年轻的朝克又发现了属于他自己的天空，渐渐地，关于回草原的事他只字不提了。

事实上，从大学3年级开始，朝克就迷上了语言学，在阅读了一些语言学著作之后，他隐约地感到，自己从小就讲的那几种民族语言，似乎蕴含着无限的奥妙，从此北方各民族语言成了吸引他不断探寻的神秘领地。

大学毕业时，他的论文《鄂温克语的语言结构》，被中国人文、社会科学研究的权威机构——中国社会科学院看中，朝克成为其下属的民族研究所的成员之一。

三、草原与事业、生命相融合

1988年，朝克通过了日本国费生的考试，进入东外国语学院攻读博士研究生课程。在日本的短短两年时间里，他除了按期完成博士生众多的课程之外，还用日文撰写了10篇学术论文，出版了两本专著，并利用空余时间在日本16所大学开办专题讲座。他于1989年2月初到日本，5月份就用日文撰写出他留学期间第一篇学术论文，让他的日本导师吃了一惊。按照通常的情况，至少要在一年以后，留日中国学生才可能以日文撰写学术论文。

在日本，朝克收集、整理了大量的日本语言学资料，当他将这些资料同中国北方少数民族语言进行综合比较研究时，惊喜地发现它们之间的类同现象，并推断出：日本阿夷努语同中国北方少数民族的达斡尔语和通古斯语有着特殊的亲近关系。这一论断，在日本语言学界引起了强烈的反响。因为，多少年来，关于阿夷努语的源头问题始终是日本语言学界的一个谜。

回国后，当学术同仁惊异于朝克获取的成就时，他却认为，是草原浓厚的文化积淀启发着他的智慧和灵感。

1983年到1989年之间，朝克几乎每年都拿出一定的时间，深入到满通古斯各民族生活的边远山林和草原，开展野外的调查工作。由于目前仍有部分鄂温克、鄂伦春等民族以狩猎为生，居住地极其分散，几年来，朝克的足迹几乎遍及东北平原、大小兴安岭和呼伦贝尔草原。在那种近似于探险的生活中，他感觉自己是踏着先祖的足迹前行，他与祖先，与森林、草原、高山，与同族的兄弟姊妹合而为一了。

在草原上，朝克总是将自己融入游牧民的生活中，同他们一起砍柴、做饭、放养驯鹿、觅食野果、住仙人柱（一种用桦树皮制作的简易房屋）。在野外的调查过程中他迷过路、生过病，是驯鹿的灵性带他走出迷途，是猎户与牧民拯救了他的生命并带给他几百万字、十分有价值的关于北方少数民族语言的第一手材料，为他今后的研究做了扎实的积累。因而，他不可能离开草原。

从1978年2月来到北京，转瞬间近20年过去了，朝克虽然没有实现童年的梦想，在蓝天下放牧他的牛羊，却成为一名地道的语言学家。令他欣慰的是，他仍然要做与自然息息相通的事，仍与祖先生活的山林、草地有着千丝无法割舍万缕无法割断的联系。平常，朝克总是偏爱透明色，蓝色、绿色、粉色，也许这正暗合了蓝天下美丽的草原、盛开的花朵以及清澈的水流与清新的空气。

第十一篇
中国第一位鄂温克语言学家[1]

孙红梅[2]

鄂温克草原水草丰美，人杰地灵。这片美丽如画的土地，不仅给了世世代代生长于斯的鄂温克人衣食，更给了他们梦想。他们中的杰出者，从这个梦开始的地方汲取了足够的精神营养后，便从从容容、潇潇洒洒地告别草原，走向世界，用洪亮的声音向世界说明——中国有个呼伦贝尔，呼伦贝尔有个鄂温克，鄂温克的儿女，无愧于他们的故乡！

朝克，姓杜拉尔，鄂温克族，于1957年9月29日生于鄂温克旗南屯镇，现任中国社会科学院民族研究所比较语言室代主任、内蒙古经济促进会常务副会长、北京民族联谊会理事。除了掌握本民族语之外，他还掌握着鄂伦春语、达斡尔语、蒙语蒙文、汉语文、满文、锡伯语锡伯文、日语日文、赫哲语等多种民族语言。另外，他还学了阿夷努语、朝鲜语、英语等。朝克先后发表过70多篇论文，出版过10几本专著，其著述多次获奖。1997年2月，他被中国社科院评为十大优秀青年，并被选为百名跨世纪学科带头人之一。同年，他还荣获了英国剑桥大学20世纪功臣勋章。新闻媒体广泛报道了朝克的事迹，《华声月报》《人民日报》《人民日报（海外版）》《北京日报》《民族团结》《中央电视台·东方之子》《向导》、中央人民广播电台……朝克的名字与形象在其间不断出现。

朝克是怎样由一个当年在故乡草原上自由快乐的小男孩一跃而成为中国第一位鄂温克语言学家的呢？故事还得从头说起。

1957年，朝克出生于草原与森林用双手托出的明珠般的小镇——南屯。这里居住着鄂温克、鄂伦春、达斡尔、蒙、汉等多种民族。生活在这样一个民族

---

1 本文发表于《呼伦贝尔日报》，1997年12月1日，第2版。

2 孙红梅，呼伦贝尔日报记者。

聚居区，朝克难免不自觉地占尽了语言上的优势——在家里说鄂温克语，到学校学蒙语，在社会上见到达斡尔人就说达斡尔语、见到鄂伦春人就说鄂伦春语、见到汉人就说汉语。也就是说，见到不同民族的朋友、同学、熟人，朝克能用不同的语言进行交流。

1975年，18岁的朝克高中毕业了。作为上山下乡知识青年，他来到鄂温克旗伊敏苏木伊敏嘎查插队务牧。时至今日，朝克仍坚持认为，那是自己的一段"辉煌"人生和岁月。在那火热的社会实践中得到了意志的锻炼、思想的提炼、理想和信念升华。

在亲手建造完自己的营地——知青点之后，朝克就与同去天津、黑龙江、内蒙古和本地的知青一起，每天早晨4点钟起床，学着干各种牧活，制作各种牧业生产工具，骑着马去放羊、放牛、放马，还要赶着马车去山上拉木柴、木料，干着牛车到芦苇塘打芦苇，到草甸打草、拉草，开始纯粹意义上的牧区牧民生活。

还记得那是插队不久后的一个秋后的清晨，那是的牧区已经有了冬天的气息，河流的边沿和不流动的湖泊已经开始结冰，草原上的人们忙碌着准备过冬的衣物和食物，他们的生活越来越有了冬天的气息。朝克与另外3个知青，在当地两位老牧民的引领下，赶着一长排牛车到离村庄几百里地的苇场上去打苇子。他们坐在牛车上，慢慢腾腾地走了三天才到达了无边无际的芦苇场。不过，要到他们生产队先已制定好芦苇场，就必须要通过一片冰雪覆盖的湖面。领路的有经验的老牧民跟三位知识青年说，别看这个湖面不大，但这一带有几个深水坑，如果不小心找不准路线，就会赶上深水坑上的薄冰，掉进冰窟窿里就出不来，死路一条。说完他们小心翼翼地赶着地一辆牛车从冰冻的湖面走过。眼看七辆牛车即将都要走过冰冻的湖面，踏上湖中的岛屿地。就在这关键的时刻，最后一辆牛车不小心偏离路线，踩上了深水肯上的薄冰，很快湖面上的薄冰塌陷而下，道尔吉老人乘坐的最后一辆牛车连人带物也随即掉入深水坑里，转眼间就不见了。就在这千钧一发之际，朝克从已经走过危险区的牛车上跳入冰冻冰凉的深水坑里，把道尔吉老人救了出来，但牛车和车上的物品已经掉入深水坑里没法来出来了。或许是被刺骨冰水冻得，又或许由于连日赶路的疲劳，从深水坑里救出道尔吉老人的朝克刚将道尔吉老人拉到冰冻的湖边就晕了过去。其他两位同行的知青把他背到避风处点火取暖，他才慢慢苏醒过来。那时，刺骨的北风还在呼啸，天变得越来越寒冷、风越来越大。被朝克从冰窟窿的深水里救出的道尔吉老人给朝克喝了一口刚刚烧开的开水。望着被自己救出的道尔吉老人,手里捧着老人送来的一杯热水,朝克流下了热泪,但他还没有喝上一口热水,就由于身体太虚又昏迷了过去。在大家的精心照料下,朝克慢慢恢复了体能,开始和两位老牧民和知青一起搭建住处,迎接打芦苇的大队人马的到来。就在这一天,刚满18岁的朝克觉得自己一下子长大了许多,也明白了人生的许多深刻道理。

经受了各种艰难困苦的考验,朝克很快在知青中脱颖而出,被大家选为牧区生产队团总支书记、青年突击队队长、知青店店长、民兵连长,并兼任生产队学校的语文和数学老师和队里的出纳员。

那时的朝克最喜欢的是黄昏时光,在蒙古族牧民悠扬的马头琴声中,他倾听鄂温克老人诉说着世代口口相传的民族历史、传说,领悟鄂温克民族深厚、质朴的文化底蕴。那一刻,一首首草原的赞美诗从朝克心中流淌而出。

全国恢复高考制度的春风吹到了草原,经过公社知青办、党委、团委的审核、筛选,朝克成为伊敏嘎查的报考人选。社里的通知连续下了两次,都未见朝克前来报到。第三次,"嘎查达"(蒙语,队长)将通知书送到朝克的屋里,朝克才终于答应去试试。偏巧那天下着大雨雪,从生产队到公社的道路泥泞不堪,一时又找不到合适的车马,报考的事于是又被搁置了。当时的朝克竟未觉出一丝遗憾,他觉得在草原上安安静静度过一生未尝不是一个好的选择。

几天之后,公社做团工作的干部专程赶到嘎查,对朝克诉说机会是如何的来之不易,陈述草原要发展就离不开知识的道理。于是,在1977年冬天一个晴好的日子,朝克骑上一匹雄健的白马出发了,他奔驰向阳光与白雪相映的原野,从此也踏上了一条迥异于祖祖辈辈鄂温克人的人生之路。

朝克成为中央民族学院蒙文系的一名大学生——时间为1978年2月。在寄回南屯的头几封家书中,朝克反反复复陈述着一个意思:我不想待在北京,不习惯这里的一切,我想回草原。渐渐地,随着时间的推移,这样的文字在他的书信中消失了。是什么原因呢?

原来,年轻的朝克在求学过程中日渐发现,自己迷上了语言学。在阅读了一些语言学著作后,他隐隐约约地产生了这样的感觉——自己从小就讲的那几无限的奥妙,值得穷尽一生去探索、去研究。

1982年,朝克大学毕业了,他凭题为《鄂温克语的语言结构》的毕业论文,被中国人文、社会科学研究的最权威机构——中国社会科学院一眼相中,成为其麾下的民族研究所的一分子,从事满通古斯诸语及阿尔泰诸语的比较研究工作。

有多篇论文获奖,给北京大学东语系硕士研究生讲蒙满比较语言学课程……平常人若有了朝克此时的成绩,恐怕也就生了满足之心。而朝克作为奋飞自草原深处的苍鹰,想的却是扶摇直上,飞得更高,以令世人瞩目的成绩来报答草原母亲的关爱。1989年初,朝克通过了日本国留学生的考试,进入东京外国语学院攻读国费研究生课程。短短2年的留学生涯,朝克一天内要去几所大学听课,除了学校规定的课程之外,他还学习了古代日语、日语声韵学、语言哲学、朝鲜语、日本阿夷努语等课程,做了几十万字的学习笔记,搜集了大量有价值的语言学资料。此外,他还参加了在东京、京都、大阪、北海道等地举办的有关语言学方面的40余次日本国内和国际性的学术活动,用日文撰写了8篇论文及两部专著,并利用业余时间在东京大学、早稻田大学等16所大学开办专题讲座。刚到日本,朝克就令导师刮目相看。1989年2月到日本,5月他就用日文撰写出了留学期间的第一篇论文。导师吃惊不小:按通常情况,至少要一年以后,留日中国学生才可能以日文撰写学术论文。更令老师和同学们佩服的是朝克那顽强的毅力——为把时间和精力全部投入到研究工作中,朝克放弃了一切观光游览,说起来令人难以置信,在日本2年,他竟连富士山这样著名的旅游胜地都没去过。

辛勤的耕耘带来丰厚的收获。朝克在满通古斯语的描写研究和比较研究领域取得的突出成绩,使他在国际语言学界得到了较高的评价,日本的《每日新闻》《北海道新闻》,都曾报道他的有关学术研究情况。1996年,英国剑桥大学名人传记中心将朝克收入《世界名人大辞典》,认为他是世界民族语言学界颇有声望的青年民族语言学家,并在英国《新科技学报》上介绍了他的科研情况。

朝克真诚地将一切成就的取得归功于故乡。他深情地说:呼伦贝尔草原是一片特殊的草原,这片富饶的土地养育了一批富有想象力、创造力的人民。我在学术界走到这一步,是和家乡的培养分不开的。我的一切都是呼伦贝尔给予的——这里不仅风光如画,多民族大融合的生活方式,使各民族的文化得以交融,自然而然地启发了人的智慧。在交流过程中会产生许多火花,人的思维方式也随之会产生多方面的收获。身为草原的儿子,我总想给家乡做点贡献,取得更多的荣誉,编织成绚丽的花环,献在故乡母亲的胸前。我要用荣誉证明:呼盟人不逊于任何地方的人!——这也是朝克作为一个游子,所能给予故乡最诚恳的报答吧。

第十二篇
著名民族语言学家朝克的访谈[1]

采访提纲：

1. 请您介绍从事语言学研究的最初构想；
2. 在调研过程中给您留下深刻印象的凡件事；
3. 请您介绍1989年在日本读语言学博士的简要经历；
4. 请您介绍对中国东北少数民族语言同日语对比研究成果及意义；
5. 您的学术研究的将来打算。

形式： 访谈对话及录音报道；时间：一个小时左右；

播出： 中国国际广播电台华语台《四海同心》专题节目

记者：听众朋友，在今天的节目里，我们首先给大家介绍中国社会科学院民族研究所副研究员朝克和他的语言学研究事业。

朝克的父亲是鄂温克族人，母亲是蒙古族人。他从小就生长在一个鄂温克、鄂伦春、达斡尔、蒙、汉等多种语言混合使用的地区。特殊的语言环境使他很早熟悉和掌握了多种民族语言。高中毕业后，他自愿到条件艰苦的牧区工作。牧区广阔火热的实践生活不仅锻炼了他的身体和毅力，而且使得他渐渐对民族语言产生了浓厚的兴趣。

最近，本台记者载麟采访了朝克先生。朝克介绍了自己最初对语言学研究的热衷。下面是采访的部分内容。

朝克：我觉得中国北方少数民族如鄂温克族、鄂伦春族、赫哲族等，这些民族语言的内部结构和外部形式都是相当复杂的，目前这些语言在中国以及国际上的研究都是不够的，还没有系统性。所以我想在这个方面多做些工作，为

---

[1] 本文为中国国际台《四海同心》朝克专访，1997年2月28日，记者：管载麟。

我国的民族语言研究事业作出自己的贡献。再有就是我从小生活在非常复杂的语言环境中，主要有蒙古语、达斡尔语、汉语、鄂温克语、鄂伦春语等，另外还有汉语和蒙语一些独特的方言。这种环境给了我掌握多种语言的机会，也成了我后来从事语言研究的最大优势。

记者：从1983年到1988年，朝克几乎每年都拿出一定时间，利用有限的科研经费，频繁出入于满通古斯诸民族生活的边远山林和草原开展调研工作。由于鄂温克、鄂伦春等民族是以狩猎和游牧为主，平时居住分散，有的猎民点或游牧点仅两三户人家，而邑居无定居流动性大，给田野调查工作带来极大困难。为找到十分珍贵而有学术价值的语言材料，朝克经常顶风冒雨，晓出夜宿，跋涉在崇山峻岭和茫茫林海和原野之中。

朝克：从广泛的意义上，无论从事什么工作，无论在什么年代，都必须为人类的美好未来而努力。搞语言研究工作就必须跟不同人打交道；从科研的角度来讲，研究者必须同对象打交道，不能总是干巴巴地向他们要材料，应该到他们生活中去，同他们一起吃住，帮他们砍柴、做饭、放养驯鹿，甚至有些生活细节也要同他们认真配合，这样才能得到最珍贵的语言材料。

记者：几年来，朝克走遍了满通古斯诸民族生活的猎场和牧区。东北平原、大小兴安岭和呼伦贝草原都留下了他坚实的足迹。由于山高林密，车马难行，朝克经常骑着当地主要交通工具驯鹿等随引路人去寻找目的地。一天晚上，他走到原始大森林，途中不慎同引路人走散，朝克只身一人在黑暗中摸索前进，险些迷失方向，幸运的是依靠驯鹿的灵性，才逐步走出险境。

朝克经常同猎民、牧民们吃住在一起，有时一住就是几个星期，甚至30至40天。白天同猎民们一起吃野果、驯鹿肉，晚上则住在用桦树皮制作的透风漏雨的简易房内。有一次，他害了严重的腹泻，浑身颤抖，几天无法进食。但他仍然拖着病弱的身体帮助猎民寻回走失的驯鹿。他的真诚使猎民们深受感动，调研工作也因此得到了猎民们的积极配合。经过艰苦的努力，朝克终于掌握了十分有价值的几百万字的第一手语言调查材料。朝克吃尽千辛万苦，致力于中国少数民族的语言研究，因为他认为，语言研究工作本身是对人类文化科研事业的一大贡献。

朝克：语言本身是人类文化的最重要组成部分，因为语言是某个民族的全体成员在特定历史条件和环境下经过千百年的努力创造出来的，它有丰富复杂的内涵。尤其是那些没有文字的少数民族尽管他们很少有用文字记载的历史，但这历史不可能因为没有文字而全部消失，他们的历史文化活生生地存在于他们的语言中。只有我们对他们的语言进行细致认真而全面系统的解剖分析和科学研究，才会发现那些没有文字的语言本身就是一部很完美的历史，本身就是一个很灿烂的文化。所以说，研究语言的过程某种意义上就是了解一个民族的历史和文化的过程，了解他们思维方式和对事物的认知功能的过程。

记者：为扩大研究视野，朝克除掌握鄂温克、鄂伦春语、赫哲语、蒙语、达斡尔语、汉语和日语外，还学会了满文、锡铂文，并可以较好地利用阿夷努语、朝鲜语和英文资料。1989年，他利用在日本读语言学博士课程的机会，收集、查阅了大量的日本语言学资料。在将这些资料同中国北方少数民族语言进行综合比较研究之后，他惊喜地发现它们之间的诸多类同现象。朝克随即将自己的研究成果发表在一系列学术报告和论文中，指出日本阿夷努语同我国北方的达斡尔语和通古斯诸语有着特殊的亲近关系，爱斯基摩语、西伯利亚诸民族语、日本北海道阿夷努语同中国北方少数民族语言均有深层次的关系。

朝克的观点引起了日本语言学界的强烈反响，一些日本语言专家对此表示异议，但他们大多数人在朝克展示的大量真实可信的语言资料和成果面前，最终不得不表示折服和认同。

第十三篇

严谨为学　参政为民

——访中国社科院民族所研究员第九、十届全国人大代表朝克[1]

付叶宏[2]

朝克，这位来自呼伦贝尔大草原的鄂温克学者，有不少值得提到的方面——中国社会科学院民族学与人类学研究所研究员，第九届、第十届全国人大代表，享受政府特殊津贴专家，国际通古斯学会会长。他所提出的日本阿依努语和阿尔泰诸语的共有论，美洲印第安诸语与我国诸民族语言的关系说，北极圈诸民族及族群语言文化的相关性等学术观点得到国内外学术界同仁的关注和较高评价。我带着拜会一位优秀专家的虔敬心情采访了朝克研究员。他那严谨的治学态度、谦和幽默的为人和对国家的赤诚之心给我留下了深刻印象。

记者：您从事民族语言研究工作，和您自己是少数民族有关系吗？

朝克：有一定关系吧，或者说有这个缘分吧。我是个少数民族，我的家庭背景比较复杂，血统中除了鄂温克族和蒙古族的遗传基因之外，还有汉族的遗传基因。我从小生活在内蒙古呼伦贝尔市鄂温克族自治旗。那个富饶美丽的草原上生活着汉族、巴尔虎蒙古人、布利亚特蒙古人、厄鲁特蒙古人、达斡尔、鄂温克、鄂伦春等民族和族群，而且在语言文化等方面均有着十分明显的特征。我就在这样的一个用多种语言文化构成的和谐而丰富多彩的社会环境中成

---

[1] 本文发表于《中国民族报》2004年3月5日。
[2] 付叶宏，《中国民族报》记者。

长的，所以从小就自然而然地学会了汉、蒙、达斡尔、鄂温克、鄂伦春等民族语言。后来考入中央民族大学系统学习了语言学理论知识，大学毕业后就到中国社科院民族所民族语言室一边继续学习语言学理论，一边从事满通古斯诸语的研究工作。后来留学日本，在东京外国语大学语言系进一步深造，系统学习了西方语言学理论和研究方法。在求学、留学和学术成长的道路上，我深深地感到我国的民族研究领域有大量的工作要做，尤其是人口较少的民族研究中许多专门性的研究工作还没有系统展开。从20世纪80年代起中国社科院正好需要一批从事民族语言研究的年轻学者，就这样我按部就班地走上了民族语言研究的道路。

记者：我们注意到您用汉、蒙、日、英文发表和出版的100余篇论文和15本专著的学术内容不只是局限于东北少数民族，同时也涉及东北亚诸民族语言文化领域。该如何理解东北少数民族同东北亚诸民族间产生的学术关系？您做了哪些研究工作？

朝克：不同文明的产生和发展，以及创造不同文明的民族或族群，均和他们活动或生存的自然环境有着密不可分的联系。生活在我国东北地区的诸民族，千百年来都生活在黑水白山、森林草原、冬夏分明的寒温带地区，他们用共同的劳动和智慧在这特定的自然环境和条件下创造出了共同的文明。特别是像东北的蒙、满、达斡尔、锡伯族、鄂温克、鄂伦春、赫哲等民族，在语言文字、衣食住行、风俗习惯、宗教信仰等方面都有着十分密切的内在联系。这些民族间存在的诸多共同点或不同点，需要我们从事人文学科或社会科学研究的专家学者从不同角度或层面进行科学的分析和研究。说实话，对于东北一些人口较少的民族的研究，例如像鄂温克、鄂伦春、赫哲、达斡尔、锡伯族等少数民族的真正意义上的科学研究工作是从20世纪70年代末80年代初才开始的，然而就在这约25年的短暂的历史进程中，我们在该学术领域取得了让世人感叹的成果。现在我们在外国同行面前，可以拿出关于东北少数民族的文学艺术、语言文字、历史文化、宗教信仰以及体质人类学等方面取得的辉煌成绩。但是，到目前为止一些民族的历史渊源问题、一些存在学术争议的民族关系问题、一些民族或族群的归宿问题等等还没有得到科学的结论。现在我们正在做大量的材料搜集整理和分析研究工作，我们还有计划、有步骤地组织有关专家学者对东北民族的历史难点问题和学术争议大的问题进行立项研究。随着我国社会科学事业的不断繁荣发展以及研究视野的不断拓宽,我们也注意到东北诸民族同东北亚诸民族或族群间存在的不同层面的共有关系。例如,蒙古语族语言诸民族和满通古斯语族语言民族与朝鲜人、日本人、日本阿依努人以及西伯利亚诸民族或族群间在语言文化方面有着十分复杂而深层次的共有关系。对这些共有关系我从语言学和文化学的角度进行过探讨,并在国内外有影响的重要学刊上先后发表过一些论文。由此引起了国内外同行的极大关注,也得到他们的肯定。

记者:我们知道您精通多种语言,这对您的学术研究帮助很大吧?

朝克:是的,就像在前面所提到的那样,我会蒙、汉、达斡尔、鄂温克、鄂伦春、赫哲语以及日语,还会俄罗斯的埃文、埃文基、那乃等民族语,还掌握满语、锡伯语,同时学过英语、俄罗斯语、日本阿依努语等。这些的确为我提供了更多的思维空间和研究便利,我认为会一种语言和会多种语言的大脑思维程序,就像会处理一种语言或会处理多种语言的电脑一样,其功能和价值是不一样的。例如,我在从事科学研究时可以到不同民族居住地区,跟不同民族用不同民族语言进行田野调查,这样调查对象就会感到亲切自然,所获得的资料也可靠全面。另外,我还可以查阅或参考用汉、蒙、满、锡伯文、埃文文、埃文基文、那乃文、日文以及用英文、俄文写的历史资料或科研成果。也可以用他们的思维方式去分析研究他们的论著或资料。有的论文或专著,我可以直接用汉文、蒙文或用日文、英文撰写。再者,我国东北民族(包括东北亚诸民族)的许多历史资料是用汉、蒙、满、日、俄文撰写的,这些资料我都可以充分利用。这样国内外有关专家学者没有读懂的东西我可以读懂,他们没有掌握的材料我可以掌握。这也是我从事东北民族或东北亚诸民族研究的优势所在。

记者:您立足于语言研究,但又不局限于语言本身,对么?

朝克:是的,我们国家也好,中国社科院也好,在人文学科和社会科学研究领域需要一批学术大家。例如,研究某一个民族语言的专家,在该民族语言研究上有权威性的同时,还应该对该民族的历史文化、风俗习惯、宗教信仰、价值取向、生存环境和条件,以及同其他相关民族间产生的不同层面的复杂关系等等都有一定深度和广度的了解和认识。这样才能更好地开展某一专业领域的研究。起初我也曾认为，作为民族语言研究者，把与语言学相关的学术研究搞清楚就可以了，没有必要涉入其他学术领域。但随着语言研究工作的不断深入，需要读的书越来越多，需要解释的语言学概念越来越复杂。进而觉得科学而完整地论证某一名词术语或形态变化概念，有必要去读与此相关的历史沿革、风土人情、社会生活、自然环境、思维方式等方面的书籍。在我近10年的研究成果中，也包括跟所从事的民族语言研究相关的其他专业方面的论著。

记者：您作为语言学者，同时又是人大代表，这两种角色您是怎样处理的？您在今年"两会"期间准备提交哪些议案或建议？

朝克：语言研究和人大代表的工作表面上看起来好像没什么联系，但其目标都是一样的。他们之间并不产生矛盾。我是社科院的人大代表，必须反映社科界存在的各种问题以及他们的呼声。同时作为中直机关分配到内蒙古代表团的人大代表，同样为内蒙古的经济发展而呼吁、提建议。当然作为共和国的一名人民代表，为履行人大代表的义务和责任，经常参加各种会议和视察活动，确实占用了不少从事研究工作的时间。但每当想起为国家的强盛，为人文学科和社会科学事业的繁荣，为内蒙古的地区经济的发展做出了自己一点贡献的时候就会感到由衷的欣慰。我想无论在庄严的人民大会堂里以共和国的一名人民代表的身份参政议政的时候，还是在中国社科院的研究室里默默无闻地独自从事研究的时候，都是在为我的祖国辛勤劳动。另外，我在这次的人代会上准备提交《设立城市公共设施保护法的议案》《少数民族传统文化及文物保护法的议案》《关于提高社科研究人员工资待遇的建议》《关于建立国家古文字博物馆的建议》等议案和建议。

第十四篇

捡拾远古的贝壳

——记第一位鄂温克族青年语言学家朝克[1]

中国有众多民族，也有众多的民族语言。总人口为3万人的鄂温克族虽然人口数量不多，但它是北方古老的少数民族之一，甚至在俄罗斯、蒙古也有部分鄂温克族。众所周知，由于长期居住在山里或广袤的草原上，游牧民族的特点使他们过于分散，加之与其他民族杂居，必然形成语言上的不同，形成此处人不懂彼处人们的语言现象。而鄂温克人没有自己的文字，长期使用蒙古语或汉语。因此，研究鄂温克民族语言乃至民族历史等诸元学科，就成了社会科学家们关注的焦点。作为鄂温克族人，研究本民族的语言便是朝克15年来的引以为豪的工作。

以狩猎游牧为生的鄂温克人可谓"大分散小聚居"，从俄罗斯的西伯利亚到新疆伊犁塔城，从内蒙古东北大部地区到黑龙江部分县城，都有他们居住的历史。有以饲养驯鹿为生的，有以渔业和林业为生的，因而历史上也就有过"索伦""通古斯""雅库特"等不同的名称。"鄂温克"是1958年由内蒙古人民政府确定并沿用至今的名字，它有"住在大森转怀抱中的人们"之意。

由于鄂温克人没有过多过早地离开自己生活的环境——大山和密林，相对来说保留和使用本民族语言较完整。对该民族语言的研究有助于揭示民族历史、习俗、乃至其驯鹿文化的奥秘。由于没有文字，鄂温克人至今还沿用木刻记事和木棍指向的表达方式，树根的方向和木棍的长短均表示特定的含义，成为特殊的"树号"。

今年刚入不惑之年的朝克生于呼伦贝尔盟鄂温克旗，1982年从中央民族大

---

[1] 本文发表于《民族团结》，1997年第5期。

学毕业后在中国社会科学院民族所从事满通古斯诸语和阿尔泰诸语的比较研究工作。在成为一个大学生之前，他曾在牧区工作，当过团支书、民兵连长、知青队长、突击队长等。他在所里任团支书时，该所团支部两次被院团委评为先进集体。

1989年，朝克赴日本留学，攻读语言学博士课程，在那还学习了古代日语、朝鲜语等，多次在日本多家大学做关于中国通古斯语方面的学术报告，还在北京大学东语系讲了为期一年的蒙满比较语言学课程。迄今为止，他用汉文、蒙古文、日文等发表论文60多篇，其中多篇获奖；出版专著10部，其中《鄂温克语简志》荣获中国社科院1977—1991年优秀科研成果奖，《鄂温克语研究》被民族出版社提名为优秀参展图书。作为语言学家，他掌握了鄂温克语、鄂伦春语、达斡尔语、蒙古语、汉语、满文、锡伯文、日语、赫哲语等，此外还自学了日本阿夷奴语等。多语言背景使他到了民族地区游刃有余，加之他的吃苦耐劳，在长达十几年的调查研究中，访遍了鄂温克族居住的所有地区，搜集到大量的第一手资料，写出了两本专著：《鄂温克语研究》和《鄂温克语简志》。两书共30多万字，一经出版，就在学术界受到同行们的瞩目。

朝克的父亲是鄂温克族人，母亲是蒙古族人，他生长在一个多种语言混用的地区，这样的环境给了他从事语言研究的最大优势。朝克说："语言是一个民族的全体成员在特定历史条件和环境下经过千百年的努力创造出来的，它有着及其丰富复杂的内涵。尤其那些没有文字的民族，尽管历史很少用文字记载，但他们的历史不可能因为没有文字而消失，而是活生生地存在于他们的语言中。"

在今年三、四月间，朝克应美国亚利桑那州大学的邀请出席了在该大学召开的第六届东西方语言文化国际研讨会和在凤凰城召开的原始宗教国际讨论会。此番会上朝克提出的论点十分新颖。他以中国东北诸民族、日本北部民族、北欧人和美加的爱斯基摩人为例，认为这些民族有着共同的特点：即对寒冷有着特殊的情感和耐力，有着特殊的认识和解释，如崇尚白雪和熊、白桦树，善用驯鹿和狗，共同的生产方式生活方式和自然条件给了他们共同的话题，这从其语言中可以看出。由此得出了寒冷地带是人类最早的生活区，是人类的摇篮，北极圈培育了人类寒带文化的推论。这一观点引起了与会者的极大兴趣。

鉴于朝克的业绩，1996年英国剑桥大学名人传记中心将他收入《世界名人大辞典》，同年被中国社会科学院评为"十大优秀青年"。

第三部分
朝克的事迹及20年的人大代表履职

第一篇
朝克同志事迹材料[1]

朝克同志（鄂温克族），1982年大学毕业后，分配到中国社会科学院民族研究所语言室，开始了他立志毕生追求的满通古斯语及阿尔泰诸语的研究生涯。

一、一心向党，矢志不移

朝克同志出生在鄂温克族一个革命干部家庭，良好的家庭教育使他从小就懂得了没有共产党就没有新中国，没有共产党就没有鄂温克人民幸福美好今天的道理。他从小立志努力学习文化知识，长大要成为一名对党和人民有用的人才，用建设社会主义祖国的实际行动报答党的恩情，报答祖国和人民的培养和教育。上初中时他光荣地加入了中国共青团，上高中时他向党组织递交了第一份入党申请书，志愿为共产主义事业奋斗终生。高中毕业后他主动到条件较差的牧区工作。在牧区艰苦的条件和环境中，他任劳任怨、积极肯干，成绩突出，相继当选为村团支书、青年突击队队长、民兵连长、知青队长、乡团委委员，并多次被评为劳动模范、先进个人、模范知青和民兵代表等。在劳动之余，他还挑灯夜读，孜孜求学，努力提高自己的文化知识水平。他经常组织知青和村里的青年学习马列主义、毛泽东思想，自己还写了十几万字的读书笔记。牧区这一广阔而火热的实践生活锻炼了他为社会主义事业而奋斗终生的坚定信念和顽强意志。

高考制度恢复后，他以优异成绩考入中央民族大学民语系。他怀着草原人民的寄托，踏上了新的征程。在四年大学生涯中他刻苦学习，从严要求自己。

---

[1] 朝克荣获中国社会科学院十大优秀青年称号时，在中国社会科学院《党的工作通讯》1997年第1期上有关科研工作业绩的报道。

除了学习专业知识以外,还认真阅读了马列主义经典著作,积极参加学校组织的各项活动,并常常从自己有限的学习费用中拿出一部分帮助生活上有困难的同学,受到同学和老师的好评。1982年,他以优秀的思想品德和学习成绩毕业,被分配到中国社会科学院民族研究所。

到民族研究所后,朝克同志更加严格要求自己,积极主动地参加院、所组织的各项活动,积极争取入党。由于他在各方面的积极表现,很快被选为团支部书记。他积极组织全所团员青年学习党的十一届三中全会以来的中央精神和邓小平同志建设有中国特色的社会主义理论多次召开专题讨论会。他还带领团员青年帮助所图书馆义务整理图书资料,为年老体弱的专家清扫房屋、庭院;所会议厅刚建成时,他带领全所团员青年把会议厅内外清扫干净,并且每个星期组织团员青年搞环境卫生。这些活动,深受团员青年欢迎,激发了大家的工作热情。在他担任团支部书记期间,民族所团支部连续两次被院团委评为先进集体。朝克本人也被院团委两次评为优秀团干部、优秀团员。所党委也对朝克同志的工作成绩给予充分肯定。

1989年初,朝克同志赴日本留学。不久,国内发生"六·四"政治事件,在这关系到党和国家前途命运的大是大非问题面前,朝克同志表现出中国青年学者应有的政治觉悟和坚定立场。他在海外错综复杂的特殊环境中,毫不动摇地相信中国共产党的正确领导,不为各种传言所惑,没有参与任何有损党和国家的活动。他把全部精力和时间都用在学习上,并用日文写出论著得到日本学术界的好评。完成学业后,按期回国,并及时向党组织汇报思想,表现出良好的政治素质,得到党委和所领导的好评。

朝克同志对中国共产党有一颗赤诚的心和坚定的信念,把自己的事业和追求同党和人民的利益紧紧地联系在一起。他一心向党,矢志不移,坚持用共产党员的标准严格要求自己、鞭策自己。根据朝克同志的一贯表现,1996年3月支部大会通过,所党委批准,朝克光荣地成为一名中共预备党员。

二、辛勤耕耘,不畏艰辛

科学研究的事业没有平坦的路可走,只有那些辛勤耕耘、不畏艰辛的人才能取得显著的成绩。朝克从一名少数民族大学生,成长为一名在满通古斯语研究领域颇有建树的青年学者,走过了艰难而曲折的道路。他始终坚持正确的科研方向和方法，无论社会的价值取向发生什么变化，从未动摇献身于少数民族语言研究事业的坚定决心。他常说："作为一名科学工作者，首先要热爱自己的祖国，热爱党和人民，要把自己所从事的事业跟党和人民的利益紧紧地联系在一起，这样才能完全、彻底、全身心地投入到科研工作中，才能取得高质量的科研成果。"他是这样说的，也是这样做的。在10多年的科研工作中，他博览群书，吸取和钻研古今中外有价值的研究成果。他甘于清贫，甘于寂寞，为了攻克研究中遇到的疑难问题，他夜以继日地把自己埋在书海里，不知送走了多少个繁星闪烁的夜晚，迎来了多少个充满生机的早晨。为了掌握语言学方面深奥的理论知识，他还常常骑车跑几十里路悉心地求教于著名语言学专家。他用省吃俭用省出来的工资买了三千两百多册国内外专业书籍，为自己的研究工作积累了十分丰厚的图书资料。他钻研这些理论书籍的同时，做了大量的读书笔记，努力吸取其中有价值的部分，并运用到自己的研究工作中，不断提高理论水平和研究技能，使他在较短的时间里基本上掌握了国内外有关的语言学方面的最新理论知识。

朝克在日本读语言学博士课程时，有时一天内要去几所大学听课。他除了学习学校规定的课程以外，还学习了古代日语、日语声韵学、语言哲学、朝鲜语、日本阿夷努语等课程，做了几十万字的学习笔记，搜集了大量有价值的语言学资料。另外，他还参加了在东京、京都、大阪、北海道等地举行的有关语言学方面的40余次日本国内和国际性的学术活动，并以《中国的满通古斯语学》《中国的阿尔泰语学》《通古斯诸语的关系》《中国赫哲族的语言文化》《鄂温克语形态结构》《关于日本阿夷奴语的合成词结构》《日本阿夷奴语同中国阿尔泰诸语间的底层结构关系》等论文，在东京大学、早稻田大学、学习院大学、筑波大学、东京外大、京都大学、北海道大学作了专题学术报告。通过参加这些学术活动，他积累了丰富的科研经验和重要的学术成果。在日本期间，他把时间和精力全部用于学习及研究工作，连富士山这样著名的旅游胜地也顾不上观光游玩。

朝克同志在这十几年的研究岁月里几乎每年都拿出一定的时间，合理地使用有限的科研经费到满通古斯诸民族生活的边远地区考察，通过调查、搜集，他掌握了大量的活生生的第一手语言资料。有时他为了得到具有重要科研价值的语言材料而不得不利用牛车、马车或驯鹿等交通工具翻山越岭，跋涉于原始森林和遥远的牧区，同猎民们、牧民位生活在一起，有时一住就是几个星期。白天跟猎民们吃野果、野兽肉，晚上则与猎民们睡在森林中用树枝和帆布搭起的四处通风的简易住房"仙人柱"里。他多次犯胃病、闹肚子，然而，艰苦的条件没有改变他献身于少数民族语言研究事业的志愿。他走遍满通古斯诸民族生活的山山水水，在东北平原、大小兴安岭、呼伦贝尔草原上留下了坚实的足迹。经过艰苦努力，现已掌握几百万字的第一手语言调查材料，还做了1万2千多条鄂温克语详解卡片；5千多条汉语、蒙语、鄂温克语对照词卡，3千多条汉语、满语、鄂温克语、鄂伦春语、蒙语对照卡片以及2千条达斡尔语海拉尔方言卡片等。同时还搜集整理了濒临消亡的满通古斯语的方言土语材料，为自己所从事的少数民族语言研究工作打下了丰厚的资料基础。

三、语言研究，硕果累累

辛勤韵耕耘带来丰厚的收获。朝克立足本职、热爱所学专业，认真钻研语言学理论，为扩大研究视野，他除掌握鄂温克语、蒙语蒙文、锡伯文，并可以利用阿夷努语、朝鲜语和英语资料。通过长期不懈的努力，朝克在满通古斯语的描写研究和比较研究领域做出了十分突出的成绩。10多年来他用汉文、蒙文、日文单独或与人合作出版论著7部，发表学术论文68篇，译文8篇，民间文学作品8篇，总字数达280万字。其中《鄂温克语基础语汇集》《索伦语会话及语法要略》两部专著及《关于日本语和达斡尔语的感叹词》《语言中潜在的民族文化性》《论日本阿夷努语和阿尔泰诸语的关系》《论日本阿夷努语和满通古斯诸语的底层结构》《论蒙古语和满语的共同构词成分》《论蒙古语和鄂温克语共有词的元音对应规律》等8篇论文是他在日本学习时用日文撰写，并在日本出版社及刊物上出版和公开发表的，字数达120多万字。其中《索论语会话及语法要略》一书获日本文部省国际学术研究成果科学研究费补助金，并被编入1991年度日本国际学术研究成果档案63041002号。所有这些使他在日本语言学界得到了较高的评价，日本的《每一日新闻》和《北海道新闻》也报道了朝克有关学术研究的情况。

尤其值得一提的是，朝克在满通古斯语及阿尔泰渚语研究领域取得的成果在国内多次获奖，在学术界赢得较高的评价，同时也引起国内外同行的关注。他与人合作出版的著作《鄂温克语简志》作为民族所语言室《中国少数民族语言简志丛书》之一，荣获中国社会科学院1977—1991年优秀科研成果奖；他的论文《鄂温克语构词结构分析》荣获院1985年青年优秀论文奖；《汉语对鄂温克语的影响》荣获院1987年青年优秀论文纪念奖；《论日本阿夷努语和阿尔泰语诸语的代词关系》荣获院第二届青年成果论文二等奖；《论日本阿夷努语和满通古斯诸语有关名词》荣获黑龙江省满通古斯学会第二届优秀论文奖；收有朝克同志撰写的《鄂伦春旗概述》《鄂温克旗概述》《鄂伦春语概述》《鄂温克语概述》4篇文章的图书《中国少数民族语言使用情况》荣获中国社会科学院第二届（1992—1994年）优秀成果奖。朝克同志1995年出版的《鄂温克语研究》一书今年被民族出版社提名为优秀科研图书。我国著名语言学家马学良先生在为朝克的专著《鄂温克语研究》作的序里写道："朝克同志从事满通古斯语研究工作历时15个春秋，在这15年的辛勤调查研究中，用汉文、蒙文、日文在国内外的权威刊物上发表了60多篇论文，出版了6部专著，共计250多万字……他的这些论文和专著在国内外学术界产生了很大的影响，同时得到专家学者们的高度评价。《鄂温克语研究》是全面系统地探讨鄂温克语的专著。对鄂温克语语音、词汇、语法结构进行了科学的分析和论述，并提出了许多新的论点和见解，是一部研究满通古斯语和阿尔泰语学后出转精的专著。"特别是朝克提出的日本阿夷努语同满通古斯诸语及阿尔泰诸语间的底层结构中存在着不可否定的共有关系的观点，以及日本语同我国北方的达斡尔语有着特殊的亲近关系，爱斯基摩语、西伯利亚诸民族语、日本北海道的阿夷努语等寒带地区语言跟我国北方诸民族语有关系等学术观点，在国内外语言学界引起了一定的反响和较高的评价。

1987年朝克还应邀为北京大学东语系硕士研究生讲授为期一年的蒙满比较语言学课程。1995年还为中国社会科学院研究生院的博士生讲满通古斯比较语言学课程。

由于朝克在德、勤、绩、能等方面表现突出，在民族所1993年至1995年的考核中连续被评为优秀科研人员。1996年英国剑桥大学名人传记中心将他收入《世界名人大辞典》，认为他是国内外民族语言学界颇有声望的青年民族语言学家，并在英国新科技学报上介绍了朝克的科研情况。内蒙古自治区教育厅主编的刊物《向导》（蒙文版）在今年第3期专门介绍了朝克同志及其研究成果，并在封面配发了他的照片。

朝克同志深深地懂得，成绩和荣誉的取得，都离不开党和人民的教育与培养，离不开老一辈专家学者的帮助和指导。他说："这一切只能说明过去，而代表不了现在和将来。我今后要做的科研工作更多，任务更重，道路更曲折，只有不断地奋斗和进取才能成为一名永攀科学高峰的真正的科研工作者。"他表示，要时刻以共产党员的标准严格要求自己，出更多更好的科研成果报答党和人民对他的培养，为繁荣和发展各民族人民的文化事业以及我国的民族语言研究事业，做出自己的更大贡献。

第二篇

朝克：一位积极参政议政的著名学者
——记九届十届全国人大代表，民族语言学家朝克博士[1]

敖继红[2]

现在人们更习惯称杜拉尔·敖斯尔·朝克为"朝克"，他的全名是按照鄂温克族起名传统起的。杜拉尔是先祖的名字，敖斯尔是父亲的名字，朝克则是他的本名，有"朝气蓬勃"之意。作为中国社会科学院博士生导师，社科院研究员，朝克当选人大代表，不是因为他是少数民族，而是因为他那突出的学术业绩，以及他在自己研究领域不可替代的学术地位。

朝克不仅是一位有成就的学者，而且是一位认真履行职责的人大代表。

一、知青经历让他坚忍不拔

见过朝克的人，会感觉这位刚进天命之年的学者，虽然话语声调不高，但骨子里透着一种草原人特有的阳刚之气。正是这样的气质，让他在艰难困苦面前，淡定自如，勇敢坚定。20世纪70年代高中毕业后，朝克当过知青队长，青年突击队长，民兵连长，民办教师；荣获省级优秀团干部，省级青年突击手，地区级优秀知青等荣誉。第一次高考，他以优异考分考进北京名牌大学。参加工作后，他成为社科院最年轻的研究员之一。

梅花香自苦寒来。朝克从青年时代就是个有理想的人。在知青生活的艰苦岁月，磨砺了他顽强的意志，为他成就事业奠定了雄厚的思想基础。那个时代的记忆里，有他很多动人的故事。例如，30年前，北国初冬冰天雪地而寒风

---

[1] 本文发表于《检察日报》2008年1月23日。
[2] 敖继红，内蒙古自治区呼伦贝尔日报社记者。

呼啸的一个清晨，高中毕业下乡到牧区的朝克带领青年突击队员，穿越冰雪覆盖的一片宽广的湖面，去完成生产队割苇子任务时，他们的七辆牛车突然坠入湖面塌陷的冰水中。湖水一半是泥泞，一半是冰水，拉车的黄牛越挣扎陷得越深，情况非常危急。作为突击队队长的朝克当即跳进冰冷刺骨的湖水中，卸下车上的货物背到湖边，以减轻黄牛的负重。在他的带动下，突击队员们一个个跳进冰冷的湖水里，奋战两个多钟头。就在他们将要把最后一辆牛车拉出冰冷的湖水时，牛车和带路的牧民道尔吉老人一起陷进湖中深水坑，瞬间消失在冰冷的湖水里。在这万分紧急关头，朝克奋不顾身跳进深深的水坑，把道尔吉老人救了出来，可黄牛和牛车再也没能上来。过分的劳累加上又冷又饿，朝克晕倒在了湖边。那天他的脚上和腿上被芦苇根扎得鲜血直流。至今，他腿上还留着累累疤痕。

经历过那个时代的人，能承受任何艰难困苦的考验。几十年过去了，每每遇到事业的艰辛，朝克就会想起自己当年面对艰难的勇敢无畏，和那一切相比，现在还有什么困难不能面对！有什么难题不能克服！他就用这样的精神，在追求真理的科学殿堂里拼搏。

二、从青年学子到有成就的知名学者

国家恢复高考第一年，朝克就被生产队推荐报名，可那时他却想扎根牧区当一辈子牧民。在生产队和公社领导一再催促下，已成为生产队民办教员的朝克，匆匆复习一个多月就参加了高考。结果，他"一举中的"，考入中央民族大学。刚刚复苏的高等教育，沉积了10年的巨大能量。历史的使命、时代的感召和学校如饥似渴的学习气氛，让有着坚强意志的朝克很快进入新的角色，成为一名有理想有思想的青年学子。大学毕业时，他以一篇题为"论鄂温克语的语音系统"的论文被中国社会科学院看中，很顺利地成为社科院民族所一位科研人员。从此开始新的人生之路。

在看似单调、寂寞、清贫的学术生涯中，朝克默默地追寻着酷爱的事业。20世纪20年代，我国民族语言研究远远落后于国外，那时要做的工作很多很多。朝克思考着、拼搏着、奉献着。他以承载千百年悠久文明和思想文化的民族语言之语音系统、符号结构、思维规则为理论依据，阐述着北方民族的历史、今天和未来。辛勤的学术耕耘，获得了应有的收成，并引起了国内外相关学术界的极大关注。后来，他又考到日本读博士研究生课程。懂多种民族语言，又有语言研究天赋，他很快在日本语言学界占据了独特的学术地位。他一步一个脚印，成功地从草原走到北京，又从中国走向世界的民族语言学舞台。

迄今为止，朝克先后在日本学习生活6年。从1982年至2008年近26年时间，他用汉、蒙、日、英文撰写、发表和出版民族语言学、文化学、宗教学、社会学方面120余篇学术论文和10多篇译文及18部专著，主持和参与完成国际国内40多项重大研究课题。他掌握汉、蒙、达斡尔、鄂温克、鄂伦春、赫哲、锡伯等民族语言，通晓日语。他还学过英、俄和朝鲜和日本阿伊努人等国家和民族语言。他多次到美国、日本、韩国、蒙古国以及欧洲等国家和地区著名大学、研究机构作学术交流。他曾荣获"中国社科院十大优秀青年"称号，英国剑桥大学"20世纪成就者勋章"，世界文化名人委员会"世界文化名人成就奖"，荣获20余项国内外优秀科研成果奖，在国内多次主持重大国际学术会议，成为享受国务院特殊津贴的突出贡献专家。然而，面对荣誉和成就时，朝克又总是显得那样自然、平静、质朴和超脱。

三、人大代表，神圣的使命

十年前，刚刚晋升为社科院研究员的朝克在香港中文大学进行学术交流活动时，接到英国剑桥大学的聘请。到国际顶级学府进一步发展自己，是正进入学术成熟期和旺盛期的青年学子所渴望的事情。但就在那时，北京来电告知他已当选全国人大代表，要他赶紧回京参加会议。一方是国际著名大学和西方优裕的物质生活，一方是祖国的召唤，人民的重托。面对这一人生重大选择，朝克毅然决然回到北京。

因为他出生于革命干部家庭，他的叔爷早年到俄罗斯投身革命，十年浩劫中他们一家因此受到迫害。但正是革命家庭的熏陶，让他感到自己肩负的使命。所以，他义无反顾地提前结束在香港的学术交流活动回到北京。

这一选择，他知道自己得到的不仅仅是一种荣誉，更重要的是要肩负起人大代表的神圣职责。每次参会前，朝克都要深入基层调研，每一次都认真书写议案、建议。"实事求是"是中国社会科学院"院训"，被很多专家学者当作座右铭。这四个字，更是朝克严格要求自己的行动指南，也是他从事科研工作和参政议政的人生原则。

四、出席国际青年议会代表大会赢得赞誉

1999年,全国人大办公厅派朝克和牛玉儒,代表中国参加首届亚欧青年议会代表大会。当时,西方一些反华势力以我国人权和民族问题为借口,攻击中国人权问题。所以第一天开幕式气氛就有些紧张。当会上一些国家代表质疑中国人权和民族问题时,朝克反驳道:"我是一个在中国只有3万多人口的鄂温克族人大代表,他(指牛玉儒)是蒙古族人大代表,我们在中国全国人大会议上和其他代表有着平等的发言权力。而美国国会有印第安人代表吗?加拿大议会里有爱基斯摩人的代表吗?北欧议会里有萨米人代表吗?日本的阿依怒人在他们国会中有一席之地吗?"他还接着说:"中国有近13亿人口,而代表中国参加今天这一重大国际会议的却是两位少数民族人士,这就充分体现了中国先进而优秀的民族政策,平等而文明的人权"。应一些与会代表要求,朝克和牛玉儒还用各自的母语说了一段话。朝克用事实批驳了攻击中国的言论,使与会者耳目一新。由此,他和牛玉儒自然成为会议关注的"新闻人物"。中国这一发展中国家,正以崭新的姿态走向国际舞台。而在这过程中,人大代表朝克向世界很好地表现和传达了中国正在发生的变化和可喜的进步。第二年,葡萄牙就派出由300名中青年议员、政治家和企业家组成的代表团来中国参观学习,他们想知道这个古老文明的国家正在发生怎样的变化。

朝克作为研究员和人大代表,既要优异的成绩完成科研工作,又要为了更好地履行代表的职责奔波于农村牧区。对他来说,一天工作12个小时以上是常有的事。

五、一个充满活力的人大代表

一个学者取得的学术成就,令人景仰,因为他比普通人付出更多辛苦,才把一个个科研成果奉献给祖国和人民,奉献给世界。朝克所研究的领域,比较偏,要耐得住寂寞才能出成果,而朝克充沛的精力、忘我的拼搏、无私的奉献,都完美体现着他的学术理想和人大代表的神圣职责。

2006年夏,他带着自己的研究生和几位专家学者,到内蒙古呼伦贝尔调查了解草原教育、医疗卫生、生态环保、自然资源与文化遗产的保护和开发利用等问题。一个多月时间,他们走访鄂温克、鄂伦春、达斡尔等人口较少民族生

活的草原、山林、牧场，进行深入调查研究。在此基础上，朝克写出3万多字的调研报告。在2007年全国人代会上，他提出7项很有分量的议案和建议，其中有3项建议被国家相关部门采纳。

10年人大代表生涯，对于朝克来说既充实又有意义，他每年都抽出一定时间为履行代表职责深入牧区农村，走访牧户农家，搜集大量十分珍贵的第一手材料，为自己实现真正意义上的参政议政积累有价值的资料。正因为这样的付出和努力，10年间，朝克先后提交70多件议案和建议。2005年在十届全国人大三次会议上，朝克提出的关于国家法定节日的议案，得到很多代表响应，2008年中国已经开始了新的休假体制。他提出的"关于设立国家哲学社会科学奖"、"关于城市建设和规划中注重传统文化特色"、"关于设立马克思主义理论创新奖"、"关于把文化产业放在战略地位思考的建议"等建议都切中关键，得到人大代表们的共识和认可。

朝克博士说，当一名全国人大代表，责任十分重大，所以必须任何时候都毫不含糊地认真履行代表的权益和责任。因为这是党、祖国和人民赋予的责任和权力。作为一名代表，要对得起党，对得起人民，对得起自己的祖国。

朝克博士，就是这样一位讲究"实事求是"，积极参政议政的学者人大代表，他严谨认真，调查研究，不负使命。

第三篇
全国人大代表：中国社会科学院研究员朝克[1]

朝克，鄂温克族，1958年出生在呼伦贝尔草原南屯镇。那里居住着鄂温克、鄂伦春、达斡尔、蒙、汉等多种民族。小时候，朝克在家里说鄂温克语，在学校讲蒙语，去集市购买日用品时，则用鄂温克语、达斡尔语，或是赫哲语。汉语是他接受较晚的一种语言，高中毕业时，才真正熟练地掌握。从小在若干种民族语言的交错使用中生活，朝克并未意识到这对他有什么特殊的意义。

1978年2月，朝克进入中央民族大学蒙古语言文学系学习。初到北京时，他不能适应新的环境，甚至曾经写信给父母想要回到草原去。但随着学习的一步步深入，他逐渐适应了新的角色，找到了自己的天空。他给自己定下了两个目标：一是学好外语，二是设计好自己未来的方向。在身边同学普遍不重视外语的大环境里，朝克刻苦学习着英语和日语，每天雷打不动背单词。同时，在老师的影响下，他开始迷恋上了语言学。通过阅读语言学著作，再加上他从小就会讲几种民族语言，他开始不断探寻语言的神秘领地。回忆起在语言学的海洋中遨游的日子，朝克念念不忘曾给他启蒙和引导的恩师们：那森巴雅尔老师，青格泰老师，斯琴老师，戴庆夏老师……这一个个沉甸甸的名字已深深地印刻在朝克的生命之中。恩师们渊博的知识帮助朝克奠定了坚实的语言学基础，他们严谨的学风更是对朝克产生了很大的影响。

大学毕业时，他的论文《鄂温克语的语言结构》得到了那森巴雅尔老师的肯定。那老师精通俄文、日文和蒙文，是深受师生敬重的学者。他十分爱学生，尤其爱才，当时，那老师建议朝克将这篇论文发表，老实、稚气的朝克犹豫了："行吗？""行！"那老师和斯琴老师这样鼓舞他。论文发表之后，

---

[1] 本文发表于新浪网，http://edu.sina.com.cn/l/，2011年6月3日。

朝克被中国社会科学院民族学与人类学研究所录用。朝克说："是蒙语系老师引导并坚定了我的语言文化研究方向，而中国社会科学院则给了我语言研究的机遇。"

出于对语言学深深的热爱，从1983年到1987年，朝克几乎每年都拿出一定的时间，利用有限的科研经费，频繁出入满通古斯诸民族生活的边远山林开展调研工作。鄂温克、鄂伦春等民族主要以狩猎和游牧为生，平时居住分散，有的猎民点仅两三户人家，且居无定所，流动性很大，这给田野调查工作带来极大的困难。为找到这些猎民、牧民的居住点，朝克经常顶风冒雨，跋涉于崇山峻岭和茫茫林海之中。几年来，他走遍了满通古斯诸民族生活的猎场和牧区，东北平原、大小兴安岭和呼伦贝尔草原都留下了他坚实的足迹。由于山高林密，车马难行，朝克只能骑着当地民族的主要交通工具驯鹿随引路人去寻找目的地。一次夜行至原始森林，途中不慎与引路人走散，他只身一人在黑暗中摸索前进，险些迷失方向，幸而依靠驯鹿的灵性才逐渐步出险境。

朝克经常与猎民、牧民们吃住在一起，有时一住就是几个星期。白天与猎民们一同吃野果、驯鹿肉，晚上则住在用桦树皮制作的**透风漏雨的简易房**（当地人称"仙人柱"）内。有时害了严重的腹泻，他依然拖着病弱的躯体与猎民一起寻找丢失的驯鹿。朝克的真诚使猎民们深受感动，**调研工作也因此得到了猎民的积极配合**。经过艰苦的努力，朝克终于掌握了几百万字的第一手语言调查材料。

为了扩大研究视野，朝克除掌握鄂温克语、蒙语、**鄂伦春语**、达斡尔语、赫哲语、汉语、英语和日语外，还学会了满文、希伯来文，并可以较熟练地使用阿夷奴语、朝鲜语。朝克深知"知有限，不可知无限"，**他锲而不舍地学习多种语言，探索研究多元学问，扩展自己的语言文化人生**。

1988年，朝克通过日本国费生的考试，进入东京外国语学院攻读博士研究生课程。在日本的短短两年时间里，他除了按期完成博士生**众多的**课程之外，还用日文撰写了10篇学术论文，出版了两本专著，并利用空余时间在日本16所大学开办专题讲座。他于1989年2月初到达日本，5月份就用日文撰写出他留学期间第一篇学术论文，令他的日本导师大吃一惊，因为按照通常的情况，至少要在一年以后，留日中国学生才可能以日文撰写学年论文。在日本，朝克收集、整理了大量的日本语言学资料。当把这些资料同中国北方少数民族语言进行综合比较研究时,他惊喜地发现它们之间的类同现象。他随即将自己的研究成果发表在一系列学术报告和论文中,并在其中指出:日本阿夷努语同我国北方满通古斯诸语及阿尔泰诸语间的底层结构中存在着不可否定的共有关系,日本语同我国北方的达斡尔语有着特殊的近亲关系,爱斯基摩语、西伯利亚诸民族语、日本北海道阿夷奴语与我国北方少数民族语言均有着深层次的关系。这些论断,在日本语言学界引起了强烈的反响。大多数日本语言学家在朝克展示的大量真实可信的语言资料和成果面前不得不折服。

朝克已先后用汉、蒙、英、日文在国内外出版专著9部,发表学术论文70篇,译文10篇,共360余万字,并多次获奖。他多次被评为优秀科研人员,并于1997年获社科院十大优秀青年称号。其出色学术表现敬业精神,以及突出的学术业绩和理论创新精神,还有那敏锐的政治洞察力,让朝克先后被选为第九届、第十届全国人民代表大会代表。学术国事一肩挑,在他身上充分显示出一名少数民族知识分子的社稷意识与人文关怀。

1998年,朝克代表共和国参加在菲律宾召开的首届亚欧青年议员基金会会议,一篇《有关亚洲金融危机》的大会发言引起了各国人士的广泛关注。朝克在发言中详细而深刻地阐述了亚洲金融危机中中国政府的态度和作用。鉴于当时一些国家对我国人权问题的质疑,朝克特意在发言的最后谈到了我国的民族问题。朝克说,我来自于中国一个人口数目很小的少数民族,今天却能站在这里代表我们国家13亿人讲述国家立场,这就足以证明我国对人权的重视程度。中国的民族政策非常先进,主要表现在以下三个方面:一、每一个民族都保存着鲜明的民族特征;二、通行的纸币——人民币上印有少数民族的美丽身影;三、任何一个少数民族同胞身着民族服装出现在公共场合都只会赢来羡慕的惊叹声而不是鄙视和嘲笑。这些都充分体现出中国的民族平等以及党和政府对少数民族的关爱。发言中,朝克还展示了自己独特的民族语言,举座赞叹不已。

学者与人大代表的双重身份使得朝克在与其他代表一样肩负沉重责任的同时,还具有对社会问题特殊的关注视角。在十届全国人大一次会议上,朝克提出,我国西部是少数民族最聚集的地方,他们在漫长历史进程中用共同的智慧和劳动,创造了优秀的传统文化,在人类群体中显示出独特的人文价值。因此,我们在西部大开发中,一定要保护好这些不可多得的文化遗产,并提交了相关提案。

人们赞扬朝克取得令人羡慕的成绩，朝克自己却看得很淡，他认为，是草原丰厚的文化沉积和恩师的指导给了他智慧和灵感。他说，其实他的生命很简单，只是有着那么一种叫爱的信仰一直存在心底，这就是对草原、对学术，对社会、对祖国的爱。是这份爱支持着他不断探索，不断进取。成就只代表过去的辉煌，荣誉则是人民对自己的肯定。他将永远背对成就，面对信仰，牢牢地踏实今后的每一个脚印。

第四篇
一位学者对人大制度的思考与实践
——记内蒙古团全国人大代表朝克博士[1]

他是一位学者,在1981至2007年的26年学术生涯中,用汉文、蒙文、日文、英文撰写、出版和发表了民族语言学、文化学、人类学、社会学、宗教学、文学等方面的专著16部,学术论文110余篇和译文10篇,发表论著字数达到500万字以上。他还每年拿出一定时间,到蒙古族、达斡尔族、鄂温克族、鄂伦春族、满族、锡伯族、赫哲族生活的偏远农村、牧区、山林、草原开展实地调研和田野调查工作,从而获得了弥足珍贵而十分丰富的第一手资料,并为北方人口较少民族的语言文化的抢救和保护发挥极其重要的作用,也为他的科研工作打下了雄厚而坚实的资料基础。同时,他也亲身见证了改革开放后草原牧区以及民族地区的日新月异的发展。在这20余年的学术岁月里,他还多次到美国、欧洲、日本、韩国、蒙古国等国家的著名大学和研究机构开展学术交流,传播中华博大而源远流长的文化和文明及其丰富多彩的精神世界。他还主持和参与完成了国际国内20多项重大研究课题,先后荣获过"中国社科院十大优秀青年"、英国剑桥大学的"20世纪成就者勋章"、世界文化名人委员会的"世界文化名人成就奖"以及20余项国内外优秀科研成果奖等。

作为一位全国人大代表,在履行代表义务这些年里,他提出了73件议案和建议,每年都来到内蒙古参加选区人大组织开展的代表视察活动或专题调研活动,在此基础上写出了大量有价值的调研报告。一个人把一身的两个职务能够演绎得如此精彩,那需要付出何等艰辛的努力和劳动啊。走近著名学者、国家一级研究员、中国社会科学院博士生导师、内蒙古团九届、十届全国人大代表

---
[1] 本文发表于《内蒙古日报》2007年11月16日,第2版。

朝克博士，体会他对人大代表职责的理解与诠释，你就会找到一位负责任的人大代表之所以能够不辱使命的动因与力量。

十年前，因民族语言学与人类学研究的突出贡献和成就，在香港中文大学进行学术交流的朝克接到了英国剑桥大学的聘请，恰在此时朝克获知自己当选为九届全国人大代表，他深深地懂得祖国和人民交给他的这一重要使命和职责，权衡再三放弃了去剑桥大学的机会，在还没有完成香港中文大学的合作工作的前提下起航回到了北京。对此有些人不理解，能在国外顶级学府工作，关乎一位学者的学术身份、地位和荣誉。但了解了朝克的生活经历，就会明白他的这种选择是一种必然。朝克出生在鄂温克族的一个革命家庭，他的叔爷年轻时即到俄罗斯投身革命。在"文化大革命"时期受其叔爷的牵连，朝克的家也和许多的革命家庭一样受到了致命的迫害。然而，在那特殊的岁月里，遭遇的一切磨难和痛苦在他的思想里留下了深刻的影响，使他逐渐理性地感悟到民族和国家的进步和发展必须要有文化知识和科学技术，人们有了文化知识就会避免人为的悲剧和灾难。所以，他立志将来做一名有文化知识、为我国的文化知识和科学技术的进步有贡献的人，从此他就开始拼命读书和学习。他在日本读完博士回国时，日本的一些大学和研究机构就想留住他，不过他想到自己的立志和使命，毅然谢绝日本的盛情挽留回到了祖国。

到过许多国家，比较了解国外政治制度的他，十分清楚人民代表大会制度是中国共产党和中国人民选择的最理想的政治制度。他常说"人大代表是一种荣誉，也是一种责任，但后者分量更重。"这份责任驱使他在近十年的人大代表生涯中，孜孜不倦地思考并实践着一个代表应尽职责和义务。每年他都会拿出一定的时间赴少数民族生活的农村牧区，进工矿企业，以及一些改革开放的试点单位或前沿去视察调研，记者手上有一份朝克向全国人大办公厅和内蒙古自己区人大常委会提出前往内蒙古呼伦贝尔地区进行专题调研的申请报告。报告中提到，朝克带着自己的研究生和相关专家拟在2006年7月16日至8月12日期间，到内蒙古呼伦贝尔市的鄂温克、鄂伦春等人口较少民族生活区（主要包括鄂温克自治旗、鄂伦春自治旗、陈巴尔虎旗、扎兰屯市等旗市）内开展专题调研。专题调研内容拟涉及：边远人口较少民族地区交通、电、通讯设施、水土流失综合治理、资源开发利用和产业结构合理调配、人才的中长期培育、普及和巩固九年义务教育经费的保障、全面推进素质教育、水资源污染防治、加强天然林保护、流动人口计划生育管理、地方病以及传染病防治、自然风景与文化遗产开发利用保护等问题。这次调研后，朝克写出了长达3万字的调研报告。在第二年召开的人代会上，朝克所提的七件议案和建议中有三项是这次调研的成果。像这样拿出一定时间、带着具体问题以人大代表和科研人员双重身份到地方开展调研工作的事情，对朝克来说每年都有几次，其中还不包括参加内蒙古自治区人大常委会组织的专题调研活动。在平时，朝克还经常接待来访群众，闭会期间认真阅读选区农牧民或有关部门向上反映的情况资料，对所反映情况的报告、信件等及时地整理、补充、修改后转交相关部门或全国人大办公厅。可以说，朝克在当全国人大代表期间，提交的70余份有分量的议案和建议都是他平时积累的结果。

每次的人代会上，朝克都积极发言，认真作笔记。会下，他会和其他代表交流，认真收集来自基层代表所反映的情况。对于地方来的农牧民代表的建议和议案，他还常常帮忙修改、加工和提炼。有的少数民族代表在会议发言或写建议、议案时有困难，通晓蒙、达斡尔、鄂温克、鄂伦春等多种民族语的朝克总是主动帮着翻译或译成汉文。

十年的人大代表生涯，朝克感受颇多。他说，参政议政实践使自己的政治觉悟、政治素质、政治思想和政治理论方面有了显著提高，对于马克思主义思想理论、毛泽东思想、邓小平理论、"三个代表"重要思想、科学发展观和构建和谐社会，以及中国共产党的先进性，国家重大政治使命、政治理论等诸多方面有了深刻而客观实在的认识和提高。这使自己对于人民代表大会制度、人大代表的权利和义务、怎样当好代表、人大代表如何履行职责等方面有了系统而全面的把握。认识上的升华使他参政议政的能力不断得到提高和积极发挥，提出的建议和意见变得更加具体和有针对性，提出的议案更具代表性、可操作性和法律性，使他从心底里更加拥护和爱戴人民代表大会制度。说到这些，朝克还讲述了1999年全国人大派他和牛玉儒，代表中国参加首届亚欧青年议会代表大会的事情。那一年恰巧是葡萄牙、美国以及西方一些反共势力大谈特谈我国人权问题和民族问题的关键时刻，朝克在大会上详细阐述了我国人大制度、民族理论和民族政策的先进性和科学性，引起了与会的外国议员的极大兴趣和关注。当西方一些国家的议员们妄论中国人权时，朝克就站了起来说："我是一个只有三万多人口的少数民族人大代表，牛玉儒是蒙古族人大代表，我们在全国人大会议上有着平等的发言权力,请问美国的国会里有印第安人的代表吗?加拿大的议会里有爱斯基摩人代表吗?北欧的议会里萨米人的代表吗?日本的阿依努人也在他们的国会里没有一席之地?!"你们有什么权力指责中国的人权和民族问题?!"那次的会议上,朝克和牛玉儒成了人们关注的一个焦点,西方国家的青年议员纷纷同他们接近、谈心,希望更多更好更全面地了解中国和中国先进的政治制度和民族政策。这使与会的西方中青年国会议员,对于中国优秀而先进的政治制度和民族政策有了一个直接而真实的了解和认识。其结果是——第二年葡萄牙就派来三百多名中青年议员、政治家和企业家来中国参观学习。朝克讲到这些的时候,脸上洋溢着生活在祖国的优秀而先进的人大代表制度和民族政策下生活的少数民族的幸福感、自豪感和荣誉感。

　　朝克最后说,我们的共和国在胡锦涛同志为首的新一届党中央的领导下,在科学发展观和构建和谐社会的政治执政纲领的精神鼓舞下,承前启后、一日千里地迅猛快速、平稳可持续地发展。我国取得的任何一点进步和发展都能引起国际的关注。作为一名人大代表和中国社会科学院的民族学专家,在以后的岁月里自己会更加努力地工作,为宣传和贯彻落实我国优秀而进步的人民大会制度和民族政策,为实现高度文明化、科学化、和谐化的社会主义强国发挥自己的应有作用。

第五篇

一位学者的行动与感悟

——记内蒙古团九届十届全国人大代表朝克[1]

来书香[2]

他是一位学者,在1998至2007年近十年的学术生涯中,用汉文、蒙文、日文、英文撰写、出版和发表了民族语言学、文化学、人类学、社会学、宗教学、文学等方面的专著10多部,学术论文100余篇和译文10篇,字数达到300万字以上。他还每年拿出一定时间,到蒙古族、达斡尔族、鄂温克族、鄂伦春族、满族、锡伯族、赫哲族生活的偏远农村、牧区、山林、草原开展实地调研和田野调查工作,从而获得了弥足珍贵而十分丰富的第一手资料,并为北方人口较少民族的语言文化的抢救和保护发挥了极其重要的作用。除此之外,他还多次到美国、欧洲、日本、韩国、蒙古、香港等国家和地区的著名大学和研究机构开展学术交流,传播源远流长的中华文化和文明及其丰富多彩的精神世界,并主持和参与完成了国际国内20多项重大研究课题。也是在这十年中,作为全国人大代表,他提出了73件议案和建议,每年都要参加所在选区人大组织开展的代表视察活动或专题调研活动,并在此基础上写出了大量有价值的调研报告。一个人能将两个职务都演绎得如此精彩,那需要付出何等艰辛的努力和劳动啊。走近著名学者、国家一级研究员、中国社会科学院博士生导师、内蒙古团九届、十届全国人大代表朝克,体会他对人大代表职责的理解与诠释,你就会找到一位负责任的人大代表之所以能够不辱使命的动因与力量。

十年前,因在民族语言学与人类学研究的突出贡献和成就,在香港中文大

---

1 本文发表于《内蒙古人大》2007年第12期。
2 来书香,内蒙古自治区人大办公厅记者。

学进行学术交流的朝克接到了英国剑桥大学的聘请。恰在此时,朝克获知自己当选为九届全国人大代表,出国任教意味着他将无法履行人大代表的职责。他深深地懂得祖国和人民交给他的这一重要使命所包含的职责,权衡再三,朝克放弃了去剑桥大学工作的机会,并提前结束了在香港中文大学的工作赶回了北京。对此有些人不理解,能在国外顶级学府工作,关系着学术身份、地位和荣誉。但了解了朝克的生活经历,就会明白他的这种选择是一种必然。朝克出生在鄂温克族的一个革命家庭,他的叔爷年轻时即到俄罗斯投身革命。在"文化大革命"时期受其叔爷的牵连,朝克的家人受到了致命的迫害。特殊的岁月里遭遇的磨难和痛苦给他打下了深深的烙印,对那个年代,朝克除了痛恨,更多是的一种思考,那是民主被践踏、个人权力凌驾于一切之上产生的悲剧,是家庭的也是社会的。到过几十个国家,较多地了解了许多国家政治制度的朝克,深知人民代表大会制度是目前中国人民能够选择的最好的政治制度,也是中国人民彻底消除两千年封建专制统治影响的唯一路径。尽管这个制度在中国只有不到五十年的历史,还有许多不尽如人意的地方,但这需要时间,朝克很明白一个人大代表在这其中的重要使命。正是基于这样的想法,朝克选择留了下来。

  人大代表是一种荣誉,也是一种责任。这是许多人的共识。但在朝克心中,后者的分量要重得多。朝克曾荣获过"中国社科院十大优秀青年"、英国剑桥大学的"20世纪成就者勋章"、世界文化名人委员会的"世界文化名人成就奖"以及20余项国内外优秀科研成果奖。但当记者和他提起这些时,这位学贯中西的学者却淡淡地说,荣誉只是对你过去成就的肯定,我承认我之所以能当选全国人大代表,和我的学术成就分不开,但我更看重责任,更看重当选之后的行动。在这份责任驱使下,朝克在近十年的人大代表生涯中,孜孜不倦地思考并实践着一个代表应尽职责和义务。每年他都会拿出一定的时间赴少数民族生活的农村牧区,进工矿企业,到改革开放的试点单位或前沿视察调研,以便能够掌握第一手的资料,为自己履职打下坚实的基础。记者手上有一份朝克向全国人大办公厅和内蒙古自治区人大常委会提出前往内蒙古呼伦贝尔地区进行专题调研的申请报告。报告中提到,他将带着自己的研究生和相关专家在2006年7月16日至8月12日期间,到内蒙古呼伦贝尔市的鄂温克、鄂伦春等人口较少民族生活区(主要包括鄂温克自治旗、鄂伦春自治旗、陈巴尔虎旗、扎兰屯市等旗市)内开展专题调研,专题调研内容拟涉及:边远人口较少民族地区交通、电、通讯设施、水土流失综合治理、资源开发利用和产业结构合理调配、人才的中长期培养、普及和巩固九年义务教育经费的保障、全面推进素质教育、水资源污染防治、加强天然林保护、流动人口计划生育管理、地方病以及传染病防治、自然风景与文化遗产开发利用保护等问题。这次调研之后,朝克写出了长达3万字的调研报告。在第二年召开的人代会上,其中的七件议案和建议中有三项是这次调研的成果。像这样拿出一定时间、带着具体问题完成人大代表和学者的双重任务到地方开展调研工作的事情,对朝克来说每年都有几次,这还不包括内蒙古人大常委会组织的专题调研活动。朝克还经常接待来访群众,闭会期间认真阅读选区农牧民或有关部门向上反映的情况资料,对所反映情况的报告、信件等及时地整理、补充、修改后转交相关部门或全国人大办公厅。十年代表生涯,朝克提交的70余份有份量的议案和建议都是他平时积淀的结果。作为一个有影响的学者,朝克在履行代表使命时,能够胸怀全局,着眼未来,而不是拘泥于解决具体问题,这保证了他所提出的议案、建议和意见都具有相当的水准。如在2005年十届人大三次会议上,朝克提出了关于国家法定节日的假期安排问题及合理调整的建议,其中提到应增加民族传统节日如中秋节、端午节、重阳节为法定假日,将春节长假从除夕算起。这个建议在今年得到了落实。他提出的"关于设立国家哲学社会科学奖的建议"、"关于在城市建设和规划中注重文化特色的建议"、"关于设立马克思主义理论创新奖的建议"、"关于把文化产业放在战略地位思考的建议"等都在逐步办理中。

每次的人代会上,朝克都积极发言,认真作笔记。会下,和其他代表交流,认真收集来自基层代表所反映的情况。对于地方来的农牧民代表的建议和议案他还认真帮助修改、加工和提炼。有的少数民族代表在会议发言或写建议、议案时有困难,通晓蒙、达斡尔、鄂温克、鄂伦春等多种民族语的朝克总是主动帮忙译成汉文。

十年的人大代表生涯,朝克感受颇多。他说,参政议政实践使自己的政治觉悟、政治素质、政治思想和政治理论方面有了显著提高,对于马克思主义思想理论、毛泽东思想、邓小平理论、"三个代表"重要思想、科学发展观和构建和谐社会,以及中国共产党的先进性有了深刻而客观实在的认识。也使自己对于人民代表大会制度、人大代表的权利和义务、怎样当好代表、人大代表如何履行职责等方面有了系统而全面的把握。认识上的升华使他的参政议政的能力不断得到提高和积极发挥,提出的建议和意见也更加具体和有针对性,提出的议案更具代表性、可操作性和法律性,这使他从心底里更加拥护和爱戴人民代表大会制度。说到这些,朝克还讲述了他亲历的一件事。1999年,全国人大派他和牛玉儒代表中国参加首届亚欧青年议会代表大会。他说,那一年恰巧是以葡萄牙、美国为首的西方一些反华势力以我国人权问题和民族问题为由大做文章的时候。当这些国家的议员们妄论中国人权时,朝克站了起来,"我是一个在中国只有三万多人口的鄂温克族人大代表",他又指着牛玉儒,"而他是蒙古族人大代表,我们在全国人大会议上有着平等的发言权力"。同时,朝克诘问对方:"美国的国会里有印第安人的代表吗?加拿大的议会里有爱斯基摩人代表吗?北欧的议会里萨米人的代表吗?日本的阿依努人在他们的国会里有没有一席之地?你们有什么权力指责中国的人权和民族问题?"接着朝克详细阐述了我国人大制度、民族理论和民族政策的先进性和科学性,引起了与会各国议员的极大兴趣和关注。在那次的会议上,朝克和牛玉儒成了人们关注的一个焦点,西方国家的青年议员纷纷同他们接近、谈心,希望更多更好更全面地了解中国和中国先进的政治制度和民族政策。这使与会的西方中青年国会议员对中国先进的政治制度和民族政策有了直接而真实的了解和认识。其结果,第二年葡萄牙就派来三百多名中青年议员、政治家和企业家来中国参观学习。朝克谈到这些的时候,使人不难感触到在先进的人民代表大会制度和民族政策下生活的少数民族的幸福感、自豪感和荣誉感。

朝克说他的十届人大代表任期行将结束,不管下一届他能否继续当选,他都会为推动人民大会制度向前发展而努力。他说,中国人民饱受了两千多年封建专制制度的蹂躏,而人民代表制度的先进性、科学性、法制性是保证人民当家作主的最好形式,作为一名高级知识分子,人民信任的代言人,无疑应该在其中发挥应有的作用。

第六篇

朝克：从牧场主到语言学家的人大代表[1]

龚万鹏[2]

国际在线报道（记者龚万鹏）：内蒙古人大代表朝克是鄂温克族人，家乡在内蒙古东北部一个美丽的草原小镇。他的民族只有语言而没有文字，祖先世世代代以狩猎和渔牧为生，可他如今却成了一个精通着汉、蒙、满、日文的语言学家。

"我没有想到自己会从事语言学研究，高中毕业后很长一段时间，我还一直认为自己会成为一名地地道道的牧场主。"朝克在接受记者采访时谈到自己的经历这样说时，眼神中还流露出无限的神往，仿佛看到了蓝天下他广阔的牧场和牛羊。

朝克的全名叫杜拉尔·敖斯尔·朝克。"敖斯尔"是他父亲的名字，而"杜拉尔"则承袭了先祖的名字，这是鄂温克人命名的传统，希望后代有先祖一样优良的品性。1958年，朝克出生在内蒙古自治区东北部濒临着草原与森林的小镇——南屯镇，在这片土地上，居住着鄂温克、鄂伦春、达斡尔、蒙、汉等多种民族。小时候，朝克在家里说鄂温克语，在学校讲蒙语，汉语是他接触较晚的一种语言，高中毕业时，才真正熟练掌握。

高中毕业后，朝克在当地的牧场度过了几年的知青生活。1978年2月，朝克参加了"文化大革命"结束后的第一次高考，考入了中央民族学院蒙族语言文学系学习。从大学三年级开始，朝克就迷上了语言学，在阅读了一些语言学著作之后，他隐约地感到，自己从小就讲的那几种民族语言，似乎蕴含着无限的奥妙，从此北方各民族语言成了吸引他不断探寻的神秘领地。

---

[1] 本文发表于国际在线www.crionline.cn，2006年3月11日。
[2] 龚万鹏，中央国际台记者。

大学毕业时,他的论文《鄂温克语的语言结构》被中国社会科学院看中,朝克成为其下属的民族研究所的成员之一。1988年,朝克通过了日本国费生的考试,进入东京外国语学院攻读博士研究生课程。在日本的短短两年时间里,他除了按期完成博士生众多的课程之外,还用日文撰写了10篇学术论文,出版了两本专著,并利用空余时间在日本16所大学开办专题讲座。

在被问到为什么会取得如此多的学术成就时,朝克打趣说,"这可能是我们家族的遗传基因比较好,因为我们一家子就出了四个博士"。除他之外,朝克的妹妹卡丽娜是中央民族大学的人类学博士,弟弟朝格查是日本千叶大学文字博士,妻子汪丽珍(满族)是中国民族大学的文字博士。谈到自己的专业和人大代表职责时,朝克说,语言研究和人大代表的工作之间并不产生矛盾。当然作为共和国的一名人民代表,为履行人大代表的义务和责任,他经常参加各种会议和视察活动,确实占用了不少从事研究工作的时间。但每当想起为国家的强盛、为人文学科和社会科学事业的繁荣、为内蒙古地区经济的发展做出了自己一点贡献的时候,他就会感到由衷的欣慰。据介绍,通过充分的调研,朝克在人代会上提交了有关保护少数民族传统文化以及提高科研人员待遇的议案。

第七篇
雄鹰从草原起飞[1]

格日勒[2]

今年41岁的朝克是1977年国家恢复高考制度后,从鄂温克草原走出的第一批大学生,他从事满通古斯诸语及阿尔泰诸语的比较研究工作。现任中国社会科学院民族学研究所研究员,曾被评为"1997社科院十大优秀青年"之一。在16年的科研生涯中,他曾先后用汉文、蒙文、日文、英文出版专著9部,发表论文70篇,译文10篇,总计360万余字。其中3部专著、10篇论文荣获国内外优秀科研成果奖。他还在我国大陆以及香港,美国、日本等国家和地区的20多所大学作过专题学术报告和学术演讲。他参加国内学术研究课题12次,国际合作学术研究课题5次,还多次在国内国外学术研讨会上发表和宣读论文。

朝克的业绩,国内外新闻媒体曾进行过多次报道。1998年岁末,刚刚参加完在菲律宾召开的第一届亚欧青年议员代表会议的朝克,作为一名人大代表,受李鹏委员长和全国人大常委会指派,随团视察呼盟重灾区。在扎兰屯市,这位颇有建树的学者与记者谈了他对理想、事业、人生等问题的认识。

他说,"这些年,祖国和人民给了我很多很高的荣誉,对此我深感惶恐和不安。其实我还有很多很多的工作要做。我出生在鄂温克草原,我的鄂温克族血统的父亲和蒙古族血统的母亲不仅给了我生命,而且还给了我强烈的民族忧患意识。我的舅父与乌兰夫是同班同学,我的童年是在先辈的爱国主义教育熏陶下度过的,他们教导我要做个对祖国和民族有用的人。"

他还说,多年以后,我以一个鄂温克族后裔踏进科学的殿堂——中国社会科学院民族研究所那一刻起,我便一遍遍地问自己:人生是什么?人生的意义

---
1 本文发表于《内蒙古日报》1999年1月12日,第3版。
2 格日勒,内蒙古自治区电视台记者。

和价值是什么？面对我所从事的满通古斯诸语及阿尔泰语的比较研究工作的相关课题，我总是在思索：我们的文学是从哪里来的？我们的祖先是怎样创造语言的？汉语与少数民族语言有什么关系？北极圈爱斯基摩人的语言与我们的语言有什么共性？日语、朝鲜语、芬兰语与我们的语言有何共同点？这些研究课题几乎成了我生活的全部内容。早晨6时到晚12时，这都是我的工作时间。多少个启明星尚挂在天际的清晨，多少个灯火阑珊的夜晚，我伏案苦读。在众多知识界先驱的精神鼓舞下，读书，写书，在浩瀚的各民族语言的海洋中遨游，进行探索、研究、比较、分析、著书论说。研究是枯燥的，有时工作得实在太晚了，不知不觉就睡着了。醒来后，有时也感到乏味和痛苦，这时真的什么也不想干了。但一想到我们的祖国，想到人类文明的进程，还有许多社会的、历史的、政治的、科学的、经济的、文化的和自然领域的研究尚未被前人所发现，有待挖掘，特别是看到外国在某个科研领域取得成功的时候，便有一种强烈的刺激。如果硬要说有什么东西在支配我发奋拼搏，那便是强烈的社会历史责任感。为此，我时常对自己说，朝克，你要不断努力、创造、拼搏。假使你一万次跌倒，你也要一万次站起来。当离开这个世界的时候，我会自豪地告诉后人，我没有浪费生命，没有虚度青春和时光。"朝克确实没有空耗青春。语言是人类的活化石，为了挖掘少数民族语言精髓，朝克曾频繁出入于满通古斯诸民族生活的边远林区开展调研工作。他曾跋涉在人烟稀少的崇山峻岭茫茫林海中，食野果，吃兽肉，他住过鄂温克人祖祖辈辈住过的用桦树皮制做的简陋的'仙人柱'中，他还曾骑着驯鹿迷失在原始森林里。孜孜以求的献身精神终于使朝克掌握了几百万字的第一手语言资料，他用汗水铺就了通向世界讲坛的通道。朝克说，科学无国界，语言是人类共同的遗产，通过对语言的研究比较，发现人类共同的东西，将对人类的和平与发展起到积极的作用，最终缩小不同种族之间的差距，使人类的明天更加辉煌。"

  作为中国社科院最年轻的一位跨世纪学术带头人，写出360万字的学术研究成果的学者，如果没有强大的精神支柱，过人的毅力，是无法做到的。对许多同样搞科研的人来说，朝克现在达到的高度，是他们一生也无法企及的。难怪英国剑桥大学会将1997年的20世纪成就者勋章戴在这位东方骄子的颈上，就连国外的一些学术权威也由衷地称朝克是"东方铁笔"。

第八篇

朝克：飞出草原的鹰[1]

张春丽[2]

朝克是恢复高考后从鄂温克草原走出的第一批大学生，现任中国社会科学院民族研究所研究员，"97社科院十大优秀青年"之一。在他16年的科研生涯中，曾先后用汉、蒙、日、英文出版专著和发表论文达360余万字。其中3部专著、10篇论文荣获国内外优秀科研成果奖。并在国内和美国、日本、香港等国家和地区的20多所大学作过专题学术报告和学术演讲。他多次参加国内、国际合作学术研究课题，在学术研讨会上发表和宣读论文。

是什么精神支配他在短时期内取得那么多成就？朝克感慨地说："我出生在风景如画的鄂温克草原，我的鄂温克族血统的父亲、蒙古族血统的母亲不仅给了我生命，而且还给了我强烈的民族忧患意识；我的舅爷与乌兰夫是同班同学，我的童年是在先辈的爱国主义教育熏陶下度过的，他们教导我要做个祖国和民族有用的人。"

"多年以后，当我以一个鄂温克族后裔踏进科学的殿堂——中国社会科学院民族研究所的那一刻起，我便一遍遍地问自己：人生是什么？人生的意义和价值是什么？我所从事的是满通古斯诸语及阿尔泰诸语的比较研究工作。汉语与中国少数民族语有什么关系？北极圈爱斯基摩人的语言与我们的语言有什么共同点？这些研究课题几乎成了我生活的全部。早晨6点到晚12点，都是我的工作时间。我伏案苦读，在众多知识界先驱精神鼓舞下看书、写书，在浩瀚的各民族语言海洋中遨游、探索，研究、比较、分析、论述。研究是枯燥的，有时实在疲倦了，不知不觉睡着了，醒来后感到乏味和痛苦，这时真的什么也不

---

[1] 本文发表于《内蒙古日报》1999年3月19日，第8版。
[2] 张春丽，内蒙古自治区呼伦贝尔电视台记者。

想干。但一想到我们的祖国、人类的文明进程,还有许多领域的研究尚未发现,有待挖掘,特别是看到国外在某个科研领域取得成功的时候,便有一种强烈刺激。如果说是什么在支配我发奋拼搏,那便是强烈的社会历史责任感。"

"我时常对自己说:朝克,你要不断的努力、创造、拼搏。假使你一万次跌倒,你也要一万次站起来。当离开这个世界的时候,我会自豪地告诉后人,我没有浪费生活,没有虚度青春和时光!"

作为中国社科院最年轻的一位跨世纪学术带头人,他的学术成果是某些科研领域的人一生也无法企及的。难怪英国剑桥大学会将1997年的20世纪成就者勋章戴在这位东方骄子颈上!就连一贯恃才自傲的日本学术权威也由衷地称朝克是"东方铁笔"!

语言是人类的活化石。为了挖掘少数民族语言精髓,朝克曾频繁出入于满通古斯诸民族生活的边远山林开展调研工作。他跋涉在人烟稀少的崇山峻岭和茫茫林海之中,他吃野果、驯鹿肉,他住过当地猎民称之为"仙人柱"的桦树皮制作的透风漏雨简易房中,他曾骑着驯鹿迷失在原始森林中……孜孜以求的献身精神终于使朝克掌握了几百万字的第一手语言调查资料,用汗水铺就了通向世界科技讲坛的通道。按朝克自己的话说:科学无国,语言是人类共同遗产,通过语言的研究比较,发现人类共同的东西,将对人类与和平的发展起到积极作用,最终消除差距,走向耀煌!

朝克,草原上飞出的鹰,浩瀚环宇中,你将飞得更高、更远!

第九篇

我和草原有个约定

——访全国人大代表朝克[1]

李 颖 李艳芝[2]

朝克，鄂温克族，全名杜拉尔·敖斯尔·朝克，是从内蒙古呼伦贝尔大草原走出的全国人大代表。他对于这片美丽的土地他有着深沉的爱恋。

记者面前的朝克代表，温文儒雅。他是第九届、十届、十一届全国人大代表，中国社会科学院跨世纪学科带头人，他还是一位国际知名学者，曾在国内外获得很多荣誉。对于这些荣誉，他说，"其实我的生命很简单，只是有那么一种叫做爱的信仰支持我不断进取，这就是对草原、对学术、对社会、对祖国的爱"。

"我是草原的儿子，草原母亲养育了我，就应该让母亲为我骄傲和自豪。"

朝克出生在呼伦贝尔大草原的一个小镇——鄂温克旗巴彦托海。他在这里长大。高中毕业后下过乡，全国恢复高考的第一年便考上大学，毕业时以优异成绩被中国社会科学院选中，之后便是他令人欣羡的一系列学术成就。1997年，他晋升为社科院研究员，事业蒸蒸日上，国外也请他去讲学任教。与此同时，他也光荣地当选为第九届全国人大代表。一方是国外优裕的物质生活，一方是祖国的召唤、人民的重托，他毅然决然选择了后者。他感到这是一种使命和责任，"是祖国和人民培养了我，否则也不会有我的今天！"

1999年，作为少数民族代表的朝克和牛玉儒代表中国参加了首届亚欧青年议会代表大会。当一些国家的代表在大会上公开质疑中国人权和民族问题时，

---

[1] 本文发表于财政部《两会之声》2015年两会特刊。
[2] 李颖、李艳芝，财政部《两会之声》特刊记者。

朝克代表起身发言："我是一个在中国只有3万多人口的鄂温克族人大代表，他（指牛玉儒）是蒙古族人大代表，我们在中国全国人大会议上和其他代表有着平等的发言权力。请问美国国会有印第安人代表吗？加拿大议会有爱斯基摩人代表吗？北欧议会有萨米人代表吗？日本的阿依努人在他们国会中有一席之地吗？"他声调不高，却句句掷地有声。"中国有近13亿人口，而代表中国参加今天这一重大国际会议的却是两位少数民族代表，这就充分体现了中国先进而优秀的民族政策，平等而文明的人权。"朝克代表恰到好处地向世界传达了中国正在发生的令人惊羡的变化。

这样一位儒雅的学者，骨子里却透着咄咄逼人的英气，坚韧不可摧，威武不能屈，如同呼伦贝尔草原上翱翔的雄鹰。"我是草原的儿子，草原母亲养育了我，就应该让母亲为我骄傲和自豪。"

"我们国家发展的智慧与力量来自于人民，发展的成果又无可怀疑地回报给人民。"

作为来自社科界的一名全国人大代表，如何更好地履行代表使命，朝克代表深知肩上的重担。15年的参政议政，使他感受最深的是深刻认识了什么叫人民代表，我们的政府为什么叫人民政府……"我国的人民代表大会制度是最能体现我们党的执政理念、最能保证人民当家作主、最符合中国国情，最有效率，是与时俱进、充满生机和活力的民主政治制度。人大代表必须要有为人民服务的基本态度，要随时了解人民想什么、想做什么、想过什么样的日子。在'两会'上除了听取政府工作报告外，还要把人民的声音带给中央，因为这是进步的、文明的、积极的声音，代表着前进的、发展的方向。"

为了倾听人民的心声和诉求，朝克代表在攀登书山、泛舟文海做学问的同时，挤出宝贵的时间，俯下身子，迈开步子，每年都要走进草原深山，走进田间地头。"当我们享受着电子电器化的现代生活时，怎能让草原牧民还住在传统简陋的游牧包里过着羊油灯下过去的生活呢？"如何使草原人民在逐步改变原生态生活方式的同时，保持生态平衡和水土丰美，创造全新的现代化游牧文明，是朝克作为一名学者和人大代表始终关注和研究的重要课题。

翻看朝克代表15年间在"两会"上所提的一份份议案和建议，从九届全国人大期间《关于减轻草原牧民牧业税的建议》《关于进一步加大民族地区生态建设投资力度的建议》《关于加大落后地区群众文化生活基础设施建设的建议》,到十届全国人大期间《关于治理和控制草原地带水土流失的建议》《加强农村牧区经济社会文明建设的建议》《关于农村牧区新农村建设中充分发挥民族传统文化旅游经济价值之建议》,再到十一届全国人大期间《关于在新农村建设中充分发挥民族优秀传统文化的建议》《关于科学规划和加强民族文化旅游产业的建议》《关于求真务实地强化草原生态保护和建设的建议》等等,记者看到的是一位学者殚精竭虑先天下之忧而忧的情怀,看到的是草原和边疆地区广大农牧民对幸福生活的殷切期望。

"每年'两会'期间,中央领导都认真听取代表委员们的意见建议,用国家的力量把人民的诉求变成党中央和国务院的行动纲领。正因为如此,我们国家才有了翻天覆地的变化。常有外国人问我,中国如何能解决好十几亿人口的生存和发展问题?我想答案就在于此。发展的智慧和力量来自于人民,发展的成果又无可怀疑地回报给人民,这是一个非常朴素而深刻的道理。"朝克代表对记者如是说。

"打造美丽中国,先需打造美丽的中国心。"

对于党的十八大报告中首次提出的"美丽中国",朝克代表认为"美丽中国"有着双重意义,我们生活的环境、生态自然与物质世界要美丽,同时用我们的思想和信仰构筑的精神世界更要美丽,要打造美丽中国,先需打造美丽的中国心。

朝克代表解释说:"我国有着几千年的文明,但是在那贫困落后的岁月,人们很难顾及到美好生活的需求与享受,所以文化的内涵一直没有提升到更高的境界。今天我们正处于改革开放、繁荣发展的黄金时代,在物质文化极大丰富的同时,需要用精神文化、用各民族的文化来丰富人们的内心世界,进而打造我们美丽的精神家园。"

一直以来,朝克代表对我国的少数民族传统文化给予了极大关注。他认为,我国是一个多民族国家,在长期的不同文化的相互密切接触中形成了相互依存、相互促进、共同富裕、和谐共赢的民族关系,从而用共同的劳动和智慧传承和发展了丰富而又博大的中华文明。他对记者提及,一些国外人士对于我们的民族和谐、共同富裕的美好生活难以理解,朝克代表说:"在中国,任何一个民族都可以穿着自己喜欢的美丽的民族传统服饰在天安门广场、在祖国任何一片土地上行走,没人觉得奇怪或者意外,都觉得很美、很自然、很和谐。这是伟大的中国共产党优秀而先进的民族政策和执政理念创造的美丽的精神世界和美丽和谐的社会环境。这就是我们共同的美丽的家园。中国是大家的家，是一个和谐文明幸福的家。我们都是这个大家庭中的兄弟姐妹，是骨肉同胞。"

"如何从传统中汲取营养，以建设我们今天的文明呢？我觉得重要的一条就是要保护好优秀的传统文化，从优秀的历史传统中汲取有营养的、积极的、美好的内容。但我们也要看到，在经济社会快速现代化的进程中，我国一些民族地区的某些传统文化受到了冲击。如被世人冠以'兴安岭上的猎神'之称的鄂伦春族，他们的传统文化在铺天盖地的现代化文明和现代化建设的冲击中受到很大影响，其中许多用他们的生命传承的传统文化进入濒危或严重濒危状态，亟待我们去抢救和保护。他们传统的文化和文明也是我们中华民族传统文化和文明的一个组成部分，我们有责任去抢救和保护它。"对于这一命题，朝克代表不遗余力地做了大量调研工作，先后提出了"建立健全少数民族语言文字法""加大落后地区群众文化生活基础设施建设""建立中国民族古文字博物馆和中国民族文学博物馆以及各少数民族民俗博物馆""有效落实人口较少民族濒危优秀传统文化的抢救工作""在西部大开发中保护好民族优秀传统文化""在城市建设和规划中注重保护传统民族文化特色""建立国家级少数民族非物质文化产业园""科学规划和加强民族文化旅游产业"等诸多建设性意见，为制定民族政策和文化发展政策提供了强有力的智力支持。

"我们要坚信，文化也可以而且能够作为强国的重要条件和因素，文化的繁荣发展必将给我国经济社会的繁荣发展，特别是打造美丽中国产生极大的生命力和推动力。现在必须要做的是深度改革，广度推广，加快文化体制改革步伐，为文化事业和文化产业发展注入无限活力，民族文化要市场化、时代化、文明化。"朝克代表认为，必须要建立科学的文化改革发展评价体系，这将对我国文化发展繁荣起到引领导向作用、推动提升作用和综合协调作用，可以帮助减少文化产业事业发展中的盲目性、片面性，增强科学性、合理性、全面性。第一，要对深入推进体制机制改革状况进行重点评价。公益性文化事业改革的重点是增加投入、转变机制、增强活力、改善服务，全面引入竞争机制。经营性文化产业改革重点是创新体制、转换机制、面向市场、培育市场主体，建立现代企业制度和建立健全与改革相配套的保障制度。文化体制机制改革既有阶段性任务，又有持续深入推进的要求，应当对事业单位和企业的改革状况跟踪了解，定期做出评价。第二，要对社会效益和经济效益进行重点评价。对文化事业单位和文化企业的社会效益，可以组织专门机构对其中的文化价值、文化贡献和社会、专业美誉度做出评价。前者两个效益的评价重点要放在人民群众文化权益的保障成效上，对后者两个效益的评价重点要放在受人民大众欢迎和受市场欢迎的经营效果上。要对市场占有率做出评价。特别需要注意的是，对文化企业经济状况的评价要坚持规模化、集约化、专业化的要求，既要讲求规模扩张和经营发展的速度，更要坚持挺拔文化主业，优化产业结构和产品经营结构，正确处理挺拔主业与多元化发展的关系。第三，要对优秀文化产品生产和传播效果进行重点评价。优秀的文学作品、有创见的理论学术专著、脍炙人口的优秀影视戏剧作品，对社会、民族和国际社会所产生的影响，往往具有以一当百、以少胜多的效果。因此，评价体系对优秀文化产品、知名品牌，特别是优秀原创文化产品要予以高度重视。要正确处理文化产品质量和数量的关系，努力通过科学评价形成良好的质量引导机制。第四，要对文化"走出去"战略的实施成效进行重点评价。形成科学有效的激励机制，努力改变国际文化传播"西强我弱"的态势，这是我国文化事业、文化产业的神圣使命和自觉责任。第五，要对科技带动战略的实施状况进行重点评价。科技创新是文化发展的重要引擎。在数字化、网络化时代，先进科学技术对于文化生产和传播的支撑作用达到了前所未有的高度。我国文化事业单位和文化企业如不能在科技创新方面采取积极举措，未来势必陷入被动，成为落伍者。

　　在采访即将结束时，朝克代表对财政工作也寄予了厚望，"财政部的诸多工作一向开展得扎实稳妥、富有成效，以建议办理工作为例，及时联系、及时答复、及时落实，办理得很理想、很到位。不仅仅是我，其他代表也给出了很高的评价。听说财政部还设立了文化产业事业发展方面的项目研究经费，我感到很高兴。希望财政部把钱用到实处，把事做好，为建设文化强国、打造美丽中国发挥更多更积极的推动作用，做出更大贡献。我相信，我国的文化繁荣已经呈现，并终将走向辉煌，令世界瞩目"。朝克代表始终对我国的未来和发展充满信心、热情和希望。

第十篇

朝克：让环保自觉意识融入血液[1]

刘 旭[2]

2015年两会会期已近尾声，但会上热议的话题并不会就此结束。比如反腐，比如创业创新，再比如生态环保。此间中新社记者专访了全国人大代表、中国社会科学院民族文学所副所长杜拉尔·敖斯尔·朝克，这位在马背上成长的鄂温克族学者，向记者谈起有关环境保护的所思所想。

"环保的意识，我们必须要有，但是环保不是要钱。"朝克对于现在的环保治理模式并不认同，"一说环保就是跟国家要钱，给多少钱，就种多少棵树。这样能真的环保么？今年种了100棵树，明年又全都砍掉了。"

朝克举例说，"内蒙古自治区阿拉善盟的两位退休老人，多年来就用自己微薄的退休工资，在阿拉善盟的沙漠上种树种草；廊坊的一位老人，也是退休后回到山里种树，最后病倒在自己的绿色家园。""谁给他们钱？他们的精神来自哪里？"

"年幼时，我和祖母骑马走在呼伦贝尔大草原上，我的祖母会告诫我，不能在草原上扔垃圾，否则草原上的神灵会来惩罚我，不能往河里扔垃圾，否则河神会动怒，秋天的时候摘取树上成熟的果子，要一粒粒地取下来，不能把树枝折下来，否则树神会惩罚我。"朝克感慨道，小的时候他会因为这些神灵的故事而害怕，但是长大之后才发现，这种教育下养成的对大自然的敬畏之心，才是人与自然相处的根本之道。

"我们现在的工业社会就缺少这种对大自然的敬畏，随心所欲、破坏性地掠夺之后，我们把自己生存的基础给破坏了，我们能给子孙后代留下些什

---

1 中新社北京3月14日电，《中国民族报》2004年3月5日，第1版。
2 刘旭，中新社记者。

么？"朝克谈起自己在北方林区做调研时，发现有人把砍下来的树摆成了一垛垛的柴火堆。"他们告诉我说，以后孩子们就不用砍柴了，他们都已经帮忙砍好留下来了。"说到此处，这位年近花甲的学者满脸痛惜。"把蓝天白云、清澈湖水、自然生灵留给孩子，和把柴火堆留给孩子，这能相提并论么？"

"改革开放初期我们引进来很多国外的文化，它们为工业化社会提供了强劲动力。"朝克说，"但是现在经济发展起来了，我们越来越感觉到，不能脱离我们的根、我们的基础、我们生存的命脉，那就是中国优秀的传统文化和文明"。

"中华民族的很多信仰核心都是爱护大自然的，把大自然当作母亲，我们都是母亲的孩子，所以我们就像敬重、敬畏、敬爱我们自己的母亲一样，去对待我们的山河草木、蓝天白云。"朝克认为，"我们应该培养这种信念，比用上万乃至上亿的钱去种树更有价值"。

"所以我就在想，我们能不能在从小学到大学的教学课程中，乃至社会教育中设立这些优秀传统文化和生态保护结合的课程。"朝克提醒说，现在的教育还是强制性的成分比较大，理想的教育是让人形成自觉的环保意识。"我们不是去讲大道理，只需要告诉人们，自然是你的母亲，是你生存的依靠，是让你的子孙万代生存下去的最基础条件。"

第十一篇

朝克：保护环境与传统优秀文化密不可分[1]

魏 那　包萨如拉[2]

主持人：各位网友大家好，这里是全国两会内蒙古日报社全媒体报道演播室，今天我们非常荣幸地请来了全国人大代表、中国社科院民族文学所党委书记朝克研究员，您好！

朝克：您好！

主持人：首先请您结合今年的政府工作报告，给我们谈一谈生态文明建设与环境保护，可以吗？

朝克：这次的报告中始终贯穿着创新、环保等核心内容。在谈到民生问题和社会建设中，特别强调我们必须打好节能减排和环境治理这个攻坚战。同时也提到，森林草原是大自然赐给我们的财富，我们必须加倍珍惜这些自然财富。我们前进道路中会遇到困难和挑战，比如某些地区环境污染很严重；政府工作的要求中，也提到环境保护的重要性；前进的目标中，也提到了我们的发展和我们的环境相协调的进行科学发展。那么农村的建设中，也首先要提到环境治理，建立一个美丽的乡村。在城镇的建设中，也提到了首先要进行环境保护、优化环境，那么在提到不同地区协调发展中，也提到了不同地区间也要在生态文明方面。始终贯穿着这么一个核心的思想内容。

主持人：作为传统文化研究的专家，您认为优秀的传统文化，和环境

---

[1] 【视频访谈】新闻中心，北方网，内蒙古新闻网2015年两会全媒体特别报道2015年3月9日。
[2] 魏那、包萨如拉，内蒙古日报社国全国两会全媒体报道组记者。

保护有什么样的联系呢？

朝克：实际上，我们传统的优秀的文化的建设，跟我们当今的发展是密不可分的。比如在草原上，有传统的萨满信仰。萨满是一个信仰大自然的精神活动，我们在草原上，在上学以前，从我们的祖母那里，所受到的就是一个传统文明传统文化的教育。比如说，她说，你在草地上不能随便扔垃圾，草原的神会惩罚你，河里不能扔垃圾、河里的神会惩罚你，你到树林里采食野果，一定要不能把树枝砍下来，把树枝砍下来，树神会惩罚你。这样一个萨满信仰，一个这样优秀的、和大自然和为一体的人的精神活动，我想给美丽的大兴安岭和呼伦贝尔大草原的生存和保护它的原生态，起到了一个重要的作用。

其实我们的国家在5000年的文明发展中，积累了很多人和自然、保护自然，生态文明建设方面的成功的经验。无论是从幼儿教育，还是到大学教育，我们一定要把这样的优秀的传统文化，融入我们的教育规划中。在你的思想，在你的意识中，在你的生存的态度中，一定要贯穿这样的东西，使我们干干净净的做人，干干净净的做事，干干净净的搞建设。

主持人：作为来自草原的学者，您对草原生态保护有什么样的建议呢？

朝克：与我们的土壤保养、土壤保护、土地文明建设有关系的法规条例还要进一步强化，要进一步完善，进一步系统，使我们能够落实到实处的时候能管用。第二个我认为，把环保工作，作为考核干部的一个重要指标，哪怕是村长，也要将环保作为一个政府的政策和制度来贯彻使用。第三个，就是教育。这个教育不能脱离实际，从娃娃做起，使人自然的感受到，保护环境，是我做人的一个最起码的权利、义务和责任。第四还想建议，能不能把这些传统的优秀的文化，用不同的形式进行宣传。比如像萨满信仰中对大自然的保护，能不能用艺术的角度宣传，变成一些文化方面的东西，使它们与生态保护、自然环境的优化相配套，发挥作用。还有第五项，环境保护队伍的建设，这必须是高素质的。环境保护工作很重要，那么进行这环保方面的工作的人也很重要。环境能看出人的道德修养，环境能看出这个社会发展的档次，环境能体现我们科学现代化的程度。所以说环境保护工作，以及环境保护这个方面队伍的建设显得很重要。有些地方，我们国家投入了那么多财力，也就是那样，那么我们不能把环境保护就看成是一个钱和人的关系，我认为就是人的思想、人的态度和环境的关系，实际上跟钱当然也有关系，那么更重要的是人对自然的态度，跟环境的态度，人的内在精神生活、人的素质的一个提高。

主持人：好的，非常感谢朝克研究员做客我们的演播室，同时感谢各位网友的观看，我们下期节目再会！

第十二篇

抢救濒危民族语言[1]

张文静[2]

2009年，联合国教科文组织绘制了一个《全球濒危语言分布图》，直观地展现出全球部分族群母语濒危的现状。分布图显示，在全世界现存的6000多种语言中，大约有2500种濒临灭绝。

中国虽不在语言濒危的热点地带，但至少也有几十种语言处于濒危状态，其中西南地区、东北地区和陕晋黄河中游地区被联合国教科文组织列为中国濒危语言最集中的地区，而满语更是被列为"极度濒危"级别，在五级濒危等级制中排在第四级。

对于中国社会科学院民族文学所党委书记、副所长朝克来说，满语的消亡危机不仅仅是调查报告中看到的数据，更是亲眼见到的事实。从事包括满语在内的满通古斯语族语言研究的30余年间，他走遍了满通古斯各民族生活的地区进行田野调查，掌握了该语族语言的第一手资料，也看到了这些民族语言正在面临的危险。

"在我国约1100万人口的满通古斯诸民族里，使用母语者已减到3万多人，而且基本上处于高龄化人群。更可怕的是，他们还在以惊人的速度不断丢失母语词汇和母语记忆。"朝克告诉《中国科学报》记者，现在的他只能不停地开展调研工作，不断地抢救性搜集整理和记录已经濒危或严重濒危的，甚至已经成为碎片化而不成系统的语言符号，尽可能地保存和抢救这些即将消失的民族语言。

1　本文发表于《中国科学报》2014年8月6日。
2　张文静，中国科学报见习记者。

一、30多年的不断艰辛的田野调查

7月上旬,朝克刚刚带着几个博士生从东北回到北京。在这次田野调查中,他们用了半个月的时间走过了兴安岭深处杜拉尔民族乡、萨马街民族乡,以及草原深处的莫日格勒民族乡等乡政府所辖的通古斯诸民族生活的边远村落。他说,在通古斯诸民族生活的一些村落,都能清楚地看到河对岸洗衣服的俄罗斯人。通古斯诸民族牧民或猎民生活的一些地方实在是太偏远、太偏僻,有的所谓村寨只有几户人家散落在广袤的山林或偏僻草原,别说没有下榻的旅店,连电话信号都连接不上。然而,越是这样远离现代都市或城镇的偏僻山村及偏远牧场生活的通古斯诸民族保存母语及传统文化越多、越全面、越珍贵。

朝克1982年到社科院工作时,就开始了这样艰辛的田野调查和科学探索。30多年来,他几乎每年都要拿出一定时间深入到满通古斯诸民族生活的地区开展田野调查。在那些艰辛的岁月里,在那些探索科学的艰难的旅途中,没有公路也没有汽车,他骑过马、骑过驯鹿,坐过牛车、坐过马车,乘过马拉雪橇、驯鹿雪橇,也乘坐过木筏子、桦皮船、木船,有时一走就走好几天,甚至走几天几夜。就这样,他身背着调研资料、调研器材、调研使命,独自一人走过赫哲族及鄂伦春族住过的江河湖泊,走过鄂伦春人及鄂温克人生活的深山老林,走过鄂温克族生活的一望无际的草原,走过满族及锡伯族生活的偏远农村农家。不断地、点点滴滴地搜集整理者那些濒危或严重濒危语言词汇符号及其错综复杂的语法符号。

特别艰辛的是,在零下30度的严寒中,冒着风雪,乘着雪橇,在厚厚的雪原、雪林、雪山中行进,去寻找那些应该寻找的语言符号。朝克说,"那些远离城市的偏远山村牧区保存有弥足珍贵的濒危或严重濒危语言资料。而且,像这些地方外国研究者基本上没有去过,所以我们一定要去,拿到那些第一手语言资料。这些是我们的祖先用共同的智慧和劳动留给后人的极其珍贵的语言文化财富和遗产,我们尽做大的努力要抢救和保护它,不要让国外拿走,这是我们的权利和义务,也是我们的使命和任务。我们必须在此学术领域争得学术话语权,占领好学术制高点"。

每到一个调研点,朝克研究员都要细心、热情、坦诚地与发音合作人或调研对象展开话题进行交流,在十分宽松、自然、温馨、快乐的环境中边聊边调研边记录。有很多通古斯诸民族的老人不会汉语,此时朝克精通的通古斯诸语的功夫就自然派上了用场,他会用那些老人最为熟悉的母语与他们进行交流。因为,朝克研究员除熟练掌握鄂温克语、鄂伦春语、赫哲语、锡伯语、满语等通古斯语族语言之外,还熟练掌握这些老人较熟悉的蒙语、达斡尔语、布里亚特蒙古语、巴尔虎蒙古语、沃鲁特蒙古语,所以,在田野调研是没有遇到过语言交流的障碍或麻烦。这也是他在田野调查中,能够如愿以偿地获得弥足珍贵的第一手资料的前提条件和优势。在漫长而艰辛的田野调研时间里,他探索出了一套紧密联系工作实践的濒危或严重濒危语言调研方法和理论。这使他的调研工作变得更加得心应手、更加理论联系实际、更加科学有效。当然,除了熟练掌握这些民族语言之外,朝克的汉语及日语也达到了顶级水平,他还学过女真文、契丹文、八思巴文、蒙文、满文、锡伯文、朝鲜文、埃文文、埃文基文等,学过日本阿夷努语及乌依勒塔语、俄罗斯西伯利亚及远东地区的通古斯诸语、北欧的萨米语、北美的爱斯基摩语等。所有这些,为朝克研究员学术调研、学术视野、学术研究打下雄厚的学术基础,创造了优厚的学术条件。

二、濒危的满通古斯语

朝克所研究的满通古斯语族语言包括满语、锡伯语、鄂温克语、鄂伦春语、赫哲语以及历史上的女真语。在我国,满通古斯诸民族主要居住在黑龙江、辽宁、吉林、河北、北京、内蒙古、新疆等省、市、自治区。另外,还有一部分人生活在山东、河南、天津等省、市。

据朝克介绍,在1000多万满族人中,现在能够使用母语的只有十几人;赫哲语使用者也只有十几人;鄂伦春语好一些,使用者有100多人,但都不能说得很完整。相比之下,鄂温克语和锡伯语还有较多人在使用。"可以说,满通古斯语族语言已经进入了濒危或严重濒危的状态。"朝克说。

导致这种语言濒危现象出现的原因比较复杂。朝克认为,满通古斯各民族的生活格局属于小聚居、大分散的结构类型,加上横跨我国东、西两个疆界,所以语言的使用根本连不成片,不同语言区间存在的空间距离太大,从而直接影响着他们之间用彼此熟悉的母语进行交流。

"同时,满通古斯语族语言均处于强势语言的包围之中。"朝克说道,"例如,锡伯语处于突厥语族语言的使用区内;满语和鄂伦春语及赫哲语完全处于使用汉语的社会环境之中；鄂温克语处于使用蒙古语和汉语的语言区里。正因如此，满通古斯语族语言受外来语言的影响非常大，而且这种影响正在不断扩大和加深。"

由此带来的结果就是，满族和赫哲族只有60—70岁左右或70岁以上的一些老人会本民族语，其他人几乎都失去了使用本族母语的能力，反而均改用了汉语和汉文。鄂伦春语的使用者现在也只达到50%或55%左右，而且使用本民族语言的人也都在中年以上，青少年或儿童中懂本民族语的人越来越少，甚至许多已经不会说母语了。

"相比之下，锡伯语和鄂温克语至今被使用得还比较好，使用本民族语人口也都基本上达到80%左右。但由于这些民族地区经济社会的快速发展、广播电视的不断普及、汉族移民的急剧增多以及与汉族建立婚姻关系的现象越来越多等因素的影响，鄂温克语和锡伯语的使用人口比例也开始逐年下降。"朝克介绍道。

三、语言是传承民族文明的活化石

面对满通古斯语族语言面临的危险，朝克心急如焚，因为他深知语言在传承民族历史文化中的重要作用。"民族语言文字蕴藏着本民族特定的思维规则、表现形式、符号系统和历史文化现象，是传承不同民族特有的文明和思想内涵的活化石。"朝克说道，"一旦一种少数民族语言文字濒危或消亡，其中积存和蕴藏的人类文明和文化现象也将随之消失。这会给人类自身造成无法挽回的损失，人类的语言、词汇、思维、语法形式和表现手段等都会从丰富逐渐走向单一、枯涩和乏味"。

在多年的调查中，朝克发现，我国东北边疆地区的很多山河、草木的名称在满通古斯语中都存在，但不存在于其他语言中。"如果我们不保护这样的语言，以后我们就只能说'这棵树''那棵树'，却无法叫出它的名称。即使后来人又创造出了一个名字，也是另外一回事了，因为后人不可能创造得如同原来那样全面和精致，因为那是千百年来人们在生活和传承中创造的文化和文明，是一个成熟而完美的符号系统，与这些符号系统相配套的是深厚的历史和文化。"

同样致力于满通古斯语言研究的北京大学教授赵杰也认为民族语言有着至

关重要的作用:"过去,我们说语言是一个交际工具,后来说是思维工具、文化传承工具和联络感情的工具。我想说的是,语言还是一个民族的第二表情,是再现本民族古代文化信息的映射器。对满通古斯语族进行深入研究,就像拿镜子将满通古斯语族先民的发展历程清清楚楚地照出来。"

最近,赵杰在满语研究中发现了一个新词,意思是人和兽擦肩而过。"我在其他语言中都没有见到过这个词。"赵杰说,"由于满族人经常和野兽机智地搏斗,所以这个词非常常用,就像汉语中的吃饭一样。所以,对这种语言的研究还能为东北亚的民族发展和文化提供宝贵的揭秘功能"。

四、语言保护刻不容缓

朝克认为,我国在民族语言文字的保护上还是有着坚实的政治基础的,这个基础来自于我国优秀的民族政策,"这些民族政策使得人口在1万人以下的赫哲族、哈尼族等都得以保存了自己的语言"。近年来,为保护民族语言,国家还设立了"非物质文化遗产保护专项资金",开展了少数民族濒危语言文化现状的调查研究工作,启动了"中国少数民族濒危语言文字数据库""建立少数民族'双语'环境建设示范区"等工程,为民族语言的保护做出了很多努力,但对一些严重濒危的民族语言的抢救还有很长的路要走。

今年1月,朝克将30多年田野调查所搜集整理并研究的成果撰写为《满通古斯语族语言词源研究》《满通古斯语族语言研究史论》和《满通古斯语族语言词汇比较》三本书,共计250万字。此前,他已经写作了《楠木鄂伦春语研究》《现代锡伯语口语研究》等著作有近40部。目前,他正在参与全国哲学社会科学规划办公室的《中国濒危语言文化的抢救保护》项目,并与其他专家一起出版了30多本研究著作。

作为第9、10、11、12届全国人大代表,朝克也在不断地呼吁对濒危民族语言的关注和保护。在进行了大量的调研工作后,他提出了建立健全少数民族语言文字法,加大落后地区群众文化生活基础设施建设,建立中国民族古文字博物馆、中国民族文学博物馆和各少数民族风俗博物馆,在城市建设和规划中注重保护传统民族文化特色等意见。

现在的他正在参与国家社科基金重大委托项目《鄂温克族濒危语言文化的抢救保护》,有几十本研究成果即将出版。"鄂温克语在满通古斯语族语言中是最强势的,但我们现在也要抓紧时间保存鄂温克语现有的东西,这也是对过去女真语、满语抢救遗憾的弥补,从而为东北各民族历史文化的研究奠定基础。"朝克说,"我们没有这些语言资料,历史就是荡然无存的。很多民族都没有文字,如果语言消失了,历史记录也就没有了。通过抢救语言,我们希望能把人类早期创造出来的文明留给今天,也留给未来"。

朝克认为,现在抢救和保护这些濒危民族语言最好的方法就是"完整地、实实在在地、科学地记录下来"。"也有人在学这些民族语言,但很难达到很高的程度。现在社会发展这么快,这些语言能否继续传承下去还是未知数。"

第十三篇
保护好多样的民族语言文字[1]

阳春三月，第十一届全国人大二次会议和全国政协十一届二次会议将在北京举行，这是全国各族人民政治生活中的一件大事。为百姓表心声，依法履职献良策，是每位代表和委员肩负的神圣使命。在"两会"开幕之前，我们将陆续刊发一组文章，文章的作者既是"两会"的代表或委员，也是长期从事民族研究的学者。他们的思考，或许可视为"两会"促进少数民族和民族地区发展的先声。下面是，我们向朝克代表有关保护民族语言多样性方面的专题采访内容。

为了更好地保护我国丰富多样的民族语言文字，为了民族语言文字更好地为民族地区的政治稳定、经济发展、社会繁荣服务，为了构建高度和谐、文明而科学发展的社会主义强国，应该将民族语言文字的抢救和保护作为一项长期的战略任务来重视。应加快少数民族语言文字的法制化进程。有计划、有步骤、有力度、有成效地开展抢救濒危民族语言或趋于濒危状态的少数民族语言文字的工作。

一、多样的民族语言文字是我们宝贵的财富

我国的少数民族语言多样，分属于汉藏语系、阿尔泰语系、南岛语系、南亚语系、印欧语系等5个语系的不同语族，此外，还有个别未定系属关系的语言。这些语言中，属于汉藏语系的语言最复杂、最多，包括新发现语言在内已达50余种；隶属于阿尔泰语系的语言有18种；南亚语系的语言有3种；南岛语系的语言有1种。在漫长的历史进程中，我国各民族语言文化相互接触、相互影响、相互渗透。从而构筑了一个和谐、理想的语言环境。

---

[1] 本文发表于《中国民族报》2009年2月20日；《中国社会科学院院报》2006年3月28日。

我国的少数民族使用民族语言的情况不尽相同。多数少数民族使用一种母语，但也有使用两种或两种以上母语的现象。例如，裕固族使用东部裕固语和西部裕固语；怒族使用怒苏语、柔若语、阿侬语；珞巴族使用博嘎尔语、苏龙语、义都语、崩如语；藏族使用藏语、嘉戎语、尔龚语、木雅语、尔苏语等。一些少数民族还使用由两种以上民族语融合而成的混合语。在《中国的语言》一书里，共收录了包括汉语在内的129种民族语言。其中，绝大多数少数民族语言在20世纪50年开始的民族语言识别工作中被确认，一些人口较少民族的语言是后来逐步被发现和识别出来的。这些传载着不同民族的历史文化和思想意识的民族语言被保存和使用．不仅给我国民族语言世界增添了无穷的活力，也为繁荣我国丰富多彩的文化生活发挥了重要作用。在我国的少数民族语言中，还存在蒙古语、维吾尔语、藏语、苗语、彝语等跨境民族语言。这些跨境民族语言几乎都是同语系同语族同一语言而隶属于不同国家的同源异流的产物。因此，我国民族语言的保护和抢救，对于边疆民族地区的稳定和建设具有极其特殊的意义和价值。

我国有多种民族文字，其结构类型主要有图画文字、象形文字、音节文字、拼音文字4种。我国各少数民族先民在不同历史时期创制和使用过突厥文、回鹘文、契丹文、西夏文等古文字。还创制或改进了藏文、彝文、傣文、蒙古文、满文等。一些生活在西南地区的少数民族还使用过仿造汉字创制的方块文字。创制过主要用于宗教活动的拉丁字母拼音文字。20世纪50年代以后，根据民族地区社会经济文化发展的需要，遵循少数民族自愿自择的原则，我国有关部门在民族地区广泛调查研究、征求意见，开展了对少数民族旧文字修订、改进，为没有文字的少数民族创制文字的工作，对少数民族语言文化、社会经济的繁荣和发展起到了极大的促进作用。我国少数民族使用的文字中也有跨境文字，例如：朝鲜文、哈萨克文、景颇文、拉祜文等。此外，鄂温克、赫哲、京等民族在境外有文字，但在境内不使用；哈尼、佤等民族在境内有新创文字，而境外哈尼族和佤族则没有本民族文字。虽然在结构类型、创制年代、使用地区和范围等方面都有所不同，民族文字撰写、记录、印刷的历史文献和各种图书资料却浩如烟海，为我们探讨不同民族的文明史、发展史留下了极其宝贵的财富。

二、加快开展民族语言文字的保护发展工作

民族语言文字中所蕴藏的特定思维规则、表现形式、符号系统以及丰富的历史文化现象，是传承不同民族特有的文明和思想内涵的活化石。然而，伴随着时代的变迁和人类文明的进程，曾经在人类历史上创造辉煌和文明的一些民族语言文字已消失地无影无踪，我们已经很难说清在漫长的历史进程中，我们的祖先究竟使用过多少种语言文字。在当今网络信息革命兴起、以电视电脑为主流的语言文字传媒工具无处不用的时代。少数民族语言文字更是面临着无法回避的历史性挑战，许多少数民族语言文字趋于濒危。

一种少数民族语言文字濒危和消亡，其中积存和蕴藏的人类文明和文化现象也将随之消失。进而给人类自身造成无法挽回的损失。为了避免人类的语言世界、词汇宝藏、思维功能、语法形式、表现手段从曾经有过的极其丰富、绚丽多彩的状态逐渐走向单一、枯涩和乏味。我们需要不断加大人力和资金方面的投入力度，并采取行之有效的科学措施，给那些处于弱势状态的少数民族语言文字注入实实在在的活力，使濒危民族语言文字得到有效保护。进一步提升和完善包括濒危语言在内的少数民族语言文字的保护政策与措施，不仅是世界审视我国民族政策的一个重要窗口，也是我国保护文化多样性政策最直接、最理想的体现。

新中国成立以来，依据不同民族、不同地区的发展需要，我国制定、颁布、实施了一系列民族政策，比如《中华人民共和国民族区域自治实施纲要》《国务院实施〈中华人民共和国民族区域自治法〉若干规定》等。这为民族语言文字的保护和发展奠定了十分坚实的政治基础，提供了一定的资金保障，使我国的少数民族语言文字得到空前的繁荣发展。近年来，我国还设立了"非物质文化遗产保护专项资金"，开展了少数民族濒危语言文化现状调查研究工作，启动了"中国少数民族濒危语言文字数据库"、"建立少数民族'双语'环境建设示范区"等与少数民族语言文化保护和发展密切相关的重大工程，并取得了阶段性工作成绩。然而，对于处于偏远边疆地区、使用人口较少的民族语言，还未进行全面系统的整理和挖掘。对这些濒危民族语言文字进行抢救性记录和保存，是一项刻不容缓的重要任务。现在，已有20多个国家的语言学家到我国民族地区实地调查、记录、搜集、整理、研究濒危少数民族语言文字，

这使我国弥足珍贵的濒危少数民族语言文字资料源源不断地流向国外。我们要在不失时机地保护和抢救濒危少数民族语言文字的同时,尽快立法保护这些不可再生的宝贵资源,依法严格控制或限制其向国外流失。

  一种民族语言就是一个极其丰富的民族文化资源库,多种民族语言盘根交错而枝盛叶茂于我们生存的世界,这是人类在漫长的进化历程和繁荣发展的岁月里用共同的劳动与智慧创造的博大而灿烂辉煌的财富。近年来,联合国教科文组织通过了《语言活力与语言濒危》《保护多样性宣言》等一系列决议案,明确提出了有效保护民族语言文字和传统文化的必要性。科学保护和开发利用民族语言文字会给我们迅速崛起的祖国在政治、社会、经济、文化、科学技术等方面带来许多好处,它有助于深入研究我国各民族的历史来源和相互关系,进一步深入阐述我国民族大家庭多元一体格局的丰富内涵,更好地开展民族工作、促进民族团结进步、构建和谐文明的社会主义国家。

第十四篇

朝克：多措并举繁荣地方社会科学

梁卫国[1]

【嘉宾介绍】朝克，中国社会科学院科研局副局长，研究员，博士生导师，我国著名少数民族语言学家，全国人大代表，主要从事北极圈语言文化、东北亚语言文化、阿尔泰诸民族语言文化研究，他用多种文字在国内外发表150篇学术论文，20余部研究专著，一些论著在国内外或科研成果奖。他提出的北极圈语言文化相关论、日本阿夷努语言文化与阿尔泰诸语关系论、日本和朝鲜语言文化多元说、语音形态论、名词形态论、动词形态论等学术观点在国内外学术界很有影响。

一、六中全会勾画出文化繁荣美好未来

中国现有智库体系中，地方社会科学院占有重要位置。多年来，作为体制内的地方最高级别的专门社科研究机构，各地方社会科学院为繁荣地方哲学社会科学、推动本地经济社会发展做出了重要贡献。近日，中国社会科学网记者就地方社会科学院发展现状、存在的问题

社科院科研局副局长朝克
社学网记者 张哲 摄

---

[1] 梁卫国，中国社会科学网记者，2012年两会。

和解决方法等内容采访了朝克博士。

记者：朝副局长，您好。党的十七届六中全会发出了文化大繁荣大发展的号召，能否请您结合六中全会精神谈谈文化繁荣和地方社会科学院科研工作的关系。

朝克：党的十一届三中全会以来，在党的正确的思想理论指导及正确的路线方针指引下，在不断加大哲学社会科学事业支持力度和资金投入力度的前提下，我国的社会科学事业生机盎然，空前繁荣。特别是，在十七届六中全会上以全会的角度提出文化大发展大繁荣的纲领性指导思想。这使哲学社会科学工作者受到很大鼓舞，我们认为六中全会是在我国经济社会又好又快稳步发展的大好形势下召开的又一次重要会议，主题和意义都十分适合我国经济社会的科学发展的需求。可以说，全会立足于战略全局谋划文化建设，适应时代要求推进文化改革与发展，充分体现了我党在文化建设方面上的高度自觉和政治上的远见卓识。

我国是一个有着优秀传统文化、悠久文明历史的国家，有着丰富的文化资源与雄厚的文化基础。我国的优秀传统文化是我国各族人民在千百年的繁衍生息中，用共同的劳动和智慧，用充满真善美的内心世界共同创造的极其珍贵的物质的和精神的财富，它是我国各族人民的共同骄傲，也是我们的共同精神家园。对我国优秀传统的挖掘、开发、弘扬，能繁荣我国哲学社会科学科研人员的科研工作，所有这些将会无可置疑地惠及我国各族人民，从而对夺取全面建设小康社会的新胜利，开创中国特色社会主义新局面发挥极大的积极推动作用。

我国是一个多民族文化、多地域文化、多特色文化的国家。我国各地的语言文化极其丰富，并在党和政府的优秀而先进的政策关怀和思想理论指导下，各地各民族语言文化得到充分重视、保护和弘扬。所有这些人类弥足珍贵又源远流长的物质文化和精神文化，经过各地社会科学工作者的辛勤劳动和努力工作，把其中包含的民族灵魂、民族精神、优秀的思想品德不断挖掘、整理，不断提供给人民，不断满足人民群众日益提升的精神文化需求，为地方经济社会的发展注入强盛的精神力量。同时，也为我们弘扬优秀传统文化，净化人们的内心世界，提升人们思想意识，凝聚和团结我国各地各族同胞，构建和谐文明的现代化社会主义国家，为人们追求充满真善美的高尚的社会生活等发挥了不可忽视的重要作用。

我们认为，从事哲学社会科学研究的专家学者必须按照六中全会精神，坚持社会主义先进文化前进方向，以科学发展为主题，以建设社会主义核心价值体系为根本任务，以不断满足我国各地各族人民日益增长的精神文化需求为出发点，面向世界、面向未来不断强化科研工作。通过我们的辛勤劳动和共同努力，不断强化人们的文化自觉和文化自信，不断提高人们的文化素养与文明素质，在更高层面、更广泛、更科学而更有效地凝聚和发扬各地各族人民的智慧，不断发展和弘扬各地各民族的优秀传统文化，从而不断增强我国的文化软实力，努力建设社会主义文化强国。我们已经看到，各地各民族的文化建设已成为综合国力竞争的重要因素，成为经济社会发展的重要支撑，自然也成为丰富我国各族人民精神文化生活的重要条件。

从事哲学社会科学研究的专家学者，应该抓住这一文化建设和发展的理想时机，更加努力地为我国各族人民提供更好、更文明、更有质量、更理想、更多的精神食粮，应该更有效地保障人民大众的基本文化权益，应该不失时机地建设一个优秀、先进、文明而强盛的文化人才组成的文化队伍、文化市场、文化社会、文化强国。在我们看来，社会主义文化大建设、大发展、大繁荣的战略思想，充分表明我党对社会主义文化建设规律的充分而科学的把握，进一步深刻阐明了当前和今后一个时期我国大力推进文化改革与发展的行动纲领。胡锦涛总书记在六中全会上的重要讲话，更是高屋建瓴、统揽全局、思想深刻、内涵丰富，具有很强的前瞻性和指导性，是推动我国社会主义文化大发展、大繁荣的强大思想动力，也是推动我国哲学社会科学研究事业强大思想动力。

我们深信，经过中国社会科学院和地方社会科学院专家学者的共同努力，使我国的哲学社会科学事业的创新发展，我国的文化建设与文化繁荣事业将会进入一个全新的历史阶段。我们将要迎来一个建设社会主义文化大国、文化强国，实现我国各地各族人民文化繁荣兴盛的美好而理想的岁月。

作为我国社会科学事业的重要组成部分的地方社会科学事业也得到不断强化和繁荣发展。目前，全国31个省、市、自治区基本上都已发展成为拥有地方社会科学院、高等院校、党校及相关研究基地的社科队伍。

改革开放以后，特别是近几年，地方社会科学工作者完成了数量可观的，有着鲜明的本地特色的经济社会现状及其发展的重大课题,从而为本地区的经济社会的又好又快地可持续稳步发展发挥着积极推动作用。同时,在人才队伍的建设方面也有很大改观,从而获得长足、稳步、有力地发展。

二、地方社会科学院的发展面临新挑战

记者:目前,地方社会科学院的发展是否还存在一些问题?

朝克:地方社会科学事业无论在环境、条件、基本设施、基础建设、人才队伍、科研管理及其经费等方面虽然发生了很大变化和改观,同时也取得了很大的成绩和发展。但是,随着改革开放的不断深入,特别是经济社会的深度建设和繁荣发展,也面临着一系列新情况、新问题和新挑战。大致有以下几个方面:

第一,偏重基础学科研究,社会管理和社会服务研究仍然薄弱。从各地社科研究队伍建设及其科研工作的实际运作情况来看,除了政府相关部门,如各省、市、部委厅局的研究室结合具体工作实施的对策性、针对性研究之外,地方社会科学院等社会科学领域的专门研究机构研究,对于社会管理和服务等应用研究课题似乎是一个薄弱环节。不过各省、市社会科学院这几年比较注意抓应用对策研究,也在此研究领域取得较好业绩。从总体上来说,应用对策、社会管理和服务等方面的研究还不是很强势。这一问题,应引起重视。

第二,从某种意义上来讲,地方社会科学院的研究中,基础理论研究与应用研究衔接得不是十分理想。基础理论研究和应用研究两者的关系是辩证的,基础理论研究是基础,脱离它应用研究就会成为无源之水,无本之木;反之,基础理论研究就会成为"纸上谈兵"、"好听不好用"。由于历史的原因,由于我国传统教育体制和学科设置的一些不足,社会科学研究科研队伍的配备本身就不很全面、合理、科学。甚至会出现搞经济方面基础理论研究的,不懂市场经济及其运营规则的学者。所以,其成果往往是从书本到书本,其理论运到现实的经济社会就不管用或发挥不了作用。另外,也有的专家学者来自实际工作部门,他们虽然有着丰富的实践经验,但理论基础、理论知识,特别是对于前瞻性、权威性、深度性理论观点不很熟悉。结果,搞基础理论研究的注重理论研究,搞应用研究的注重搞应用研究,两者缺乏足够的沟通、结合、搭配。由此,在某种研究领域,或者说某一研究方面,会出现基础理论研究和应用研

究相互脱节，进而影响研究成果的实际价值和质量的现象。

第三，个别地方社会科学院存在科研经费不足的问题。从某种意义上来讲，经济发达地区的地方社会科学院或社科研究经费相对较好，而一些老、少、边、穷地区的地方社会科学院或社科研究的科研经费相对不足。科研经费的短缺，势必影响科研工作的开展，甚至直接影响科研成果质量，从而制约地方社科工作发挥他们的学术理论作用，也会影响地方优势学科的发展并造成科研人员的待遇过低而出现人才流失，会出现学术著作不能及时出版而直接影响学术成果转化应用等问题。

记者：如何解决地方社会科学院面临的一些新问题？

朝克：第一，要拓展科研领域，建立可持续发展机制。各地社会科学院要以学科建设为中心，促进各项工作长足发展，要充分利用科技资源，创造出优秀的科研成果，有力推动学科建设、学术理论、人才队伍建设、科研管理工作等方面的创新；要正确认识哲学社会科学科研工作对于经济社会及其社会各方面建设的促进作用、推动作用以及精神作用和思想作用；要科学、务实、敏锐、准确地把握存在的社会矛盾和问题，不断完善科研机制体制。同时，要不断强化社会管理和服务等方面的研究工作。

第二，加快人才队伍建设。地方社会科学院发展关键在人才及其人才队伍的建设。哲学社会科学人才肩负着"认识世界、解读社会、传承文明、创新理论、资政育人、服务社会"的重要职责。在建设中国特色社会主义的伟大实践中，"哲学社会科学具有不可替代的重要作用，哲学社会科学工作者是一支不可替代的重要力量"。要根据哲学社会科学人才队伍建设的特点和规律，因势利导，为形成哲学社会科学人才辈出、人尽其才的良好局面创造条

朝克向记者讲述地方社会科学院
面临的机遇与挑战
张哲 摄

件，并保证其正确的发展方向和正确的政治理论指导。对少数民族地区、边疆地区、山区和老区要针对性地、要有思路、有计划、有部署地进行人才培养和配备，进一步强化前瞻性、理论性、综合性、创新性人才队伍的建设。

第三，要不断加大地方社会科学院财政投入力度。经济条件和状况比较好地区的社会科学院资金投入或经费比较充足，他们的社会科学事业发展态势比较好，成绩也比较突出和明显。相反情况下，地方社会科学院的经费比较紧张，甚至使用不足。由此难能开展重大课题研究，难于实现和发挥地方社科院的作用。对此，一定要加大投资力度，甚至可以拨专款来实施这些地区某一地方性重大研究课题。另外，地方财政及其国家有关部门，对于这些地区的哲学社会科学研究事业的资金投入和资助方面要有特别照顾、特别倾斜、特别扶持和投入。

第四，要不断改善地方社会科学院的工作环境和条件。信息爆炸的时代，对哲学社会科学研究工作产生着方方面面的强烈影响，也从不同角度和层面见证哲学社会科学专家学者的工作态度和工作精神。比如说，中央的意志、思路，以及中央在意识形态、在政治思想、道德信仰、文化教育建设方面的重要决定、决策、指示精神能否及时得到贯彻落实？哲学社会科学领域的最新科研成果、学术观点和理论、学术见解和思潮能否及时得到宣传和传播，从而更好更快更有效地发挥作用？地方社会科学院倘若没有一个符合于当今快速发展的哲学社会科学需求的办公条件、办公设备、办公环境以及现代化设施齐全的办公楼，怎么能够拿出适合于日新月异的现代经济社会发展所需的高质量、高水准、高效率的科研成果，怎能更好地发挥地方社会科学院思想库和智囊团，哲学社会科学最高学术殿堂的作用。当然，同时我们也不能丢掉"甘坐冷板凳，甘为清贫，甘做孺子牛，甘愿奉献"的哲学社会科学人的工作精神及风险意识。

三、创新工程要为人类文明进步做贡献

记者：2011年，中国社会科学院正式启动了哲学社会科学创新工程。该工程在探索拓宽科研领域、完善人才培养机制等进行改革，能否请您结合文化发展简要谈谈？

朝克：六中全会专门讲了文化发展的重要性。文化是我们中华民族的灵魂，是人民的灵魂，脱离了我们传统而优秀的文化与文明，任何一种发展就如同无源之水、无根之树，没有什么生命力和意义。实际上，人类文明的发展历

史都是古往今来、承前启后的产物。我国各地区、各民族的优秀传统文化是我们建设一个文化繁荣发展的强国的根本。我们有着丰富多彩的充满地区性和民族性的文化世界,而当今的文化大发展大繁荣的时代,给哲学社会科学工作者带来了千载难逢的发展机遇。为此,我国政府不断加大哲学社会科学研究事业的投入力度,强化对于哲学社会科学的建设工作。那么,哲学社会科学怎能按照中央的意愿及其指示精神搞好哲学社会科学研究事业,如何满足人们在富有的物质生活基础上建立的精神文化需求等问题很值得我们认真、深入、科学、创新地去思考。

中国社会科学院的创新工程,就是在这样一个好的社会环境和条件下启动的重大工程。创新工程是中国社会科学院当前的一件大事,关系着社会科学院未来发展和走向。创新工程前期工作已经进行了一段时间,院领导对此工程非常重视。我们在具体实施创新工程的实践中,更多地探索、更多地思考、更有力地布局,哲学社会科学研究事业如何更好地按照党中央、国务院的指示精神,充分发思想库、智囊团的作用,充分发挥哲学社会科学最高学术殿堂的作用等问题;对于党中央、国务院提出的重大现实问题、理论问题如何开展社会调查、学术讨论、理论分析、科学研究、提出针对性而操作性的理论观点。比如,住房问题、收入分配关系、社会主义初级阶段基本经济制度研究、社会主义民主法制研究、社会管理与服务研究等。为了更好地实施创新工程,中国社会科学院还成立了财经战略研究院、亚太与全球战略研究院、社会发展战略研究院、信息情报研究院,并以四个研究院为核心开展创新工程的各项工作。同时,着手进行重大工程项目,以及国情调研项目等。还把中国社科网、数据库中心等纳入创新工程项目中加以强化,使其更有生命力,更具针对性。

在具体实施某一重大项目工程前,必须从具体研究对象着手,求真务实地制订研究计划及方案。另外,进一步强化了经费预算管理和论证程序,对于人才培养、学术会议、学术活动,项目人的激励机制等方面都进行着合理科学的规划和安排。在此工程中要大力强化交叉学科、基础学科、濒危学科、特殊学科等方面的研究工作,大力强化"走出去"的学术理念,将权威性学术理论成果广泛传播,使其在国内国际学术舞台上产生积极影响,从而为人类文明的进步发挥积极推动作用。

第十五篇

朝克：要有针对性地配备地方社科人才[1]

方鸿琴[2]

【嘉宾介绍】朝克，中国社会科学院科研局副局长，研究员，博士生导师，我国著名少数民族语言学家，全国人大代表，主要从事北极圈语言文化、东北亚语言文化、阿尔泰诸民族语言文化研究，他用多种文字在国内外发表150篇学术论文，20余部研究专著，一些论著在国内外获科研成果奖。他提出的北极圈语言文化相关论、日本阿夷努语言文化与阿尔泰诸语关系论、日本和朝鲜语言文化多元说、语音形态论、名词形态论、动词形态论等学术观点在国内外学术界很有影响。他作为一名社科界的全国人大代表，每次的两会期间都要提交不少有关我国哲学社会科学相关的建议。在今年的两会期间他提的建议中就涉及地方社会科学院方面的内容。

中国现有智库体系中，地方社会科学院占有重要位置。多年来，作为体制内的地方最高级别的专门社科研究机构，各地方社会科学院为繁荣地方哲学社会科学、推动本地经济社会发展做出了重要贡献。近日，社科网记者就地方社会科学院发展现状、存在的问题和解决方法等内容采访了朝克博士。

记者：朝局长，请您谈谈六中全会及文化繁荣发展同地方社会科学院科研工作的关系和作用。

朝克：党的十一届三中全会以来，在党的正确的思想理论指导及正确的路线方针指引下，在不断加大哲学社会科学事业支持力度和资金投入力度的前提下，我国的社会科学事业生机盎然，空前繁荣。特别是，在十七届六中全会上

---

[1] 本文发表于中国社会科学网，2016年7月20日。
[2] 方鸿琴，中国社会科学网记者。

以全会的角度提出文化大发展大繁荣的纲领性指导思想。这使哲学社会科学工作者受到很大鼓舞,我们认为六中全会是在我国经济社会又好又快稳步发展的大好形势下召开的又一次重要会议,主题和意义都十分适合于我国经济社会的科学发展的需求。可以说,全会立足于战略全局谋划文化建设,适应时代要求推进文化改革与发展,充分体现了我党在文化建设方面上的高度自觉和政治上的远见卓识。我国是一个有着优秀传统文化、悠久文明历史的国家,有着丰富的文化资源与雄厚的文化基础。我国的优秀传统文化是,我国各族人民在千百年的繁衍生息中,用共同的劳动和智慧,用充满真善美的内心世界共同创造的极其珍贵的物质的和精神的财富,它是我国各族人民的共同骄傲,也是我们的共同精神家园。对我国优秀传统的挖掘、开发、弘扬,能繁荣我国哲学社会科学科研人员的科研工作,所有这些将会无可置疑地惠及我国各族人民,从而对夺取全面建设小康社会的新胜利,开创中国特色社会主义新局面发挥极大积极推动作用。众所周知,我国是一个多民族文化、多地域文化、多特色文化的国家。我国各地的语言文化极其丰富,并在党和政府的优秀而先进的政策关怀和思想理论指导下,各地各民族语言文化得到充分重视、更好地保护和弘扬。所有这些人类弥足珍贵又源远流长的物质文化和精神文化,经过各地社会科学工作者的辛勤劳动和努力工作,把其中包含的民族灵魂、民族精神、优秀的思想品德不断挖掘、整理,不断提供给人民,不断满足人民群众日益提升的精神文化需求。同时,为地方经济社会的发展注入强盛的精神力量。同时,也为我们弘扬优秀传统文化,净化人们的内心世界,提升人们和思想意识,凝聚和团结我国各地各族同胞,构建和谐文明的现代化社会主义国家,为人们追求充满真善美的高尚的社会生活等发不可忽视的重要作用。我们认为,从事哲学社会科学研究的专家学者必须按照六中全会精神,坚持社会主义先进文化前进方向,以科学发展为主题,以建设社会主义核心价值体系为根本任务,以不断满足我国各地各族人民日益增长的精神文化需求为出发点,面向世界、面向未来不断强化科研工作。通过我们的辛勤劳动和共同努力,不断强化人们的文化自觉和文化自信,不断提高人们的文化素养与文明素质,在更高层面、更广泛、更科学而更有效地凝聚和发扬光大各地各族人民的智慧,不断发展和弘扬各地各民族的优秀传统文化,从而不断增强我国的文化软实力,努力建设社会主义文化强国。我们已经看到,各地各民族的文化建设已成为综合国力竞争的重要因素,成为经济社会发展的重要支撑,自然也成为丰富我国各族人民精神文化生活的重要条件。从事哲学社会科学研究的专家学者,应该抓住这一文化建设和发展的理想时机,更加努力地为我国各族人民提供更好、更文明、更有质量、更理想、更多的精神食粮,应该更有效地保障人民大众的基本文化权益,应该不失时机地建设一个优秀、先进、文明而强盛的文化人才组成的文化队伍,文化市场、文化社会、文化强国。在我们看来,社会主义文化大建设、大发展、大繁荣的战略思想,充分表明我党对社会主义文化建设规律的充分而科学的把握,进一步深刻阐明了当前和今后一个时期我国大力推进文化改革与发展的行动纲领。胡锦涛总书记在六中全会上的重要讲话,更是高屋建瓴、统揽全局、思想深刻、内涵丰富,具有很强的前瞻性和指导性,是推动我国社会主义文化大发展、大繁荣的强大思想动力,也是推动我国哲学社会科学研究事业强大思想动力。我们深信,经过中国社会科学院和地方社会科学院专家学者的共同努力,使我国的哲学社会科学事业的创新发展,以及我国的文化建设与文化繁荣事业将会进入一个全新的历史阶段,我们将要迎来一个建设社会主义文化大国、文化强国,实现我国各地各族人民文化繁荣兴盛的美好而理想的岁月。

那么,作为我国社会科学事业的重要组成部分的地方社会科学事业也得到不断强化、不断繁荣发展。目前,全国31个省、市、自治区基本上都已发展成为拥有地方社会科学院、高等院校、党校及相关研究基地的社科队伍。

可以说,改革开放以后,特别是近几年,地方社会科学工作者完成了数量可观的,有着鲜明的本地特色的经济社会现状及其发展有关的重大课题,从而为本地区的经济社会的又好又快地可持续稳步发展发挥着积极推动作用。同时,在人才队伍的建设方面也有很大改观。从而,获得长足、稳步、有力地发展。

记者:目前,地方社会科学院的发展是否还也存在一些问题?

朝克:地方社会科学事业无论在环境、条件、基本设施、基础建设、人才队、科研管理及其经费等方面虽然发生了很大变化和改观,同时也取得了很大的成绩和发展。但是,随着改革开放的不断深入,特别是经济社会的深度建设和繁荣发展,也面临着一系列新情况、新问题和新挑战。大致有以下几个方面:

第一，基础学科研究处于偏重，社会管理和服务方面研究仍然薄弱。从各地社科研究队伍建设及其科研工作的实际运作情况来看，除了政府相关部门，如各省、市、部委厅局的研究室结合具体工作实施的对策性、针对性研究之外，地方社会科学院等社会科学领域的专门研究机构研究，对于社会管理和服务等应用研究课题似乎是一个薄弱环节。不过，话说回来，各省、市社会科学院，这几年比较注意抓应用对策研究，也在此研究领域取得较好业绩。知识，从总体上来说，应用对策、社会管理和服务等方面的研究还是不很强势。这一问题，应该引起重视

第二，从某种意义上来讲，地方社会科学院的研究中，基础理论研究与应用研究衔接的不是十分理想。基础理论研究和应用研究两者的关系是辩证的，基础理论研究是基础，脱离它应用研究就会成为无源之水，无本之木；反之，基础理论研究就会成为"纸上谈兵"、"好听不好用"。由于历史的原因，由于我国传统教育体制和学科设置的一些不足，社会科学研究科研队伍的配备本身就不很全面、合理、科学。甚至会出现，搞经济方面基础理论研究的，不懂市场经济及其运营规则的学者。所以，其成果往往是从书本到书本，其理论运到现实的经济社会就不管用或发挥不了作用。另外，也有的专家学者来自实际工作部门，他们虽然有着丰富的实践经验，但理论基础、理论知识，特别是对于前瞻性、权威性、深度性理论观点不很熟悉。结果，搞基础理论研究的注重理论研究，搞应用研究的注重搞应用研究，两者缺乏足够的沟通、结合、搭配。由此，在某种研究领域，或者说某一研究方面，会出现基础理论研究和应用研究相互脱节，进而影响研究成果的实际价值和质量的现象。

第三，同时，我们可以看到，个别地方社会科学院存在科研经费不足的问题。从某种意义上来讲，经济发达地区的地方社会科学院或社科研究经费相对较好，而一些老、少、边、穷地区的地方社会科学院或社科研究的科研经费相对不足。科研经费的短缺，势必影响科研工作的开展，甚至直接影响科研成果质量，从而制约地方社科工作发挥他们的学术理论作用，也会影响地方优势学科的发展并造成科研人员的待遇过低而出现人才流失，会出现学术著作不能及时出版而直接影响学术成果转化应用等问题。

记者：如何解决地方社会科学院面临的一些新问题？

朝克：第一，要拓展科研领域，建立可持续发展机制。各地社会科学院要以学科建设为中心，促进各项工作长足发展，要充分利用科技资源，创造出优秀的科研成果，有力推动学科建设、学术理论、人才队伍建设、科研管理工作等方面的创新；要正确认识哲学社会科学科研工作，对于经济社会及其社会各方面建设的促进作用、推动作用以及精神作用和思想作用；要科学、务实、敏锐、准确地把握存在的社会矛盾和问题，不断完善科研机制体制。同时，要不断强化社会管理和服务等方面的研究工作。

第二，加快人才队伍建设。地方社会科学院发展关键在人才及其人才队伍的建设。哲学社会科学人才肩负着"认识世界、解读社会、传承文明、创新理论、资政育人、服务社会"的重要职责。在建设中国特色社会主义的伟大实践中，"哲学社会科学具有不可替代的重要作用，哲学社会科学工作者是一支不可替代的重要力量"。要根据哲学社会科学人才队伍建设的特点和规律，因势利导，为形成哲学社会科学人才辈出、人尽其才的良好局面创造条件，并保证其正确的发展方向，正确的政治理论指导。对少数民族地区、边疆地区、山区和老区要针对性地、要有思路、有计划、有部署地进行人才培养和配备，进一步强化前瞻性、理论性、综合性、创新性人才队伍的建设。

第三，要不断加大地方社会科学院财政投入力度。经济条件和状况比较好的地区社会科学院资金投入或经费比较充足，他们的社会科学事业发展态势比较好，成绩也比较突出和明显。相反情况下，地方社会科学院的经费比较紧张，甚至使用不足。由此难能开展重大课题研究，难于实现和发挥地方社科的作用。对此，一定要加大投资力度，甚至可以拨专款来实施这些地区某一地方性重大研究课题。另外，地方财政及其国家有关部门，对于这些地区的哲学社会科学研究事业的资金投入和资助方面要有特别照顾、特别倾斜、特别扶持和投入。

第四，要不断改善地方社会科学院的工作环境和条件。在当下信息爆炸的时代，对哲学社会科学研究工作产生着方方面面的强烈影响，也从不同角度和层面见证哲学社会科学专家学者的工作态度和工作精神。比如说，中央的意志、思路，以及中央在意识形态、在政治思想、道德信仰、文化教育建设方面的重要决定、决策、指示精神能否及时得到贯彻落实？哲学社会科学领域的最新科研成果、学术观点和理论、学术见解和思潮能否及时得到宣传和传播，从而更好更快更有效地发挥作用。地方社会科学院倘若没有一个符合于当今快速发展的哲学社会科学需求的办公条件、办公设备、办公环境以及现代化设施齐全的办公楼，怎么能够拿出适合于日新月异的现代经济社会发展所需的高质量、高水准、高效率的科研成果，怎能更好地发挥地方社会科学院思想库和智囊团，哲学社会科学最高学术殿堂的作用。当然，同时我们也不能丢掉"甘坐冷板凳，甘为清贫，甘做孺子牛，甘愿奉献"的哲学社会科学人的工作精神及风险意识。

记者：2011年，中国社会科学院正式启动了哲学社会科学创新工程。该工程在探索拓宽科研领域、完善人才培养机制等进行改革，能否请您简要谈谈？

朝克：六中全会专门讲了文化发展的重要性。文化是我们中华民族的灵魂，是人民的灵魂，脱离了我们传统而优秀的文化与文明，任何一种发展就如同无源之水、无根之树，没有什么生命力和意义。实际上，人类文明的发展历史都是古往今来、承前启后的产物。所以说，我国各地区、各民族的优秀传统文化是我们建设一个文化繁荣发展的强国的根本。我们有着丰富多彩地区性、民族性文化世界，而当今的文化大发展大繁荣的时代，给哲学社会科学工作者带来了千载难逢的发展机遇。为此，我国政府不断加大哲学社会科学研究事业的投入力度，强化对于哲学社会科学的建设工作。那么，哲学社会科学怎能按照中央的意愿及其指示精神搞好哲学社会科学研究事业，如何满足人们在富有的物质生活基础建立的精神文化需求？等问题很值得我们认真、深入、科学、创新地去思考。

中国社会科学院的创新工程，就是在这样一个好的社会环境和条件下启动的重大工程。创新工程是中国社会科学院当前的一件大事，关系着社会科学院未来发展和走向。创新工程前期工作已经进行了一段时间，院领导对此工程非常重视。我们在具体实施创新工程的实践中，更多地探索、更多地思考、更有力地布局，哲学社会科学研究事业如何更好地按照党中央、国务院的指示精神，充分发思想库、挥智囊团的作用，充分发挥哲学社会科学最高学术殿堂的作用等问题；对于党中央、国务院提出的重大现实问题、理论问题如何开展社会调查、学术讨论、理论分析、科学研究、提出针对性而操作性的理论观点。比如，住房问题、收入分配关系、社会主义初级阶段基本经济制度研究、社会主义民主法制研究、社会管理与服务研究等。为了更好地实施创新工程，中国社会科学院还成立了财经战略研究院、亚太与全球战略研究院、社会发展战略研究院、信息情报研究院，并以四个研究院为核心开展创新工程的各项工作。同时，着手进行重大工程项目，以及国情调研项目等。还把中国社科网、数据库中心等纳入创新工程项目中加以强化，使其更有生命力，更具针对性。在具体实施某一重大项目工程前，必须从具体研究对象着手，求真务实地制订研究计划及方案。另外，进一步强化了经费预算管理和论证程序，对于人才培养、学术会议、学术活动，项目人的激励机制等方面都进行着合理科学的规划和安排。我们想，在此工程中，要大力强化交叉学科、基础学科、濒危学科、特殊学科等方面的研究工作，大力强化"走出去"的学术理念，将权威性学术理论成果广泛传播，使其在国内国际学术舞台上产生积极影响，从而为人类文明的进步发挥积极推动作用。

第十六篇
认真履行人大代表职责[1]

梁卫国

十届人大四次会议,是全国各族人民紧密团结在以胡锦涛同志为总书记的党中央周围,为全面推进社会主义经济建设、政治建设、文化建设、社会建设而共同奋斗的大好形势下召开的又一次盛会,是一次民主、团结、求实、奋进的大会。这对于团结和鼓舞全国各族人民,同心同德、再接再厉,不断开创中国特色社会主义事业新局面具有重要意义。

一

温总理所做的《政府工作报告》,贯穿了科学发展观和构建社会主义和谐社会的战略思想,体现了执政为民的宗旨和求真务实的精神,是做好今年经济社会各项工作的指导性文件。总理在报告里重申了具体实施科教兴国战略和人才强国战略的重要思想,把加快哲学社会科学事业的发展和自然科学事业的发展放在了更加突出的战略地位。明确提出了普及和巩固九年义务教育,解决低收入家庭和农民子女上学难问题和他们的看病难、住房难等问题。提出解决好关系到群众利益的就业、社会保障、养老保险、基本医疗保险、社会救助、安全生产等问题。而且,代表们的讨论焦点也都集中在总理在报告中提到的这些关键问题上。代表们认为总理的工作报告没有回避或掩盖前进的道路上遇到的诸多困难,而敢于踊跃发表各种意见,在对总理报告的审议过程中讨论得十分热烈,同时也提出了许多宝贵意见和建议。最后根据代表们提出的具体意见和建议,总理的政府工作报告共修改17处,其中比较重要的修改有8处。例如,

---

[1] 本文发表于《中国社会科学报》2006年3月28日,理论报。

总理报告的第三部分里提到的"要顾全大局,加强纪律性,做到令行禁止,不折不扣地执行国家的法律法规、方针政策"的后面,根据代表们的建议增加了"要艰苦奋斗、勤俭节约、反对铺张浪费"等内容,充分显示出了人民代表大会的发扬民主,讲求透明和与时俱进.求真务实的工作精神。

二

代表们十分关注"十一五"时期的战略重点和各项战略任务。代表们认为,纲要全面贯彻中央精神,反映了市场经济发展和改革开放新形势的要求,体现了宏观性、战略性和政策性,标志着我们党坚持科学发展的执政理念已进入具体实施阶段。明确表明了在今后五年的经济社会的发展中,不断提高资源的科学开发和科学利用的理念,建设资源节约型、环境友好型、社会和谐型、发展科学型的创新型国家。纲要里明确提出了全面贯彻中央关于建设社会主义新农村的重大战略,并把新农村建设作为了今后发展的重中之重,对此代表们表现出了强烈共鸣,形成了广泛共识。另外,纲要集中了全国人民的智慧,充分体现出了坚持以人为本,关注民生,体现了执政为民的宗旨,把人民群众最关心、最直接、最现实的问题作为工作的着重点、有针对性地提出了工作任务和措施,反映了时代发展的客观要求,阐明了国家战略意图,明确了政治工作要点,是未来五年我国经济社会发展的宏伟蓝图,是全国各族人民共同的行动纲领。代表们认为,我们必须坚持用科学发展观来统一认识、研究问题、指导工作,促进和谐,推动发展,更好地把我们的事业推向前进。最后,与会的2891名代表用2815票赞成的高票率通过了"十一五"规划纲要。这集中反映了13亿中国人民的心声、智慧以及能够实现这一宏伟蓝图的决心和坚定信念。另外,根据代表们审议时提出的意见和建议"十一五"规划草案作了34处修改,充分表现出了民主、开放、亲民的会议精神。

代表们认为,自主创新需要培养自主创新精神和理念。自主创新不只是几个院士、专家以及大学或科研院所或大型企业思考的事情,应该让全社会都来参与。我国许多企业,在改革开放以后从无到有、从小到大发展的实事告诉,我们自主创新的道路并不是神话或遥远的未来。自主创新不仅需要信心,还需要恒心和耐心,不能急于求成,要有可持续发展的思想、理念、理想和信心,以及有预见性的战略眼光。搞自主创新不能图眼前利益,要考虑到长远发展.

需要沉住气，敢于投入，勇于坚持。代表们强烈呼吁，政府应该成为自主创新的有力支持者、策划者和推动者。政府应该制定各种行之有效的政策法规，为自主创新和经济社会的发展提供制度保障。创造良好的政策环境、法治环境、发展环境。

三

本人提出了在"十一五"规划纲要的重大项目内容里应该列入"建立健全哲学社会科学创新理论工程"之项目的建议。我认为，这直接关系到我国哲学社会科学事业向着理论性、前瞻性、科学性以及创新性方向发展的问题。也就是说，21世纪的今天，我国社会经济快速发展的关键时刻，更需要社科界科研工作者拿出过硬而全新的哲学社会科学理论成果，更需要拿出优秀而文明进步的精神文化产品，提供给政府、提供给社会、提供给民众，为创造一个和谐、文明、稳定的社会环境和人文环境服务。这也是充分发挥社科院的"思想库"和"智囊团"作用的需要。这样才能更加充分地体现出中央提出的社会科学和自然科学同等重要的精神实质，使我国的精神文明建设和物质文明建设同样得到繁荣发展，同样都强盛起来。有了一个和谐、文明、稳定的社会环境和人文环境，我国社会经济才能按照已经确定的目标，向着更加美好的未来健康、快速、可持续发展，才能顺利完成"十一五"规划里提出的各项重大工程。

在这次大会上本人建议，从国家的角度尽快设立哲学社会科学奖。目前，我国已设立了自然科学方面的三种奖励制度，自然科学国家奖等的设定，对我国自然科学事业的发展给予了极大鼓舞和动力。相应地，在我国改革开放按部就班地具体实施、社会和经济迅速发展的新形势下，设立国家哲学社会科学优秀成果奖励制度势在必行。社科界在不同层面所进行的社会科学优秀成果奖励活动已进行了多年，在此方面已积累了极其丰富的经验，同时这些工作也获得了相当积极的效果，对于我国哲学社会科学事业的发展和理论创新注入了应有的活力和刺激。所有这些，为国家哲学社会科学奖的设立奠定了十分有利的基础。因此，希望国家尽快设立国家哲学社会科学奖，建立国家级的哲学社会科学奖励制度。

四

难忘1999年,全国人大常委会派我和牛玉儒代表共和国参加首届亚欧青年议会代表大会。那一年恰巧是葡萄牙、美国以及西方的一些反共势力大谈特谈我国人权问题和民族问题的关键时刻,我们的到会以及前后在大会上的主题发言得到与会各国青年议员的高度重视和评价。那些西方国家的青年议员们,怎么也没有想到13亿人的中国派来的两位代表都是少数民族,他们更加想不到的是人口较少的少数民族青年要代表共和国作大会发言。尤其是,我们做的我国在亚洲经济危机中发挥的重要作用,我国人大工作和民族政策与民族理论的先进性、科学性等发言,受到与会各国青年议员的极大兴趣和关注。当我讲到我国只有3000多人口的少数民族还有本民族人大代表,他们在人大会议上有着平等的发言权力,而美国的爱斯基摩和印第安人、北欧的萨米人、日本的阿依努人等人口少的民族都没有本民族国会议员时,那些西方国家的青年议员们非常震惊,主动和我们接近、同我们谈心,希望更多更好地了解中国和中国先进的政治制度和政治理论,结果第二年葡萄牙就派来300多名中青年国会议员、政治家和企业家来我国参观学习。所有这些,使自己亲身深刻感受到了中国共产党的英明领导。我国人大工作以及政治制度的先进性、科学性。同时认识到作为社科界的一名人大代表自己所肩负的重任,并决心当好人大代表,积极参政议政,充分发挥作用。

作为社科院的一名人大代表,我非常感谢党中央对于社科界的重视和关怀,尤其是"5·19"中央政治局常委会议召开,充分说明了党中央国务院对于社科界的高度重视和深切关怀,使自己深受鼓舞、倍感振奋。同时认为这也和以陈奎元院长为班长的院领导班子深入贯彻中央精神,抓住机遇,发挥优势,所取得的卓有成效的工作成绩是分不开的。尤其这两年,我院成立马克思主义理论研究院,充分体现出了以先进的马克思主义理论统领和指导我国哲学社会科学事业的坚定立场。还有,紧紧抓住精品战略,充分发挥精品战略的特殊作用,努力提高老干部生活待遇、建设研究生院新校园、筹建院学部委员、兴建院科研大楼等等,都使自己感受到了党中央对于社科院的关爱,以及院领导的奋发有为。

第三部分　朝克的事迹及20年的人大代表履职

第十七篇

三届十五年履职的三点感受

——访十一届全国人大代表朝克[1]

李吉斌[2]

他担任过第九届、第十届、第十一届三届全国人大代表，他是享受政府特殊津贴的专家，他还是中宣部评选的"四个一批"人才。他叫朝克，鄂温克族，中国社会科学院科研局副局长。

朝克近日接受了《法制日报》记者采访，谈及有关履职的感受时，这位老代表有感而发："当了快15年的全国人大代表，履职感受总结起来主要有三点。"

一、调研工作要强化

"代表的调研工作一定要强化。"朝克认为，我们对问题的认识刚开始都是感性的、初级的，没有提高到国家利益这一层面来考虑。如果对某一具体问题有针对性地去调研，获取第一手资料，就会站得高、看得准、说得对，把握得精确。

在担任十届全国人大代表期间，朝克提出，代表调研工作不仅要组织代表参加，还应该邀请一些专家参与。"比如说对农村问题的调研，可以邀请在这方面有经验、有深刻认识、有深度解释能力的专家参与到调研工作中，他们可能会提出一些可行的解决问题的方法，使得形成的调研报告更有实用性、科学性，对提高代表们的建议、议案质量也有帮助。"朝克说。

---

[1] 本文发表于《法制日报》2012年4月23日，微博推荐http：//www.sina.com.cn，今日热点。
[2] 李吉斌，法制日报记者。

2006年夏天，朝克曾带着一批农业方面的专家，到内蒙古自治区进行新农村建设调研。在调研中朝克发现，在一些具有民族特色的地区，新农村建设过程中缺少对这些民族文化的保护，千篇一律盖起了砖瓦房。"跟我们一起去的专家当时就指出，新农村建设必须要考虑对当地文化的保护，尤其是具有代表性的文化。"朝克采纳了专家的意见。

调研结束后，朝克将这一问题写入了调研报告。报告得到了相关部门的重视，经多部门努力，新农村建设中千篇一律盖砖瓦房的现象得到了遏制，当地有特色的文化得到了保护。

二、培训要有针对性

每年，全国人大常委会都要组织代表进行培训，这对代表履职有很大的帮助。朝克当了近十五年的人大代表，参加的培训可以说数不胜数，他深切地感受到，代表培训一定要有针对性。

朝克认为，代表们都有自己的本职工作，并不是对所有领域都熟悉，对问题的认识和把握水平不一，特别是对国家出台的政策，要把握好有时会有一定的困难。因此，对人大代表的培训工作应当加大力度，并且要具有专题性，能让代表们对国家的政策深刻领会，对政策的精神实质有科学、准确的把握。

"有针对性主要是指培训应当针对当前国家出台的新政策、新法律进行培训。"朝克说，比如现在中央提出推动文化大发展大繁荣，全国人大常委会应当就如何从科学的角度去把握这一中央精神对代表进行培训，这样才能使代表将推动文化大发展大繁荣这一纲领性的文件融入实际工作当中。

"对国家当前政策有了正确把握，并将其融入具体的工作当中，会使代表所提的建议、议案更加完善、更有科学性，对政府各项工作的监督也更合理。"朝克认为有针对性的培训最终会有利于代表们更好地参政议政。

三、应重视代表建议

"近年来，人大代表提出了很多建议和议案，其中建议占了很大一部分。很多建议或者反映了基层老百姓的呼声，或者是代表在实际工作中发现的问题，经过调研后得出的建议。对这些建议，我认为国家一定要高度重视。"朝克说。

朝克认为，很多建议反映的问题可能只是国家发展过程中出现的小问题，但国家对此一定要认真对待、深刻理解。很多不起眼的小事，扩大之后其影响不可估量，而且小问题解决起来也比较顺手。

朝克近几年连续提了有关提高知识分子待遇的建议。他认为，十年树木、百年树人，国家的发展要靠人才、靠科研，而人才必须从小开始培养。现在国家对幼儿园、小学、中学以及大学的投入都非常大，而当毕业生走上工作岗位后，国家投入则显得不相配套。很多工作了的年轻人在父母支持力度减小的情况下，生活水平大不如以前，这个反差直接影响了他们的工作态度。

"我认为国家对这一问题应当加以重视，以利于年轻人更好地发展。"朝克说。

第十八篇
人大代表朝克与手机网友谈"传统文化保护"[1]

全国人大代表、中国社会科学院民族文学研究所著名民族语言文化学专家、中宣部"四个一批"人才,享受国务院特殊津贴专家,中央联系专家,语言文化学博士,博士生导师,朝克研究员做客强国论坛,以"传统文化保护"为题与网友进行在线交流。

访谈全文

主持人:各位网友大家好!今晚我们很荣幸地请到了十一届人大代表,中国社科院民族文学所民族语言文化学专家朝克老师做客我们手机强国论坛。今晚的这场访谈是我们人民网与百家手机网站共同开展手机开两会的第二场嘉宾访谈活动。朝克老师将与大家就传统文化保护等领域与广大网友进行现场的交流。我代表人民网手机强国论坛以及20多万强坛网友,欢迎朝克老师的光临。大家都知道,中国有56个民族,民族语言也是我们中华民族文化的一份瑰宝。朝克老师懂11种语言,并且在少数民族语言保护领域有很深的造诣和研究,共连任三届全国人大代表。下面访谈开始,欢迎大家踊跃提问,与朝克老师就传统文化保护以及少数民族语言保护等方面的问题做深入的交流和探讨。

朝克:今天感到很高兴到人民网做客,和大家共同商量自己感兴趣的话题。也通过这次人民网和大家谈一谈,也想经和大家交流进一步强化文化知识,拓展文化知识视野和研究领域,进一步强化共同文化的深度认知。我想,

---

[1] 本文发表于人民网,强国论坛,2008年3月11日。

这也是向大家学习的一个好机会，也是一种互相学习的非常好的形式吧。

楚客：朝先生晚上好！随着科技的不断发展，世界的距离越来越短。在这个过程中，强势文化对弱势文化的侵蚀也越来越严重。像我们中华文化，经过一百多年欧洲文化的强烈冲击，已经显得摇摇欲坠。请问朝先生，如何在经济快速发展和社会转型中保护和发扬我们的民族传统文化？

朝克："楚客"你好！这位网友提的话题也是我们现在面临的一个重大问题，要发展就付出代价，这是人类文明发展的必然和基本规则。那么，我们付出什么样的代价？我们的又好又快又理想的发展？这是我们必须理性思考的问题。我们知道，人类文明的伟大创举和进步是全人类共同的财富。那么，我们怎样在这样一个共同的、伟大的一个财富中，把我们的财富、把我们千百年来用信仰、用思想精神和生命态度传承的财富，也就是我们今天所说的优秀传统文化融入其中，推动人类文明的进步，不断丰富和发展人类共同的物质的和精神的财富，这是一个十分重要而不可忽视的问题。好多的时候，我们总觉得我们失去了什么，其实我们恰恰融入另一个更高的文化层面上，就像我们从农村来到北京，好像我们失去的太多。同时，我们也可以发现，我们把农村的文化带到了城市，把城市的文化带到了农村。那么，如何更好地把城市和农村的文化共同弘扬，怎样在现代文明的进程中把我们中华古老文明更好地发扬光大，这是我们必须深入认真考虑的严肃的问题。也就是说，我们接受现代文明的同时，能够更好地传承那些优秀的和先进的文化，这是非常关键的一个命题。但是，我总认为，一个先进的文明的文化，它不会被社会和历史所淘汰，它应该是这个历史所必需的财富。人类文明恰巧借鉴各国、各族人民拥有的优秀传统文化，不断丰富和发展人类共同的文明和文化生活。我们现在看英国大不列颠剥壳全书的时候，就会惊讶地发现其中有很多我们的文明和文化，还有很多除了英国之外其他国家的文化与文明。所有这些，写入他们的书里，就等于属于他的了吗？不可能，它永远是我们的。像现在的一些体育项目，我们逐渐认识到，过去因为战争、贫困与各种灾难，因为我们为了改变贫穷夜以继日地搞现代化建设，没有拿出充分的时间去考虑哪些文化与文明是我们的等问题。但是，我们现在物质上有了一定的基础，经济社会也发展到一定的程度和高度，我们现在完全可以拿出充分时间坐下来考虑这些问题了，也是做这些文章的时候了。我们才明白，过去误认为是别人的文化与文明，原来就是我们悠久而传统文化与文明。这就是说你中有我，我中有你。并不是说我们融进去就没了，实际上对这样一个科学的问题，我认为应该有一个科学的、理性的、更高层面认识。所以，这里提到我们的文化是不是被强势文化，或者说被外来文化所冲击、淡漠，表面上是这样，但实际上远不是这么简单。

罗克：您好！传统文化也是前代某一时期创造出来的。我们时代如果无法创造出令后人骄傲的新"传统文化"，显然难以实现民族复兴！怎样处理保护与创新的关系？

朝克："罗克"你好！我认为，你犯了一个非常严肃的错误。文化是传承性的，任何一个文化从古到今是一个延续的概念，并不能说这个时代有了这样的文化，另外一个时代有那样的文化，文化产生变化是必然的。随着人类文明的进程，随着我们生存环境和条件的改变，文化会不断产生变化、演变。那么怎样去优化创新型地传承适合于我们现在人享受的文化和文明呢？这应该值得考虑。就像我们怎样把过去的文化传承下来，给它增加新的生命力，在传承给后代，这是我们应该考虑的一个非常严肃的逻辑问题。具体地得讲，在草原上，过去的人们坐着乐乐车（大轱辘牛车），住在蒙古包，冰天雪地里野外放牧。那么，现在就不行了，现在他们有了汽车、拖拉机、砖瓦房、牧羊圈，人们还可以业余时间开着车到城里喝咖啡、喝啤酒。关键是他们没有把自己传统的文化与文明丢失掉。他们到城里来学城市文明与文化的同时，也把他们的传统文化与文明带到了城市。比如说，他们把蒙古包搬到了北京，北京有了蒙古包、手扒肉、蒙古餐厅、蒙古奶食品食品店。这就是说，他们把本民族传统的文化与文明融入到了城市的文化与文明之中。他们的传统文化与文明可以为城市人服务，为现代文明与文化建设服务。他们的传统文化与文明也有了更多现代文明与文化的烙印和色彩，有了鲜明的商业化的包装与内涵。这也是草原传统而古老的文化与文明，能够在城市求得生存的根本原因所在。那么违背了、背叛了人类历史的进步、文明的进程这一原理，一切文化与文明的最后的结局，就像美国的印第安人一样，慢慢地自然而然地消失得无影无踪。我在美国的时候，去看国印第安人的部落，非常糟糕，他们没有电，生活在自己传统而古老文明的世界里。然而，他们又十分渴望外面灯火辉煌的城市，舒适的现代文明生活及生活环境。远古文明和现代文明间产生了非常大的反差。我在欧洲作客座教授时，也去过北极萨米人的生活区。他们就非常现代，在他们传统的牧养驯鹿的山林生活中，将用生命传承的古老文化与文明保存完好的前提下，生活普遍实现电气化和现代化，生活区域建有木制传统建筑风格的现代化的博物馆，还有现代式的咖啡屋和餐馆及酒吧，用电雪橇和直升飞机牧养驯鹿，穿的和吃的以及生产内容都是原来的。这就说明，传统只能融入现代文明，它才能求得生存，否则它就会自然倒台、自然消亡。所以，我认为，我们不要刻意地去跑去否定过去的一切文化与文明，刻意地想去创造一个新的文化与文明，或者说梦想为未来打造一个新的全新的文化与文明。其实，任何一个社会的发展、民族的进程和历史的进程，都按部就班地从古到今走过来的，我们都是从历史走来，又走向未来。任何一种文化与文明均有它的传承性、进步性、发展性和创新性。这就是人类文化与我们发展的必然规律。传统文化也是我们的祖先用共同的智慧和劳动创造出来财富，通过我们的共同努力，不断注入新的生命力和活力，使它成为更加辉煌而灿烂的令后人骄傲的"传统文化"，为实现中华民族伟大复兴发挥更大作用！使它得到更好更理想的保护与传承。

浅海油翅：朝先生好。请问你一个问题：保护民族文化（包括古文化）及古建筑是否应该从法律保护先入手。如果没有得到法律有效的保护，没有真正严肃的法律做后盾，保护民族文化及古建筑是否空谈。如，解放初期北京的古围墙、牌楼、城门以及古装戏、古文化，四合院等等，如何用法律来保护。请问在法治社会还没有完全建立起来的情况下能做到吗？

朝克："浅海油翅"你好！现代文明的进程，或者说现代化建筑事业的崛起，当然对我们古老传统的文化，包括古老传统的建筑的保存和传承带来一定冲击。那么，对北京来说也是如此。北京要发展，北京作为一个世界级的大都市，作为13亿人口的大国首都，它不能永远保存或者停留在四合院的这样一个都市的风格中，它必须要发展，必须要与时俱进。这是我们必须面对的现实，必须英明、理性而科学地做出选择。同时，我们必须要学会用法律的手段保护有一定历史价值、有代表性的、有浓厚的民族风味的古建筑及其建筑文化。而且，就像网友所说的那样，我们要用法律的手段来保护它们，现在相关法律中也涉及了这个问题。北京的建筑事业的发展也是如此，从改革开放到如今北京的建筑产业事业发展很快，甚至出现了一些保护传统建筑理念不相符的问题。但，现在就不行，现在在北京搞建筑，尤其是涉及古建筑文化风味很浓的建筑的保护问题是，要得到北京市文物保护委员会委员的投票通过，否则就不能大兴土木地搞建筑。这也是我国政府采取的非常有利的措施，让专家说了算。它是不是文物，怎样去保护都让专家来说定。所以，在这一点上也是做得越来越好。这也是我们民族文物或者说民族建筑文物及其文化保护走向法制化的一个非常理想的开端。

天呀：据说印第安诸语不少发音和咱们相似是吗？

朝克："天呀"你好！有关你提出的问题，我在研究中确实涉及过。因为，中国社科院民族所北方研究室就是面向东北亚地区及其相关地区的语言文化开展学术讨论工作。那么，通过我们的研究发现，印第安语里确实有跟我国北方民族语言的相同之处。我曾经写过一篇论文，发表在中国社科院《民族研究》学术刊物上，论文题目是《印第安诸民族和中国北方诸民族的宗教语言的共性》，我在美国亚利桑那州大学学术访问时也提到过这个学术问题。比如举个例子，我在印第安部落进行调研时发现，他们把"老鹰"就说wanpuli"王普力"，在我国北方民族语言里恰恰把"老鹰"就叫muri"母日"或muli"母力"（音）。印第安人告诉我"王普力"（音）的"王"就是指鸟中之王的"王"，"普力"是指"老鹰"。在他们的语言里，类似例子也有不少。我通过研究，对萨皮尔提出的印第安语是一个综合性质的语言，有前缀也有后缀，一个词就是一个短句等说法产生了怀疑和疑问。他说的跟东方语言没关系，我认为不是那么简单地说没关系就没关系。他主要是把印第安语的切入点，或者说词语此间的分割线没有搞清楚。由此，就将一连串的句话成分，就用一连串的音连接起来下。比如说"我上山打猎"，他就写成一个单词。但是，通过我们的分析，尤其是北方的少数民族语言有许多无法划清界限，听起来就像一个单词一样的实例。这一点上，跟印第安语有很多相似的地方。那么我认为，他们主要是没有把该语言的切割点把握住，所以把很多的"主谓宾"变成一个词来说，一个词就是一个句子。在我看来，印第安语无论是发音还是它的词汇，或者是表述形式上，需要我们深入、系统地去科学研究，不断科学阐释它们之间有存在的共同性问题及特点等。

昆仑哨兵：朝先生你好，我从未去过草原，但是我对草原却充满了向往，我想问的就是内蒙古的环境保护做得怎么样？蒙古人民平时日常生活过得怎么样？

朝克："昆仑哨兵"你好！感谢您对草原的关爱！草原就像大海一样，一望无际，茫茫无边。你站在草原上，你会有很多的遐想，你会感觉到祖国的伟大和富有。在那里，绿草连着蓝天。我认为，在现代化的建设中，草原依然那样的绿、那样的蓝。但是，我们也不能否定现代化的进程带来的一些负面影响。前几年，我们搞农业化，尤其是"文化大革命"期间大搞农业经济，把草原要弄成农场，结果对生态带来了一定损伤。那么我们知道，草原那么大，我认为虽然已经被破坏了，不过其影响并不是致命的。特别是，经过这几年的草原生态的恢复，草原禁牧的保护，使草原逐渐恢复着往日生机。我想，任何一个地区、任何一个国家的发展都付出过代价，这种代价谁都有过。日本20世纪40—50年代，江河污染的比我们还要严重，美国也是，欧洲也是，在自我发展道路上都遇到相同的问题。英国曾经在工业化的进程中，也是雾霾天气笼罩，环境受到很大破坏。后来，这些国家才明白，这都是突飞猛进的工业化进程带来的损失。所以，我认为，任何一个国家工业化发展，都必须要付出环境的沉痛代价，这是历史的必然，也是我们进步和发展应该付出的代价。那么，我们现在已经从付出代价的岁月中走了出来，即将开始去挽救、去保护、去恢复那些被损坏的绿色牧场、我们赖以生存的美丽的自然环境。这几年，我经常回老家，觉得呼伦贝尔草原的生态环境在不断得到改善。另外，我们也不能简单认为草原沙化就是现代发展带来的结果，一些草原牧区连年不下雨，冬季也不怎么下雪，那你想，草原的草就自然长不出来，草就会变得越来越少、越来越稀。所以，草原的一些退化现象跟大自然自身的变化也有关系。那么，大自然的变化，是不是跟我们人类的工业化进程有关系，是有关系，但不全是。现在的科学研究表明，什么臭氧层的破坏呀，自然干旱或洪涝灾害，或者地下水资源的枯竭等，除了人类自身发展带来的因素之外，还有其他方面的一些原因。但是，无论怎么说，草原环境的保护，现在看起来做得还不错，像退耕还林、退耕还牧、退耕造林、封牧还草等一系列举措，对于过去破坏的草原牧场的修复带来一定好处。我们现在用最大的努力来保护着草原环境、草原生态、草原绿色。草原人民的生活，也比过去越来越好，因为经济社会的发展、科学技术的进步，我们社会物质生活和精神生活越来越富裕，草原人民也同样过着和城里人几乎一样的幸福生活，他们坐在现代设施完备的砖瓦房里面看着电视，每天开着车为他们的生活忙碌。谢谢您的关心。

策略8：朝先生好：汉族人死后进行土葬也是一种传统文化吧？那么应该保护传统文化，还是执行殡葬改革？

朝克："策略8"你好！汉族人死后进行土葬是一种文化，但是我们现在提倡的是优秀的、先进的传统文化。我们文化中也有一些渣子。比如说，在早期，北方民族人死了，把他（她）赤裸裸的放在林子上面任其腐烂发臭，还有汉族女人裹脚、娶一大堆老婆、吸大烟等都是旧社会旧时代的风俗习惯，这些东西是不可取的旧习俗文化内容。我们现在说的保护传统文化、传承传统文化，指的是先进的、进步的和文明的文化。

浪迹天涯71516：朝老师好，请问全中国有几十个地方戏曲，为什么只保护京剧？还上了中小学课本，难道说地方戏曲不重要吗？当局为什么这样做？

朝克："浪迹天涯71516"你好！现在我国正在加强软实力的建设。文学艺术、歌曲都是其中的内容，现在京剧走热也是一种趋势。那么，中央强调的是，把我们传统的歌曲、戏曲都要保护好，京剧就是其中之一。国家层面也没有说，我们只保护京剧不保护地方戏曲。中央前几年还拨了好几个亿来要保护地方戏曲，也组织大量的专家学者到地方去采集，强化各个方面的保护工作，地方政府也都在这个方面做了大量行之有效的工作。我认为，在此方面没有人说只保护京剧，地方戏曲不保护，也看不出来有这样的想法。比如说，我们的政府甚至国家层面，拿出了一定财力、组织了一些训练有素的人力，去抢救和保护柯尔克孜族的玛纳斯、蒙古族的长调、藏族的格格尔、赫哲族的尼玛卡，重视和保护这些少数民族优秀的文化，并取得了一定阶段性成果。

复古：朝先生你好！保护传统文化，主要要政府重视并有相应措施以及适当的资金投入，才能有效地落到实处。请问：政府在这方面做了哪些方面的工作？

朝克："复古"你好！首先是文化部文艺研究院成立了中国传统文化的研究机构，而且是有很多专家学者参与到其中。中央也专门拨了几个亿的资金，组织了分批、分地区进行大方位的搜集和整理、调查研究。据我所知，这个项目是从04年开始做的，到现在一直在做。我作为其中项目人之一，也是参加过这项活动的专家之一，我也用这笔资金到内蒙古南漠鄂伦春地区进行过文化方面的调研工作，这个成果刚刚完成。可以说，中央在这方面做了大量的工作，包括从中央到地方有一套人马，也有配备的资金，这些成果我相信先后都会面世，这对于我们文化的保护，甚至是文化的传承，会产生很大的积极的推进作用。

土老冒&马蹄声自梦中来：朝克教授，您认为当今中国教育所日益突出的英语普及低龄化与母语和英语并重化，是否不利于捍卫我们的传统汉语？我个人是非常烦感幼儿园与小学进行英语启蒙的。

朝克："土老冒&马蹄声自梦中来"你好！我认为这也是一个我们面对的非常大众化的问题。似乎每个有孩子的家庭都面对着这样的一个现实问题。我认为，从孩儿时期学英语还是有好处，在学自己母语的前提下学另一种语言，甚至是学多种语言对孩子的发育及智力开发有帮助。比如说，一个电脑有汉语程序，还有英语程序的话，就会有两种语言处理功能。如果这个电脑有汉语、英语、俄文程序，它就可以处理三个语言。人的大脑也是如此，多了一种语言就多了一个思路和思维程序。那么，人类大脑的语言转换生成功能没有办法同电脑相提并论，大脑要比电脑快几万倍，甚至几十万倍的速度完成语言的转换生成。我在美国的时候，曾经有一位科学家跟我讲，获诺贝尔奖的人很多都是在多种语言环境里成长的，因为多种语言环境里人的思维方式向着多样化方向发展。有时这一思维程序不行不通的时候，人的大脑就可以打开另外一种思维。我们常说会单一语言的人是"单相思"，反过来讲会多种语言人的思维就不可以"单相思"。比如说，人们用电脑输入文字的时候，要增加俄文字母，就应该打开俄文字母系统，如果电脑里没有俄文字母就打不出来俄文，这就一定程度上阻碍了我们的工作和思想。所以我想，多种语言对孩子大脑的发育和开发，甚至是大脑的活动、大脑的发展有很大好处。我在欧洲的时候，他们都希望孩子能说话时，就让他们在自然语境中掌握三种以上语言。所以，欧洲人懂得语言非常多，一般都会三到四种语言。比如说法语、俄语，或者是德语、英语他们都很流利地使用。当然有些人担忧，说过分强调英语教学和学习，在将来大一同语言世界中会不会对汉语带来负面影响，我认为汉语的生命力很强，它的包容性也很强，任何一个有生命力和包容性的语言，它的发展前景都是非常广阔而理想的。像英语，为什么它的发展这么快呢？就是因为它能够包容一切外来的词语，你没有的他有，你有的它同样也有。毫无疑问，汉语非常丰富、非常包容。我认为，其中很多是中华民族共同的成分，东方民族和我国少数民族的很多语言要素或成分都融入到汉语里了，甚至把世界上很多词语融入到汉语里。从这个意义上讲，汉语发展功能很全、发展前景也很乐观，它不可能会被英语世界或大一同的语言世界所吞没。我们掌握了英语、法语、俄语等外语后，就可以更好地用它们传授汉语及其我们的文化并传播到世界各地。

奋战：亲爱的朝克老师您好！我们听到很多宣扬的声音：传统文化的作用不仅在于回忆，更在于传承与发扬。更重要的是重拾中华传统文化高尚生活的一份自信与精彩，以传统承载时尚，以时尚复兴传统，传颂中国高尚生活之美。目前，就"中国的传统文化保护"热，有传闻说仅体现了政治和文学群体意识的自觉，以及所谓的社会精英生活方式向下层的大规模辐射，您对这些传言说法怎么看？

朝克："奋战"你好！我认为，中华传统文化中确实有很多优秀而高尚的成分，这些是它的代表性的核心部分，进而为强化中华民族的凝聚力、自信心发挥着不可忽视的重要而积极作用，也让我们生活的世界变得更加精彩、更加绚丽夺目。那么，我们在这样的一个时代，这样的一个发展的现实面前，应该高歌我们传统文化与文明的优秀性、先进性、代表性和核心价值，以此美化我们的生活和心灵。与此同时，我们要积极推动这一先进而优秀的文化与文明的发展，让它发展得更快、更完美、更理想。不过，我们回望五千年走过的中华文明史，确实有许多艰辛、曲折、坎坷、矛盾，但我们始终坚定不移地抛弃其文化的糟粕、垃圾、粗俗不雅的东西，吸纳和保存并传承、发扬光大那些美好的、高尚的、先进的、优秀的、文明的文化，同时不断追求真善美、追求美好精彩的生活，不断强化我们的民族文化优越感和自信心。另外，有关文化被政治化的问题，或者被集团化，或者说被某些代表性人物所替代等等，我认为都是不可能的事情。文化是一个历史，文化是人民群众共同创造的产物，也是有历史和人民群众共同传承的物质的和精神的产物。就靠一两个人来传承是不可能的，一两个人改变不了一个文化的历史、文化的命运，就是一个英雄或代表性的人物也做不到这一点。有史以来，很多人想改变文化，或者说用某一个非常残酷的手段想去改变文化，结果都没有能够达到目的。比如说，日本人在20世纪三四十年代为了让阿依努人日本化，才去看了各种残暴的手段，不让他们说母语、穿民族服、用本民族语人名等等。所有这一切，在当时特定历史条件下，确实达到了一定目的。然而，从根本上讲没有能够实现把阿依努人日化的真正目的，现在的阿依努人在自己的家乡还是穿本民族服、学说母语、回复本民族人名等。人类文明进程走到今天，美国人开始反思自己，开始反思种族歧视时代埋下的一系列祸根该如何解决。在历史的长河里，人类文明的进程中，谁想用自己强势的文化与文明，践踏或毁灭另一个民族的文化与文明，都是不可能的事情。如果真的想这么做，那你就会成为历史的罪人、文化的罪人，对此你必须承担自己的错误、去承受你自己犯下罪恶。有史以来，用一种强制强迫强权手段，去改变一种民族文化都以失败而告终，历史和人民群众是不会忘记的，也不可能接受的。中华民族在五千年的历史进程中用中华民族共同的劳动和智慧创造的文化与文明也是如此，他不可能是仅体现政治和文学群体意识的产物,以及所谓社会精英生活方式向下层的大规模辐射的概念,它属于中华民族的共同历史,属于中华民族共同的创造的物质的和精神的世界,由中华民族共同来传承和发扬光大。

钟师爷:朝老师你好!既然我国现在注重传统文化的保护,为什么端午节和很多汉字被韩国抢注?既然京剧上中小学课本是保护传统文化,那么中国的麻将和牌九文化是否也能享受同等待遇受到保护?

朝克:"钟师爷"你好!端午节必定是我们的,现在韩国人说是他们的。问题是,他们说了就不可能是他们的,历史就是历史,历史不能谁便改动,随意乱说胡说,历史是人民群众创造的,文化也是如此。不是哪一个人,哪几个人的产物。所以说,今天想什么就说什么,说改写历史文化就改写,没那么容易和随便,这完全是不可能。他们申请还没有结论,端午节肯定是中国的,咱们有历史的证据,咱们有历史的传说,他们没有。我真不知道,他们对此该怎样从历史文化的角度进行科学解释。但是,我认为,像这样十分清楚地历史文化他们就是浑身长满嘴也说不清楚,对此没有必要进行更多争执。你提到京剧上了中小学课本,估计这也是我们要做的一系列民族文化传承工作的一部分,以后在文化保护和传承工作中,可能还要去做很多的工作。我们不能想到一些还未成熟的事就小题大作,在以后的发展中会逐渐明白很多发展规律、深刻道理、必然结果。而像麻将、牌九这都是俗文化的东西,跟雅文化没办法相提并论。

楚客:朝先生好!我是四川人,四川方言在外省人看来是一样的,然而事实却不是这样,川南、川东、川西方言都不同,川西人听不懂川东话,川东人听不懂川南话…甚至每一个县的方言都有差异。如果我们都要保护,那么是否意味着我们从小就要开始学会本地方言、普通话、英语等语言?

朝克:"楚客"你好!我国是一个多语言、多民族、多方言的一个国家,我们的方言土语尤其丰富。我认为,多学一种方言土语对学语言者来说,确实是一种优势也是一件好事,也有很多好处。就像你提出的那样,如果从小就开始学会本地方言、普通话、英语,这样可能你走世界也好、走中国也好、走自己的家乡也好,都很畅通无阻。

李晶:古老语言是否隐藏着人类远古文明信息?

朝克:"李晶"你好!人们常说语言就是一个活的化石,语言中隐含着一个民族远古历史,他们的思想、他们的审美价值,甚至是他们的物质生活的方方面面。所以,我们常常从一个民族的语言中寻求它的历史。曾经发生过这样一件真实的事,在我国的某个边界线上出现过一件较大的事件,也就是边界线的划定问题上出现了一些矛盾。在这关键时刻,我社们科院的一位民族语言学家从疆土上发现了一块刻有文字的石板,后来这位民族语言学家经过反复认真研究,科学认定石板上的文字是属于我国藏族早期使用的一种古文字形式,并依据石板古文字的具体内容划定了我国的边界线,彻底解决了边界线难于划定的棘手问题。从这个意义上讲,在那块石板上的古老文字及其语言,就包含着曾经在这里生活过的我国藏族的远古符号、远古文明及其信息、远古记忆以及文化。所以,从事民族语言文化及文字研究的专家学者,常常从极其微妙、特殊、不起眼的文字符号、语言符号、文化符号当中寻找一个民族的历史来源、历史进程的蛛丝马迹。比如说,"鄂温克"一词的意思就是"下来者"、"下来的人"、"从山林中上的人"等意思。后来历史学家们经过研究,发现该词的实际意思"从长白山上下来的人"之意。那么,这种说法对还是不对,它毕竟是"鄂温克"一词的最靠谱的解释。鄂伦春族的"鄂伦春"指的就是"驯鹿者",为什么叫鄂伦春族为"驯鹿者?",这是因为鄂伦春族的祖先就是在山林里自然牧养驯鹿的人,因此就说他们是"鄂伦春"了,指的就是"驯鹿人"。这就是说,很多民族的古老语言文字中,包含有很多远古的历史和远古文明信息。对此,我们完全可以从语言学、文字学、文化学、历史学、考古学的角度,逐个进行科学研究,与实事求是地解释。甚至,我们可以从中寻找曾经被忽略的,或者被历史的风沙埋没的那些远古的祖籍。或许正因为如此,日本东京大学著名语言学家知里真志保教授曾经提出"语言的每一个声音及其符号都有特定历史内涵和意味"。事实上,语言文字学的研究,现在还没有达到登峰造极的地步,在这个方面要做的工作还很多,还从需要许多人类远古文明中得到答案。

主持人:由于时间关系,今天的访谈就暂时先告一段落。今天,朝克老师就传统文化、语言文字及其各民族历史相联系进行了深入交流,使我们不仅知道了文化、语言及历史的内在关系,同时也了解了文字的魅力和文化价值。很高兴,请朝克老师做客我们强国论坛,希望下次有机会再请朝克老师谈一些大家感兴趣的话题。没想到,朝克老师这么年轻却研究这么古老的学术命题,让我们从他的描述,从神秘的语言文字科学走向远古文明,走向古老神秘的世界,感受远古文明和文化的丰富内涵。非常感谢朝克老师!下次再见。

第四部分
朝克的人格魅力与信念

第一篇

守卫信念

陈宇箫　李泾荷

朝克简介：朝克，姓：杜拉尔；名：朝克；全称杜拉尔·斯尔·朝克；鄂温克族；留日语言文化学博士；第九、第十、第十一届全国人大代表；中国社会科学院民族文学研究所所长助理。掌握汉语，蒙语、满语、鄂温克语，日语、英语、俄语等十几种语言，致力于少数民族语言的研究。发表民族语言学、文化学、人类学等方面的著作38部，论文160余篇，多项荣获国内外优秀科研成果奖。并赴美国、日本、韩国、等国家和地区的40余所大学作过学术访问和讲学，参加过20余项国内学术研究课题和15项国际学术合作项目。

正文："一个人的名字隐含着一个民族的历史和文化，甚至一个民族的希望。"正如朝克所讲，杜拉尔·敖斯尔·朝克，就是这样一个承载着民族内涵、寄托着民族希望的名字。"杜拉尔"是家族姓，意为"清澈、柔缓"；"敖斯尔"是父亲的名字；"朝克"才是他自己的名字，取其"朝气蓬勃"之意。而我觉得，不管是在生活上还是在学术上，朝克老师都显得活力十足。

在朝克的书房里，我们的采访以这种轻松的话题开始。书房不大，却很精致，整一面墙都是都是书籍，对面墙挂着老师心爱的几张照片，其中有一张是一家三口在日本仙台时的生活照。恰好当天下午朝克老师的爱人汪老师也在家，她是我校少数民族语言系的老师，在汪老师的热情接待下，我们开始了采访。

一、做研究需要一种信念

朝克的家乡是内蒙古自治区鄂温克旗。这里是鄂温克、鄂伦春、达斡尔、蒙、汉等多个民族的聚居地。因此朝克学会了多种民族语言,他说这样才能够在家乡的土地上生活得如鱼得水。高中毕业后,朝克在当地的牧区度过了几年的知青生活,由于表现出色,他一边做中学老师,一边担任青点的点长、团支部书记、民兵连连长、突击队队长等工作。虽然忙碌,但是他从来没有放弃过读书,那时看的大多是革命题材的作品,例如《钢铁是怎样炼成的》《红日》等。朝克说,他无论多忙,每天晚上都坚持写日记。机遇总是给留给有准备的人的。正是他平日的艰苦学习为自己赢得了参加高考的机会。

"当时大家就推荐我去参加高考,但是我当时想参军,不想去,同时团委考核让我当团委书记,我就想着就做一个合格的牧民,在草原上生活。"但是命运就是这么奇妙,人生要走很长的路,有那么几步是至为关键的。1978年2月,他被生产队推荐参加了"文化大革命"后的第一次高考,结果他不负重望,考入了中央民族学院的蒙古族语言文学系。但是在此之前他仅在县里面的高考复习班复习了一个多月,这样的优异成绩多半是他平时爱看书和爱积累的成果。在即将踏上北京旅途的时候,他并没有像现在的孩子那么兴奋,火车已经缓缓开动了,他才跳上车厢。原本想要参军或者过上普普通通的牧民生活的他,最终还是离开了那片养育他的土地,踏上了新的征程。我想对于朝克来说,对于家乡的不舍和对前方的未知,才使这小小的一步迟迟不愿迈出。我想当时的他一定没有想到,这一步的迈出对他的人生具有多大的转折意义。

来到北京后,朝克过的是四点一线的生活。教室、宿舍、食堂、图书馆成了他每天涉足的场所。在那个对知识如饥似渴的年代,他和很多同学一样,如饥似渴地读书,甚至连北京有多大、哪里好玩他都一无所知。"那时对知识的渴望就如同从一片干涸的沙漠上好不容易走到了清澈的河边,对知识的渴望就是对生命生存的一个希望。"也许只有经历过"文化大革命"的人们,才能体会到知识是多么的重要。朝克对语言的喜爱和与生俱来的天分,使他在本科阶段就取得了很了不起的成就。他的本科毕业论文受到了中国社会科学院的垂青。但当时,内蒙古方面也需要他这样的人才,想让他回去。一边是家乡的召唤,一边是继续深造的机会。他选择留在了北京。他说那个时候从事少数民族语言研究的人还很少,能够有机会继续从事这方面的研究是很珍贵的。于是朝克便在民族学与人类学研究所开始了自己新的研究生涯。他是真心地付出了自己的年华,投身到少数民族语言的研究,

"任何一个民族的语言都是这个民族的历史,它是活的化石,包罗万象,蕴含一个民族的文化学、历史学、民俗学甚至政治学、地域学等等各方面的内容。"他为我们举例说明,比如赫哲族的语言就渗透着浓厚的三江流域文化,鄂伦春族的语言可以叫出兴安岭许多动植物的名称,而其他的语言也许只能形容为绿色的树啊,红色的大大的花啊之类。一种语言代表着一种思维规则,一个民族语言的消失,不仅仅留给人类一片空白,更重要的是我们失去了大脑思维的一种智慧,这意味着一个民族活的生命的丢失,意味着人类文明的丢失。

当被问及是什么样的动力使得他一直坚持下来,潜心民族语言文化的研究时,朝克的一句简单的话,值得我们反复咀嚼:"我认为,无论什么样的工作,最重要的是你喜不喜欢这个工作,喜不喜欢与你对工作的态度密切相关。"他说,在日本留学期间写一本有关日本阿依努语与中国传统民族语言的区别的书时,有位日本朋友问他为什么写这本书,对人类文明有什么影响。他做了一个假设:"一万年以后,退一万步说,没准在这些民族中发生了战争,他们会说一万年前中国社会科学院的朝克博士说,我们是同祖同根,他用非常可靠的语言学的依据,解释了我们是同祖同根的关系,这可能化解一个矛盾,化解一场战争。"

朝克人大代表的身份也为他对少数民族语言研究和保护提供了很好的平台。而在他担任人大代表期间,也有很多不寻常的故事。

二、当人大代表需要一种责任感

朝克的事业心源于对民族文化的深厚情结,而连任三届人大代表更是人民对他在少数民族语言研究方面做出的贡献的最好肯定。从1998年开始,他连任第九届、十届、十一届的人大代表。如果对参加高考的第一次人生抉择有些许被动的话,那么时隔21年后的第二次抉择,将是摆在他面前的一次真正意义上的人生选择。

1997年正在香港中文大学读法律的他,肯定经历了数个无眠之夜。他收到了英国剑桥大学的邀请,希望他去任教。到国际顶级学府进一步发展自己,是进入学术成熟期和旺盛期的青年学者所渴望的。但就在那时,朝克当选了全国人大代表。这是朝克不得不面对的人生的重大选择:一方是国际著名大学和西方优裕的物质生活,一方是人民的重托,何去何从?他最终做出了选择,决定提前结束在香港的学术交流,回到北京开始履职议政。他说:"我走过很多国家,很多地方,但是我最热爱的还是我的民族,我的祖国。"

1999年,朝克和牛玉儒(已故呼和浩特市委书记、全国人大代表)代表全国人大参加首届"亚欧青年议会代表大会"。但是当时的国际大环境是:葡萄牙、意大利、瑞士、法国等国对我国的人权问题颇有微词。果不其然,在牛玉儒发言之后,这些国家的代表对中国的人权问题进行批评和指责。可是,此时他们已经没有再发言辩驳的权利了。于是朝克便去找了日方会议副主席,他操着一口流利的日语和副主席交涉,争取到了五分钟发言时间。

朝克反驳道:"我是一个在中国只有3万多人口的鄂温克族人大代表,他(指牛玉儒)是蒙古族人大代表,我们在全国人民代表大会上和其他代表有着平等的发言权。请问美国国会里有印第安人的代表吗?加拿大议会里有爱斯基摩人的代表吗?北欧议会里有萨米人的代表吗?日本的阿依努人在他们国会中有一席之地吗?中国有近13亿人口,而代表中国参加今天这一重大国际会议的却是两位少数民族人士,这就充分体现了中国先进而开明的民族政策,体现了平等文明的人权状况。"朝克的批驳,让与会者刮目相看,而朝克和牛玉儒的风度也使他们成为与会代表关注的"焦点人物"。他们向世界很好地表现了来自中国的新变化——民主、进步。第二年,葡萄牙派出了由300名中青年议员、企业家等组成的代表团来中国参观学习,他们想知道这个古老文明的国家正在发生着怎样的变化。

作为一名人大代表,为了更好地实现人民的重托,朝克也付出了更多。他每年参加"两会"之前,都要深入基层调研,在掌握第一手资料的基础上,撰写有针对性、建设性的议案及建议。2006年夏,朝克带着自己的研究生与相关专家、地方人大代表及官员,到内蒙古呼伦贝尔市辖的农村牧区,对新农村建设及自然资源与文化遗产的保护利用等问题展开专题调研。接着,他在2007年的全国人代会上提出了《关于农村牧区的新农村建设中充分发挥民族传统文化的作用及旅游经济价值的建议》,这个提议得到了与会代表们的肯定。十余年人大代表生涯,对朝克来说既充实又有意义。正是因为这样执著的努力和付出,十余年的时间里,朝克先后提交的近80件议案和建议,引起了不少共鸣和关注,而且"无一例外地得到各有关部门的回复和关注,有的已经落到实处"。

一方面是学术研究，一方面是人大代表，您怎样处理两者之间的关系呢？当问到这样的问题时，第四遍电话铃声响起了。匆匆结束后，朝克认真地说道："两者是不矛盾的，不同的工作，但都基于同一个理念，都是为自己的国家服务。做人大代表可以到地区考察，写成议案提交到国家，把它通过法律的手段贯彻到社会，这也是非常有意义的。同时作为一个人大代表也要具备敏锐的洞察力。一个人在在这个国家，首先要有一个国家主义，要为国家服务，在国家主义的上面，要为人类服务。"

"国家责任感"，简简单单几个字，而朝克用自己大半生的实际行动在践行着这样一种担当，当问及他以后的人生规划时，老师笑着说："我就想不断地写书，不断地去探索生命的世界。"

三、爱情需要一种共同的理想

中途朝克老师出去办了一点事，我们便采访了朝克老师的爱人，汪老师。谈及两人恋爱故事的时候，汪老师开怀地笑了，在她娓娓道来的话语中，仍有些掩藏不住的羞涩。她与朝克老师是通过老师介绍认识的，在当时来说也算是自由恋爱了。当时汪老师在中央民族大学汉语言文学系党团办工作，朝克在社科院的民族学与人类学研究所。汪老师说，他们那时候恋爱当然也有约会了，只是没有现在的学生这么浪漫。她说那时候学校古色古香的，比现在漂亮多了，平时散步的时候会他们会一起谈理想，谈学业。望着汪老师淡淡的微笑，仿佛已经沉浸在甜美的回忆中了。被问及最欣赏朝克老师哪一点时，她说："他是搞民族语言的，我是搞民间文学的，我们都是做民族文化研究的，我们都有共同的的理想，这一点是最吸引我的地方。"在爱情这一点上，朝克和汪老师达成了共识，就像朝克老师所说的，共同的目标，共同的信念，才能使爱情更加牢固，才能在风雨中平安度过。

在我们采访朝克老师的过程中，汪老师正好送水果进来。朝克开玩笑说："正夸你呢，就送水果来了。"我们都被逗乐了。朝克老师虽然工作繁忙，现在除了在社科院带博士生外，还在做国家的一些重点研究课题。但是在他忙完自己工作的时候，就会帮汪老师做做家务，聊聊天，或者同读在美国的女儿通通电话。俗话说一个成功的男人内后必定有一个伟大的妻子，而汪老师只是谦虚地说道："他的成功主要还是靠他自己的努力，我只是搞好后勤，做好一个女人该做的事情就是了。"也许正是夫妻彼此之间这种互相理解、互相支持、互相关心让这个并不热闹的家庭却显得异常温暖。现在每年朝克都会和汪老师回一次家乡做民间文化方面的实地调研，仍然坚持不懈地继续着他们夫妻俩共同的理想。

在结束这篇文章之前，让我们把焦点对准朝克书房墙壁上的一幅画，那是1999年朝克留学日本时，他们一家三口仙台海边游玩时的照片。朝克老师也会幸福地将"守卫"民族语言进行到底的。

【采访后记】整个采访过程便不是一气呵成。因为朝克太忙了，电话声总是充当了"电灯泡"。而我们正好幸运地听到了朝克用不同语言交流的自如，在听到他用民族语言交流的时候，我们感觉到的是深沉的"杜拉尔"情节。高考后的不愿离去，是他对家乡土地的依恋；毕业后继续深造，是他保护家乡的希望；放弃优越的条件，也是他对家乡的诺言。为家、为民族、为国，这一幕幕就好像电影似的，记录下朝克的呕心沥血。在聆听老师的讲述时，我们仿佛也经历了一段人生，只是途中的艰辛还需要我们一步一个脚印的去体验。我们怀揣着一颗敬仰的心走进老师的家门，而当结束我们的采访时，才觉得他像我们的父亲一样慈祥温和。临走时，汪老师招待我们吃饭，突然有种家的感觉。在回去的路上，采访时的画面不时回荡在脑海，唯有"高山仰止，景行行之"最能表达我们对朝克的敬意！

第二篇
草原骄子朝克[1]

希德夫[2]

1997年朝克被中国社科院授予"十大杰出青年"称号的佳音由首都北京传到了辽阔富饶的呼伦贝尔草原时,家乡的父老乡亲都由衷地为他高兴,更感到无比骄傲和自豪。家乡政府还代表父老乡亲,向朝克发出热情洋溢的贺电,向他表示热情洋溢的祝贺,并祝愿他在语言科学探索的,充满曲折、艰辛、坎坷的征程上一路走好。

同年7月,受家乡人民的委托,笔者采访了这位鄂温克族青年杰出语言学家、中国社科院民族研究所语言研究室研究员朝克博士。

那天正好是休息日。上午九时许,朝克在自己家里热情地接待了我。这一家的早餐是奶茶、炒米、黄油、奶制品和面包等传统的草原早餐。朝克说,无论走到哪里,都无法改变自己从小养成的传统习俗,他的内心深处永远都在怀念和牵挂那片生他养他的绿色故乡。

在朝克家,我深深地感受到他家庭的那种知识、智慧、幽雅、和谐,浪漫的氛围。他们一家三口,每个人都富有鲜明的个性。朝克,中等身材,年龄四十开外,他的外貌很有些与众不同,他皮肤白净细腻,有些欧洲人皮肤特征。难怪有人曾经半开玩笑地说:朝克或许是欧亚人种的完美结合体。他讲话缓慢有力,思维敏捷,又略有些诗人的浪漫气质,言行举止流露出睿智、刚毅和自信,从那炯炯有神的一双眼睛能窥探出他浩瀚无比的精神世界和智慧世界。

朝克的妻子汪力珍是满族,也是一名教授和文学博士。毕业于中央民族大

---

1 本文发表于《呼伦贝尔报》1997年9月1日,第2版。
2 希德夫,内蒙古自治区电视台记者,呼伦贝尔学院教授。

学汉语言文学系的她，现在中央民族大学少数民族语言文学院讲世界比较文学、少数民族文学、神话学等课程。古诗云：腹有诗书气自华。她身上的确透露出一种大家闺秀的气质和风姿。平时，她对丈夫体贴入微，对小女儿倾注心血，是一个名副其实的贤妻良母性知识女性。

也许是优秀异族的结合，他们俩有了一个聪颖、可爱的女儿，起名为阿丽娅。在阿尔泰语系语言里该名字有"顽皮"、"可爱"、"伶俐"、"聪明"等意思。小阿丽娅年今年已经九岁，在中央民族大学附属小学读书。她是班里的班干部，又是三好学生，受到老师和同学的喜爱。业余时间，她喜欢绘画，阅读小儿书。为了从小陶冶女儿的情操，父亲为她买了一台钢琴，还请了钢琴老师辅导。现在小阿丽娅进步很快，能弹奏几首儿童歌曲，每每父母的中外友人来家做客时，小阿丽娅都主动为客人们弹奏两首曲子，以表童心。小阿丽娅为这个知识分子家庭带来了无穷快乐与幸福。

朝克的名字在阿尔泰诸语里有"星火"、"火苗"、"火种"等意思，后来又引申出"火气"、"朝气"、"威严"、"威风"等新词义。说实话，笔者在草原上接触到的叫"朝克"的人确实有很多。但是，给我留下难忘而深刻印象的还是这位曾赴日本攻读研究生时，被日本学术界称为"东方的一支铁笔"的朝克。

是的，他的独特思维方式，非凡的才华、超人的意志和建树的确令人折服。在鄂温克草原上，朝克有一个温馨的大家庭。已故父亲是原鄂温克族自治旗法院很有威望和名气的法官，母亲端德格玛退休前在旗人大任职。父母遗传给孩子们的基因中，有鄂温克族、蒙古族、汉族等民族血统。由此我常想，在朝克超越常人的天赋及智慧中或许有与父母天然遗传有关的因素。再说，从小生活在茫茫而博大无疆的草原上，朝克的视野与胸怀中播下了永不凋谢的源于自然回归于自然的美好梦想。为了追梦，那一风雪交加的严寒的数九冬夜，他背起父母精心打包的行装出发了。从此他走了很多的地方，也走了很多的国家，在许多学术殿堂里留下他充满智慧和创新的声音。

在家里，朝克排行老二，哥哥陶克曾是军人，现任旗工商管理物价检查所所长；大妹妹卡米拉师范毕业后与巴尔虎蒙族小伙子结为伉俪，现在巴尔虎草原从事民族教育；大弟弟朝勒孟大专学历，他起初继承父业，在旗法院工作，后被调往伊敏镇任镇长；小妹妹卡丽娜现在中央民族大学读民族学研究生；小弟弟朝克查三年前赴日本留学读研究生。由于父母教育有方,这家的六个孩子从小就养成了朴实、勤快、好学、奋进的优良品性和尊老爱幼、助人为乐的草原传统美德。现在孩子们都成家立业了,都有了自己的工作和生活,他们不仅和睦相处、孝顺母亲,而且在各自的工作岗位上都取得了很好的业绩。

朝克在鄂温克族自治旗旗所在地巴彦托海镇出生,他在这里读完了小学和中学,高中毕业后下乡到牧区接受贫下中牧再教育。他下乡当知青的艰苦岁月里,除了放羊、放牛、打草、打芦苇、上山拉木材、盖房子之外,还当过知青点长、突击队长、村团支书、民兵连长、村出纳、民办教师等工作,还获得过省、盟(市)、旗(县)、公社(乡)、生产队(村)里的先进个人、优秀知青、优秀团员、优秀民兵、优秀突击队员等荣誉与称号。当知青时,他还从冰冻的深水河里救出过一位奄奄一息的老牧民,由此在那片草原上就传出"朝克是从冰河里救老人的英雄"之故事。据牧民们讲,他很爱学习,无论工作多忙,他都会静下心来读书学习,还要写读书笔记。对于朝克的这一切,他生活过的和劳动过的草原和草原牧民至今还记忆犹新,讲起他来真是滔滔不绝。伴随改革开放新时代的到来,以及高考制度的恢复,原本爱读书学习的他,以优异成绩考入中央民族大学民族语言系。大学毕业时,以优秀的学习成绩和优秀的学士论文,被中国社科院民族研究所语言室专家看中,并经考试到该所语言室从事阿尔泰语系语言研究工作。从此,他就无怨无悔地践行北方民族语言研究的使命,踏上了民族语言研究的科学之路。

朝克深深地懂得,科学研究和追求真理的道路上,从来没有平坦的路可走,只有那些辛勤耕耘、不畏艰辛、无私奉献的人才能攀登科学的高峰。朝克从一名少数民族大学生,成长为在我国满通古斯语学研究,以及在阿尔泰语学及北方民族语学研究,乃至在东北亚诸民族语言和北极圈诸民族语言文化研究领域颇有建树和做出辉煌业绩的杰出人才。同时,也走了不少磨难、不少艰辛、不少曲折,吃了不少苦头。但是,他始终坚持正确的科研方向,不断调整研究方法与思路,不断拓展研究理论与视野。对于他来讲,无论社会的价值取向发生怎样的变化,从不动摇以自己的信念信仰选定的民族语言文化研究事业的追求,以及为此奋斗终身的坚定决心。

在十余年的科研工作实践中,朝克博览群书,吸取和钻研古今中外有价值的研究成果,他甘于清贫,甘于寂寞,甘于奉献。他为了攻克科研工作中遇到一个个疑难问题,夜以继日地把自己埋在书海里,不知送走了多少群星闪烁的不眠之夜,迎来过多少个充满生机与希望黎明和曙光。为了掌握语言学新知识、新思想、新理论,他还经常骑上自行车行走在北京的大街小巷,悉心求教于那些著名语言学专家。他省吃俭用,用节省出来的那点工资钱买了几千册国内外专业书籍,为自己的研究工作积累了十分丰富的图书资料。

在日本攻读语言学研究生课程时,朝克有时一天要去好几所大学听课。除了学习学校规定的课程之外,他还学了古代日语、日语声韵学、语言哲学、朝鲜语、日本阿夷努语等课程,搜集了大量有价值的语言学资料。另外,他还参加了在东京、京都、大阪、北海道、九州等地举行的语言文化学研究领域四十余次日本国内和国际性学术活动,并以"中国北方民族语言文化"、"中国满通古斯语学"、"中国阿尔泰语学"、"东北亚语言文化学"、"日本阿夷努语及阿尔泰诸语"、"日本阿夷努语同中国阿尔泰诸语间的底层结构关系"为题,在东京大学、早稻田大学、学习院大学、筑波大学、东京外大、京都大学、大阪外大、北海道大学、九州大学等作过专题学术报告。特别是,朝克提出的"日本阿夷努语同满通古斯诸语及其阿尔泰诸语间的底层结构关系"等全新意义的学术观点,以及"日语同我国北方诸民族语间的深层结构关系"、"北美爱斯基摩语言文化与我国北方诸民族语言文化相关论"、"俄罗斯西伯利亚诸民族语、满通古斯语族语言、日本北海道乌依勒塔语同源论"等学说,在日本学术界引起强烈反响。可以说,朝克在日本留学期间把时间和精力全部用于学习与研究上,连富士山这样著名的旅游胜地他都未曾光顾过。

朝克在十余年的研究岁月里,几乎每年都拿出一定的时间,合理地使用有限的科研经费,到满通古斯诸民族生活的边远地区、边境草原、农村牧区、森林山区进行田野调查,搜集和掌握了大量活生生的第一手口语资料、语言资料、话语资料。有时,他为了得到具有重要科研价值的语言材料而不得不利用牛车、马车或驯鹿等交通工具,翻山越岭,跋涉于原始森林和遥远的疆土上,同猎民、牧民、农民生活在一起。白天跟山林里牧养驯鹿的牧民们吃喝工作在一起,晚上则与他们一起睡在简易的游牧帐篷里。就这样,他带着中国社科院专家学者甘于奉献、甘于吃苦、勇于探索的治学精神,走遍了满通古斯诸民族生活的山山水水,东北平原、大小兴安岭、呼伦贝尔草原,在满通古斯诸民族生活的地方都留下了他追求事业的坚实足迹、坚强意志、坚定信念。

我们从朝克参加工作后的简历和相关信息，可以清晰地看出他在学术成长中取得的成就。比如说，（1）除了母语鄂温克语之外学习掌握了蒙语蒙文、满语满文、锡伯语锡伯文、鄂伦春语、赫哲语、达斡尔语、汉语汉文，以及俄罗斯西伯利亚埃文语、那乃语、埃文基语、涅基达尔语和日语日文等语言文字。同时，还学过英语、俄语、朝鲜文、日本阿夷努语、女真文等语言文字；（2）1991年3月在日本东京外国语大学读完语言学研究生课程回国；（3）用蒙、汉、日文在国内外顶级学术刊物上发表学术论文数十篇；（4）用蒙、汉、日、英文在国内外出版十余部学术研究专著；（5）他刊发的论著字数达到280多万字，其中120多万字论著成果是用日文在日本发表；（6）他提出的"日本阿依努与阿尔泰诸语的关系说"、"日本乌依勒塔语同满通古斯语族语言同源论"、"北美爱斯基摩语同我国通古斯诸民族语言文化相关论"、"北欧萨米语言文化与满通古斯诸民族亲缘论"等创新学术理论得到相关学术界及专家学者的高度评价；（7）他的三部专著和八篇学术论文先后获国内外优秀科研成果奖；（8）1997年被中国社会科学院授予"十大杰出青年"称号；（9）1996年英国剑桥大学办的《英国新科技学报》上还报道他的学术业绩，并于1997年英国剑桥大学颁发给他"20世纪成就者勋章"；（10）1997年联合国世界名人传记中心把朝克收入《世界名人大辞典》，认为他是中国及国际民族语言学界颇有声望的杰出青年语言学家；（10）国内外学术媒体对于他提出的学术理论及取得的学术业绩进行过多次学术评价和报道。

朝克取得的进步和学术成绩，不断从四面八方传到辽阔的呼伦贝尔大草原，家乡的父老乡亲都由衷地为他高兴，更感到无比的骄傲和自豪。家乡人民祝福他，祝他在未来的岁月里做出更大贡献，永远做一名呼伦贝尔草原的好儿子。

面对一切成绩与荣誉，朝克表现得十分宁静与自然，他说："一切成就与荣誉只能说明过去，未来还需要不断努力拼搏。我们与发达国家相比，许多方面还有很大差距，还需要很多工作要做！这样我们才能对得起祖国和人民！"如今，他依然以一个知识分子、一个学者的生命态度，孜孜不倦辛勤工作在自己钟爱的科研工作岗位上。据说，他正准备启动《中国民族语言文字研究史论》《满通古斯语族语言词源研究》等重大科研项目。还和我兴致勃勃地谈到，如果中国社科院学术委员会能够批准实施这些重大项目计划的话，他如何去做，拿出怎样的研究成果等想法。我能够看出，他很有信心、很有决心，很想做这些项目的迫切愿望。我衷心祝愿他如愿以偿，实现他这些美好愿望和研究项目。

古人说得好"学无止境"。尽管在别人看来，一个人能拥有那么多深远影响的学术著作已算是功成名就了，由此可以躺在荣誉的温床上享受已取得的劳动果实。然而，在朝克看来，是祖国和人民辛辛苦苦把他养育成才，所以他不能满足自己现已取得的那么一点学术成绩，或者在既有的学术成绩上止步不前，他要用更大更辉煌的学术业绩回报祖国和人民的养育之恩。他认为，他的治学之路刚刚开始，他必须还要继续用旺盛的精力，不断进取、不断追求、不断拼搏。他说，在神奇而浩瀚的语言世界里，还有更多更深奥的思想内涵、理论知识需要去探索。正是因为朝克的这一永不放弃的坚定理念和信念，才使他从辉煌不断走向辉煌。我祝福这位草原骄子经过不断努力，为祖国和人民，为人类文明的进步和发展做出更大更好更理想的学术业绩。

第三篇
为人师表　不断拼搏

多丽梅[1]

朝克研究员是我国著名少数民族语言学家、全国人大代表、现任社科院民族文学研究所党委书记和副所长。几十年的努力工作，他取得了令人瞩目的成就，"仰之弥高，钻之弥坚。"朝克研究员著作等身，在核心期刊发表论文数篇，另外还承担多项国内外重大项目，享受政府特殊津贴的专家。荣幸的是，朝克研究员也是我在社科院研究生院的博士导师。

人生如白驹过隙，不知不觉，我已经博士毕业两年，现在故宫博物院从事博士后研究工作，即将出站。回首五年前，经中国社会科学院民族所易华研究员引荐，我得以结识朝克老师。对朝克老师的学识早有耳闻，他精通多种语言，在学术界非常有影响力，是位杰出的语言学家。而后我终于有幸忝列门墙，跟随朝克老师攻读博士学位，无疑是我一生之幸事。在我博士学习三年时间，在探索科研道路上，朝克老师是我的领路人，给予我极大的帮助和指导，他的教诲是我一生的财富。导师国际化的视野，跻身前沿而又精深博大的学术造诣，深刻激励着我对学术的追求。

2011年，自从我得入师门，五年时光已经匆匆过去。此间，正是伴随着对博士论文的思考、写作以及一次又一次的反复修改而不断成长。还清楚的记得，写博士论文的过程异常艰辛，但我印象深刻的是导师的悉心关怀和指导。在时间顺序上，我从2011年底开始思考论文，但还没有思路。2012年7月，朝克老师不辞辛苦带我们几位学生去呼伦贝尔，到访牧民家里做访谈，把每个牧民的语言都要认真记录下来，然后进行核对、整理、分析语言的发展变迁过

---

[1] 多丽梅，故宫博物院。

程。鄂温克语是严重濒危语言，有些说法已经消失，有的访谈人就借用蒙语或者其他语言替代，这些都逃不过导师敏锐的耳朵，他用蒙语、达斡尔语、鄂温克语等多种语言对访谈对象做提示，最后让他们重新想起鄂温克语最正确的表达方式。我感佩老师的语言能力和在田野调查中的灵活应变。我在旁边努力记录着每一个细节和过程，这为我以后独立做田野调查打下了基础。2013年1月开始动笔，导师指导我查阅相关文献，梳理思路。2013年5月论文开题，我顺利通过。2014年2月底论文完成初稿，并于2014年3月底定稿。在此过程中，导师一直跟进我的论文写作，总体把握论文的写作框架，仅初稿完成之后的反复修改，就有数十次之多。在论文修改的最后阶段，大到总体思路、详略剪裁，细到标点、句式，导师一一给出标注说明；对文中语句出现的舛误，导师都提出明确修改意见；甚至论文的标题，也是在与导师反复推敲中才得以共同确定。而即使修改定稿后的论文，仍有诸多不足之处，离导师的要求尚存差距，皆因自己学养不足、磨功力不够、缺乏历练所致。每念及此，心中难免惶恐万分。唯有在今后对自己高标准严要求，以勤补拙，坚持不懈，才不至于辜负导师的似海深恩。论文完成后，面对煌煌10余万言，心中仍诚惶诚恐，如履薄冰。导师指出，论文的选题极有意义，一定要做好，这不是你一个人的事，是整个民族的事情，不能马虎对待。通过这篇博士论文的漫长写作与反复修改，我深刻体会到真正的科研之路必然是一个漫长、渐进的过程。更感受到导师治学严谨的科学态度，这对我现在从事的科研工作无疑是一笔巨大的财富。师恩如山，对此我将终生铭记。

导师虽然在语言研究上取得这么多的成就，但他始终保持学术使命感和紧迫感。他对自己民族事业的热爱，是他取得辉煌成绩的源动力。每次去导师办公室，他都在紧张忙碌着，手上总有写不完的稿子、查阅不完的文献资料。我有时候和导师说，别这么累，这么多东西，怎么写的完。他无奈的回答我："你知道鄂温克族人口少，鄂温克语已经处于严重濒危状态，很多语言现象濒临消失，如果我们现在再不去整理和研究，后人就不会再知道世界上曾经存在过这么美妙的语言。"在他办公室，我发现了厚厚的一摞他80年代至现在整理的田野调查资料，上面整整齐齐写着调查词汇、句子，还有各种谚语，甚至还绘制不同表格，来比较分析各地区鄂温克语的区别性特征。不难想象，正是如此扎实的田野调查，这些第一手资料成就了他一篇篇论文，一部部理论著作。

朝克老师还是一位诗人，他的个人诗集已经出版。这可能与他严谨的语言学研究思路，准确无误而细心深刻地认识与把握事物外在和内在本质特征、变化规律等有关。所以，他能够随时捕捉灵感写出优美诗篇。无论是在极其艰辛的田野调研的崎岖小路上，还是在极其紧张工作氛围中，只要他的严谨思维稍有放松霍思纬间隙中，人们就会惊奇地发现在他严谨的语言学思维空间夹缝里流淌着美妙的诗言、诗句、诗歌。从而显示出洋溢的激情和人生美好的追求及心灵。

朝克老师经常对学生说，你们要学会使用规范的语言，规范的语言能够显示出人们的规范的思维方式、规范的心理素质、规范的内心世界、规范的人生态度、规范的认知功能。所以，当我们的交流或对话中，还是在文章或论著里，出现不规范的说法或语言时，他会不厌其烦地给予矫正或修改，甚至让学生们共同讨论和分析，怎样说最为规范和精确的问题，直到学生们得到最明确、最经济、最准确而最为科学的说法为止。自己离开时，走入社会，从事科研工作以后，才最为深刻地感悟到老师的教诲给自己带来的诸多好处，使自己对于老师严谨的治学态度及敬业精神表示深深敬仰，也是学生受惠一生的极其宝贵的精神财富。

昨天听其他同学讲，老师近日又出版了八本书，还获得了中国社会科学院2013至2015年度科研岗位先进工作者。我真的为老师感到骄傲和自豪，同时也觉得做他的学生真不容易，不由自主地感受到一种来自心灵深处的压力，这种压力不断促使你努力工作、不断拼搏、与时俱进、创造人生的辉煌。

第四篇
为科普倾注思想与智慧[1]

贾玎玎[2]

走出中国社会科学院大门上长安街,往西不到十分钟的车程即可到中南海。近年来,随着中国社科院作为中央思想库、智囊团的定位进一步明确。社会科学院凭借人才和信息优势加强全民科学素质建设,在配合政府进行科学决策及社会科普方面发挥了重要的作用。

一、嗅觉敏锐瞄准热点搞科普

在热点问题及时开展科普宣传方面,记者发现无论是授课人次还是讲解题目数量,社科院都高居各科研单位之首,足见社科院的科研实力及其在中央领导眼中的重要地位。"每年我们在完成常规科研任务的同时,都会接受一些中央交办的课题。具体题目大多由党中央、国务院、全国人大常委会等部门指定。这些课题具有时效性、对策性和战略性的特点。"中国社会科学院科研局副局长朝克说,目前社科院围绕党的第十八次全国代表大会提出的重要指示精神和经济社会发展中遇到的现实而重大问题开展课题研究,进行科普教育。

朝克说,中国社会科学院拥有一大批顶尖人才、著名学者和学部委员以及,他们都具有相当的学术优势和社会影响。近年来,科学院专家学者通过扎实有效的一线调研和实践考察掌握了大量而可靠扎实的材料和数据,这使他们的科研工作和成果更有现实意义和生命力,并对我国经济社会的友好又快的发展,深度推进改革开放,建设美丽中国,实现中国梦,不断提供更加科学有效

---

[1] 本文发表于《科技日报》2013年7月29日,第1版。
[2] 贾玎玎,科技日报记者。

而针对性对策建议，又能够为全民关心的问题提供科学解答。所有这些，有助于我们针对社会热点问题、焦点问题、棘手问题、现实问题及时开展行之有效的思想导向、科普宣传，及时解决人们在思想意识中遇到的诸多问题。比如，今年，中国社会科学院学者就受到中央电视台"今日关注"等栏目的邀请，作为嘉宾讨论受广泛关注的社会问题、国际问题等，组织专家学者撰写中共中央宣传部理论局主持的《理论热点面对面》的相关文章，在第一时间传播和解读人们面对的社会问题，发挥正确舆论导向。

据介绍，2012年9月，中国社会科学院日本研究所高洪副所长就针对当前中日关系及钓鱼岛争端有关问题为国家有关部门及机关干部进行专题讲座；2012年7月，中国社会科学院社会政法学部主任郝时远研究员应邀在公安部在内蒙古自治区举办专项业务培训班上授课，介绍中央关于民族工作的方针、政策；2012年6月，中国社会科学院法学所周汉华研究员、吕艳滨副研究员为公安部交通管理局举办交警系统车辆管理部门领导干部培训班，讲解社会管理创新和公共行政管理知识。特别是，党的十八大以后，中国社科院院领导及马研院、政治学所、社会学所专家学者到各部委、到地方以通俗易懂、言简意赅的语言深度解读、宣传。

此外，作为中国社会科学院每年的一项重点工作，2012年，科学院继续和国家图书馆、中央国际机关工委等单位组织了"部级领导干部历史文化讲座"，朝克告诉记者，与以往不同，今年我们在设计讲座选题时，增加了科学方法论的介绍，这些内容有助于提高培训者的工作效率、提升研究成果水平。同时，今年社科院还在开展保护和抢救少数民族濒危语言文化工作，着手进行"各民族语言文化系列丛书"的编撰，尝试用汉语拼音记录少数民族语言。我想这些活动的开展都会为提高全民族的科学文化素养并营造崇尚科学文化的社会氛围提供帮助。

二、普惠大众让智慧来到民间

朝克说，没有想到的是：十几年前，社科院专家学者共同研究编纂的书籍会引起巨大反响，并逐渐发展成为政府决策、学界研究和民众了解国情的"社会蓝皮书"及其"皮书"成果系列。这些书籍的成功并非偶然，它是中国社科学院专家学者立足国情、围绕重大现实问题展开研究的成果。事实上，中国社科院近些年推出的《物质文明系列丛书》《居安思危·世界社会主义小丛书》等一系列可读性强的科普系列书籍，已成为党政部门和社会各界了解中国国情和经济社会文化发展的重要渠道。

为了鼓励学者撰写出面向大众的高质量的普及性读物。近年来，中国社会科学院结合国家和有关部门科普读物评奖活动，积极推荐内院科普成果参加评奖活动，加大对院内获奖科普读物的奖励力度。鼓励院内学者利用开展社会科学研究的有利条件，在保证严谨性与科学性的同时，结合党中央、国务院大政方针，针对不同层次、不同方面的人群撰写科普读物。

2012年，中国社会科学院组织编撰出版了《简明中国历史读本》，这本称得上为普通人写的"通俗的历史书"，以历史唯物主义和辩证唯物主义为指导，秉承实事求是精神，坚持百花齐放、百家争鸣方针，以严谨的学术态度，系统而又简要地梳理了中国历史发展的脉络。而《中国史话》则是一部适合青少年阅读的通俗、易懂、全面、权威的历史普及读物，是由中国社会科学院组织、院内外各相关研究领域专家分别撰写，丛书对从古代到1949年新中国成立的中国两千多年文明发展史和社会进步史进行了比较全面系统的阐述与介绍，可以帮助青少年了解我们伟大祖国辉煌灿烂的历史文化，树立正确的历史观，《中国新闻出版报》《新京报》的报道认为这套丛书是"学术书走向大众"尝试的成功案例之一。该系列丛书2011年被列入新闻出版总署"十二五国家重点出版物规划"。

三、人才培养吸引学生走进社科院

2012年10月26日，中国社会科学院直属机关党委与海淀区教育委员会举办了"走进中国社会科学院"开放日活动。此项活动是国家级教育体制改革基础教育项目——"探索拔尖创新人才培养模式"的系列活动之一，由中国社会科学院团委承办，中国人民大学附属中学协办。

北京市海淀区教委中教科领导以及来自清华大学附属中学、北京大学附属中学、中国人民大学附属中学、北京航空航天大学附属中学、首都师范大学附属中学的老师和学生代表参观了中国社会科学院考古研究所博物馆、近代史研究所和中国社会科学院院史及科研成果展，并在座谈会上就社科类人才培养问题与中国社会科学院团委干部、青年代表等展开了热烈的互动交流。学生们纷纷表示，此次来到中国社会科学院收获很多，对哲学社会科学有了进一步的认识，希望今后有更多的机会得到社科院专家学者的指导，了解和学习社科领域的专业知识。

"中国社会科学院一直以来高度重视青年人才的培养，今后中国社会科学院愿意利用自身的优势资源，为青年搭建科研平台、给青年人锻炼成长提供机会，为顶尖人才的培养提供更多的智力支持。"朝克说。

第五篇
蜚声中外的著名民族语言学家朝克

李肖含[1]

朝克先生是蜚声国内外的民族语言学家,更是顶级满通古斯语族语言专家,亦是国家哲学社会科学领军人物。数年前,因工作关系,笔者曾多次往先生处拜访和进行访谈。其时,笔者已深感其学问之精深、经历之传奇、境界之高尚,实为中国社会科学院之学者。对与他的辉煌学术业绩,本人还在不同刊物上做过一些报道。目的是让大家知道中国社会科学院专家学者甘于清贫、甘于坐冷板凳、甘于奉献的治学精神、治学态度、治学信念。

这两年,笔者又曾多次到朝克先生处请益,并得与先生之家人、朋友、学生有较为深入的交流。进而对他的学问与人生态度有了更进一步的了解。写作一篇更长的文章,对先生的学问、人生态度、生命哲学进行一番梳理,以"记其言、考其事、推其原"的想法,在那时已经萌生。惟资料之搜集与整理尚需时日,故而迟迟没有动笔。

2015年夏秋之交,第四届"国际满通古斯学术研讨会"在内蒙古海拉尔召开,笔者有幸躬逢其盛,认识了更多的学界朋友,益增见闻。其后,笔者又对朝克先生进行了多次访谈,并对其学术经历粗作整理,而这篇"更长的文章"的框架也逐渐清晰。本书的写作,也在艰难地探索朝克先生的思想和学术造诣中开始。

宋人卢梅坡《雪梅》诗云:"梅雪争春未肯降,骚人阁笔费平章。梅须逊雪三分白,雪却输梅一段香。"古往今来,月旦人物都是十分困难的事情,而评论生人、学人,则是难上加难。笔者不揣浅陋,"知难而进",非敢对朝

---

[1] 李肖含,《中华儿女》编辑部编辑。

克先生之学问人生做出什么定论，乃仅以自己能力所及，对先生之人生经历与学术成就作一梳理，俾有兴趣的读者们能有所得。其间有所论列，非敢妄加评论，而必依实据，并引学界同行评价，务使客观、真实。书中文字有详有略，非笔者敢妄加增删，必视资料丰瘠与行文需要而定，想读者诸君自能体会。

笔者在写作过程中，得到朝克先生亲友及学生的鼓励和指教。朝克先生本人更曾为笔者提供了许多宝贵材料与建设性意见。谨藉此书，向他们表示崇高的敬意。

一、草原儿女多英豪

1997年12月，刚刚进入不惑之年的朝克应香港中文大学人类学系之邀到香港访学。据朝克自述，此一期间的研究任务并不轻松，但每有余暇常偕二三友人到海边漫步，观景论学，喝酒赏花，亦颇得其乐。彼时距离香港回归祖国刚刚过去不到半年的时间，香江两岸的庆祝氛围依然浓烈。时值岁末，望着维多利亚海湾的美景，去国怀乡的朝克竟诗兴大发，写下了这样一首名为《伊敏河》[1]的长诗：

> 伊敏河是我的母亲河，
> 它从绿色的生命之源，
> 巍峨的大兴安岭心脏涌出，
> 流过茫茫的鄂温克草原；
> 承载着巴音托海山神的嘱托，
> 带着鄂温克人的美好溯源，
> 穿过草原城市海拉尔，
> 跨越辽阔的巴尔虎平原；
> 借助多情的海拉尔河的情感，
> 利用广阔的额尔古纳河的力量，
> 一泻千里地涌入黑龙江，
> 经过神秘莫测的萨哈林海湾，

---

[1] 巧克著：《思绪》，中国社会科学出版社，2011年。

在豁达爽快的鄂霍次克海的协帮下，
汹涌澎湃地投入白令海的怀抱。
……
伊敏河呀，
我的母亲河。
我信仰的目光望着您，
您是我心中挥之不去的记忆，
您是我热爱生命的精神之源。
我就想赞美黄河长江，
从内心深处仰慕你，
我为您而纵情讴歌，
您是我恒久的思念，
是我永恒的骄傲。

朝克诗中所说的伊敏河，发源于大兴安岭蘑菇山北麓，自南向北纵贯呼伦贝尔大草原的东南部，于海拉尔市北山下汇入海拉尔河。伊敏河流域处于中国东北地区从山地向草原的过渡地带，河边的鄂温克自治旗居住着鄂温克、蒙古、汉、达斡尔等20多个民族，也是朝克的祖辈居住的地方。

朝克是鄂温克族。鄂温克（旧称"索伦"、"通古斯"、"雅库特"等），意为"从高山林海中走下来人们"。历史上的鄂温克人是居住在高山林海中，而随着历史的发展，鄂温克人先后走下高山林海，迁居草原与河谷平原，只有一小部分人留在高山林海里，靠自然牧养驯鹿的古老的生产方式过着山林中传统生活。

朝克的祖辈于1911年辛亥革命以后，就参加了"八旗"制度瓦解后，鄂温克族奋而反抗当地封建残余势力的残暴统治的斗争。但随之而来的北洋军阀的统治及外国势力的侵略又让他对民族解放和革命有了更加深刻的理解。

1917年11月，俄国"十月革命"爆发，布尔什维克党人最终建立了自己的政权。稍后的五四运动以及中国共产党的成立，都在呼伦贝尔草原燃起了革命的火种。朝克的叔祖松格布向往革命，于1925年只身前往蒙古人民共和国首都乌兰巴托。在蒙古人民革命党党校学习后，他加入了蒙古人民革命党，走上了革命道路。1927年，松格布受蒙古人民革命党的派遣，回到呼伦贝尔草原上从事地下工作。阿本千在其所著《鄂温克历史文化发展史》中说："松格布在此期间曾化名钢珠儿在国内从事地下活动……如果属实，则松格布实为鄂温克中从事革命活动之第一人。"1928年7月，内蒙古革命党人郭道甫、福明泰等人发动呼伦贝尔暴动失败后，地下工作受挫，松格布立即返回乌兰巴托。1929年，受蒙古人民革命党选派，松格布到莫斯科东方大学学习，并转为苏联共产党党员。[1]当时与他同在莫斯科读书的还有内蒙古地区的中共早期领导人乌兰夫等人。他们一起读书，相互砥砺，结下了很深的革命友谊。

1935年，松格布从莫斯科回到国内。他积极投身革命运动，为党和国家的事业作出了很大贡献。受家庭环境影响，朝克的父辈中有不少人在年轻时就参加了革命。而且，在那些艰难的革命环境中，一个个成长为草原解放后的第一批革命干部。后来，在历次运动中，他们的家族也经历了许多磨难。

朝克家中兄弟姐妹，均各有成就。小弟弟朝格查，生于1963年，1993年东渡日本读文学博士，现在日本定居；小妹妹卡丽娜，生于1970年，1997年进入中央民族大学读研究所，2004年获中国民族大学文化人类学博士学位，在少数民族传统文化、满通古斯诸语研究等方面颇有建树，现为中央民族大学民族博物馆从事研究工作。综观朝克先生之家世、确实觉得人才辈出，成就辉煌。

二、恰同学少年

朝克1957年9月29日出生于内蒙古呼伦贝尔市**鄂温克旗巴彦托海**，家中兄妹三人，他排行老大。出生后，父母依鄂温克传统，以其父名"敖斯尔"及先祖名"杜拉尔"为他取名杜拉尔·敖斯尔·朝克。生活中，则直呼其名为朝克。在他们的语言里"朝克"一词有"星星之火"、"朝气蓬勃"等意思。1963年，刚满6岁的朝克进入鄂温克旗第一小学读书。据朝克本人回忆，当时的课程以蒙语为主，兼修汉语。在校园里上课主要讲蒙语，放了学则蒙、汉、鄂温克等多语并用。后来的一系列运动中，朝克的家人受到严重冲击。时年尚不满10岁的朝克，跟更为年幼的弟弟妹妹与外祖母一起相依为命，切身品味了人间冷

---

[1] 阿本千著：《鄂温克历史文化发展史》，中国社会科学出版社，2015年。

暖。若干年后，回忆少年的往事，朝克曾写下了一首名为《不哭》[1]的长诗：

> 因为，您是，
> 一个儿子，
> 肩负着祖先的重托。
> 因为，您是，
> 一条汉子，
> 胸怀着一个民族的志向。
> 因为，您是，
> 一位顶天立地的英雄，
> 承载着一个时代的希望。
>
> 您的眼泪，
> 重如高山，
> 浩如烟海。
> 您的眼泪，
> 积累了千百年的述说，
> 代表着无数代的期盼。
>
> 您是英雄，
> 面对艰难险阻，
> 应该放声高唱，
> 创造的艰辛，
> 会使您疲惫不堪，
> 会让你苦不生望。
> 但绝不要流泪，
> 要记住，
> 对大地的承诺；

---

[1] 巧克著：《思绪》，中国社会科学出版社，2011年。

请别忘,
对苍天的誓言。
您应该勇敢地迎击,
袭来的一切暴风骤雨,
无怨无悔地坚守自己的信仰。
……

您充满梦想的眼睛,
不应该被眼泪遮挡,
不应该留下泪水,
不应该失去光芒。
您的眼睛,
应该坚定地凝视,
用您的信念选择的方向,
就是在生死关头,
在天崩地裂的时刻,
也不能放弃追求的辉煌。

您应懂得,
您的未来,
由您来创造。
不要,
把您的未来,
寄托在他人身上,
您的路,
必须要自己走。
那是一条通向光明的路,
您不能退却,
更不要流泪,
要学会不屈的坚强。

眼泪,
会削弱您的意志,
会使您放弃未来。
泪水,
会使您变成懦夫,
会使您走向失败和黑暗。
您不许哭泣,
不许流泪水,
更不许放弃美好的向往。
因为,
只有这条路,
才能通达您的梦乡,
走过这些,
充满坎坷的历程,
才能实现您的美好理想。

　　这首现代诗写得如慕如诉,有着一种为了信念信仰永不放弃,无怨无悔地勇往直前坚定决心和生命的态度。1969年,朝克入鄂温克自治旗第一中学读书。1975年夏,18岁的朝克从鄂温克旗第一中学毕业。是年,他下乡到本旗伊敏苏木伊敏嘎查当"知青"。而据中国社会科学院1997年的一份《朝克同志事迹材料》介绍,高中毕业前,朝克已经向党组织递交了入党申请书。1975年高中毕业后,他主动提出要到最艰苦的牧区插队。充分发挥自己的作用。多年以后,朝克向采访他的记者回忆起当年的生活:"每天早晨4点钟起床,学着干各种木业生产的活儿,搭建木屋,放养牲畜,开始了牧人一般的生活"[1]。紧接着还写道:"插队不久后的一个10月份的清晨,朝克与3个知青一同去苇场打苇子。他们坐着牛车横渡冰封的芦苇塘时,刚刚封冻的水面经不起牛车的压力出现大塌方,很快牛车连人带物掉进了冰窟窿里。朝克等四名知青和赶牛

---

[1]　《呼伦贝尔日报》1997年12月4日的报道《中国第一位鄂温克语言学家》。

车的老阿爸一同掉进了刺骨寒冷的冰窟窿里,当他好容易从深不莫测的冰窟窿里游出来时,发现赶牛车的老阿爸却不见了。这时才明白,不会游泳的老阿爸同牛车一起沉入冰水里。这是朝克全然不顾被冻僵的身躯,一头扎入冰水中救出了奄奄一息的老阿爸。他把老阿爸拉出冰水放在芦苇塘岸边后自己却晕了过去。与他通行的知青唤醒时,他在醒过来看了看身边的老阿爸又一次晕了过去。经过这些磨难和死亡的严峻考验,他想了许多也明白了许多人生道理。"由于吃苦耐劳、表现优秀,朝克很快在同去插队的知青中脱颖而出。不久,便承担了青年突击队长、知青店店长、民兵连长、团支部书记、生产队出纳员、生产队学校语文和数学老师等工作。不过,各种工作再忙、再累、再辛苦、再紧张,他始终没有放弃每天晚上挑灯写日记和学习的习惯。《朝克同志事迹材料》中说道:"在劳动之余,他还挑灯夜读,孜孜求学,努力提高自己的文化知识水平。他经常组织知青和村里的青年学习马列主义、毛泽东思想,自己还写了十几万字的读书笔记。牧区这一广阔而火热的实践生活锻炼了他为社会主义事业而奋斗终生的坚定信念和顽强意志。"由于他工作突出出的优异成绩,多次被公社、旗(县)、盟(市),甚至被省里选为优秀知青、优秀青年、先进劳动者和优秀团员、优秀民兵等。

1977年高考制度恢复后,生产队和公社就推荐他参加高考。也就是说,全国恢复高考之初就规定参加高考的人,必须有基层政府推荐才能够参加高考。经过公社党委、团委和知青办的层层审核、筛选,伊敏生产队决定推荐朝克去参加全国高考。公社的通知连续下了两次,还未见朝克前来报到。第三次,公社干部亲自骑马将通知送到了正在冰天雪地里干牧活的朝克手里,他当时就没有答应,并说出了自己将来做一名合格的真正的牧场主的想法,以及在牧区火热的生产生活环境中要度过一辈子的决心。后经公社书记和宣传干部作深入细心的思想工作,他才明白国家的建设和未来更需要有知识的劳动者和建设者的基本原理。就这样他放弃未来要当一名合格的牧场主的美好梦想,骑上伴随自己两年的钟爱的白骏马,迎着初升的太阳从生产队知青点出发,在白雪皑皑的雪原上快马加鞭又恋恋不舍地奔向公社所在地,在公社从马背上下来乘坐雪原公交车驰向旗所在地巴音托海镇参加高考复习和考试。

朝克说,就是为了参加高考复习的那些日子,他经常思念共同在牧区务牧的知青战友,那里的牧民们,那里火热的牧场,还有他的白骏马,甚至经常偷偷流泪。但他想到公社书记的重托，想到自己未来建设草原是需要的更多知识，他就檫干思念的眼泪，埋头复习久违的功课。次年2月，朝克以优异高考成绩，考入中央民族学院（现中央民族大学）蒙古语言文学系读大学文化知识。众所周知，中央民族学院的前身是中国共产党1941年在延安创办的民族学院。新中国成立后，因培养少数民族人才的需要，当时的政务院提出在北京设立中央民族学院，并在中南、西南、西北分别设立分院。

从草原来到北京并进入中央民族学院读大学，对于朝克来讲一切是那样新奇、新鲜、兴奋。但由于不同的生活环境和习惯，他觉得自己不适应大城市生活。几个月后，他给父母写的一封信中写道："我不习惯这里的生活，我想赶紧读完大学回到草原。"[1]他甚至还写了一首《四季歌》[2]，来表达自己的这种心情：

冬天到，
寒风急，
长城内外雪花飘。
举目眺望，
塞外北方，
呼盟学子想家乡。

夏天来，
彩蝶飞，
京城夜色真热闹。
人在都市，
心在故里，
草原深处是老家。

春天临，
雁北归，
围城小河翻波涛。

---

1 《呼伦贝尔日报》1997年12月4日的报道《中国第一位鄂温克语言学家》。
2 巧克著：《思绪》，中国社会科学出版社，2011年。

绿树成荫，
百花争艳，
触景生情思家乡。

秋天至，
花谢落，
香山南北红叶飘。
凉风吹来，
秋色满楼，
游子期盼回老家。

  不过，朝克在学习上狠下功夫，希望自己多学点文化知识，大学毕业后回到日思梦想的草原牧区用学到知识改变草原的面貌，他深深地懂得在知识中包含有无穷能量和智慧，只有学好了大学的知识就会在草原上大有可为。特别是，他在专业理论课及外语上下苦功。他从大学第一年就同时开始学日语、俄语、英语。按照他在牧区当知青时养成的习惯，每天早上五点就起来背日语、俄语、英语单词，努力地用外语读外文作品。所以他在理论课和外语方面进步很快。特别是，他在马学良、清格尔泰、戴庆厦、那森巴雅尔等著名语言学家及大师的指引下，他开始慢慢意识到原来自己从小就会讲的那些语言中竟蕴含着那么多的奥秘与知识。例如，从一个不起眼的地名变化可以看出当地民族的历史文化变迁，从一个单词的读音可以推测出一个地区的语言交流的变化，甚至看出该地区经济社会的进步等等。这一切，都让年轻的朝克对语言学产生了兴趣。随着学习的不断深入，知识水平不断提高，他逐渐适应了都市校园的生活，慢慢地进入了新的角色，重新找到了自己人生的目标。

  他从大三时起，便开始对自己最熟悉的母语鄂温克语产生极大兴趣，包括对于它的语音、词汇、语法开始从语言学理论角度重新思考。而且，寒暑假回家时，自觉地进行深入调研和搜集各方面资料。每次调研，他都满载而归，进而不断打开兴趣点、问题点和无穷的智慧和思维空间。大学毕业时，他的毕业论文《鄂温克语的语音系统分析》获最高分，并得到老师们的一致好评。不就论文被发表，引起了学界的广泛关注。这对于将要走出大学校门，走向社会，走向工作岗位的他，带来很大鼓舞和勉励。1982年1月，其时尚不满25岁的朝克大学毕业，就考入中国社会科学院民族研究所，从事民族语言研究工作。朝克的语言天赋在幼年时便已显露，此时又在我国哲学社会科学的最高学术殿堂，在诸位名师们手把手的指导和一步步引领将要开始祖国和人民交给他的光荣使命。

三、东渡与西游

1982年初，朝克进入中国社会科学院民族研究所工作。因民族研究所正位于中央民族学院内，所以对朝克来说，从课堂到单位不过就是从大院里的一栋楼到另一栋楼而已。起初，在朝克的想象中，中国社会科学院这一哲学社会科学最高学术殿堂是一个灯火辉煌、富丽堂皇的精神世界。可他到院里报完到，回到所里听到的是，现在还没有搞科研的研究室，也没有住的地方，人他自己想办法解决。这是他不知所措，不知该这么解决这些问题，至少他需要一个读书搞研究的桌子和椅子，需要晚上睡觉的一张床。所里当时连着以最低的要求还提供不了，说是过些时候能够腾出办公室或住处才给解决。不过他心里也很清楚，经过过去一些年的各种运动，改革开放后的中国百业待兴，中国社会科学院也是如此。他到所里后看到的是，每一个办公室挤得满满腾腾，一些办公室还有专家学者拉家带口地住在里面，没有会议室大家就在楼道里开会传达文件，有些专家学者的精神状态还没有回到静下心来搞学问的境界，还在为了住房、孩了上学、恢复过去的工资待遇、学术地位和身份而忙碌着。朝克将这一切看在眼里，想在心里。他虽然那时还小，但也是从那些年代走过来的青年。所以，他想所里没有在提出任何要求和条件，白天就到中央民族大学的图书馆读书高研究，晚上就到留校当老师的同学集体宿舍借住。

就这么过了半年时间所里才给他安排和一位带着两个孩子的学者一起住，他想不管怎么说总算有了一张床，可以堂堂正正地在自己研究所的楼里住下了。后来他在所里查阅资料时发现，在语言研究室的破旧的资料室内有一张破桌子。由于很少有人到该资料室查阅资料，因此资料室里到处是灰尘、地上也是到处是乱扔的资料。此时朝克想，如果把这件资料是好好整理整理，打扫干净，再找来一把椅子在这里办公该多好啊，免的每天早上到大学图书馆抢占学生们读书的座位搞研究。想到这里他向语言室领导写了一份申请书，申请在室资料实例搞研究。期初室里不同意，原因一那是研究室唯一公用的空间，二那是室里的资料室,三可用空间太小,四由于多年没有打扫很脏根本没有办法搞研究,五没有椅子。不过,在朝克的苦苦请求下,室领导经研究还是同意了他的申请。但要求他一定保护好所有资料,不能损坏或丢失屋中的任何资料,还让他写了保证书。当天朝克用一天时间全面打扫了资料室,为了保护资料把所有资料都用包子盖上,还从留校当老师的同学那里借来一把椅子。那天他特别高兴,自己总算在单位有了搞科研的一席之地。就这样,他在这资料室里搞研究多年。他就在这个资料室里,写出了他的《鄂温克语简志》《鄂温克语研究》《满通古斯语族语言比较研究》等专著的初稿,还发表了20余篇学术论文,完成了所、室里交给的一系列研究课题和国际合作项目。另外,那时他感到很幸运的是,那时像费孝通、牙含章、傅懋勣、翁独健、杨堃等著名民族学家都在该所从事科研工作,他从他们那里学到许多治学经验和道理,治学态度和精神、治学方法和理论。那些资深老专家们也跟朝克的接触和交流中看出他是一个好苗子,是个好好培养的未来的好人才,因此也倾注了他们的心血。对于朝克来讲,初入中国社会科学院的艰辛,以及老一辈专家学者们的精心培养和教育,成为他学术道路上不断追求、不断努力、不断进步和奉献的重要精神支撑和力量。多年以后,他曾在一首名为《信念》的[1]长诗中记录了自己当年的工作状态:

作为一个人,
应该有自己的信念。
有了信念,
生命就有了活力,
生活就有了意义;
有了信念,
人生就会过得充实,
生活就会充满希望。

信念是,
思想提炼的结晶,

---

1 巧克著:《思绪》,中国社会科学出版社,2011年。

精神升华的产物，
人生感悟的真谛，
完成使命的力量。

我的信念，
就是追求人类思想的一切光明，
同时把它无私地奉献给人类。
……

我在实现信念的旅途中，
时常感到十分疲倦，
有时累倒在充满信念的书海里，
似乎没有一点力气，
再继续实施伟大的使命。
此时的我，
真想拥抱浸透心血的爱书，
忘掉一切信念，
抛弃一切追求，
一睡方休，
昏睡万年！

然而就在此时，
我就会听到，
远处传来的，
追求信念的人们，
发出的铿锵有力的脚步声，
就会隐约地看到，
他们风雨无阻行进的身影，
就会深刻地感悟，
他们不怕艰辛，

勇敢拼搏的精神。
更重要的是，
此时的我，
常常听到祖国的呼唤，
人民的呐喊：
"起来！
共和国的学子！
起来！
科学殿堂里容不得懦弱的生命！
起来！
人民用希望的目光凝视着你！
起来！
我们需要分秒必争的奋斗！
……

儿子，你应该，
信守你的誓言，
收回你的懦弱，
睁开你的眼睛，
抬起你的头颅，
振作你的精神，
鼓起你的勇气，
拿起你的笔杆，
为实现属于自己，
并属于人类的信念，
要勇往直前，
不断创造新的辉煌。"

就这样，
我一次次，

坚定并顽强地抬起头颅，
紧紧握住祖国和人民交给的笔杆子，
在追求真理的学术殿堂里，
在实现信念的学术生涯中，
耕耘着希望的沃土，
播种着光明的种子，
收获着灿烂的阳光。

每当掌声响起来，
每当面对荣誉和鲜花，
我总在心中说，
感谢人民养育了我，
感谢祖国给予了一切，
我永远争做你们赞美的好儿子。
这是我终生的追求，
也是我一生的誓言，
还是我生命的骄傲，
更是我永恒的信念。

诗中说道："时常感到十分疲倦、累倒在书海里、却又在信念的召唤下，一次次地抬起头，继续努力奋斗"的场景正是朝克当年初入民族研究所工作时的真实写照。也是他后来一直遵循的治学态度和精神。那时，他已开始撰写《中国少数民族语言简志丛书》中《鄂温克语简志》部分的初稿等，嗣后又承担了《民族语言文字使用情况调查》中的科研工作，终日辛苦自不待言。偶有空闲，他又骑着自行车，到院里的相关研究所和北京的各大院校听讲座。据朝克自己回忆，当年他曾听过吕叔湘、王力、季羡林、费孝通等多位名家的讲座，并获得他们的当面指导。那是我国正是知识、智慧爆炸性地发挥的时代，到处是名人名家讲座讲坛，到处是学术沙龙、学术交流、学术论坛、学术活动，包括各种层级和各种形式和内容的国际学术交流与会议。整个学术界，开始迈入黄金发展的理想历史阶段。

那时，国门已开，学术界的国际交流颇为活跃。在朝克1989年初出国之前，常去听王士元、梅祖麟、白保罗、马蒂索夫等国际语言学大师的讲座，并与罗杰瑞、杨虎嫩、桥本万太郎等开始进行学术交流。毫无疑问，在这时期为朝克学术理论的提高注入了新的活力。就在那短短数年间，他承担了多个国家合作重点项目，不断发表高水平的学术论文，并应邀给北京大学东语系硕士研究生开设满蒙比较语言学课程。多年后，朝克曾这样回忆他心目中的"八十年代"："那是我国民族语言学发展的黄金时代，也是我广泛汲取前人学术思想，打造坚实的学术理论基础，拓展学术视野的理想时期。是改革开放的新时代培养了我，让我得以在大师们的关心、指导下一步步成长。"[1]他说都是大实话。

1988年底（待核实），朝克通过日本国费研究生考试，以优异成绩东渡日本到东京外国语大学攻读语言学研究生课程。此时的他已是而立之年，但他的求学之心、刻苦读书和学习精神从未削弱，还是和初入大学时完全相同。中国社科院1997年朝克当选院里十大优秀青年时的一份《朝克同志事迹材料》中这样介绍他在日期间的学习生活："朝克在日本读语言学博士课程时，有时一天内要去几所大学听课。他除去学习学校规定的课程以外，还学习了古代日语、日语声韵学、语言哲学、朝鲜语、日本阿夷努语等课程，做了几十万字的学习笔记，搜集了大量有价值的语言学资料。另外，他还参加了40余次在东京、京都、大阪、北海道等地举办的有关语言学方面的日本国内和国际的学术活动……在日本期间，他把时间和精力全部用于学习及研究工作上，连富士山这样著名的旅游胜地也没有时间去光顾"在留日期间，朝克的语言天赋再次得到充分展现。1989年5月，到日本仅三个月后，朝克便用日文撰写出了第一篇学术论文，令他的日本导师都大吃一惊。因为按照通常惯例，留日中国学生至少要在一年以后，或者过几年之后，才能达到用日文撰写学术论文的水平。还有，朝克在东京大学图书馆认真学习和阅读日本阿夷努语资料时，惊喜地发现该语言同我国北方少数民族的语言间竟然存在诸多共性。为此他下决心搜集整理了大量相关资料，在此基础上在它们之间开展比较研究。与此同时，他还发现，日本的语言学界一口同声地否定阿夷努语与我国北方民族语言间存在的共

---

1 参见《朝克——满通古斯语族语言的守望人》，《中华儿女》2014年第17期。

有关系。所以，他心里很明白，否定日本语言学界的这一错误定论，需要大量有说服力的确凿根据，否则不会让他们心服口服。就这样，他把自己深深地埋在图书馆的阿夷努语言资料堆里。甚至，通宵通宵地查找、阅读、搜集整理和分析研究阿夷努语资料。在此基础上，于1990年的春天，朝克在东京召开的第35届国际东方学讨论会上，宣读了他用日语撰写完成的论文《论日本阿夷努语和阿尔泰诸语的关系》，用铁证如山的确凿语言事实论证了，日本阿夷努语同我国北方满通古斯语乃至阿尔泰诸语的底层结构中存在的不可否定的共有关系，引起日本学界机器东方学术界的巨大震撼。

嗣后，朝克应邀接连在日本东京大学、早稻田大学、学习院大学、筑波大学等王牌大学作专题讲座或学术报告，从不同角度科学论述日本阿夷努语与我国北方诸民族语言的错综复杂的内部关系。朝克于1991年春，结束在东京外国语大学的研究生课程回国。留日期间，他仅用日文撰写的高水平论文就有八篇，其他公开发表或出版的有《鄂温克语基础语汇集》等学术成果近120万字。其中，所著《索伦语例文集》获日本文部科学省国际学术研究成果科学研究费补助金，并被编入1991年度日本国际学术研究成果档案（63041002号）。在如此短的时间里，获得如此辉煌学术业绩，在近代以来的留日中国学生中实不多。日本的《每日新闻》《北海道新闻》等都曾对他在日期间的学术研究进行过专门报道。他的这些学术成绩，给日本的两岸中国留学生合作学术交流的专家学者很大鼓舞和骄傲。例如，几乎同朝克同一时期赴日的台湾学者胡进杉在回台后致朝克的一封信中这样说："东瀛一别，倏忽月余。每念之标，时增慕切。敬维，德术日进，诸事顺遂，以欣以慰。兄英年硕学，既蜚声神州，复振响扶桑，来日栋材，舍兄其谁？此不惟为，兄一人贺，亦国家民族之贺也。弟于野尻湖期间，屡蒙协助得以顺利，又承教示受益良多，实深感佩。谨藉寸笺，用申谢忱，还望不弃，时赐兰言，以匡末学是幸。"胡进杉在此信中说的"英年硕学，既蜚声神州，复振响扶桑，来日栋材，舍兄其谁？此不惟为兄一人贺，亦国家民族之贺也"等。看起来这些都是溢美之辞，然而如今看来，确是非常精准的预言。

自日本学成归国后，朝克在学术理论水平上日益精进。短短数年，他便发表（或出版）了学术论文（或专著）数十篇（部）。在研究所内，很快由副研究员晋升为研究员，从研究室副主任成为主任。此间，朝克又曾先后多次受邀到境外游学或工作。1997年7月，朝克应邀就美国亚利桑那州立大学和崔尼提大学客座讲席。在美期间，他深入印第安等北美土著人群中间进行实地调查，提出了美洲印第安诸语与我国诸民族语言的关系说、美洲爱斯基摩语与满通古斯语族语言底层结构共有论等观点，并与美方合作完成《中国北方民族古代字研究》，引起美国学界极大关注。1998年秋，朝克应芬兰赫尔辛基大学之邀担任该校客座教授，期间还到挪威进行学术访问，参加国际合作项目《满通古斯诸语现状》研究，还提出北极圈诸民族语言文化相关论、北欧萨米语言文化与通古斯诸民族语言文化相关论等学术观点，进而引起欧洲语言学界很大兴趣和好评。当年，他在赫尔辛基大学做客座教授时，还遇到过很有意思这么一件小事。有一天上午，他讲完课回到研究室还没有坐稳，该大学东方研究院主任教授就来找他，说是一位很仰慕他的东方语言学教授想见他。朝克悻然答应，并在主任教授的引领下来到学校图书馆，去见那位十分仰慕而想见他的西方学者。当主任教授向正在看书的那位教授介绍朝克："这是我们邀请来的中国专家"时，那位正在埋头看书的专家只是点点头，没怎么太当回事儿。显然，在他的表情中流露出内心的傲慢与偏见。这时主任教授提醒他："这就是你要见的中国社会科学院的朝克教授，你现在看的那本书就是他写的专著"时，那位教授马上放下手中的朝克著的《满通古斯诸语比较研究》一书，用十分生硬的汉语恭敬地说："啊，您就是朝克教授吗？刚才我失礼了，我不知道是您。您这本书写得很好。"并紧紧地握住了朝克的手。朝克当时也没有说什么，跟他讨论了很长一段时间书中内容，给他讲解了有关理论观点的实际意义和价值。等朝克离开时，他双手紧紧握着朝克的手反复道歉刚才的失礼，并把朝克和东方研究院主任教授送到图书馆入门处。过去，在历史上，国际满通古斯学研究的重心就在西方，如果中国人没有扎实的基础研究，又如何能够赢得别人的尊重？朝克圆满完成赫尔辛基大学的学术交流回国之前，将一首名为《朋友，外国朋友》的长诗送给了那位傲慢与偏见的教授手里。全诗共分五个部分：

一
朋友，外国朋友，
你手捧着我的书，
却显得那么傲慢与偏见。

假如你不认识我，
不知道那是我的书，
你在傲慢与偏见的误区里，
将命运延续到什么时候。

我从你抽动的目光，
已完全清楚地看出，
你内心世界的恐慌；
接着又流落出，
你思想深处的懊愁；
后来你却变得，
如此的谦虚和忠厚。

二

朋友，外国朋友，
你不要单纯地认为，
身居摩天高楼，
就会变得何等高大和上流。
其实，你阅读的那本书，
我从小小的木屋，
奉献给了世上所有的朋友。

我想诚恳地告诉你：
在人类起源的史册上，
猿人同属于我们的祖先；
在人类进步的岁月里，
每一段历程我们都同步行走；
理想而文明的社会
同样是我们相同的追求。

三
朋友，外国朋友，
我们也有过等同的感受，
那时我们就像恋母的痴儿，
钻进祖先用几千年的文明，
筑造的华丽而传统的城楼，
整天闭幕幻想，
回归四大发明的岁月漫游。

你们用我们的火药，
制造出火枪和火炮，
无情地攻打千年城楼的时候，
我们才从昏睡中惊醒，
并用你们送来的枪炮，
赶走了一切罪恶和死亡，
迎来了今天的和平和自由。

四
朋友，外国朋友，
你应该理性的承认，
这一小小的村庄，
是我们生存的唯一星球，
只要我们共同奋斗，
才会实现美好追求。

大千世界的变迁中，
我们曾经拥有过辉煌的历史，
你们却拥有着今天的辉煌。
但你是否认真地思考，
你们醉心于今天的荣誉时，

我们用智慧的书本，
构筑着明天的辉煌和丰收。

五
朋友，外国朋友，
我们在一张洁白的图纸上，
已经勾画出崭新的未来；
我们在共和国的土地上，
已经开始了新世纪全新的创造；
我们在科学的殿堂里，
已经运筹宇宙的旅游。

人类的进步会使我们更加亲近，
假如我们还能再见，
请您忘掉傲慢与偏见。
就像久别的老兄弟，
热情而坦诚地拥抱；
就像重逢的老乡，
谈笑村庄的变迁和感受。

此诗写得明白晓畅，却也是真情流露，感人肺腑。自清末以降，国际东方学的中心即在西方。1921年，著名历史学家陈垣先生在刚刚成立的北京大学研究所国学门的一次集会上说："现在中外学者谈汉学，不是说巴黎如何，就是说西京（指日本京都）如何，没有提到中国的，我们应当把汉学中心夺回中国，夺回北京。"[1]1922年9月，担任北京大学研究所国学门主任不久的沈兼士曾在其《筹建北京大学研究所国学门经费建议书》中写下了这样一段话："窃以为东方文化自古以中国为中心，所以整理东方学以贡献于世界，实为中国人今日一种责无旁贷之任务。吾人对于从外国输入之新学，曰我固不如人，犹可

---

1 陈垣：《回忆陈援庵先生四事——致刘乃和同志书》，载《陈垣校长诞生百年纪念论文集》，北京师范大学出版社，1980年。

说也；此等自己家业，不但无人整理之，研究之，并保存而亦不能，一听其流转散佚，不知顾惜……以中国古物典籍如此之宏富，国人竟不能发扬光大，于世界学术界中争一立脚地，此非极可痛心之事耶？"[1]八十年过去了，北欧一行，陈援庵（垣）、沈兼士当年之痛，宁非朝克之痛？！而朝克之幸，又宁非国家与民族之幸？！

2000年6月，朝克应邀赴日本任东北大学客座讲授，为期半年。此为朝克以正式教职回日任教之始。2002年春，朝克再度应邀赴日任北海道大学等校客座教授，并主讲《中国民族语言学》《阿尔泰语学》《日本语日本阿夷努语与阿尔泰语学》等课程。是年10月15日，朝克往访东京外国语大学。回想起自己11年前在此求学时的情形，他不禁感慨系之，当场写下一首小诗《命运的感叹》以志之。其文曰：

> 时光向东流，
> 难能再回首。
> 生命奔西走，
> 怎能复春楼。
>
> 阳光在招手，
> 勇敢去追求。
> 希望在燃烧，
> 全心要奋斗。

朝克时年仅45岁，尚在青年学者之列，却早已著作等身，被公认为是国际满通古斯学界的权威学者和学术权威。诗的前半阕伤春悲秋，写得颇为伤感，似是在感慨自己在这里的青春时光。后半阕信心满满，相当振奋，则隐约透露出一种学术上的自信与豪情？

"群趋东邻受国史，神州士夫羞欲死。田巴鲁仲两无成，要待诸君洗斯耻。"这是著名历史学家陈寅恪先生1929年为北大史学系毕业生所题写的诗

---

[1] 沈兼士：《筹建北京大学研究所国学门经费建议书》，《沈兼士学术论文集》，中华书局1986年。

句。诗中念兹在兹的正是中华学术之复兴。七十多年后，曾在东邻受学的朝克，复又应邀返回东邻授课，则当年"羞欲死"之耻，已稍得洗雪乎？

四、更上一层楼

国际满通古斯学领域，他精通满通古斯语族所有语言，确实让人感佩感叹和仰慕。他在中央民族学院读书时，多种语言功能和天赋得到学校老师的高度认可。1982年初考入中国社科院民族研究所后，其学术水平更是一日千里。留日及在欧美游学期间，他又将当地民族语言与满通古斯语族诸语言进行比较研究，提出日本阿夷努语与通古斯诸语共有关系论、美洲爱斯基摩语与满通古斯语族语言底层结构共有论、北极圈诸民族语言文化与通古斯诸语相关论等学术观点。其资料之翔实，立论之精当，视野之宏阔，实已国际满通古斯学界前辈学人更上一层！

朝克之所以能超越同辈、甚至前贤，更上一层，其原因大致已明。一是，他熟练掌握满通古斯语族所有语言；二是，他博览群书，对于国内外满通古斯语族语言，包括阿尔泰语系语言历史文献资料了如指掌；三是，他掌握学习阿尔泰语系诸语言，还学习或掌握日本语、日本阿夷努、朝鲜语、俄罗斯远东地区的诸民族语言等。所有这些，都成为他从事满通古斯语族语言、阿尔泰语系语言、东北亚诸民族语言研究的得天独厚的优势和条件。也可谓当世学人所罕见，则其融会中西、综合比较之功力亦举世罕见。他所提出的日本阿夷努语与通古斯诸语共有关系、美洲爱斯基摩语与满通古斯语族语言底层结构共有论、北极圈诸民族语言文化相关论等观点，非精通满通古斯诸语、阿夷努语及北极圈诸民族语言者不能发现。此殆朝克自身之语言天赋和科学研究方法。

此外，朝克之所以能较前人更上一层，还与其求实创新、勤勉好学的治学风格有关。前已述及，朝克认为，语言研究最为重要的是进行细致、全面、系统的田野调查。从实践中探索理论、理论联系实际。即使在成名以后，朝克每年仍然会抽出大量的时间到满通古斯诸民族生活的农村、山林、草原进行田野调查。同时，他治学不墨守陈规，不迷信前人，务实求真，勇于探索和创新。他钦佩前人的学术成就，但又敢于大胆地采用新材料对他们的权威结论进行"修正"或"续补"，从而阐发自己新颖独到的学术见解及理论。以日本阿夷努语与通古斯诸语共有关系论的提出为例，朝克说："日本阿夷努语和阿尔泰语系诸语间,尤其是和满通古斯语族语言间存在一定程度的历史性的深层共有关系。对此共有关系的讨论,需要语言学专家学者们的艰苦、细致而长期的系统探讨,才能做出最后的客观实在而令人信服的结论。我们所掌握的语言学资料,以及所取得的一些科研成果,现在还不足以下更快的明确结论,该问题的最终解决,不仅需要语言学的研究成果,还需要民族学、历史学、考古学、体质人类学等方面的科学研究。鄂温克语和日本阿夷努语里出现的共有词,提醒我们不能简单地把它们看成是偶然现象,或相互借用关系。必须要用科学态度,一五一十地深入系统研究,对此问题展开研究时,尤其应该避免带着传统的学术观点或已有的结论去讨论。"他的每部著作、每篇论文,正是如此苦心孤诣、铢积寸累而成。故而时常能有超出一般的学术见解和理论观点。

五、绝学鄂温克语研究

朝克从事的满通古斯语族语言研究,属于阿尔泰语言学的重要组成部分。当下,国内及国外语言学界常称其为"绝学"或"濒危语言学"。这和满通古斯诸语使用人数绝少,相关研究意义重大而又难度极大。朝克为何选择如此"绝学"或"濒危语言学"作为自己终身之职志?这或许跟他自小熟练掌握满通古斯诸语,大脑深层结构系统中自然形成的多重思维规则有关。1978年初进入中央民族学院后,又在马学良、戴庆厦、清格尔泰、那森巴雅尔等名师的指导下受到严格的语言学理论训练,进而进入少数民族语言学的研究领域几乎是一种必然。

满通古斯语族语言理论研究,虽较比其他语族语言研究显得晚些,但其牵涉地域之广、关联民族之多、意义之重大,自有其吸引人之处。朝克曾说,满通古斯诸语的研究,不仅关系到满通古斯诸民族的发展,还关系到中国乃至东方学术在世界上的话语权。朝克从事满通古斯语族语言研究,似乎有他的必然性、必要性和必须性。初入中央民族学院学习,朝克用力最多的就是学习语言学理论。自1982年初进入中国社科院民族研究所工作至1989年初赴日留学前,朝克的学术研究绝大部分与鄂温克语等通古斯诸语有关。短短数年间,朝克共出版相关专著三部,发表相关论文20余篇,足见其用力之勤。

朝克的鄂温克语研究,最初在于语音,后扩大至词汇和语法,再后乃至于比较研究、语言接触研究和语言社会学研究等更广阔学术领域。其《关于鄂温克语语音归纳》（1983）、《鄂温克语词汇特征》（1986）、《鄂温克语各方言的语音关系》（1985）、《鄂温克语和满语语音对应规律》（1988）等论文，在鄂温克语各研究领域不仅有补正之效，在有些方面更有开创之功。

国际上，鄂温克语学术研究已有一百多年的历史，其研究者遍布东北亚、美国和欧洲诸国。但由于种种条件的限制，直到1970年代后期，鄂温克语的国际研究成果仍停留在比较初级的研究分析阶段，还远远称不上严谨和系统。这虽让刚刚踏入满通古斯诸语研究领域的朝克常感困惑，但也给了他自主研究的巨大空间。朝克的鄂温克语研究，主要以田野调查得来的第一手资料为依据，以考订语音、词汇、语法及相关事实和规律。由于它掌握的语言很多，语言学理论掌握的又很深，所以他的研究科学性强，有说服力和影响力。还要涉及到语言接触、语言使用等社会语言学研究领域，并均有独特创见和建树。

（一）鄂温克语语音研究

鄂温克语语音之研究历来为学界所重视。但由于研究人员利用的第一手语音资料的不同，特别是因为发音合作人的不同及研究方法的不同，所得出的结论也有所不同。其中，关于鄂温克语语音系统之争论尤多。

1983年，朝克在《内蒙古师范大学学报》（蒙文版）第1期上发表了自己的论文《关于鄂温克语语音归纳》。该论文系朝克在对鄂温克族自治旗辉河方言等索伦鄂温克语语音调查的基础上完成。朝克在论文中提出，索伦鄂温克语方言有：9个短元音，9个长元音，18个辅音，12个复辅音。同时，该文论述了鄂温克语的语音变化规律、元音和谐现象、词重音、音节结构等。而1986年，由胡增益、朝克共同撰写完成的《鄂温克语简志》中，新归纳出鄂温克语12个重叠辅音。1997年，朝克在经过对于辉河等索伦鄂温克语方言进行了长达15年的田野调查的基础上，利用数量庞大的第一手语音调查资料和话语资料，撰写完成了《鄂温克语研究》。在书中，朝克明确指出，作为鄂温克语标准方言的索伦鄂温克语语音系统中应该有：8个短元音，8个长元音，18个辅音，12个复辅音，14个重叠辅音。由此，鄂温克语索伦方言，也即是90%以上的鄂温克人使用的标准鄂温克语语音系统基本确定。

本世纪初，朝克又在其撰写的《鄂温克语构词成分中的形态语音论》（日文）一文中提出了著名的"语音形态论"。在该论文中，朝克分析了：（1）构词词缀的元音形态语素结合原理；（2）构词词缀的元音形态语素结合特征；(3)构词词缀的元音形态语素结合类型。其中，第一部分讨论了单一短元音形态音素组合现象、单一短元音形态音素和单一辅音形态音素组合现象、单一元音形态音素和两个辅音形态组合现象、单一短元音形态音素和三个辅音形态音素组合现象、两个元音形态音素和两个辅音形态音素组合现象、两个元音形态音素和三个辅音形态音素组合现象、两个元音形态音素和四个辅音形态音素组合现象、三个元音形态音素和四个辅音形态音素组合现象等，可变元音形态音素或可变辅音形态音素同不变元音音素或不变辅音音素间产生的复杂多变的组合现象及规律；第二部分分析了鄂温克语构词词缀出现的V、CV、CVC、CVCV、CVCVC、CVCVCVC、CVCCVC、CVCCVCV、CCV、CCVC、CCVCV、CCVCVC 12种形式形态语素结合原理；第三部分根据形态音素变化不同结构类型，论述了鄂温克语构词词缀系统里出现的两种类型的形态音变结构体系、四种类型的形态音变结构体系、六种类型的形态音变结构体系等；在结论部分，朝克又概述了鄂温克语词缀里以形态音变元音音素为核心展现的音变系统及其音变现象、音变原理、音变类型等。

2003年，朝克发表了另一篇研究鄂温克语形态语音变化结构特征的论文《关于鄂温克语派生词词尾的形态语音变化结构类型》（《满语研究》2003年第1期）。该文中，朝克根据形态语音变化学理论，对鄂温克语派生词词缀的形态语音变化现象作了科学分析。他指出，鄂温克语派生新词词缀系统里出现的，以可变元音为核心的形态语音变化结构体系。包括两元一体可变元音音素、三元一体可变元音音素、四元一体可变元音音素、五元一体可变元音音素、六元一体可变元音音素为核心组成的派生新词词缀系统等。并用有说服力的具体实例作了实证说明。他在文章的最后提出，鄂温克语里形态语音变化之可变元音音素系统相当复杂和丰富，且有着十分严格的内部变化规则和组合原理，从而为该语言的使用者准确表达某一个话语内容发挥着极其重要的作用。

形态语音论是朝克的一项重大发现。推其源，盖始于朝克留日期间的博士论文《鄂温克语形态语音论及名词形态论》（日文，2003年由东京外国语大学亚非语言文化研究所出版）。该论文的第一部分就是鄂温克语形态语音论。

这一部分中，从形态语音学的理论视角，全面而系统地讨论了鄂温克语构词词缀的可变元音的形态音变规律、语法词缀的可变元音的形态音变规律、词缀系统的可变辅音的形态音变规律、词干系统的可变音素的形态音变规律等极其丰富的形态音变现象。其中，第一章的《派生词缀可变元音的形态语音变化之分析》中，首先论述了派生词缀的可变元音，包括6种类型的语音形态变化体系。其次分析了派生词缀的可变元音音素5种结构类型的组合内容，9种类型的语音组合形式。最后在结论里，对于派生词缀可变元音的形态语音变化现象，从六个方面进行了全面总结概述。第二章的《语法词缀可变元音的形态语音变化之分析》中，首先论述了语法词缀的可变元音，包括3种类型的形态语音变化体系，8种类型的组合内容，13种结构类型的语音组合形式。在结论中，朝克对语法词缀可变元音的形态语音变化现象，从五个方面作了全面概述。第三章的《词缀可变辅音的形态语音变化之分析》，首先论述了词缀的可变辅音，包括3种类型的形态语音变化体系，8种类型的组合内容，9种类型的语音组合形式，在结论中，朝克对于词缀可变辅音的形态语音变化现象，从三个方面作了全面概述。

在该论文第四章的《词干可变音素的形态语音变化之分析》中，朝克还论述了代词词干可变音素的形态音变现象和特征，并分析了名词词干可变音素的形态音变现象与特征，讨论了助词可变音素的形态音变现象和特征。最后，朝克对于词干可变音素的形态语音变化现象，从六个方面进行了总结。

在朝克之前，对于鄂温克语乃至阿尔泰诸语言的形态语音变化现象，国内外的研究者还从来没有从形态语音学的角度进行过分析研究。他们而只是从传统的元音和谐规律、语音对应原理、辅音交替现象等方面分别进行探讨，而没有把它们放入统一的理论框架里进行系统分析。其结果，这些语言的语音变化研究自然不能自圆其说或者自成体系。

从这一点来说，朝克的形态语音变化研究，不仅自身有着深远的学术理论价值，甚至对于此后学术界语音变化研究范式的建立都有着极大的开创之功。

（二）鄂温克语词汇与民族文化研究

朝克不是专门的文化学者，但因鄂温克语词汇研究，在鄂温克民族文化研究方面多有洞见。前已述及，鄂温克人曾被称作"索伦"、"雅库特"、"通古斯"，并自称ewenke，这些名称究竟何意？朝克从词汇学、构词学、词义学、语用学等方面对它们作了论述。

1987年，朝克发表了论文《论鄂温克一词》[1]，着重论述了鄂温克的族称ewenke一词本身的构成原理及所表示的实际意义。他指出：ewenke一词是在鄂温克语动词词根ewe-"下"、"降"、"落"，后面接缀从动词派生名词的词缀"nke""者"、"人"而派生出来。"ewenke"主要表示"下来者"之意，但该词用于鄂温克民族的族称时，所表示的是"从高山密林中下来的人"之意。

这种解释，与鄂温克人当初从高高的兴安岭上走下来，走向平原，走向以畜牧业或农业为主的生产生活方式的历程相吻合，得到了学界的广泛认可。

1996年，朝克又在《关于鄂温克族的族称》[2]中对鄂温克族的ewenke"鄂温克"、tekeewenke"特克鄂温克"、solo>soloon>soloon"索伦"、jakut>jauut"雅库特"、tungus"通古斯"等自称和他称进行了系统研究，指出了哪些属于该民族的自称，哪些属于他称。同时，还论述了每一个族称的来龙去脉及其构成原理和语音结构特征、与此相关的历史背景、社会因素和语义内涵等。

在鄂温克人名、地名方面，朝克也时有创见。而且，更为重要的是，他还能"以小见大"，从词语的考证中，揭示出隐藏在其背后的历史变迁。

2002年，朝克用日文发表了《文化变迁与鄂温克人名的关系》（见北海道大学图书刊行会出版的《东北亚诸民族的文化动态》一书，2002年），在系统地分析了不同时代鄂温克人名结构特征的基础上，揭示了该民族的相关历史进程以及外来民族与外来文化对此历史进程的影响。他指出：鄂温克人十分重视给孩子起名，所以鄂温克族人名里往往有着一种特殊的内涵。这种内涵或者跟历史上的某一个重大事件（大变革、大迁徙）等有关，或者同他们历史上生活过的某一山河有关，或者和他们的宗教信仰、审美价值观等有关。而在《黑龙江志稿中的呼伦县和室韦县地名考释》（《民族研究》，1993年第1期）一文中，朝克考证和阐述了黑龙江志稿中出现的呼伦县和室韦县地名，并指出在对历史资料中出现的民族语地名进行分析时，必须要以民族地名学、民族语言学、民族历史学、民族文化学等方面的知识为理论依据，否则，得出的结论往往是不合实际的。此种"以小见大"、"尺幅千里"的考证功夫，在历史研究

1　朝克：《蒙古语文》（蒙文），1987年第4期。
2　朝克：《满语研究》，1996年第1期。

中固不鲜见，但朝克能将其运用到少数民族语言的词汇研究中，并揭示出词语背后的历史变迁，实已将历史与语言研究熔于一炉，其所见自然也超乎寻常。此外，在鄂温克语话语资料及口头传说"方面，朝克也有相当收获。1999年，他与日本学者津曲敏郎、风间伸次郎合作出版《索伦鄂温克语基本例文集》，用简短易懂的分析性话语实例，展示了索伦鄂温克语基本语句的结构特征。该书在日本影响颇大，并曾被日本文部科学省列为当年国际学术研究成果之一。

（三）鄂温克语语法研究

众所周知，鄂温克语有着十分复杂的语法形态变化系统，因此，相较于其他语言，其语法研究一直是一个难点。在胡增益与朝克合著的《鄂温克语简志》中，阐述了鄂温克语的名词、方位词、代词、形容词、数词、动词、副词、状词、后置词、连词、小词、语气词、叹词的组成形式、内容和分类原理等。同时，还从句法学的角度指出了鄂温克语句子成分及短语形式、短语扩张原理、句子基本结构与特征等。1995年，朝克在《鄂温克语简志》书稿的基础上，历时10余年完成了《鄂温克语研究》一书。在书中，朝克首先将鄂温克语的词类分为实词类和虚词类两大类。其中，实词类包括名词、动词、代词、形容词、数词、副词6类，虚词类词是指后置词、助词、连词、语气词、感叹词、拟声拟态词6类。接着在实词类词里，还分析了名词类词和动词类词，名词类词主要包括名词、代词、形容词、数词等，动词类词主要指动词、副动词、形动词、助动词等，并以名词的各种语法形态变化实例为理论依据，系统论述了鄂温克语名词类的词数、格、领属等语法形态变化结构特征以及不同语法功能等。他认为：鄂温克语名词类的词数语法范畴的形态变化要分单数和复数，单数形式用零词缀表示，也就是说没有特定词缀结构或系统，而用特定复数词缀等表示。他提出，根据名词类词的格语法范畴的形态变化结构特征及其语法功能分为主格、领格、确定宾格、不定宾格、与格、位格、从格、造格、共同格、所有格、方面格、方向格、不定位格、比较格、有格15种：

他根据名词类词的领属语法范畴的形态变化结构特征及其语法功能，首先将其分为人称领属和反身领属两大类，再把人称领属语法形态变化结构系统分为单数人称领属、复数人称领属以及第一人称领属、第二人称领属、第三人称领属等，而且均由特定词缀来表示。

朝克在鄂温克语名词的分析中，还专门讨论了方位名词、时间名词及其结构特征和使用功能等。在他看来，鄂温克语方位名词主要是在表示方向或处所、位置的名词词根或词干后面，接缀-da/-de/-do/-du等词缀构成；时间名词除了有专用的一些名词术语外，绝大多数是在基数词后面使用ane"年"、be"月"、inig"日"、sag"时"、"时"、minoot"分"、"秒"的形式组合而成。但表示"星期几"或"初几"等时间名词时将garag"星期"、"周"或ikin"初"等表示时间的名词用在基数词的前面。朝克在该书里，还以级形态变化现象十分复杂的形容词为例，全面分析了鄂温克语名词类词的级语法范畴之结构系统及其语法功能等。他认为，鄂温克语级语法范畴，根据形态变化词缀或相关结构形式和内容以及语法功能等，可以分为：一般级、次低级、低级、最低级、次高级、高级、最高级七个层级。

该书把鄂温克语数次分为基数词、序数词、集合数词、平均数词、概数词、分数词、限定数词、重复数词8种；副词分为程度副词、时间副词、行为副词、范围副词、处所副词、数量副词、语气副词7种。朝克在讨论鄂温克语极其复杂的动词形态变化系统时，根据其不同结构特征和语法功能将其内部分为态形态变化语法体系、体形态变化语法体系、式时人称形态变化语法体系、形动词形态变化语法体系、副动词形态变化语法体系、助动词形态变化语法体系等，并用具有说服力和客观性的实例具体阐述了十分严谨、细腻、完美有序的动词语法结构系统。

其中，态语法范畴的形态变化现象被分为主动态、被动态、使动态、互动态、共动态5种；体语法范畴的形态变化现象，也根据其结构特征和语法功能被分为完成体、进行体、未进行体、执行体、延续体、多次体、一次体、反复体、固定体、中断体、愿望体、未完成体12种类型；

朝克在该书里，还将鄂温克语动词里表示不同时间和人称概念的词缀构成的式形态变化语法范畴先分陈述式、祈求式、命令式、假定式为四种结构类型，再依据不同人称分为单复数第一人称、第二人称、第三人称。而且，在陈述式内部依据词缀表现出的不同时间、不同人称语法概念，分类出现在时、现在将来时、过去时、过去进行时及其不同数和人称。该成果通过对动词祈求式、命令式、假定式形态变化现象的全面研究，认为这些语法手段所表现出的祈求概念，不具有区分不同时间的语法功能，只有区分不同数和人称的语法功能。动词命令式形态变化现象，所表现出的语法概念中，同样不具有区分不同时间的语法功能，而只有区分不同人称的语法功能。朝克在该研究中，根据构成副动词的词缀结构以及所表现出的不同语法功能和作用，将副动词语法形态变化现象的概念分为目的、条件、因果、紧随、立刻、让步、界限、联合、并进等。与此同时，把形动词表现出的不同时间概念分成现在时、现在将来时、过去时三种。该书还提出，鄂温克语动词中有辅助性动词，简称助动词。它们在句子中，用于表示不同的辅助性动作行为。进而分类出否定、肯定、判断、应许、能愿助动词5种。还阐述了独立性和非独立性结构特征，紧接着还对复杂多变的虚词系统、词组结构特征、句子构成原理等展开了分别讨论。其中，论述了并列、支配、修饰、补充、限定、表述、否定、判断等词组结构类型，主语、谓语、宾语、补语、状语、定语、插语、单句、复句等句子成分。该书的出版，为人们全面科学把握鄂温克语语法系统提供了理论依据。

2003年，朝克的博士论文《鄂温克语形态语音论及名词形态论》（日文）由日本东京外国语大学亚非语言文化研究所出版。在该书中，朝克提出了他著名的"形态语音论"和"名词形态论"，将鄂温克语的语法研究推向一个高峰，同时也奠定了朝克在满通古斯语学界的地位。

该书在凡例中，将错综复杂的语音形态变化现象及其语法形态变化现象，用极其科学的符号学转写法进行了高度浓缩地阐述。在语音形态论的第一章中，论述了Vx型构词词缀的结构类型及分类原则、Vx型构词词缀的音素组合内容及规律、Vx型构词词缀的构成特征及系统，还根据Vx型构词词缀内部可变元音音素的形态语音变化结构性特征分为6种类型。另外，将Vx型构词词缀的语音结构形式，从形态语音论的角度分成9种类型，并论述了各自不同的功能和作用、形态语音变化的语音结构形式及其可变元音音素的结构特征、与构词词缀语音形态变化结构形式相关的词类等。

在语音形态变化语法词缀Vx分析中，朝克指出，从形态语音论的角度完全可以把错综复杂又富有形态语音变化的语法词缀系统归为V_{2A}、V_{2B}、V_{2C}三种结构类型。朝克还全面系统地论述了Vx型形态变化语法词缀的语音组合规律，语音结构特征、出现率、所占比例、功能序列、可变元音变化规律、相关语法关系等，从而全面科学阐释了形态语音变化语法词缀音变规律及其语用关系和作用。接下来，他对可变元音形态变化语法词缀的语音结构形式进行了归纳和论述，并提出语音结构形式和内容密切相关的可变元音的出现概率、音变特征、语用比例、语法功能与作用等学术问题。

在鄂温克语名词形态论部分,第一部分包括第一章形态变化构词词缀可变性元音音素分析,第二章形态变化语法词缀可变性元音分析,第三章形态变化词缀可变性辅音音素分析,第四章词干形态变化语音现象分析四个语音形态论研究内容。其中,第三章主要从语音形态论的角度,全面分析了形态语音变化现象中出现的Cx型词缀系统,也就是可变性辅音的音变现象。他认为,该语言里Cx型词缀分为:(1)二元结构类型的可变性辅音;(2)三元结构类型的可变性辅音;(3)五元结构类型的可变性辅音三种。并对它们的出现率、不同百分比、可变音素、功能作用及其排序等展开了理论分析。再说,第四章词干形态语音变化现象的分析中,朝克着重阐述了某些代词、名词、动词、副词等的词根或词干部位出现的形态语音变化现象。例如,(1)代词词根形态语音变化现象;(2)名词词根形态语音变化现象;(3)动词词根形态语音变化现象。

书的第二部分名词形态论中,首先论述了$SV_{6A}L$、$NV_5 1$、CEN、C_{4C}型语音结构类型的复数形态变化语法词缀;其次,全面系统论述了错综复杂的名词类词格形态变化语法现象;再就是,对于领属形态变化语法现象,从数与人称形态变化现象的语音形式、可变元音音素、可变辅音音素、语义结构、历史来源及发展变化等方面进行了全范围的学术讨论,并用一整套特定符号形式进行了科学标记;最后是,在名词类词的级形态变化语法现象的分析研究中,用高度概括而精确的符号化系统科学地表述了名词类词复杂多变的级形态变化现象。他明确指出,一般级要以名词类词词根或词干形式表现,而比较一级、比较二级、比较三级、最高级等均用约定俗成的形态变化语法词缀系统来表现。

另外,在书的序言内,朝克还对该项研究成果的方法论、研究视角和目的、所论述的学术问题以及解决问题的手段和立足点、研究的价值和语法结构理论作了交代。书的后页还附有鄂温克语语音结构特征、注释内容、参考资料、特殊用语或特定词汇索引等。在这本书中,朝克提出了许多新的思路和新的观点。例如,他认为,除了《鄂温克语研究》(1995)中已经公布的数、格、领属语法范畴中的各种形态变化现象和内容之外,应该还有一些过去的研究没有涉及到的复数语法范畴的形态变化词缀,表示限定格语法概念的格语法范畴的形态变化词缀。他在论证了人称领属语法范畴之形态变化词缀的产生原理和发展演变规律后,还全面阐述了极其复杂且数量庞大的级语法范畴之形态变化词缀系统。同时,他还指出了这些词缀在不同层面或者在同等级别关系中所表现出的十分细微的语法差异,并新发现了表示次低级语法概念的词缀系统,以及表示最低级语法概念的词缀系统。

《鄂温克语形态语音论及名词形态论》一书在语法学方面的学术价值主要体现在:(1)提供了名词类词语法形态变化研究之理论方法;(2)建立了以复数类语法形态变化词缀系统为核心的数语法形态学、以人称领属类语法形态变化词缀系统为核心的人称语法形态学、以词语关系类语法形态变化词缀系统为主的格形态学、以等级区别类语法形态变化词缀系统为核心的级形态学四种语法形态变化结构体系,使名词类词语法形态变化研究更加规范化、系统化、科学化和理论化;(3)构筑完成了名词形态论的理论学说;(4)科学地结合了形态语音论及语法形态论之形态学研究方法。

可以说,该理论成果对于语法形态变化语言研究,特别是对于极其复杂的语法形态变化词缀系统的语言研究,具有前瞻性和突破性的理论贡献。这一创新学术理论的建立,不止对于蒙古语族诸语言、突厥语族诸语言、满通古斯语族诸语言的语法形态变化研究有着重要的实用价值和理论意义,对于日语和朝鲜语以及俄罗斯西伯利亚地区语言,乃至中亚地区诸民族语言的语法形态变化研究,也有着极其重要的学术理论价值。

在名词类词的语法形态变化研究中,朝克提出的语法形态要素起源多元论、内部结构的复杂论以及深层次关系论等学术理论,对于语法形态变化十分复杂的语言研究同样能够发挥极其重要的理论指导作用。该书出版后,引起国内外同行的极大关注与好评。赵阿平曾对《鄂温克语形态语音论及名词形态论》给予高度评价,他说:"《鄂温克语形态语音论及名词形态论》一书对鄂语形态语音及名词类词汇语法形态的研究运用了综合而创新的方法,对鄂温克语形态语音和名词形态论的基本结构体系进行系统论述的同时,建立了鄂温克语形态语音论和名词形态论理论框架,使鄂温克语形态语音论和名词类词汇语法形态论研究更加具体化。同时,对于过去鄂温克语形态语音和名词类词汇语法形态研究不太充分的内容,即有关形态结构和形态变化等现象,特别是对于那些特殊的、极其复杂而丰富的形态内容,一并进行了科学讨论,从而将此领域的研究向前推进了一步,其学术价值无疑是重大的。"[1]说得很实在很到位。

(四)比较研究、语言接触研究与语言社会学研究

1985年,朝克发表了《鄂温克语各方言的语音关系》一文(《中央民族大学学报》1985年第4期),对鄂温克语辉河方言(简称辉方言)、莫日格勒河方言(简称陈方言)、敖鲁古雅方言(简称敖方言)三大方言的语音关系进行了系统的比较研究。他指出,鄂温克语三大方言在语音方面存在诸多鲜明区别特征。例如,使用人口最多、范围最广的辉方言有8个短元音和8个长元音。而且,辉方言的短元音和长元音有十分严格的语义区别功能和特征,所以在实际口语里使用时,不能混用或相互替换长短元音。特别是在早期更是如此。使用人口最少的敖方言有7个短元音和7个长元音。而且,敖方言的元音和谐规律没有辉方言那么严格和规范。陈方言虽然在元音音位同辉方言基本一致,但每一个元音音位在词中被使用的情况都有所区别。再说,陈方言没有元音和谐的问题,还经常在借词里使用一些复元音。另外,辉方言有18个辅音和数量可观的复辅音及叠辅音。其中,辉方言的辅音r和k只使用于借词词头。敖方言比辉方言多了f等辅音,辉方言的叠辅音在敖方言和陈方言里常常以单辅音或复辅音形式出现。陈方言的辅音系统内同样有辅音f,同时还有辅音ts和dz,陈方言里几乎没有复辅音,只有单辅音。陈方言和敖方言的辅音k同辉方言的辅音h相对应的现象较多。

在同一语族语言中,朝克将鄂温克语和满语进行对比,并指出鄂温克语和满语的基本词汇里有相当数量的同源词,它们在语义结构和语音系统等方面均有着很多的共同点,尤其是在所表示的语义结构方面有着相当高的一致性。在语音方面,出现了不少有规律的音变现象和区别性特征,所有这些问题完全可以通过语音对音现象的分析做出全面解释。特别值得提出的是,在留学日本期间,朝克又将鄂温克语和日本的阿夷努语等进行比较。(《史论》288—289页。)朝克指出,阿夷努语同我国阿尔泰诸语尤其是通古斯诸语之间存在许多共有关系。而且,这些共有关系,并不像日本的有关语言学家所说的那样,属于极个别或偶然见到的共同因素,而是有着深层次的、复杂的内在联系。

---

1 赵阿平:《鄂温克语形态语音论及名词形态论评述》,《满语研究》2004年第1期。

1992年，朝克发表了《论日本阿夷努语和鄂温克语共有动词》的论文（《民族语文》，1992年第1期），对阿夷努语和鄂温克语中的近100个共有动词的语音结构、意义结构、使用特征等进行了对比研究。朝克认为，鄂温克语和阿夷努语中出现的这些共有动词，提醒学术界不能简单地把它们看成偶然现象或相互借用的关系，必须要用科学的态度一五一十地深入研究，对此问题展开研究时尤其应该避免带着传统的学术观点或已有的结论性眼光去讨论。2001年，朝克又发表《日本阿夷努语和鄂温克语传统词汇的共性》一文（《北海学园大学人文论集》，2001年第20期），对日本阿夷努语和鄂温克语的狩猎生产、宗教信仰、温寒带地区的动植物、温寒带地区的自然景观和自然现象等方面出现的共有名词术语的语音结构，包括有关语音变化规则以及语义结构系统进行了深入的对比研究。

1999年起，朝克还先后刊发了《关于日本语和鄂温克语共有词》（《黑龙江民族丛刊》，1999年第4期）、《关于日本语和鄂温克语特殊词义关系》（见黑龙江鄂温克研究会刊印之《黑龙江鄂温克研究文集》第二册，2000）、《论日本语和鄂温克语共有动词》（《鄂温克研究》第1期）等论文，更进一步地将鄂温克语和日本语进行对比研究，阐述了这些语言的词汇系统中存在的不可怀疑的深层次共有关系，论述了对于这些共有关系展开学术研究的重要性，同时也拓展了鄂温克语的研究领域。

朝克还将鄂温克语和汉语进行比较研究。在《汉语对鄂温克语的影响》（见《中国民族语文》，四川人民出版社，1986）一文中，朝克指出，鄂温克人基本上都懂汉语，而且，随着现代工业文明的推进，鄂温克语和汉语的接触越来越多、越来越深入，汉语对鄂温克语的影响也越来越大、越来越深入，这种影响在鄂温克语的语音、词汇、语法等方面均有体现。朝克指出："近年来，鄂温克语中借入的汉语新词术语，尤其是与现代工业文明密切相关的汉语名词不断增多。在语音方面出现了在腭化辅音后面使用元音a、o、u的现象，有些方言已经出现了一定数量的复元音。在语法方面，出现了使用汉语系词"是"的现象等。"历史地来看，汉语对周边各少数民族语言文字的影响一直存在。对各少数民族尤其是鄂温克族这样的人口较少民族来说，这是一个值得严肃对待的十分重要的学术问题。20世纪60年代，我国曾对鄂温克语的使用情况做过专门的调查。20世纪80年代，中国社会科学院民族研究所语言研究室满通古斯语族语言研究组的专家们更对内蒙古自治区、黑龙江省内的鄂温克语使用情况进行了拉网式的调查研究，搜集整理了约600万字的第一手调查资料。朝克也在此基础上展开了鄂温克语的使用与语言社会学研究。

1994年，朝克撰写了《鄂温克语使用概述》一文（参见《中国语言文字使用概述集》，中国藏学出版社，1994），全面分析了生活在牧区、林区、农区、城镇以及集聚区和散居区的鄂温克人使用本民族语言的基本情况。进而提出，使用本民族语言较好的地区是以畜牧业为主的牧区鄂温克人和以使用驯鹿为主的林区鄂温克人。但他们都不同程度地掌握了蒙古语和汉语，甚至一些人还学会了达斡尔语、鄂伦春语或俄罗斯语。特别是，索伦鄂温克人除了母语之外，基本上都能用蒙、汉、达斡尔等民族语言进行交流。然而，生活在农区的鄂温克人使用本民族语言的范围在缩小，本民族语言的功能也不断减退，取而代之的是使用面越来越广泛、功能越来越强的汉语。另外，农区鄂温克人还都掌握达斡尔语。朝克认为，使用双语或多语，已经成为鄂温克人语言交流中的一个普遍现象。

在同一书中，朝克还发表了《鄂温克旗语言文字使用概述》一文，同样根据20世纪80年代对鄂温克自治旗所做的实地调查，概述了该旗牧区和城镇的鄂温克人的语言文字使用情况。他在文中明确提出，由于国内鄂温克族没有本民族文字，所以适龄儿童都要上蒙文或汉文学校来学习文化知识。蒙文和汉文直接影响着孩子们对本民族语言的学习兴趣和热情。这也是鄂温克族母语使用人口快速减少的重要原因之一。

与此问题相关，朝克还撰写了《关于鄂温克语及鄂温克语研究》（《鄂温克研究》，1997年第1期），对当下鄂温克人的生存环境、生活条件、生产手段、传统生活的变迁等方面面临的诸多问题进行了阐述。更为重要的是，该文还系统阐述了鄂温克语的现状及鄂温克语变迁的社会因素和基本原理，并利用相当篇幅，系统地概述了国内外鄂温克语研究工作的基本情以及取得的学术成绩等。

2001年，朝克还在香港城市大学刊印的《世界各地语言文字使用现状分析》一书中，刊发了《关于鄂温克语使用现状分析》的文章，对20世纪末鄂温克语的使用现状进行分析。在文中，他分析了鄂温克语中汉语和蒙古语新词术语大量借入的基本情况，强调了保护鄂温克语的重要性和鄂温克人使用母语的必要性等。

关于鄂温克语的使用价值、鄂温克语的保护和抢救,以及鄂温克语的变迁等问题,朝克还从社会语言学、文化语言学以及语言运用学的角度作了深入讨论。在此基础上,他认为,伴随我国科学技术的快速发展以及社会一体化进程的加快,社会用语中新词术语大量出现,使得本来就处于弱势的鄂温克语越来越多地受到强势语言的冲击和威胁,这就自然加快了鄂温克语汉语化和蒙古语化的速度。保护和抢救迅速衰亡中的鄂温克族语言文化,有着重要的现实意义和长远的历史意义。

概言之,朝克的鄂温克语研究涉及鄂温克语研究的几乎所有方面,其资料翔实、考订细致、论语精当,令人叹服。1989年东渡日本留学后,朝克的研究重心开始转向日本语与满通古斯诸语的比较研究及阿尔泰语研究,但对鄂温克语仍时有创见。质言之,朝克实已开拓出一条鄂温克语研究之路,并提供了方法与线索,以待来者。朝克无疑是鄂温克语研究领域的一位大师。

嗣后,国内外的鄂温克语研究者群起而上,把鄂温克语的研究推向了更高的水平。2000年9月和2004年8月,中国社会科学院民族学与人类学研究所先后两次在海拉尔召开"国际满通古斯语言文化研讨会"。会上宣读的论文,涉及鄂温克语语音、词汇、语法、方言土语、语言接触、语言文字使用和语言传播等方面,在国际范围内产生巨大影响。

尤其重要的是,此后的鄂温克语研究还和日本语、日本阿夷努语、韩国语、萨米语、爱斯基摩语、印第安语等相连接,成为国际语言学界长期关注的一门学问,成为满通古斯语族语言乃至阿尔泰诸语言和北极圈诸民族语言文化研究的重要组成部分。则朝克对于鄂温克语研究的贡献,无论如何估计都不为过。

六、绝学鄂伦春语研究

鄂伦春语以及鄂温克语,同属于通古斯语支语言,彼此之间有着较近的亲缘关系。朝克之语言研究,由鄂温克语而兼及鄂伦春语,是非常自然的。朝克之鄂伦春语研究,早始于三十年前。目前所能见到的,发表最早的相关论文是1987年2月,发表在《满语研究》杂志上的《鄂伦春语和鄂温克语语音对应关系》一文。其后,又陆续有论文《论鄂伦春一词》(蒙文,《内蒙古社会科学》，1989年第4期）、《论呼玛鄂伦春元音结构》（《满语研究》，1992年第2期）及专著《鄂伦春旗语言文字使用概述》（《中国语言文字使用概述集》，中国藏学出版社，1994）、《鄂伦春语使用概述》（《中国语言文字使用概述集》，中国藏学出版社，1994）、《楠木鄂伦春语研究》（民族出版社，2008）等。在语音、词汇、语法及语言接触研究等方面均有所发明。兹仅择其中要点，分项论述如下：

（一）鄂伦春语语音及词汇研究

鄂伦春语的语音系统，是鄂伦春语研究的一个重点问题之一。1992年，朝克在《满语研究》（第1期）上发表《论呼玛鄂伦春语元音结构》一文，以呼玛地区的鄂伦春语为基础，全面分析了此种语言的元音系统。他提出，呼玛鄂伦春语元音系统有8个短元音、8个长元音、14个复元音。并强调，呼玛鄂伦春语的长元音多数是出现在词首或词的第二音节，复元音基本上是用于词中或词尾。2009年，他又在大量田野调查的基础上，出版《楠木鄂伦春语研究》一书。在该书第一章语音结构体系中指出，该地区的鄂伦春语有8个短元音和长元音及20个辅音。同时，他系统阐述了楠木鄂伦春语语音系统中出现的元音和谐规律，以及辅音重叠现象及其原理、音节结构类型、重音特征等语音学研究领域应该涵括的学术问题与内容。

词汇研究方面，朝克于1989年发表《论鄂伦春一词》（《内蒙古社会科学》（蒙文版），1989年第4期），从词源学、词义学、语用学以及社会语言学的角度，对鄂伦春族族称"鄂伦春"一词的语音结构和语义结构进行了全面分析。在此基础上他指出：该族称是在鄂伦春语名词oroon"驯鹿"后面接缀从名词派生名词的构词词缀chun"人们"、"们"而派生的名词。该词直译就是"驯鹿人们（驯鹿+人们）"，意译就会变成"饲养驯鹿的人们"。

（二）鄂伦春语语法研究

2009年6月，朝克的《楠木鄂伦春语研究》由民族出版社出版。该书分楠木鄂伦春语语音结构体系、词汇结构体系、形态变化语法结构体系、句子结构体系、会话资料、故事文献资料、基本词汇等章节，对楠木鄂伦春语的语音、词汇、语法现象进行了全面科学探讨。在此基础上，论述了该语言的词汇分类及其结构体系，以及以数、格、领属、级形态变化现象为主的名词类词的形态变化结构系统，以态、体、式、时、形动词、副动词、助动词为主的动词类词的形态变化结构系统,并阐述了该语言的句子结构和成分等。

在该书的第三章"语法形态变化及其结构体系"中,朝克提出,名词、代词、数词以及名词化了的形容词等名词类词有数、格、人称、级四种形态变化系统。其中:(1)数形态变化现象,用-s、-t、-r、-l、-sal、-sel等语法词缀表示。这里-s、-t、-r、-l是属于早期数形态变化现象,使用率都相对低一些,-sal、-sel是属于后来出现的数形态变化现象,有相当高的使用率;(2)格形态变化现象的研究中认为,该语言的有主格、领格、宾格、造格、位格、从格、方向格、与格、比格、方面格、有格、不定位格等。其中除诸葛之外,其他格均用特定形态变化语法词缀来表示;(3)领属形态变化现象的分类主要涉及单数和复数及第一人称、第二人称、第三人称等数与人称形态变化语法现象;(4)级形态变化现象的分类及其语法词缀中包括一般级、低级、次低级、最低级、高级、次高级、最高级等形态变化语法现象。而且一般级以名词类词的词根或词干形式出现,低级、次低级、最低级、高级使用约定俗成的形态变化语法词缀,次高级要用重复使用名词类词词首音节形式表现,最高级是在名词类词前使用程度副词的形式来表现。朝克认为,楠木鄂伦春语动词类词首先分一般动词、形动词、副动词、助动词等。其次,还要分态、体、式、形动词、副动词、助动词等形态变化语法系统。而且,动词的每一个语法系统内部依据不同形态变化语法词缀,以及所表现出的不同语法概念和作用还可以细分若干个结构性特征和类别;(5)态形态变化语法现象的分类关系到主动态、被动态、使动态、互动态;(6)体形态变化现象的分类涉及完成体、未完成体、固定体、瞬时体、复体、持续体、愿望体。他认为,动词类词的式形态变化语法现象最为复杂,其内部不仅分为陈述式、愿望式、命令式、假定式四种结构类型,同时陈述式还分为现在时、现在将来时、过去时、将来时四种不同时间概念的分类系统,以及各自具有单数和复数及其第一人称、第二人称、第三人称的分类原理。而且,均用约定俗成的形态变化语法词缀来表现;(7)楠木鄂伦春语的副动词依据形态变化语法现象表现出的不同语法含义和作用其内部分类出**联合副动词**、完成副动词、立刻副动词、紧接副动词、趁机副动词、并进副动词、**渐进副动词**、延续副动词、目的副动词、条件副动词、因果副动词、**终极副动词**等;(8)他将该语言的形动词形态变化语法现象分类为现在时、**现在将来时**、过去时三种不同时间概念的结构类型;(9)把助动词形态变化语法现象分类成肯定助动词、判断助动词、应许助动词、能愿助动词、否定助动词、禁止助动词六种。再说，楠木鄂伦春语的助动词在结构特征上表现出可变性和不变性两种结构形式。

朝克还全面分析了作为句子成分的主语、谓语、宾语、补语、定语、状语、独立语的构成因素，结构特征、语用关系，以及句子的并列词组、表述词组、修饰词组、补充词组、限定词组、支配词组、否定词组、判断词组8种词组的构成原理及使用规则等。今儿还讨论了谓语式、主宾谓式、陈述式、疑问式、命令式、感叹式、否定式、判断式等简单句的结构性特征。与此同时，，该书里还用国际音标转写了有关会话口语资料、民间故事、基本词汇等。所有这些，为这一极其濒危而即将消失的民族语言的抢救性搜集整理和分析研究发挥了十分重要的作用。

（三）鄂伦春语使用、语言接触、比较研究方面做出点成绩

众所周知，鄂伦春族主要生活在我国黑龙江省大兴安岭地区和内蒙古自治区呼伦贝尔市，以及俄罗斯远东和西伯利亚地区。据2000年人口统计数据，我国境内的鄂伦春族有8196人。由于鄂伦春语没有文字，所以适龄儿童都到用汉语文教学的学校，通过汉语文学习文化知识。20世纪50年代以来，尤其是70年代后，随着经济社会的快速发展，鄂伦春人与周边地区的汉族交往越来越频繁，进而汉语成为他们日常生活中的主要交流工具。鄂伦春语则成为一种辅助性交流手段，也很快自然而然地成为严重濒危语言。

1994年，朝克发表了《鄂伦春语使用概述》[1]一文。他以20世纪80年代中后期，对内蒙古和黑龙江两地鄂伦春语使用情况拉网式实地调查的第一手资料为依据，全面系统概述了生活在山村、林场、城镇的鄂伦春人的语言使用情况，以及生活在聚居区或散居区的鄂伦春人语言使用情况。进而提出："使用本民族语较好的地区是远离城镇的、传统生活方式保存较好的山林小村鄂伦春人；使用情况较差或已经不使用本民族语的是生活在城镇或从事农业生产的鄂伦春人，以及在林场从事林业生产的鄂伦春人等"观点。同年，他又发表《鄂伦春自治旗语言文字使用概述》[2]一文，充分利用20世纪80年代中后期，对内蒙古呼伦贝尔市鄂伦春自治旗所作的语言文字使用情况调查资料，高度科学概述了

---

1 朝克：《我国语言文字使用概述集》，中国藏学出版社，1994年。

2 同上注。

生活在鄂伦春自治旗林区山村、林场、城镇、聚居区、散居区的鄂伦春人语言文字使用情况。根据调查他发现，由于鄂伦春人在国内没有本民族文字，到了上学年龄，都要上用汉语文教学的学校，通过汉语文学习文化知识，所以日常用语汉语化现象比较严重。相比之下，林区山村鄂伦春孩子上汉语文学校读书时，比城镇或林场的鄂伦春族孩子要困难。后者由于从幼儿园时期就接触汉语汉文，上汉语文教学的学校读书基本没有什么障碍。因此，他认为，在学校里接受汉语教学，直接影响鄂伦春族孩子们对本民族语学习兴趣和热情，他们用更多精力和时间去学习汉语汉文，这也是鄂伦春语使用人口迅速减少的重要原因之一。结果，在鄂伦春族孩子们里，包括在职人员中间，说本民族语言的现象越来越少。相反，使用汉语汉文的人却越来越多。甚至，在有些鄂伦春人眼里，能够流利地使用汉语汉文已成为一种时尚和品位。

鄂伦春语同亲属语比较研究方面，朝克也有所创见。1987年，朝克根据在前期田野调查中获取的鄂伦春语和鄂温克语第一手语言资料，对鄂伦春语和鄂温克语代表性基本词汇的语音系统进行了比较分析，撰写刊发了《鄂伦春语和鄂温克语语音对应关系》[1]之论文。大家知道，鄂伦春语和鄂温克语同属于满通古斯语族通古斯支语言，有着非常近的亲属关系。在这两种语言里，存在着相当数量的同源词，并且还有相当整齐而规范的语音对音规律。其中有元音与元音、元音与辅音、辅音与辅音的对音规律等。朝克在该文中，还以田野调查中得到的极其丰富的语音资料为依据，系统论述了鄂伦春语短元音与鄂温克语短元音、鄂伦春语短元音与鄂温克语长元音、鄂伦春语复元音与鄂温克语长元音、鄂伦春语单辅音与鄂温克语单辅音、鄂伦春语零辅音与鄂温克语单辅音、鄂伦春语接续辅音同鄂温克语叠辅音等之间产生的语音对应规律。这是人们对于鄂伦春语和鄂温克语亲属关系有了更加深刻而科学的认识和把握。朝克的这些实地调查与研究工作，不仅直接推动了鄂伦春语学术研究事业，同时对于保护和抢救严重濒危的鄂伦春语的抢救性搜集整理和研究工作产生了深远的学术影响。

1　朝克：《满语研究》1987年第2期。

七、绝学赫哲语及满语与锡伯语研究

与鄂伦春语及鄂温克语一样，赫哲语亦属于使用人口较少的通古斯语支语言。惟我国境内的赫哲族人口更少，据2000年的统计，我国境内的赫哲族人口总数为4640人。根据朝克的分析，真正意义上懂母语的和这人不足20人，且基本上都属于60岁以上的老人。所以说，该语言已濒临消亡之境界。

朝克的赫哲语研究，主要体现在语音和语法方面。1997年朝克出版的《满通古斯语族语言比较研究》[1]中，专门对赫哲语进行了深入细致的讨论。首先，对赫哲语语音系统展开分析时指出，该语言有8个短元音、5个长元音、12个双元音、2个三合元音，以及20个单辅音、13个复辅音和2个叠辅音。同时，讨论元音和谐现象及其原理时，他发现该语言虽然也有阳性元音、阴性元音、中性元音三种结构的元音和谐现象，但阳性元音在数量占绝对优势，中性元音也占一定比例，但阴性元音只有一个。他还论证了赫哲语的V、VV、VC、VCC、CV、VCC、CV、CVV、CVVC、CVC、CVCC 11种音节结构类型。他还利用相当篇幅论述了赫哲语形态变化语法现象。例如，他认为，该语言的格形态变化语法现象里，分类出主格、领格、宾格、与位格、造格、从比格、方向格7种结构类型。其中，除了主格没有特定形态变化语法词缀之外，其他6种格均有特定形态变化语法词缀。另外，他指出，赫哲语名词类词的形态变化体系中，同样有负数和人称领属形态变化语法现象及其词缀系统。在他看来，赫哲语级形态变化现象是一个相当复杂的形态变化语法系统，并分为一般级、次低级、低级、最低级、次高级、高级、最高级7种类型。这其中，只有一般级的语法概念，要用形容词等的基本磁性来表示，不需要任何的形态变化语法词缀。相反，从次低级到最高级均用特定词缀或特定结构形式表示。

朝克在该书里讨论动词类词的形态变化语法现象时指出，赫哲语的动词有态形态变化语法结构系统，并有特定的语法词缀。根据不同态形态变化语法词缀所表现出的不同语法功能和作用，将它们分成为主动态、被动态、使动态、互动态、共动态五种类型。除主动态用动词词根或词干表示之外，其他均用形态变化语法词缀。再说，赫哲语动词的体形态变化系统内部还分类出进行体、完成体、执行体、多次体、未进行体、一次体、未完成体、开始体等。在他看

---

[1] 朝克：《我国语言文字使用概述集》，中国藏学出版社，1994年。

来，体形态变化语法现象里，不同体在语句内表现出的结构形式有所不同，一些是属于不变性结构类型的形态变化语法词缀来表现，一些是用可变性结构类型的形态变化语法词缀与助动词相结合形式来表现。朝克认为，与动词类词的态与体相比，式形态变化语法现象是一个相当系统、整齐、完美的结构系统。其内部先分陈述式、祈求式、命令式、假定式4种，然后再分不同时间概念和不同人称内涵的种类。特别是，陈述式表现形式及其所要表达的语法概念十分丰富而严谨。例如，陈述式形态变化语法现象内部分现在时、现在将来时、过去时三种结构类型，进而还要依据数及人称概念的区别关系分类出单数和复数及第一人称、第二人称、第三人称等。进而明确提出，式形态变化语法现象基本上都使用语法词缀，且绝大多数属于可变性结构类型的形态变化语法词缀。该成果中，他将副动词的分为联合副动词、延续副动词、让步副动词、条件副动词、紧接副动词、完成副动词、并进副动词、前行副动词、立刻副动词、目的副动词、趁机副动词11种类型。这些副动词虽然都有特定形态变化语法词缀，但其中有可变性和不变性两种结构类型。赫哲语形动词的形态变化结构体系所表现出的不同时间概念及其区别性特征，其内部完全可以分出现在时、现在将来时、过去时三种结构类型。最后，还将赫哲语助动词分类为否定助动词、肯定助动词、判断助动词、应许助动词、能愿助动词等。

1997年初，朝克在《满语研究》第1期上发表论文《论赫哲语动词陈述式》，以20世纪80年代初至20世纪末期间，多次对黑龙江省赫哲语口语语法调查资料为依据，系统分析了街津口赫哲语动词式形态变化语法现象。他在论文中提出，赫哲语动词式形态变化语法现象是一套相当复杂而细腻的系统结构。对此问题的研究往往关系到赫哲语形态变化语法现象的核心问题。也就是说，该语言的形态变化语法现象究竟复杂到何种程度，那些复杂多变的形态变化语法现象是如何将人们要说的概念表达得如此精确和到位等学术问题。在此基础上，他进一步认为，完全可以根据赫哲语动词式形态变化语法现象中出现的错综复杂的词缀系统来论证该语言的形态变化语法现象的复杂性。然而，他在文章的结束部位提出："该语言动词式的形态变化语法词缀，有其内在严格的结构原理和内部协调规律。但由于形态变化语法词缀具有的人称区别功能不断趋于弱化，由此已开始出现一些被混用的现象。这跟赫哲语已进入严重濒危状态，受到汉语日益严重影响等有必然联系"。

有关赫哲语使用和语言接触研究方面，朝克于1992年在《满语研究》第2期上刊发《关于街津口赫哲族语言文字使用情况》之文，以同江市街津口赫哲族乡的赫哲语调查资料为依据，分析了该地区的赫哲语使用情况。文中，主要从街津口赫哲族乡赫哲语言使用、赫哲族文化教育及文字使用两个方面入手展开讨论。朝克指出，赫哲语受到汉语影响已有相当长时间，但赫哲语用相当强的生命力一定程度地保护了自己。然而，近些年来，尤其是20世纪80年代中后期以后，由于我国科学技术的快速发展，以及民族地区经济建设的不断加快和对外开放的不断拓展，使赫哲族生活的中俄贸易交往的边境地区经济得到迅速改善和提高。同时，内陆地区的汉族，为了开展中俄民间贸易或易货贸易而不断迁入赫哲族生活区，使汉族移民人数不断增加，而且汉族与赫哲族通婚现象也不断增多，结果汉文化的影响力不断得到强化。这使处于弱势处境的赫哲语使用人口急剧下降，加上赫哲族没有本民族文字，适龄儿童都到用汉语文教学的学校学习文化知识。在朝克看来，这是赫哲族迅速汉化的主要原因之一。此外，赫哲族家庭几乎都有广播电视，他们每天收听、收看汉语节目，自然这也成为赫哲语快速走向严重濒危的社会因素和客观条件。在这样的现实面前，如何更好地保存现存的赫哲语口语，显得尤为重要和紧迫。朝克认为，这不仅是赫哲族全民应当严肃面对的事情，也是地方政府必须抓紧解决的重大现实问题。

满语和锡伯语是，我国境内严重濒危的满通古斯语族语言，也是朝克语言研究的另外一个重要的内容。在17世纪初至20世纪初的近300年历史中，满语作为清朝政府的官方语言，曾经在全国范围内被广泛使用。但1911年后，随着清朝政府退出历史舞台，满语的使用范围迅速出现萎缩现象。锡伯文则是1947年，由锡伯族知识分子和知名人士根据锡伯语自身特点，对当时锡伯族使用的满文进行了必要修改之后创制而成的，是满通古斯语族语言中与满语关系最近的一种语言。

朝克的满语和锡伯语研究，主要集中在这两种语言的语音方面。2007年初，朝克在《满语研究》（第1期）上发表了《论满语语音及其研究》的论文，对我国满语语音研究工作和成果进行了全面系统的总结和梳理。他写道："满语语音研究经过三个多世纪的学术发展历程，已经取得了诸多重要学术成果。不仅涉及清代满语语音的各个方面，还关系到现存满语口语的语音学领域。特别是，对于满语书面语及其口语的元音系统、辅音系统、音变规则、语音和谐原理、外来语语音影响等各方面已经取得十分显著的学术成果"。

锡伯语研究方面，锡伯语口语语音研究历来是一个比较复杂的课题。不同的专家学者，对锡伯语口语的语音系统有着不同的看法。特别是在个别元音音位或辅音音位存在与否等问题上，分歧与争论还比较多。1986年，李树兰和仲谦合作出版的《锡伯语简志》中认为，锡伯语口语有8个单元音音素，18个复元音音素及29个辅音音素。2004年，朝克在他完成的中国社会科学院青年基金项目《现代锡伯语口语研究》中，首先将现代锡伯语口语元音音位归纳为：8个单元音、21个单辅音、3个重叠辅音等。很显然，在他看来，确定一个音位单位，不像有的专家所提出的那样复杂。实际上，音位系统的扩大化和复杂化，往往和如何判定某一音位的特殊变体或互补性语音关系有关，有的专家学者把类似的语音现象从宽式音位学的角度均分析为音位变体，有的专家学者则从严式音位学的视角，将其看成是一连串的音位系统。其结果，本来就从较清楚可辨的语音系统变得错综复杂。所以，朝克提出，锡伯语口语内出现的辅音等，均属于语音变体现象，不能作为独立性音位来看待。

与此相关，朝克在2005年还在《满语研究》，2005年第1期上发表了《关于锡伯语口语单元音系统》一文，并以新疆锡伯语口语为例，进一步深度分析了锡伯语口语单元音系统。他提出，锡伯族在特定生活环境下，由于长期且广泛地接触突厥语族诸语言，所以他们的口语一定程度上受到突厥语族语言语音影响，进而有了突厥语族语言语音特征。在他看来，这就是锡伯族早期使用的文字语言的语音系统，同现代口语语音系统间出现异同现象的根本原因所在。

2006年，朝克出版了有关现代锡伯语口语全面研究的学术专著《现代锡伯语口语研究》。该书除前言外，主要分语音结构分析、词汇特征分析、语法形态变化现象及句子结构分析等。书中还搜集整理1111句锡伯语口语会话资料。他在前言中，对现代锡伯语口语使用的社会环境、锡伯语口语的使用价值以及使用者的社会阶层、受教育程度、民族认同等方面进行了全面阐述；第一章语音结构的讨论中，对于现代锡伯语口语语音的元音系统、辅音系统、音变现象、元音和谐规律等作了科学分析；第二章词汇结构研究中，指出了现代锡伯语口语音节特征、词重音特征、词的构成、词的分类以及不同词的结构体系，还举例说明了现代锡伯语口语同阿尔泰诸语间的共同词和与满通古斯语族语言间的共同词、借词等；第三章的形态变化语法现象的讨论中，着重论述了现代锡伯语口语名词类词的数、格、人称、级等形态变化语法现象，以及动词类词的态、体、式、时、副动词、形动词、助动词等形态变化语法现象，还阐述了现代锡伯语口语的句子成分、词组系统及句子结构特征；在第四章里，选用了现代锡伯语口语1111句常用话语资料，并全部用国际音标转写，同时给锡伯语附上了汉文对译，给锡伯语句子附上了汉译文内容等。

毫无疑问，这本口语研究著作，对于现代锡伯语口语语音、词汇、语法结构及其特征的科学认识，学习锡伯语口语，保存和抢救锡伯语口语话语资料等均有很高学术价值和深远的学术意义。

这里还应该提到的是，2011年朝克还出版了《察县锡伯族语言文字使用现状调研》，书里对新疆自治区察布尔锡伯族自治县锡伯语口语的使用情况。并从使用语言学、社会语言学、濒危语言学的理论视角，对于现代锡伯语口语语音、词汇、语法的变化及变迁现象进行了深入探讨。同时还搜集整理了十分可观的锡伯语口语第一首资料。所有这些，对于人们全面而科学把握锡伯语口语使用现状，以及科学认识锡伯语口语变迁规律及其原因等提供了重要理论依据。另外，2014年由中国社会科学院社会科学出版社出版了朝克的《锡伯语366句会话句》一书，其中搜集整理了366句锡伯族日常交流的会话句，并用国际上通用阿拉伯字母撰写锡伯语口语的同时，还用汉语进行对译和意译，还附上了英语、俄语、日语意译内容。书的后页，还有搜集整理了最为常见的锡伯语口语300个单词。所有这些，对于初学锡伯语口语，或者说了解和分析研究锡伯语口语均带来了很大方便。由此，兼具了教学、学习、运用、研究锡伯语口语的学术价值。

八、满通古斯语族语言比较研究

朝克在此领域的比较语研究，似乎始于20世纪80年代。其初，其研究仅限于满通古斯诸语与汉语，以及满通古斯诸语内的比较研究。赴日留学后，其视野则扩展到满通古斯诸语言与阿尔泰诸语，甚至涉及到阿尔泰诸语同东北亚、北欧、北美乃至北极圈诸民族或族群语言间的比较研究的广阔学术领域。而其研究成果亦极为可观，尤其是他所提出的"日本阿夷努语和阿尔泰诸语共有论"、"日本语和朝鲜语起源多元论"及"北欧萨米语语及阿尔泰诸语的关系"、"北美印第安诸语与我国诸民族语言的关系说"、"北极圈族群语言文化的相关性"等观点,均发前人之所未发,引起学界高度关注。

（一）满通古斯语族语言语音比较研究

朝克于1997年由民族出版社出版的《满通古斯语比较研究》的前两章,分别对满通古斯语族语言语音对应规则作了全面比较分析。涉及到该语族语言的元音系统里出现的单元音、长元音、复元音间的对应规律,以及单辅音、复辅音、叠辅音键的对应规律。

经语音对应现象的全面比较分析,他首次实事求是地提出锡伯语和满语、鄂温克语与鄂伦春语两对语言间的元音和谐现象及其规律比较一致,赫哲语处在这两对语言的中间,但偏向于鄂温克语和鄂伦春语的科学结论。从而解决了有史以来,在满通古斯语族语言语支划分上存在的模糊概念,以及不科学的说法。更为重要的是,通过语音比较研究及元音和谐现象的论述,精辟概括了该语族语言的最为原始、最为基础、最为核心的a、e、i、o、u 5个元音音素。另外,也讨论了以舌尖音、舌面音、双唇音、舌叶音、唇齿音为主辅音对应规则,分析了语族语言语音变化规则及重音现象。他还充分利用比较研究指出,满通古斯语族语言的音节结构主要有V、VV、VC、VCC、CV、CVV、CVVC、CVC、CVCC 9种结构类型。书的附录中,还用表格形式展示了满通古斯语族语言元音系统、辅音系统,以及女真字例表、满文字母表、锡伯文字母表等内容。可以说,这是对于我国满通古斯语族语言语音系统及其语音结构特征第一次全面分析研究的科研成果。

同该项研究相关,朝克还在《满语研究》1995年第2期里刊发《关于满通古斯语族语言的辅音结构》,专门探讨过满通古斯语族语言的辅音音素间存在的异同现象、共性特征、区别关系、演化规律等。在他的另一篇《论满通古斯语族语言的音变规则》发表于《满语研究》1996年第2期。该篇论文着重论证了该语族语言内常见的词尾元音弱化与脱落、词中元音脱落、元音顺同化、元音逆同化、元音鼻音化、元音增加现象、元音i之演变,元音u之演变,以及辅音脱落、辅音顺同化、辅音逆同化、辅音s之演变,辅音k/q/l音节末的演变等。朝克于2003年,还在日本青年语言学家学术研讨会上发表《关于通古斯诸语语音结构特征》（日文）之论文,论述该语族语言经过历史性的演化、演变、变迁以后,在现代使用的口语里重新组合而成,适应语言语音发展规律的语音结构特征。进而提出，这一语音结构特征，具有鲜明的时代性、社会性、特殊性、合理性、实用性和科学性。

我们掌握的资料还表明，满通古斯语族语言比较研究里，还有将两个或两个以上语言的某一语音关系及其结构特征展开比较研究的成果。比如，朝克在1989年第3期《蒙古语文》（蒙文）发表的《鄂温克语和满语同源词元音对应规律》之论文，提出鄂温克语和满语的基本词汇里有相当数量的同源词，它们在语音形式和语义结构等方面均有很多的共同点。尤其是，在语义结构方面有着相当高的一致性。不过，在语音形式上出现不少有规律的音变和区别性特征。所有这些问题，完全可以通过语音对音现象的分析作出全面科学的阐述。并以鄂温克语长元音同满语短元音的对音、鄂温克语短元音同满语短元音的对音、鄂温克语短元音同满语复元音的对音、鄂温克语词首辅音同满语零辅音的对音、鄂温克语辅音同满语辅音的对音等为例，系统分析了这两个亲属语言的元音对音及辅音对音规律。在此基础上，构拟出这两个亲属语言的原始音系系统。他在1987年第2期上的《满语研究》里刊发的《鄂伦春语和鄂温克语语音对应关系》一文，主要依据20世纪80年代田野调查中获得的鄂伦春语和鄂温克语第一手的语音资料为依据，对鄂伦春语和鄂温克语代表性基本词汇的语音系统进行了比较分析。众所周知，鄂伦春语和鄂温克语同属于满通古斯语族通古斯语支语言，也是最亲近的两种语言，它们间的同源词达到86%或89以上。而且，还有着相当整齐和规范的语音对音规律。其中，有元音和元音、元音和辅音、辅音和辅音等间的对音十分突出。进而论证了，鄂伦春语和鄂温克语共同的或能够相互区别的语音特征及音变规律。

（二）满通古斯语族语言语法比较研究

朝克于1997年由民族出版社出版的《满通古斯语族语言比较研究》里，还用相当长的篇幅，全面系统论述了该语族语言名词类词的数形态、格形态、人称领属形态、级形态变化语法现象及其结构性特征，以及动词类词的态形态、体形态、式形态、副动词形态、形动词形态、助动词形态变化现象及其结构性特征。其中他提出：这些语言的形态变化语法现象绝大多数均有约定俗成的形态变化语法词缀，而且多数属于不变性结构类型的产物，属于不变性结构类型的形态变化语法词缀不是很多。在他看来，满通古斯语族语言内，名词类词的形态变化语法现象中最为复杂的是级形态变化语法结构系统，动词类词的形态变化语法现象中最为复杂的是式形态变化语法结构系统。他在该书中，不仅对名词类词和动词类词的形态变化语法现象都做了详尽而全面的分析研究，同时还一一列举具有说服力例子做了实事求是的说明。在他看来，满通古斯语族语言的语法现象是，一个极其复杂多变、层级鲜明、使用规范、约定俗成的形态变化结构系统。尽管它们之间存在不同程度的共性，但也应该承认各自的个性化发展趋势和结构性特征。另外，朝克还在《内蒙古大学学报》（哲学社会科学版）1990年第5期上，刊发《论满通古斯语形容词的级》的论文，专门讨论过满通古斯语族语言的名词类词中最为复杂的级形态变化语法现象。

（三）满通古斯语族语言与相关语言的关系研究

1986年朝克发表《汉语对鄂温克语的影响》[1]一文，从语音、词汇、语法等方面讨论了鄂温克语受汉语的影响。他在文中指出，鄂温克人基本上都懂汉语，与汉族汉人汉语历史比较早，而且两个民族间接触越来越多、越来越深、越来越广。这种语言影响从社会到婚姻，从婚姻到家庭，从家庭到个人渗透到各个方面。从这个意义上讲，汉语已经成为他们语言交流的重要组成内容。他说，这种影响同样使他们的母语也不断产生变化，并主要体现在鄂温克语中不断借入的汉语新词术语上。尤其是，与现代工业文明相关的汉语名词数量不断增多。也就是说，鄂温克语词汇受汉语影响最为明显。同时，在语音和语法方面也受到不同程度的影响。例如，在语音方面，出现了在腭化辅音后面使用元音a、o、u的现象，有些方言里已出现了一定数量的复元音；在语法方面，出现了使用汉语系词"是"之现象等。再说，随着我国现代化进程的不断加速，各民族间交往和接触的不断深入和密切，汉语对鄂温克语的影响还在不断扩大。朝克提出，汉语对鄂温克语的影响是在该语言的历史性变迁和发展中，很值得严肃对待的十分重要的学术问题，在此领域需要讨论的话题有很多，应该作更广泛、更深入、更科学的分析研究和学术讨论。

满通古斯语族语言与相关语言关系的研究中，也包括该语族语言同日本阿夷努语、日本语、朝鲜语及韩国语以及北极圈的爱斯基摩语、印第安语、因纽特语、萨米语等展开学术讨论的成果。比如说，朝克在学习日本阿夷努语，阅读日本阿夷努语研究成果以及相关语言调查资料时，发现该语言同我国阿尔泰

---

[1] 发表于《中国民族语文》，四川人民出版社，1986年。

诸语言，尤其是同通古斯诸语言间存在的许多共有关系，这些关系涉及语音、词汇、语法等语言学诸多学术领域。同时，他认为，这些共有关系不像日本语言学专家学者所说的那样，阿夷努语与阿尔泰语系语言毫无关系，而是有着深层次的十分复杂的内在联系。对此问题，朝克展开了比较深入的学术探讨，并先后在国内外语言学学术刊物上发表了一系列论文。其中包括：《民族语文》1992年第1期刊发的《论日本阿夷努语和鄂温克语共有动词》一文。

该文对日本的阿夷努语和鄂温克语里出现的近百个共有动词的语音形式、意义结构、语用特征等进行了对比研究。在此基础上，他明确提出，日本阿夷努语和阿尔泰语系诸语间，尤其是和满通古斯语族语言间存在一定程度的历史性的深层共有关系。他认为，对此共有关系的讨论，需要语言学专家学者们的艰苦、细致而长期的系统探讨，才能作出最后的客观实在而令人信服的结论。同时，朝克还指出，我们所掌握的语言学资料以及所取得的一些科研成果，现在还不足以下更快的明确结论，该问题的最终解决，不仅需要语言学的研究成果，还需要民族学、历史学、考古学、体质人类学等方面的科学研究。在他看来，鄂温克语和阿夷努语里出现的这些共有动词，提醒我们不能简单地把它们看成是偶然现象，或相互借用关系。必须要用科学的态度，一五一十地深入系统研究，对此问题展开研究时，尤其应该避免带着传统的学术观点或已有的结论去讨论。

事实上，朝克在发表该论文之前，于1990年在日本《早稻田大学语言文化研究》第3期中刊发《论日本阿夷努语和通古斯诸语共有词词义关系》，论证过日本阿夷努语和通古斯诸语的共有词词义关系。后来，他用汉文和日文又联系刊发《论日本阿夷努语和阿尔泰诸语代词的关系》[1]、《论日本阿夷努语和满通古斯语族语言的有关名词——与社会及生活用品有关的几个名词》[2]、《论日本阿夷努语和通古斯诸语共有词的元音对应规律》[3]、《日本阿夷努语和鄂温克语传统词汇的共性》[4]等论文，系统论述了日本阿夷努语和鄂温克语及满通古斯语族语言内共同使用的狩猎生产、宗教信仰、温寒带地区的动植物、温

---

[1] 发表于《民族语文》，1993年第6期。
[2] 发表于《满语研究》，1994年第1期。
[3] 发表于《满语研究》，1999年第1期。
[4] 发表于《北海学园大学人文论集》，2001年第20期。

寒带自然景观及自然现象方面的名词术语，以及相关代词和动词等的语音和语义关系，包括语音变化规律，语音对应现象等。从而论证了它们间存在语言学意义上的共有关系。

另外，他还发表过分析鄂温克语和日语的共有现象的一些论文。例如，在《黑龙江民族丛刊》1999年第4期中发表的《关于日本语和鄂温克语共有词》一文，分析了鄂温克语和日语共有的一些名词、动词、形容词等。文章的末尾，他还指出，除了该文里提到的共有词之外，还有许多在语音结构和语义结构方面有共性的基本词汇。还有，朝克在2000年由黑龙江鄂温克研究会刊印的《黑龙江鄂温克研究文集》第二册中撰写《关于日本语和鄂温克语特殊词义关系》，对鄂温克语和日语共有名词的语音结构形式和语义结构内涵作了深入浅出的分析讨论。2000年，朝克还在《鄂温克研究》第1期上刊发《论日本语和鄂温克语共有动词》一文，专门讨论过鄂温克语和日语的共有动词。关于鄂温克语和日本阿夷努语、鄂温克语和日本语的对比研究，一定程度上阐明了这些语言的词汇系统中存在的深层共有关系，拓展了满通古斯语族语言研究的视野和领域，同时强调了该项研究的不可忽视性和重要性。

让人感到十分有趣的是，在满通古斯语族语言和相关语言的研究中，还有将该语族语言同北极圈的爱斯基摩语、印第安语、因纽特语、萨米语等展开学术讨论的内容。例如，朝克在《民族研究》1998年第6期上刊登的《论印第安语和满通古斯语族语言共有的宗教称谓》及在美国《国际宗教学讨论会论文》上发表的《论印第安人和我国北方民族原始宗教的关系》（1998）等论文里论述了满通古斯语族语言和印第安语内共有的宗教称谓。另外，在他的《关于芬兰萨米语和满通古斯语族语言的共有词》[1]，以及《关于通古斯语族语言和爱斯基摩语共有名词》[2]等论文中分别讨论了满通古斯语族语言同萨米语及爱斯基摩语间存在的共有名词。进而认为，这些语言之间存在一定程度的共有关系，而且这种关系所表现出的往往是与他们的早期历史文化命脉相关的深刻内涵。

---

1 发表于《北京萨米语言文化国际讨论会论文集》，北京，1998年。
2 发表于《满语研究》，2001年第1期。

九、绝学满通古斯语族语言研究"经典三书"

朝克之治满通古斯语族语言，30余年间，共发表论文160多篇，出版专著44部。前有《鄂温克语简志》导其源，中有《鄂温克语形态语音论与名词形态论》承其绪，至2014年，乃有其集大成之作《满通古斯语族语言研究史论》《满通古斯语族语言词源研究》《满通古斯语族语言词汇比较》三书出版印行。此三书内容涵盖满通古斯语族语言的历史研究、词汇研究、词源研究等方面，总字数超过244余万，甫一出版便被学界目为满通古斯语族语言研究的"经典三书"。

（一）"经典三书"之一《满通古斯语族语言词源研究》

该成果完成于2012年6月，2013年秋通过国家社会科学基金项目鉴定，是对我国满通古斯语族语言词汇，从词源学理论视角展开全面系统研究的经典研究成果，也是国内外学术界在该领域的第一本学术专著。众所周知，我国的阿尔泰语系语言包括蒙古语族语言、突厥语族语言和满通古斯语族语言三大部分。其中，蒙古语族语言和突厥语族语言的历史研究、历史比较研究、词源研究相关成果早已完成并出版，而满通古斯语族语言的词源研究成果却一直没有问世。这在一定程度上影响着阿尔泰语系语言整体深度比较研究。他在此书中，对满通古斯语族语言的满语、锡伯语、鄂温克语、鄂伦春语、赫哲语以及女真语现有词汇的来源问题、相互关系、语音和语义发展变化原理等展开词源学理论视角的科学讨论。从而论证了满通古斯语族语言固有词及其基本词汇的错综复杂的词源关系，同语族语言、同语支语言、不同语言中存在的不同层面的同源词成分，以及相关语音演变规律与词义演化原理等深层次学术问题。

如在第一章"同源名词分析"中，朝克分别列举了sogi"蔬菜"在满通古斯诸语中的不同说法后，还进一步指出了其背后的音变规律和予以演化原理。他认为，sogi"蔬菜"除了在锡伯语及女真语中的说法有所不同之外，在其他满通古斯语族语言内均说sogi。毋庸置疑，在锡伯语内该词词首产生了音变。依据我们掌握的词汇资料，通古斯语支语言内，对于"蔬菜"还有nogo（鄂温克语）、nunga（鄂伦春语）、soliki（赫哲语）等说法。这其中，赫哲语的soliki与sogi同属一源。而鄂温克语及鄂伦春语的nogo>nunga和蒙古语族语言的

nogoga>nogoo>nogo>nuga>nunga等有同源关系。[1]此外，朝克还阐述了与蒙古语族语言有同源关系的相关词汇，以及来自蒙语和汉语的早期特殊借词及其语音变化现象等。特别珍贵的是，对于濒危或严重濒危语言的词源研究方面探索出了一些新研究方法与理论，同时突出地展现了濒危语言或严重濒危语言词源研究的特色。例如，在该书第三章"同源动词与同源副词、同源虚词分析"中，对genede-"过错"一词进行分析时说道：genede-"过错"一词虽然在满通古斯语族语言内都使用，但通古斯语支语言的方言土语中也有ende-的说法。比如说，通古斯鄂温克族老人的口语中就有ende-之说。与此相关，通古斯语支方言里也可以用ende-来表示该词义。很有意思的是，蒙古语族语言里也有ende-"失误"之说。毫无疑问，通古斯语支语言的ende-与满语支语言的genede-同属一源。

可以说，这是从词源学理论角度，首次对我国满通古斯语族语言词汇全面系统学术研究的成果，也是该学术领域里的国内外第一本科研成果。从而，对满通古斯语族语言词汇历史及其来源研究、词汇历史比较研究、词汇变异研究、语言发展史研究、语言文化学研究，以及满通古斯语族语言与蒙古语族语言，乃至阿尔泰语系诸语起源、历史关系、接触与影响、发展及变化研究均有很高的学术价值和应用价值。更为重要的是，对北方诸民族历史文化脉络的梳理，他们共有的悠久而深渊的历史文化的科学阐释，以及他们和谐共存和共同建设美好家园均会产生深刻社会影响和效益，也为濒危语言文化的抢救保护、语言文化安全发挥积极作用。

（二）"经典三书"之二《满通古斯语族语言研究史论》

该书里从词源学、构词学、语用学、语言接触学的角度，对我国满通古斯语族语言的基本词汇的词源问题进行了科学分析，并在此基础上论述了它们的词源关系。此书则是对百余年来国内外满通古斯语族语言文字研究论著、相关历史文献资料、论文集、教科书、辞书、词汇集、比较研究或对比研究成果等进行了全面系统而客观实在的讨论和学术评价。全书包括（1）前言；（2）女真语研究；（3）满语研究；（4）锡伯语研究；（5）鄂温克语研究；（6）鄂伦春语研究；（7）赫哲语研究；（8）满通古斯语族语言比较研究与相关语

---

[1] 发表于《满通古斯语族语言词源研究》，第100—101页。

言的对比研究等章节。全书的宗旨,朝克在"前言"中开宗明义,已经说得很清楚。他说"我国满通古斯语族语言的研究事业在过去漫长岁月里,走过了从无到有、从小到大、从局部到全面、从实践到理论的一个十分成功而科学的历程。此书则是对我国境内的女真语、满语、锡伯语、鄂温克语、鄂伦春语、赫哲语六种满通古斯语族语言文字展开学术讨论的论著、相关历史文献资料、论文集、教科书、辞书、词汇集、比较研究或对比研究成果等进行的全面系统而客观实在的讨论和评价"。

在书的第一章"女真语研究"中,朝克将其科学划分为:19世纪20年代后期至19世纪末,20世纪初至20世纪40年代后期,20世纪50年代至70年代中后期,20世纪70年代后期至21世纪初四个发展阶段。并分女真语言文字历史研究、女真语词汇研究、女真语语法研究、碑文、牌印、墨迹文献等多个部分,对其不同历史阶段、不同研究成果的学术价值和意义一一进行了科学分析和论述。其中,讨论女真语言文字第二历史阶段时提出:"国内以罗福成、毛汶、王静如、金光平、刘厚滋为首的女真语言文字学专家学者,主要对《女真译语》《宴台女真文进士题名碑》《奴儿干永宁寺碑》等中的女真语展开深入研究。在国外,主要是在日本,以桑原骘藏、石田千之助、鸟居龙藏、渡边薰太郎、园田一龟、田村实造、山本守、今西春秋、稻叶岩吉等为核心的女真语言文字专家学者,对《女真译语》《大金得胜陀颂碑》《北青女真国书摩崖》《女真字铜印》等做了相当重要的科研工作。以上提到的国内外研究,在女真语言文字的考证和释读方面均取得了比较理想的学术成绩。特别是,在这一阶段,对于《女真译语》《宴台女真文进士题名碑》《大金得胜陀颂碑》《北青女真国书摩崖》《奴儿干永宁寺碑》《女真字铜印》等女真语资料的全面深入研究,以及相关历史文献资料的搜集整理和初步考证等方面取得了一定成果。从而,为第三阶段的女真语言文字研究工作打下了坚实的科研基础"。朝克对女真语言文字研究在不同时期的成果与贡献有着精辟的分析。例如,在讨论上世纪60年代后的女真大、小字的研究成果时,他在书中写道:"20世纪80年代在山东蓬莱阁发现的'奥屯良弼诗刻石',使人们对刻有女真字诗文金石资料的期待几乎成为现实,但此刻石上的文字并非人们所预想的那样,是和人们认同的女真大字全然不同的文字,只是在书写形式有所不同而已。'奥屯良弼诗刻石'文里除了助词被单独书写之外,每个词语构成一个书写单位。不过,于

1976年在俄罗斯滨海赛金古城发现的金代"国之诚"银牌文,与《女真译语》文字的书写方式有明显区别,却与'奥屯良弼诗刻石'内的女真文的书写形式不谋而合。由此,女真语言文字专家学者们,开始重新思考关于女真大、小字的性质和构成特征等学术问题"。考虑到女真语失传已久,不再有人使用,留下的语言文字资料也极其有限,则朝克所付出之艰辛不难想象。

  书中对满通古斯语族语言研究成果作了十分恰当的分析与评论。不仅指出其学术价值,还对其研究的来龙去脉作了详尽交代。例如,在评论永志坚的《满汉合璧六部成语》时,他说:"《满汉合璧六部成语》的原稿,大约是在清代乾隆年间,为了满族贵族及其子弟学习本民族语和考官需要,以及满汉公文撰写的需要而编写完成的产物。永志坚整理出版该词典时,主要参阅了嘉庆二十一年(1816)重刻的京都文盛堂版本。可以说,该词典的学术价值体现在(1)参考日本内藤乾吉的《六部成语注释》的基础上,对于汉文词条进行了校勘;(2)对于满译文的难辨字作了订正;(3)圈点脱落或短缺字齿之处予以校订;(4)对清朝典章制度方面的汉文词条增加了注释;(5)将汉文繁体字改为简体字、生僻字改为通俗易懂的字;(6)附上了满文和汉文索引。从而使该词典的使用变得更加方便、更加实用和精确。很有意思的是,就在该词典公开出版的同一年,天津人民出版社也出版了由李鹏年、刘子扬、陈锵仪等于1990编印出版的《清代六部成语词典》"。只寥寥数句,就已将其研究历史作了全面梳理。他考虑到满语已经极度濒危,如此的考证功夫,着实让人赞叹。著名阿尔泰语学家力提甫说:"《满通古斯语族语言研究史论》对满通古斯语族语言有史以来的国内外研究成果及其学术资料进行系统分析的基础上,分语言文字研究概述及语音词汇语法文字研究、词典与词汇集及其研究、比较研究与文献资料的翻译注释及其研究、现存口语和教科书研究等章节,进行了全面的理论分析和学术讨论,进而具有了很强的学术价值及学术资料价值。为满通古斯语族语言研究提供了十分重要的史料、信息情报、研究思路、理论思考。体现出我们'温故知新'、'吐故纳新'、'承前启后'、'不断创新'的治学态度、学术精神。严格地讲,我们在充分而全面了解和把握前人的研究及其研究成果的基础上,才能更好地做好今天的科研工作。在此方面,该项成果功不可没。"[1]该书的附录里，还包括中国满通古斯语族语言研究文献资料、中国满通古斯语族语言研究机构及社团组织、中国满通古斯语族语言研究学术报刊、中国满通古斯语族语言专家学者、中国满通古斯语族语言研究论著索引等内容。

（三）"经典三书"之三《满通古斯语族语言词汇比较》

这是一部弥足珍贵的词汇集，分前言、凡例、满通古斯语族语言词汇比较、满通古斯语族六种语言词汇索引、主要参考资料目录等部分。在前言里，主要介绍了这些语言的分布、使用人口、语言濒危程度、相互间的关系及其分类情况；凡例中，主要交代了词汇集里使用的不同语言的不同记音符号，以及不同语言的语音系统。该书的核心与重中之重，在这一部分的满通古斯语族语的满语、锡伯语、鄂温克语、鄂伦春语、赫哲语、女真语六种语言五千余条基本词汇进行的平面比较。在这五千余条词汇中，名词占了绝大多数，其中的动植物名词、自然现象名词、生产生活名词尤多。其次是动词和形容词，还有一部分代词、数词、副词部分感叹词、连词、后置词等。特别可贵的是，还搜集到相当数量的量词。尤其是，朝克还将失传已久的女真语有限词汇也放入其中，做了比较。在本书的"前言"中，朝克写道："由于女真语留下的词汇资料十分有限，现有的极其有限的词汇资料根本满足不了与其它几种语言全范围、大面积、多层面地进行比较。所以，本人起初搜集整理满通古斯语族语言的基本词汇时，没有打算将女真语极其有限的词汇拿出来与其他语言词汇做比较。后来，考虑到女真语词汇虽然不多，满足不了与其他语言词汇进行更大范围地进行比较，但就是在女真语有限的词汇里却保存有该语族语言早期的一些语音结构形式、语音结构特征，这对于满通古斯语族语言词汇语音演变的认识，及其有关语音演变现象的较为全面科学地把握有其特定积极作用，由此把那些有价值而语音结构方面较为清楚的女真语词汇与其他语言词汇一同放入其中。"[2]其事虽难，但其价值却由此而更加凸显。对满通古斯语族语言词汇进行搜集整理和相互比较，这对它们严重濒危或濒危语言词汇资料的抢救和保护，对包括俄罗斯远东地区的通古斯诸民族语言词源研究、词汇研究、构词研究，甚至对于他们的语音研究、语义研究、语言历史与变迁研究、语言接触与

---

[1] 力提甫教授在2014年夏，朝克先生"三书"发布会现场发言稿整理。
[2] 朝克：《满通古斯语族语言词汇比较》的"前言"部分。

语言影响研究、语言濒危现象和混合语现象研究等均有十分重要的学术价值和意义。同样，对于同语系语言的蒙古语族语言与突厥语族语言词汇研究，以及对于朝鲜语、日本语、日本阿夷努语、日本乌依勒特语词汇研究，乃至对于北极圈诸民族语言词汇研究均有极其重要而深远的学术价值和意义。

还应该着重提出的是，书中的满通古斯语族六种语言的词汇索引，事实上就是一本本单列的单一语言的词汇集，各自具有特定学术价值和意义。因为在国内外至今还未公开出版发行鄂温克语、鄂伦春语、赫哲语涵括内容如此丰富、数量如此之大的基本词汇集。这对满通古斯语族濒危或严重濒危语言词汇的抢救保护、搜集整理、永久保存，以及我国在该学术领域的权威性和话语权的树立均有极强的现实而深远的意义。锡伯语、满语、女真语词汇索引同样有其等同的学术价值。另外，汉语和英语索引，给那些只懂汉语和英语的国内外专家学者查阅满通古斯语族语言词汇提供了极大的便利条件，从而扩大了词汇集的使用面、影响力及生命力。北京大学教授、著名民族语言学家和满通古斯语学专家赵杰说："《满通古斯语族语言词汇比较》是迄今为止在国内对于我国满通古斯语族语言的满语、锡伯语、鄂温克语、鄂伦春语、赫哲语以及女真语基本词汇进行全面比较的第一本书，也是第一本成果。这本词汇集的完成，填补了阿尔泰语系语言研究领域一直以来存在的空白与遗憾。这不仅对满通古斯语族语言的深入系统比较研究产生重要学术影响，同样对阿尔泰语系语言的比较研究将会产生重要的推动作用。最为珍贵的是，满通古斯语族语言整体走向严重濒危，其中的女真语已经消亡，满语口语、鄂伦春语、赫哲语已成严重濒危而即将消亡的关键时刻，鄂温克语及锡伯语也面临严重濒危困境的特殊时期，能够拿出涵括如此词汇面的词汇比较成果，确实让人感到敬佩和仰慕。"而且，这五千余条词汇基本上属于满通古斯语族语言基本词汇范畴，其中只是涉及到一些早期借入的常用借词。这一点很了不起。这需要长期的实地调研和多年的积累，否者很难完成这样一个十分艰巨又永存青史的科研任务及科研成果。书中的每一种语言的词汇索引，实际上就是一个个语言的词汇集。这就是说，这本词汇比较不仅是一本满通古斯语族六种语言的基本词汇比较集。同时，其中包括了满语、锡伯语、鄂温克语、鄂伦春语、赫哲语及女真语六种语言各自独立的词汇集。各自具有特殊的学术价值。很有新意和创新。

朝克的满通古斯语族语言研究"经典三书"，煌煌240余万字，在满通古斯语族语言百余年的研究史上,具有划时代意义。"不仅结束了我国一直以来在此学术领域的空白,而且对满通古斯语族濒危或严重濒危语言词汇的抢救保护、搜集整理、永久保存,以及我国在该学术领域的权威性和话语权的树立,均有极强的现实意义。同时,对阿尔泰语系诸语言词汇乃至东北亚诸民族语言词汇比较研究同样有其十分重要的学术价值和意义"。[1]诚哉斯言,旨哉斯言!

十、书生未敢忘忧国

1998年2月,正在香港中文大学进行学术访问的朝克接到来自北京的急电,获知自己已当选为第九届全国人大社会科学界代表的消息。正是而立之年当选全国人大代表,更何况是哲学社会科学界的代表?朝克心中的激动自不待言。自上世纪初年起,朝克家族中就陆续有成员开始参加革命,并为党和国家的事业做出过重要贡献。及至朝克,乃由革命转向读书,嗣后又开始从事学术研究工作。此非特家族内部职业选择之变化,亦是新中国成立后国家、民族由革命转向建设的一个缩影。朝克此时当选全国人大代表,似有接踵家族先辈,继续参加革命之意,殆非天意?

全国人大代表,有参政议政之权利。作为社会科学界的人大代表,更有其特殊的意义,对于国家各有关部门建言献策方面尤其特殊作用。但是,正准备到英国剑桥大学工作的他,心中矛盾重重。一边是国际顶尖学府的聘请,一边是祖国和人民的重托,究竟该如何抉择?他翻来覆去整整思考了一宿,当清晨的第一道曙光照进他的研究室时,他面对着美丽的维多利亚海湾写下一首名为《当选人大代表》的长诗以志其事:

> 二月的香港,
> 洋溢着浓重春色。
> 姑娘们穿上亮丽的春装,
> 小伙子们展示着强盛的青春。

---

[1] 力提甫:《填补空白、奠定权威的系列巨著——评朝克满通古斯语族语言研究第三部分》,《光明日报》,2016年1月8日。

校园的池塘边，
彩蝶尽情飞舞，
还有那成双成对的蜻蜓，
快乐又烂漫地恋绵，
使人感受心灵的宁静，
对于美好生活的憧憬。

我静坐在明朗的书房，
正在全心地拜读，
达尔文的《进化论》，
思索着祖先进化的过程，
探求着人类走过的历史。
然而，急促的电话铃声，
搅乱了读书的宁静。

这是来自北京的急电，
声音那样浑厚而有力，
使人感到亲切又温暖，
得到一种希望和力量。
电话传送的喜讯，
使自己得知，
当选为人大代表，
同时告知，
赶快回到北京，
参加庄严的人民代表大会，
履行人民代表的神圣使命。

事实上，
在香港的我，
正在精心准备，

远渡大西洋，
开始新的学术生涯，
获得更多知识，
创造更多辉煌。

当然，我懂得，
十三亿人的中国，
选出的人大代表，
确实很不容易，
何况，被当选，
社科界人大代表，
更是觉得骄傲和荣幸。
同时，我又感到，
一切来得那么突然，
去国外的事，
不知如何处理。
香港中大的学术交流，
还没有完全结束，
所面临的事情，
都在急迫地等待，
我最终的选择与决定。

此时此刻的我，
内心充满矛盾，
但我理性地明白，
这是人民的重托，
也是祖国的重望。
我不能为了个人的利益，
辜负祖国的信任，
背弃人民的感情。

> 我毅然婉言谢绝，
> 国外大学的邀请；
> 我决然提前结束，
> 香港的学术活动。
> 带着忠贞不渝的心，
> 回到北京，
> 迈进大会堂，
> 参加人民代表大会，
> 开始新的使命。

这一首明白如话的诗作，道尽了他对国家和民族的热爱。在此之前，朝克已因自己在满通古斯语研究方面的杰出成就蜚声中外。如应剑桥大学之聘，以其才具及勤奋程度，未来的学术成就诚不可限量。但朝克生于革命家庭，既已听到祖国的召唤，岂有不立即赶回北京之理？此前，朝克原拟赴英，且已准备好将部分行李和书籍打包运往剑桥。此刻，又不得不婉言谢绝对方的邀请。第三天，朝克提前结束香港中文大学的学术交流和讲学，毅然决然地回到了北京，出席九届一次全国人民代表大会。朝克当人大代表后，将关注之重点放在我国濒危或严重濒危语言文化的抢救保护、哲学社会科学事业的繁荣发展、民族教育与文化建设等方面，而其建议则带有浓郁的独立思考、独特建树。例如，在一份发展少数民族地区农村文化产业的建议中就说道："在北欧的很多农业和畜牧地区，国民收入的60%左右来自于文化产业及旅游业。中国很多牧区农村都蕴涵着丰富的文化资源，如农业文化、畜牧业文化、马文化、饮食文化、婚俗文化、服饰文化等，这些文化产业的开发都可作为新农村建设中新的经济增长点。"但考虑到中国少数民族地区的特点，朝克又说："文化产业开发的核心是在不破坏文化的本体、文化的本色，不破坏环境、自然资源的基础上开发文化经济。因此，少数民族地区的农村搞文化产业开发，不能搞一体化、一刀切。文化产业要注重原汁原味和可持续发展，要通过尊重自然规律、尊重文化发展规律去搞建设，突出自己的特色，突出中国特色、民族特色和地域特色。"朝克身为鄂温克族，同时又是著名语言学家，自然对少数民族的语言文字工作亦颇为关心。在他提交的一份《关于成立国家少数民族语言文字工作指导委员会的建议》中提出："少数民族语言文字工作是民族工作重要的组成部分。新中国成立以来，我国少数民族语言文字工作取得了令人瞩目的成就。为了在构建社会主义和谐社会的进程中进一步发挥少数民族语言文字的作用，特建议：成立国家少数民族语言文字工作指导委员会，负责管理少数民族语言文字工作，研究并拟定少数民族语言文字工作的方针、政策，研究并起草少数民族语言文字事业管理的法律、法规，编制少数民族语言文字工作中长期规划并指导实施，监督、检查、指导少数民族语言文字在教育、行政、立法、司法、翻译、出版、广播、电影、电视、文艺和信息处理等领域的研究与应用及跨省区少数民族语言文字协作工作。"当年"两会"结束后，朝克的这份建议，引起国家有关部门的重视。在学术研究之外，还能通过每年的两会积极向国家有关部门提建议和建言献策，以此发挥自己的专业特长和人大代表的责任和义务，朝克感到非常高兴。并对身边的朋友说，当年香港的选择，自己并没有做错。

1999年，朝克曾与时任内蒙古自治区包头市市长的全国人大代表牛玉儒一起应邀参加在菲律宾举行的联合国首届亚欧青年议会代表大会。据朝克回忆，当时西方的一些反华势力以民族问题、人权问题为借口，攻击中国的民族政策和人权。大会开幕的第一天，会场上的气氛就有些紧张。当西方一些国家的代表在会议上公开质疑中国的人权和民族问题时，朝克站起来说道："我是一个在中国只有3万多人口的鄂温克族人大代表，他（指牛玉儒）是蒙古族人大代表，我们在中国全国人大会议上和其他代表有着平等的发言权利。但美国国会有印第安人代表吗？加拿大议会有爱斯基摩人代表吗？北欧议会有萨米人代表吗？日本的阿夷努人在他们的国会中有一席之地吗？"[1]结果，刚刚还趾高气昂、振振有词的西方国家代表，此刻竟各个面面相觑，哑口无言了。

2003年初，朝克连任第十届全国人大代表。正在日本东京访问的朝克接获消息，喜出望外，当即口占长诗《做一名人民满意的代表》，其文曰：

  又是一个初春的季节，

---

1 《著名学者朝克的别样风采》，《呼伦贝尔日报》2008年2月5日。

东京外大的校园，
还是那样的宁静。
学生们忙碌着读书，
老师们忙碌着讲课。
在这智慧的世界里，
我用中国人的伦理道德，
传播着中华博大的文明；
在这知识的海洋里，
我肩负着科学的使命，
播种着未来的希望。

又是一个晴朗的早晨，
我依然起得很早，
准备好今天的讲稿，
正要去神圣的教室。
却收到来自北京的急电，
这是一份沉甸甸的喜讯，
是包含着人民嘱托的信函，
是全国人大办公厅，
发来的紧急通告，
说我已当选，
新的一届人民代表，
通知我尽快回国，
参加人民代表大会。
我是多么的高兴，
我的心情是多么的自豪，
作为一名共和国的骄子，
我是多么的幸福和阳光。

我很快办理回国手续，

> 按人大办公厅的指令，
> 回到生我养我的祖国，
> 来到工作生活的北京，
> 走到勤劳智慧的人民中间，
> 迈进庄严肃穆的人民大会堂。
> 参加了新一届人民代表大会，
> 从此我又开始了，
> 人民代表的新使命，
> 我为了做一名人民满意的代表，
> 要为人民的利益而进言献策，
> 要为人民的幸福而努力工作，
> 绝不辜负人民的重望。

"人民"、"使命"与"人大"是此诗中出现最多的词语，朝克对国家的热爱和对人大工作的重视显而易见。前已述及，自民国初年起，朝克家族中便开始陆续有人参加革命。惟至朝克一代，因时代变换乃弃武从文，从事学术研究工作。但其关心国事，报效祖国之心却未尝稍减。对朝克来说，当选全国人大代表也算是"继承先辈遗志，继续革命"了。关于学者参政，历来人言言殊。有人以为，学者应当远离政治，皓首穷经，故而"两耳不闻窗外事，一心只读圣贤书"。朝克却以为："学者与人大代表二者是相辅相成、相互促进、相得益彰的关系。无论是做学问还是人大履职，都是为了一个目标，都是为了人类美好的未来而辛勤地努力工作。搞学术研究不能'两耳不闻窗外事，一心只读圣贤书'，而是要胸怀天下，尽可能地用自己的专业知识造福国家和人民。做人大代表更是要心中有国家，心中有人民，认真履职，为人民服好务。"[1] 此后，朝克又先后连任第十一、十二届全国人大代表，这在全国哲学社会科学界的人大代表中，实不多见。十多年间，研究、著述之外，经他调研、建议、呼吁而得以解决的各种问题有不少。古语云：铁肩担道义，妙手著文章。以朝克之资质与作为，洵不愧也。学术研究与人大任职之外，朝克也经

---

[1] 《朝克，发出少数民族代表心愿》，《中华儿女》2016年第9期。

常参加国情调研，并不时到各处公开演讲。朝克说："搞少数民族语言研究，为了得到有说服力、能够说明问题、站得住脚的第一手资料，就得经常到少数民族地区做田野调查。反过来讲，我们也可以充分利用搞民族语言调研的良好机会，去了解当地民情和经济社会发展情况，倾听民众心声和他们对经济社会发展的希望与建议，以及在发展道路上遇到的问题和思考等。特别是，发现或遇到重要、重大经济社会问题，语言文化抢救保护问题等，可以及时写调研报告或建设性意见反映到中央或国家各有关部门，如果自己的调研或建议，能够引起国家有关部门注意，促进当地某些问题的解决，那就善莫大焉了。"[1] 2010年，朝克主持完成了中国社科院国情调研重大课题《新疆察布尔锡伯族自治县语言文字使用现状的调查》。这项国情调研课题，缘起于锡伯语等少数民族语言使用人口日渐较少的现实。有资料显示，在我国境内，锡伯语使用人口仅有两万左右。而且，其中相当一部分母语使用者年龄在55岁以上的中老年人。

朝克研究满通古斯语族语言多年，自然知道这意味着什么。如果再不加大对锡伯语的研究和保护力度，那么它就有失传的危险。所以，他从2008年起，组织相关科研人员对察布查尔锡伯自治县语言文字使用的情况进行实地调查。并在调研报告中明确写道，（1）对于察布查尔锡伯自治县锡伯族的语言文字使用情况，包括家庭、社会、教学、工作等中具体使用的语言文字情况进行了全面调查分析，并把实地调研工作的中心放在了锡伯族较为集中生活的八个乡；（2）对于察布查尔锡伯自治县的锡伯语口语的语音、词汇、语法现象进行了较为系统而全面的调查，同时搜集整理了相关数据资料；（3）对于察布查尔锡伯语口语、书面语进行研究的国内外研究成果作了全面搜集整理，以及科学梳理与评价；（4）搜集整理了2000句察布查尔锡伯语口语会话资料；（5）搜集整理了3000句察布查尔锡伯语口语单词；（6）搜集整理了约6万字的察布查尔锡伯语口语语法资料；（7）搜集了约5万字的锡伯语文教学、使用、保护、推广方面的文件资料等内容。2010年春，该项调研结束。项目鉴定专家斯钦朝克图研究员在鉴定报告中写道："朝克研究员主持完成的该项院国情调研重大课题成果，对锡伯族濒危语言文字的抢救和保护提供了必要的理论

---

[1] 《朝克，发出少数民族代表心愿》，《中华儿女》2016年第9期。

依据;对锡伯族现代化进程中遇到的语言文字使用问题,及传统文化和现代文化的冲突问题等的科学解决,提出了可行建议;对偏远地区和特定生存环境下,如何更好保护和传承濒危民族语言文字提供了政策依据;同样有利于对满文等严重濒危语言文字的抢救与保护工作。"而另一位项目鉴定专家斯钦巴图则说:"该项目成果的完成和发表,对于全面了解察布查尔地区语言文字使用情况和教学教育情况,对于锡伯语言文字的抢救保护工作的顺利进行,以及各有关方面制定和实施锡伯族语言文字抢救和保护政策及规定,均有着极其重要的学术价值。该成果有着十分突出的理论意义、现实意义和应用价值。"其后,在国务院高层的批示下,有关方面进一步加强了对少数民族语言文字,尤其是锡伯语等濒危语言文字的抢救和保护工作。朝克在其中所起的作用不可谓不大。

据不完全统计,近年来,朝克亲自主持或参与的重大国情调研项目就有十几项。兹不必再一一胪举,但其为推动国家在濒危少数民族语言文字抢救与保护、人口较少民族优秀传统文化保护与传承等方面立下了汗马功劳,诚不可否认。朝克以学者之身份积极参政议政,为国分忧,其职位不甚高,其作为却不可谓不大。"位卑未敢忘忧国",是南宋诗人陆游淳熙三年散居成都时写下的诗句,历来为后世忧国忧民之士所称道。以此句比之朝克,亦允称精当。

十一、重整河山待后生

朝克生在红旗下,当过"知青",改革开放后成为了第一批大学生,后来又东渡深造,经过不懈努力终成著名专家。朝克之成长成才,固是时代之作用,但若没有刻苦努力和拼搏,汇报党和人民的养育之恩的赤子之心,亦决不能达至。同时,他还有先天的语言习得优势,初入中央民族学院时他就懂鄂温克、鄂伦春、达斡尔、蒙古及汉等民族语言文字。加上当时的民族语言学著名教授马学良、清格尔泰、戴庆厦、那森巴雅尔等的指点,很快进入了语言研究角色。

朝克研究语言学,虽有师承,但却没有门户之见,故能博采众长,而成一家之言。其初入满通古斯语学界是在20世纪70年代末。是时,满通古斯诸语研究虽经百余年历史,但其发展却相当缓慢,盖以其关涉民族语言众多,而可信之第一手资料又颇为难得。满通古斯语族语言之概念尚未厘清,其语音系统则更难以审定。朝克以其语言天赋及艰苦努力,先后提出许多极可信服的观点,被学界广泛接受。我国满通古斯诸语研究在此基础上获得更好的发展。

他早期语言研究,重心在于通古斯诸语研究,而自己又极为熟悉这些语言。及至游学日本及欧美诸国,其视野则渐扩大到满通古斯语族其他语言和阿尔泰语系诸语言,甚至涉及到东北亚诸民族语言文化,以及北极圈诸民族语言文化。在一定研究积累和科研工作基础上他提出:(1)日本阿夷努语和阿尔泰诸语共有论;(2)日本和朝鲜语来源多元论;(3)美洲印第安诸语与我国诸民族语言关系说;(4)北极圈族群语言文化的相关性;(5)阿尔泰诸语语音形态论、名词形态论和动词形态论(6)濒危语言研究实践论等一系列创新性学术理论观点。

这些理论观点不仅打通了满通古斯诸语及阿尔泰语系语言间曾经有过的学术疆界,以及自我约束或封闭的学术视野,使阿尔泰诸语研究,在更广阔的学术领域施展优势地位和特定学术价值,进而很大程度上提升了其研究地位和学术理论水平。朝克作为我国乃至世界满通古斯语族语言学界的代表性专家,确实在此方面立下不可忽视的学术业绩。

如前所述,朝克出生于呼伦贝尔草原,自幼便通汉、蒙、满、鄂温克、鄂伦春等语,后游学日本及欧美诸国,又学会了英语、日语、俄语、朝鲜语、阿夷努语,以及俄罗斯西伯利亚和远东地区的那乃语、埃文语、埃文基语、奥罗奇语、乌德盖语等多种语言文字。所有这些毫无疑问成为他国际语言学学术舞台上强势发展的重要因素和前提条件。他十分重视田野调查的工作。他曾说:"没有丰厚、可靠、扎实、全面、系统的田野调查第一手资料,就不可能有可靠可信可贺的科研成果,也就没有我们学术上的话语权,也谈不上过硬的学术观点或理论。坚持田野调查已成为我严格遵守的学风。说实话,没有自己经过田野调查获取的第一手原始资料,做起学问来心里总是不踏实,没底。"[1]此段话,实为朝克治学的基本态度与根本原则。朝克重视原始资料的搜集整理的同时,但亦极重视对史料的利用开发与使用。他认为,原始调查资料虽多,却无堆砌之弊,解释虽详,却无空疏之嫌。他又擅于在错综复杂的原始资料中,探索和挖掘其中包含的学术价值和理论依据。

---

[1] 《不放过田野记忆中的任何一个原始符号——访中国社会科学院民族文学研究所党委书记——副所长朝克》,《中国社会科学报》2014年8月8日。

朝克治学又极具批判和挑战精神。他在日本提出的"日本和朝鲜语起源多元论"学术观点，是对于日本学者提出的"日本语一元论"的挑战；他的"语音形态论"、"名词形态论"与"动词形态论"，是破阿尔泰诸语言描写研究、结构研究的新挑战；他的美洲印第安诸语与我国诸民族语言的关系说，则又是对于传统比较研究格局的冲破和挑战。特别是，2014年出版的《满通古斯语族语言研究史论》《满通古斯语族语言词源史论》与《满通古斯语族语言词汇比较》三部巨著，被誉为满通古斯语族语言研究划时代意义而最具代表性的优秀科研成果。著名语言学家、国际汉语学会会长、学部委员沈家煊说："这对于我国满通古斯语族语言的女真语、满语、锡伯语、鄂温克语、鄂伦春语、赫哲语等六种语言的有史以来的中外研究成果，以及研究资料、文献、辞书等进行了全面系统的搜集整理、分析研究。进而科学论述了其理论价值、学术价值、运用价值、资料价值等。该项成果有其权威性、指导性、理论性和资料性。对于我国在该学术领域的话语权，学术权威性的树立有特定意义和作用。"著名民族语言学家戴庆厦说："多少年来，学术界一直期盼该项成果的问世。因为，在阿尔泰语系语言内进行比较研究，或者展开历史语言学研究，特别是词源研究，都离不开满通古斯语族语言。没有满通古斯语族语言的研究成果，没有满通古斯语族语言的参与，就很难写清楚阿尔泰语系语言的历史及其来龙去脉，也很难在真正意义上建立健全阿尔泰语言学理论。该项成果的完成及顺利出版，对我国阿尔泰诸语的研究事业，包括东北亚语言学理论体系的建立，以及北极圈语言文化学理论框架的构建，均有十分重要的现实意义和深远的学术历史价值。"等等。

朝克在学术研究的生涯中，已经风风雨雨走过了34个年头，回首学术坚守、拼搏、创业的岁月，他有许多感慨和想法。他深深懂得学术事业必须后继有人，才能够一代又一代地传承和发扬光大。为此他拿出一定时间和精力，功夫下在培养学术人才的教学工作上。朝克自1986年应邀为北京大学东语系硕士研究生讲授蒙满比较语言学课程以来，在中国社科院研究生院培养了不少民族语言学研究生，其中不少学生已成为民族语言研究领域的重要后备力量和后起之秀，并从各自角度对于我国民族语言文字研究事业发挥着积极推动作用。与此同时，国外从事满通古斯语族语言、阿尔泰语系语言、东北亚诸民族语言研究的专家学者，也从国外慕名来到中国向朝克求教，进而直接或间接影响这国

第四部分 朝克的人格魅力与信念

际在此学术事业的走向和发展前景。

学术研究以外,朝克也经常写些散文诗,解除读书研究的劳累,放松紧绷的大脑和神经系统。其中,相当一部分是独自在海外进行学术交流和讲学时,思念家乡和家人时抒写的诗篇。所以,有几份忧伤和孤独。如这首《何以乐乎》[1]:

> 叶树沙沙,
> 晚风瑟瑟。
> 本是春深花染之时,
> 何故秋意满天尽搁?
>
> 抬头想,
> 低头思,
> 人间遍地奇道,
> 岁月充满悲歌。

又如这首《风雨》[2]:

> 风缠缠,
> 雨绵绵,
> 何谓人生千古恋。
>
> 夜惨惨,
> 月淡淡,
> 何日与君真成眷。
>
> 天苍苍,
> 地茫茫,

---

[1] 写于1989年东京的秋天。
[2] 写于1997芬兰赫尔辛基大学。

何时才能邀相见。

思寒寒,
念颤颤,
望穿长空目茫然。

此外,还有以研究、访学感悟及对学术与国家的热爱为主写的诗篇。例如《祈求》:

知识的神灵呀,
我对着您神圣的颜容,
以求知者的名义,
忠实地祈求您,
恩赐给我更多的知识和感悟。

但我绝不会祈求您,
教给我怎样才能学会,
填饱饥饿的肚囊,
不劳而获的伎俩,
虚度年轮的把戏,
走向暗无光明的人生之途。

我只是向您祈求,
用您那万能的知识,
充实我智慧的大脑,
填满我思想的宝库,
提升我崇高的情操,
指引我走向真理之路。

我真的不希望,

用您恩赐的知识，
葬送圣洁无瑕的灵魂，
毁灭正义高尚的尊严，
埋没善良聪慧的人生，
充当贪图享受的小人，
成为好吃懒做的懦夫。

我用心中的誓言，
向您这样表白，
要用您恩赐的知识，
拯救那些渴求光明的人们，
构筑以奉献为荣的精神家园，
创造和谐美丽的理想人间，
为此我将付出生命的全部。

再如这首《人民的代表》：

人民的代表，
递交的建议。
还有一份份议案，
阐述着人民，
对祖国的祈愿；
表示着人民，
对政府的信赖；
凝聚着人民，
强盛的智慧；
汇聚着人民，
真诚的嘱托。

全国人民代表大会，

是人民的中国，
崛起的盛会，
复兴的象征。
这里又奏响了，
庄严的国歌，
我们和祖国一起，
又从这里出发了。
我们深信，
中国的人民，
勤劳勇敢，
不屈不挠，
团结一心，
一定能够创造，
一个强大祖国。

  其诗文虽明白如话，却立意颇为高远；直抒胸臆，却又内有蕴藉，实出一班堆砌辞藻、作无病呻吟者远甚。朝克之为学，每以壮大满通古斯学，复兴中国学术自励。其精研满通古斯语族语言，深入探究阿尔泰诸语及北极圈族群语言文化的相关性，虽自有其内在的学术逻辑，但也有胸怀祖国、放眼世界，忠贞报国，振兴中华而奋斗不息的赤子赤胆忠心和豪壮气概。他说："自近代以来，国际东方学研究中心几乎都在欧美。那时，我们几乎被剥夺了学术上权威性和话语权。后来，我们学会说了，读了国外的谁谁的、什么什么理论著作，写出了什么什么书，发现了什么什么理论等等。好像没有西方的书和理论，我们很难发现问题，认识问题、分析问题，写出论文和理论著作。事实上，西方的文明还处于萌芽时期时，我们就有了造纸技术和活字印刷技术、有了哲学思想、有了经典著作，有了指南针和火药。所有这些智慧、思想和理论来自我们的人民和智慧的劳动，不是来自西方。反过来，西方有智慧的人们却说，他们早期的许多创造灵感和思想源自古老文明的中国。怎么会，从近代以来，我们的脑子靠西方的智慧搞研究了呢。为了改变靠人家理论搞研究的困境，我们必须更加勤奋努力、刻苦专研、不断强化认识问题、分析问题、研究问题的方式方法和科学态度,要不断理论创新。我们必须学会靠我们自己的头脑和智慧,要从我们古老文明的古代经典著作中寻找灵感、寻找打开智慧大门的金钥匙,要学会吐故纳新、古为今用、博古通今。这样才能够真正意义上树立我们在世界的现象,才能够在世界学术舞台上站得住、立得稳、看得远、做得实、说得准、靠得住,才能够建立健全我们自己的理论观点。才能够为我们的学问和学术研究做出贡献,祖国和人民才能够给我们竖起大拇指,我们才能够建立强大的中国。"[1]自古我国学者以"为天地立心,为生民立命,为往圣继绝学,为万世开太平"自许,对朝克来讲,这一说法很适合。

说实话,朝克的人生,确有令人感佩之才华与雄心壮志。他的学问与品格,始终为人师表,给人深思与许多思考。十余年前,他再次赴日本讲学时,写下如下一首小诗《命运的感叹》[2],虽是抒发个人情怀,但也让有志之士思考:

> 时光向东流,
> 难能再回首;
> 生命奔西走,
> 怎能复春楼。
>
> 阳光在招手,
> 勇敢去追求;
> 希望在燃烧,
> 全心要奋斗。

"长江后浪推前浪,一代新人胜旧人"。朝克在科学研究的征程上还在拼搏,还在努力工作,用他的话说:一切荣誉和获得,都属于昨天,都伴昨日而去,留下的今天和明天,还需要我们去奋斗。只要不断不停地奋斗和努力工作,我们才会创造今天和明天的荣誉和辉煌。"朝克是这么说的,也是按照他说的努力工作。

---

1 《朝克——满通古斯语族语言的守望人》,《中华儿女》2014年第17期。
2 写于2003年的盛夏,东京外国语大学校园研究室。

参 考 文 献

吕天光著：《鄂温克族简史》，内蒙古人民出版社，1983年。

沈兼士：《筹建北京大学国学门经费建议书》，《沈兼士学术论文集》，中华书局，1986年。

朝克：《论满通古斯语形容词的级》，《内蒙古大学学报》1990年第2期。

刘景宪、吴宝柱：《评介朝克的两部鄂温克语专著》，《满语研究》1992年第2期。

朝克：《论呼玛鄂伦春语元音结构》，《满语研究》1992年第1期。

朝克：《论日本阿夷努语和满通古斯诸语的有关名词》，《满语研究》1994年第1期。

周庆生：《中国满通古斯诸语社会语言学研究六十年》，《满语研究》1994年第1期。

朝克：《关于满通古斯诸语的辅音结构》，《满语研究》1995年第1期。

朝克：《关于鄂温克民族的族称》，《满语研究》1996年第1期。

刘景宪、赵阿平：《满通古斯语研究的一部杰作》，《满语研究》1997年第1期。

朝克：《论赫哲语动词陈述式》，《满语研究》1997年第1期。

朝克：《阿夷努语与阿尔泰诸语格形态研究》，《民族语文》1997年第4期。

乌云达赉：《鄂温克族的起源》，内蒙古大学出版社，1998年。

朝克：《论日本阿夷努语和蒙古语共有词辅音对应现象》，《满语研究》1998年第2期。

朝克：《论印第安语和满通古斯诸语中共有的宗教称谓》，《民族研究》1998年第6期。

朝克：《论阿夷努语和通古斯语共有词元音对应规律》，《满语研究》1999年第1期。

朝克：《关于日本语和鄂温克语内存在的共有词》，《黑龙江民族丛刊》1999年第4期。

朝克、卡丽娜：《论满通古斯诸语言的历史研究》，《黑龙江民族丛刊》2000年第4期。

朝克：《论锡伯语及其研究》，《满语研究》2000年第1期。

朝克：《关于满通古斯诸语的分类》，《世界民族》2000年第3期。

朝克：《关于女真语研究》，《民族语文》2001年第1期。

朝克：《关于通古斯诸语和爱斯基摩语共有名词》，《满语研究》2001年第1期。

朝克、赵阿平：《中国濒危少数民族语言调查研究》，《满语研究》2002年第2期。

巴战龙：《中国少数民族新创文字历史与未来》，《中央民族大学学报》2003年第6期。

G.J.兰司铁（芬兰）：《阿尔泰语言学导论》，周建奇译，内蒙古教育出版社，2004年。

赵阿平：《鄂温克语形态语音论及名词形态论》评述，《满语研究》2004年第1期。

朝克：《鄂伦春语研究及发展》，《满语研究》2006年第1期。

朝克：《外国学者对鄂温克语的研究》，《世界民族》2006年第3期。

朝克：《论满语语音及其研究》，《满语研究》2007年第1期。

编辑委员会编辑：《鄂温克族社会历史调查》，民族出版社，2009年。

编写组编：《鄂温克族简史》，民族出版社，2009年。

朝克：《鄂温克语名词数形态变化》，《民族语文》2009年第4期。

王力：《王力文选》，北京大学出版社，2010年。

巧克：《思绪》，中国社会科学出版社，2011年。

朝克编著：《中国鄂温克族》，宁夏人民出版社，2012年。

高凯军著：《通古斯祖系的兴起》（第二版），中华书局，2012年。

朝克著：《满通古斯语族语言研究史论》，中国社会科学出版社，2014年。

朝克著：《满通古斯语族语言词源研究》，中国社会科学出版社，2014年。

朝克著：《满通古斯语族语言词汇比较》，中国社会科学出版社，2014年。

阿本千著：《鄂温克历史文化发展史》，中国社会科学出版社，2015年。

朝克：《关于清朝满语满文研究成果的突出点》，《满族研究》2015年第2期。

附录一
朝克的论著目录

一、朝克著作目录

《鄂温克语简志》（13万字，合著），民族出版社，1986年。

《鄂温克语民间故事选》（47万字，合著）蒙文版，内蒙古文化出版社，1988年。

《鄂温克语音及基本词》（72万字）日文版，日本东京外国语大学，1991年。

《索伦语基本列文集》（14万字，合著）日文版，日本北海道大学，1991年。

《鄂温克语词汇英文索引》（11万字）英文版，日本北海道大学，1993年。

《鄂温克语研究》（23万字），民族出版社，1995年。

《鄂温克语三方言基础语比较》（17万字）日文版，日本小樽商科大学，1995年。

《满通古斯诸语比较研究》（29万字），民族出版社，1997年。

《中国满通古斯诸语基础语比较》（17万字）日文版，日本小樽商科大学，1997年。

《中国民族宗教萨满教卷》（37万字，合著），中国社会科学出版社，1999年。

《满通古斯语及其文化》（18万字）日文版，日本东北大学，2002年。

《阿尔泰语言学导论》（合著），民族出版社，2002年。

《鄂温克语形态语音论与名词形态论》（76万字）日文版，东京外国语大学，2003年。

《基础鄂温克语》（18万字，合著）日文版，日本大学书林，2005年。

《现代锡伯语口语研究》（33万字），民族出版社，2006年。

《楠木鄂伦春语研究》（25万字），民族出版社，2008年。

《现代满语口语及其资料》（35万字，合著）英文版，韩国首尔大学，2008年。

《鄂温克语参考语法》（44万字），中国社会科学出版社，2009年。

《思绪》（10万字），中国社会科学出版社，2011年。

《察布查尔锡伯自治县锡伯族语言文字使用现状调研》（43万字，朝克主编）方志出版社，2011年。

《北方民族语言变迁研究》（32万字，合著），中国社会科学出版社，2012年。

《东北人口较少民族优秀传统文化》（51万字，朝克主编）方志出版社，2012年。

《中国民族语言文字研究史论（北方卷）》（72.2万字，朝克等），中国社会科学出版社，2013年。

《中国民族语言文字研究史论（南方卷上）》（50万字，朝克等），中国社会科学出版社，2013年。

《中国民族语言文字研究史论（南方卷下）》（51万字，朝克等），中国社会科学出版社，2013年。

《中国民族语言文字研究史论（索引卷）》（71.1万字，朝克等），中国社会科学出版社，2013年。

《中国鄂温克族》（39万字），宁夏人民出版社，2013年。

《满通古斯语族语言研究史论》（70万字），中国社会科学出版社，2014年。

《满通古斯语族语言词源研究》（57万字），中国社会科学出版社，2014年。

《满通古斯语族语言词汇比较》（80万字），中国社会科学出版社，2014年。

《满语366句会话句》（12万字），社会科学文献出版社，2014年。

《锡伯语366句会话句》（12万字），社会科学文献出版社，2014年。

《鄂温克语366句会话句》（12万字），社会科学文献出版社，2014年。

《鄂伦春语366句会话句》（12万字），社会科学文献出版社，2014年。

《赫哲语366句会话句》（12万字），社会科学文献出版社，2014年。

《索伦鄂温克语词汇》（25万字），社会科学文献出版社，2015年。

《索伦鄂温克语会话》（22万字），社会科学文献出版社，2015年。

《通古斯鄂温克语研究》（26万字），社会科学文献出版社，2015年。

《通古斯鄂温克语会话》（27万字），社会科学文献出版社，2015年。

《敖鲁古雅鄂温克语研究》（22万字），社会科学文献出版社，2015年。

《敖鲁古雅鄂温克语会话》（25万字），社会科学文献出版社，2015年。

《鄂温克语民歌歌词（国际音标撰写）》（23万字），社会科学文献出版社，2015年。

《鄂温克语教程》（26万字），社会科学文献出版社，2015年。

《鄂温克语谚语》（28万字），社会科学文献出版社，2015年。

二、朝克的学术论文目录

（一）东北亚及北极圈语言研究

《关于日本阿依努语和阿尔泰诸语的关系》（日文），日本《东方学》1990年。

《论日本阿依努语和通古斯诸语共有词词义关系》（日文），《早稻田大学语言文化研究》1990年第3期。

《关于日语和达斡尔语的感叹词》（日文），《日本蒙古学报》1990年第20期。

《论日本阿依努语和鄂温克语共有动词》，《民族语文》1992年第1期。

《关于日本"田"字地名》，《中国地名》1992年第5期。

《论日本阿依努语和阿尔泰诸语代词关系》，《民族语文》1993年第2期。

《论日本阿依努语和蒙语共有词的元音对应规律》，《满语研究》1993年第2期。

《日本地名和文化的关系》，《国际地名学论文集》1993年版，西双版纳。

《关于日本东京外国语大学亚非所研究现状》，《民族语文》1993年第5期。

《论日本阿依努语和通古斯诸语共有名词》，《满语研究》1994年第1期。

《论日本阿依努语和阿尔泰诸语格形态研究》，《民族语文》1994年第4期。

《论日本乌依勒塔语和通古斯语言文化关系》（英文），《东西方语言文化》第5辑，1995年。

《论日本乌依勒塔语词首保留的辅音》，《民族语文》1996年第1期。

《东西方语言文化交流的学术价值》，《满语研究》1997年第1期。

《关于北极圈语言文化的共性》（英文），《东西方语言文化》1997年第6辑。

《论美洲印第安人和中国北方民族原始宗教关系》（英文），美国《宗教学》1997年。

《论日语和达斡尔语的关系》（蒙文），《蒙古语文》1997年第8期。

《论日本阿依努语和蒙语共有词的辅音对应现象》，《满语研究》1998年第2期。

《论美洲印第安语和满通古斯诸语共有的宗教称谓》，《民族研究》1998年第6期。

《关于萨米语和满通古斯语的共有词》（英文），北京萨米语言文化国际讨论会论，1998年。

《论日本阿依努语和通古斯诸语共有词元音对音现象》，《满语研究》1999年第1期。

《关于日语和鄂温克语共有代词》，《黑龙江民族丛刊》1999年第4期。

《论俄罗斯埃文基、埃文、捏基达尔语基本特征及研究》，《满语研究》2000年第2期。

《关于日语和鄂温克语特殊词义关系》，《黑龙江鄂温克研究文集》第2册，2000年。

《论日语和鄂温克语共有动词》，《鄂温克研究》2000年第1期。

《关于北美爱斯基摩语和通古斯诸语共有名词》，《满语研究》2001年第1期。

《论日本阿依努语和鄂温克语传统词汇的共性》（日文），日本《北海学园大学人文论集》2001年第20期。

《日本语言政策研究》，《世界各国语言政策研究文集》，中国社科出版社，2002年。

《关于东北亚住民族的语言文化共性》（日文），《日本樱美林大学文化学》2006年。

（二）阿尔泰语系语言研究

《20世纪阿尔泰诸语研究》，《香港大学论文集》，2000年。

（三）满通古斯语族语言综合研究

《论满通古斯诸语形容词级》，《内蒙古大学学报》1990年第2期。

《论通古斯诸语拟声拟态词》（日文），日本《学习院大学语言学报》1990年第12期。

《关于满通古斯诸语的辅音结构》，《满语研究》1995年第1期。

《论满通古斯诸语格形态及其功能》，《满语研究》1995年第2期。

《论满通古斯诸语的语音变化规则》，《满语研究》1996年第1期

《论满通古斯诸语研究的理论意义》，《鄂温克研究》1999年第2期

《关于国际通古斯学研究》，《鄂温克研究》2000年第1期。

《关于满通古斯诸语的分类及其特征》，《世界民族》2000年第2期。

《论满通古斯诸语的历史研究》，《黑龙江民族丛刊》2000年第3期。

《论通古斯诸语及文化》（日文），《北海道大学语言文集》，北海道大学，2001年。

《关于通古斯诸语语音结构特征》（日文），日本《青山语言学报》2003年版。

《关于21世纪的中国满通古斯诸语研究》（英文），韩国《阿尔泰学报》2004年。

《通古斯诸语研究历史》，《满语研究》第2期，2006年。

《中国的满通古斯诸语》，《中国民族题图集》，民族出版社，2007年。

《满通古斯语族语言》，《中国语言地图集》，社科出版社，2009年。

《论通古斯诸语的bugada》,《民族语文》2013年第6期。

（四）女真语研究

《关于女真语研究》,《民族语文》2001年第1期。

（五）满语研究

《中国满语现存情况分析研究》,《满语研究》2002年第2期。

（六）锡伯语研究

《论锡伯语研究》,《满语研究》2000年第1期。

《关于现代锡伯语口语单元音系统》,《满语研究》2005年第1期。

《论现代锡伯语口语级形态语法结构》,《重点学科论文集论文》,民族出版社,2005年。

《关于现代锡伯语口语辅音系统》,《中国民族语言学研究》,社科文献出版社,2008年。

（七）鄂温克语研究

《关于鄂温克语语音特征》（蒙文）,《内蒙古师范大学学报》1983年第1期。

《论鄂温克族婚礼语言特征》（蒙文）,《内蒙古妇女》1984年第1期。

《鄂温克语构词方式》,《民族语文》1984年第2期。

《论鄂温克语各方言和语音特征》（蒙文）,《蒙古语言文学》1985年第1期。

《鄂温克语的格》,《满语研究》1985年第1期。

《论鄂温克动词》（蒙文）,《内蒙古师范大学学报》1985年第4期。

《鄂温克语各方言的语音关系》,《中央民族大学学报》1985年第4期。

《论鄂温克语代词特征》,《满语研究》1986年第2期。

《鄂温克语的后置词》,《民族语文》1986年第6期。

《鄂温克词汇特征》蒙文,《蒙古语言文学》1986年第6期。

《汉语对鄂温克语的影响》,《中国民族语文》,四川人民出版社,1986年。

《论鄂温克一词》蒙文,《蒙古语文》1987年第4期。

《关于鄂温克语》,《中国民族语简介集》,四川民族出版社,1987年。

《论鄂温克连词》,《满语研究》1988年第2期。

《鄂温克语和满语语音对应规律》,《民族语文》1988年第4期。

《鄂温克语句子结构》,《满语研究》1989年第2期。

《论鄂温克语词组结构》,《满语研究》1991年第1期。

《鄂温克人的多神崇拜》,《百科知识》1992年第4期。

《关于鄂温克语助词结构》,《中央民族大学学报》1993年第4期。

《鄂温克语使用概述》,《中国语言文字使用概述集》,中国藏学出版社,

1994年。

《鄂温克旗语言文字使用概述》,《中国语言文字使用概述集》,中国藏学出版社,1994年。

《关于鄂温克语驯鹿词汇》,《百科知识》1995年第8期。

《鄂温克语是我们宝贵财富》,《述说鄂温克》,内蒙古文化出版社,1995年。

《关于鄂温克族族称》,《满语研究》1996年第2期。

《关于鄂温克语及鄂温克语研究》,《鄂温克研究》1997年第1期。

《鄂温克语话语材料》,《民族语文》1998年第4期。

《关于鄂温克语宗教用词特征》,《中国原始宗教资料集成》第2册,中国社科出版社,1999年。

《鄂温克语构词素形态语音论》(日文),《北海学园大学人文论集》2001年第21期。

《关于鄂温克语使用现状分析》,《世界各地语言文字使用现状分析》,香港城市大学,2001年。

《关于牧猎农兼具的鄂温克饮食文化》,《中国少数民族饮食文化》,商务印书馆,2001年。

《文化变迁与鄂温克人名关系》日文,《东北亚诸民族的文化动态》,北海道大学,2002年。

《鄂温克族》,《中国少数民族分布图集》,中国地图出版社,2002年。

《论鄂温克语词缀形态语音变化规律》,《满语研究》2003年第1期。

《关于鄂温克语学》,《鄂温克研究》2005年第2期。

《国际鄂温克语学及其内涵》,《黑龙江民族丛刊》2005年第5期。

《鄂温克语语法形态论》,《黑龙江鄂温克研究文集》,哈尔滨鄂研会,2006年。

《敖鲁古雅鄂温克语现状调研》,《国情调研文集》,山东人民出版社,2006年。

《关于国外学者对鄂温克语的研究》,《世界民族》2006年第3期

《鄂温克语语法结构分析》,《内蒙古民族语言文集》,内蒙古方志办,2007年。

《关于鄂温克语词汇研究》,《鄂温克研究》2008年第1期。

《鄂温克语名词数的形态变化》,《民族语文》2009年第4期。

《鄂温克语方言卷》,《内蒙古自治区方言志——达斡尔语鄂温克语鄂伦春语卷》,内蒙古方志出版社,2013年。

（八）鄂伦春语研究

《鄂伦春语和鄂温克语语音对应关系》，《满语研究》1987年第2期。

《论鄂伦春一词》（蒙文），《内蒙古社会科学》1989年第4期。

《论呼玛鄂伦春元音结构》，《满语研究》1992年第2期。

《鄂伦春旗语言文字使用概述》，《中国语言文字使用概述集》，中国藏学出版社，1994年。

《鄂伦春语使用概述》，《中国语言文字使用概述集》，中国藏学出版社，1994年。

《鄂伦春语研究及其发展》，《满语研究》2006年第1期

《楠木鄂伦春语》，《濒危语言调查集》，国家民委，2007年。

《呼玛鄂伦春语》，《濒危语言调查集》，国家民委，2007年。

《关于鄂伦春语研究》，《鄂伦春研究》2008年第1期。

《鄂伦春语词汇学术价值》，《鄂伦春语释译》前言，紫禁城出版社，2011年。

（九）赫哲语研究

《赫哲语现状分析》，《满语研究》1992年第2期。

《论赫哲语动词陈述式》，《满语研究》1997年第1期。

《关于赫哲语使用情况》，《世界各地语言文字使用现状分析》，香港城市大学，2001年。

（十）语言文化研究

《论语言中潜在的民族文化性》（日文），日本筑波大学《民俗研究》1990年。

《关于无文字民族双语教学问题》，《中国民族语言文字使用和发展问题》，中国藏学出版社，1991年。

《黑龙江志稿中的呼伦县和室韦县地名考释》，《民族研究》1993年第1期。

《关于伊敏地区语言文化的变迁》（日文），《北海学园大学学报》第20期，2001年。

（十一）濒危语研究

《中国少数民族濒危语言文化抢救保护工程的科学理念》（英文），韩国《阿尔泰学报》2006年。

《民族语言和民族口头传承文学抢救保护工程的重要性》，《社科院院报》2006年9月8日第6版。

《濒危民族语抢救的重要性》，《社科院院报》2006年10月26日第4版。

《论新农村建设与保护民族传统文化的关系》，《社科院党校调研文集》，

2007年。

《人口较少民族濒危语言与口承文学抢救的紧迫性》，《鄂温克民俗文化研究文集》，内蒙文化出版社，2008年。

《关于抢救保护濒危鄂温克语及口承文学基本思路》，《中国民族语言文字研究文集》，民族出版社，2008年。

《北方民族语言研究及其价值》，《北方民族语言研究通讯》2009年第1期。

《北方三少民族人名与文化变迁及接触关系》，《民族研究文汇》，社科文献出版社，2009年。

《中国少数民族濒危语言文字保护学术价值》，《中国社科院研究生院学报》2009年第4期。

《民族地区现代化进程中充分保护传统文化》，《黑龙江民族丛刊》2009年第4期。

《保护好多样的民族语言文字》，《中国民族报》2009年2月20日第6版。

《草原文化生态思想资源创造转化基本向度》，《中国民族报》2009年8月28日第6版。

《重视少时民族地区优秀传统文化的保护》，《中国社会科学学报》社会科学专刊2010年10月3日周四版。

《现代化进程与民族地区传统文化》，《首届现代化进程与民族地区传统文化国际研讨会文集》，中国国际环境科学学会刊，2010年。

《人口较少民族濒危语言文化抢救的科学价值》，《北方语言论丛》第2辑，黄河出版传媒集团，2013年。

（十二）蒙语研究

《论达斡尔语中的满通古斯语借词》，《民族语文》1988年第4期。

《论蒙古语和满语的语音关系》（蒙文），《蒙古语文》1989年第3期。

《黑龙江志稿中的有关地名探源》，《满学研究》1994年。

《论达斡尔、鄂温克、鄂伦春族人名与语言文化关系》，《黑龙江民族丛刊》1998年第4期。

《蒙古语的牧业文化特征》，《中央民族学院学报》1993年第3期。

《论蒙语和满语的共同构词成分》（日文），东京外大亚非所《语言文化接触》1993年。

《蒙语和满通古斯诸语代词比较》，《内蒙国际蒙古学会论文简介》内大出版社，1998年。

《关于中蒙边界语言文字使用情况分析》，《中蒙科学院边界研究文集》，民族所，2003年。

《关于中蒙边界教学情况分析》，《中蒙科学院边界研究文集》，民族所，2003年。

《新巴尔虎右旗语言文化教育现状分析》，《蒙古学文集》，呼和浩特，2009年。

《东北三省及内蒙古东部地区民族语言》，《中国语言地图集社科出版社》，2009年。

《〈呼伦贝尔萨满教与喇嘛教史略〉序言》，《呼伦贝尔萨满教与喇嘛教史略》，民族出版社，北京，2013年。

《论呼伦贝尔诸民族的"马"称谓》，《呼伦贝尔诸民族关系研究文集》，中国社科出版社，2014年。

《关于蒙古语和鄂温克语的元音对应规律》（日文），《日本阿尔泰学》第26期。

（十三）其他研究

《关于在亚洲经济危机中中国所发挥的巨大作用》汉英文，《亚欧青年议会论坛文集》，1999年。

《关于21世纪中日经济合作问题》，《21世纪经济论坛论文集》，社科出版社，2004年。

《关于建立学习性党支部的思考》，《社科党建》2005年第11期。

《关于不断提高马克思主义思想理论水平》，《社科院党校报》2006年第1期。

《毛泽东思想——中国革命胜利之根本原因》，《社科院党校报》2006年第2期。

《认真履行人大代表的职责》，《中国社会科学院院报》2006年3月28日第3版。

《应为社科人才培养营造良好环境》，《新华社高管信息·教育版》2006年第9期。

《用科学发展观统领科研工作》，《社科院党校报》2007年第3期。

（十四）成果评价

《论满语研究的一部力著——满语研究通论》，《民族语文》1999年第1期。

三、朝克的译文目录

《关于现代蒙古语闭音节化现象》（日译汉），《民族语言情报资料》总第2期。

《关于蒙古语史上的"i转折"的有关问题》（日译汉），《民族语言情报资料》总第5期。

《〈关于巴思八字〉再论》（日译汉），《民族语言情报资料》总第6期。

《蒙古语中uga和uge的元音缩合现象》（日译汉），《民族语言情报资料》总第9期。

《蒙古语满语的共有词语音比较》（日译汉），《民族语言情报资料》总第10期。

《通古斯语》（日译汉），《民族语言情报资料》总第11期。

《关于巴思八字》（日译汉），《民族译丛》1986年第5期。

《关于锡伯语》（日译汉），《民族译丛》1988年第1期。

《清楚皇权形成过程》（日译汉），《王钟韩先生80周年纪念文集》，辽宁大学出版社，1993年。

《关于满语第一人称复数代词》（日译汉），《满语研究》2001年第2期。

四、朝克撰写发表的有关词条

《中国民族语言学大辞典》中撰写满通古斯诸语词条，1994年。

《语言学大辞典》中撰写有关满通古斯诸语词条，1995年。

《中国民族大辞典》中撰写有关鄂温克语言文化词条，1996年。

《语林》中撰写有关鄂温克语惯用语词条，上海人民出版社，1997年。

《中国民俗大辞典》中撰写鄂温克族民俗词条，2004年。

附录二
朝克的主持和参与的国内外重大研究课题

一、国内重大和主要项目的主持及撰稿情况：

国家社科基金75重点项目《中国少数民族语言简志丛书》（1982—1987），朝克完成《鄂温克语简志》的撰稿工作。

国家社科基金75重点项目《中国少数民族使用情况》（1985—1991），朝克完成《鄂温克语简志》的撰稿工作。

国家社科基金项目《民族语言文字使用情况调查》（1986—1989），朝克主持并完成满通古斯语族语言文字使用情况调查及分析研究撰稿工作。

国家社科基金青年项目《满通古斯诸语比较研究》（1993—1996），朝克主持完成的课题。

国家社科基金项目《语言类型学研究》（1994—1997），朝克承担满通古斯诸语类型分析研究部分。

国家社科基金85重点项目《中国少数民族原始宗教研究》（1994—2000），朝克支持并撰稿鄂温克宗教研究部分。

中国社科院院重点项目《各民族语言音档》（1995—1997），朝克完成《满通古斯语族语言音档》部分研究。

中国社科院重点项目《中国少数民族语言研究文献数据库系统》（1995—1997），朝克撰稿满通古斯语部分。

国家社科基金项目《满语口语研究》（1996—1998），朝克主持。

国家社科基金项目《多民族国家语言政策研究》（1996—1998），朝克撰稿日本语言政策研究部分。

国家自然科学基金项目《嗓音研究》（1996—1998），朝克撰稿满通古斯诸语嗓音研究部分。

国家教委基金项目《民族大家庭丛书》（1996—1998），朝克撰稿鄂温克族部分。

国家教委基金项目《阿尔泰语言学导论》（1998—2000），朝克撰稿满通古斯诸语研究部分。

联合国教科文组织项目《世界语言报告》（2000），朝克撰写中国北方民族语言部分。

中国社科院基础研究项目《中国少数民族分布图集》（2000—2002），朝克撰稿鄂温克族部分。

国家社科基金项目《满通古斯语族语言词源研究》（2000—2003），朝克主持。

中国社科院B类重点项目《中国民族语言文字研究纲要》（2002—2005），朝克主持。

中国社科院青年项目《现代锡伯语口语研究》（2002—2005），朝克主持并撰稿完成该课题书稿。

中国社科院A类重点项目《中国民族语言文字资料数据库》（2003—2006），朝克主持北方民族语言文字资料数据库部分。

中国社科院A类重点项目《中国语言接触研究项目》（2003—2006），朝克撰稿北方民族语言部分。

国家民委重大项目《中国少数民族语言文字保护研究》（2003—2007），朝克撰稿《楠木鄂伦春语研究》书稿。

中国社科院重大项目《中国民族语言文字研究史》（2004—2008），朝克主持。

国家教委重大项目《中国少数民族参考语法研究》（2004—2009），朝克撰稿鄂温克语参考语法部分。

中国社科院国情调研一般项目《鄂温克族驯鹿语言文化现状调研》（2006），朝克主持。

中国社科院国情调研重大项目《察县语言文字使用现状调研》（2010），朝克主持。

国家社科基金重大项目《濒危鄂温克语言文化抢救性研究》（2010—2015），朝克主持。

国家民委重大项目《中国少数民族》（2010—2012），朝克撰稿《中国鄂温克族》书稿。

国家社科基金重大项目《中国少数民族语言文化研究》（2010—2020），朝克第二主持人。

中国社科院国情调研重大项目《东北人口较少民族优秀传统文化现状调研》（2011），朝克主持。

中宣部交办委托项目《理论热点面对面》子课题《辩证看务实办》（2012），朝克主持并参与撰稿工作。

中宣部交办委托项目《理论热点面对面》子课题《理性看齐心办》（2013），

朝克主持并参与撰稿工作。

国家社科基金重大项目《蒙古族源与蒙古帝陵综合研究》（2013—2023），朝克主持人之一。

中国社科院秘书长交办委托项目《中国社科院期刊管理调研报告》（2014），朝克主持，并撰稿完成，院内印刷。

二、国外重大和主要项目的主持及撰稿情况：（1984—2008）

美国夏威夷大学国际合作项目《中国北方民族社会现状研究》（1984—1987）。

加拿大语言研究中心的国际合作项目《中国民族语言文字使用情况研究》（1987—1989）。

香港城市大学国际合作项目《中国民族语言简介及音档》（1994—1995）。

日本北海道大学文部省国际合作研究项目《鄂温克语方言研究》（1994—1996）。

香港中文大学国际合作项目《吐火罗语与阿尔泰诸语关系研究》（1997—1998）。

日本北海道大学文部省国际合作研究项目《通古斯语言文化研究》（1997—1999）。

美国亚里桑那州立大学国际合作项目《中国北方民族古代字研究》（1997—2000）。

日本东北大学国际合作项目《古代通古斯研究》（1997—2000）。

芬兰大学国际合作项目《满通古斯诸语现状》（1999—2000）。

日本北海学园大学文部省国际合作项目《濒危语言文化研究》（2000—2001）。

日本大东文化大学项目《鄂温克语会话及句法分析》（2002—2003）。

日本东京外大项目《通古斯诸语句子结构类型》（2002—2003）。

联合国教科文组织的项目《赫哲语研究》（2005—2006）。

联合国教科文组织的项目《三家子满语口语研究》（2006—2007）。

韩国首尔大学的合作项目《满语口语调查与研究》（2006—2008）。

附录三

朝克学术报告、学术演讲、学术论文宣读、学术交流情况

一、朝克在国内外进行学术报告和演讲情况（1986—2005）

自从1986年以来，朝克在北京大学、清华大学、北京师范大学、北京外国语大学、人民大学、中央民族大学、内蒙古大学、黑龙江大学、新疆大学；日本的东京大学、京都大学、筑波大学、早稻田大学、都立大学、一桥大学、东京外国语大学、神田外国语大学、学习院大学、亚洲大学、立正大学、长野大学、大阪外国语大学、东北大学、东北学院大学、北海道大学、北海学园大学、九州大学、日本大学、大东文化大学、神奈川大学、芬兰的赫尔辛基大学、拉普兰大学、挪威的奥斯陆大学、美国的旧金山大学、亚利桑那州立大学、崔皮克大学、新加坡的新加坡大学、菲律宾大学、韩国的首尔大学、香港的中文大学、香港城市大学等大学，以《中国民族语言与文化》《中国民族语言文化与宗教信仰》《中国民族语言学论》《中国北方民族语言》《中国优秀的民族政策和先进的民主制度》《阿尔泰诸语研究方法》《阿尔泰语与日本语关系学》《东北亚民族语言文化学》《满通古斯语研究》《语言与文化》《北极圈语言文化关系学》《寒带地区的语言文化学》《日本语和阿尔泰语》《日本阿依努语和阿尔泰语关系》《日本语日本阿依努语与阿尔泰语关系论》《满通古斯语族语言与朝鲜语关系学》等为题给本科生及硕士和博士研究生开讲过专题课程或系列学术讲座。

二、国内外重大学术会上宣读的主要论文（1985—2005）

《通古斯诸语的后置词》，《中国民族语文研讨会上》（1985）宣读的论文。

《论日语和达斡尔语的感叹词》（日文），《日本蒙古学会议》（1989）上宣读。

《蒙语和满语共有词的元音关系》（日文），《日本阿尔泰学国际会议》（1989）上宣读。

《日本阿依努语和阿尔泰诸语关系》（日文），《日本东京35届国际东方学讨论会》（1990）上宣读。

《论语言中潜在的民族文化性》（日文），《日本筑波大学语言文化讨论会》（1990）上宣读。

《日本阿依努语和通古斯诸语关系》（日文），《日本早稻田大学北方语言文化研讨会》（1990）上宣读。

《蒙语和满语共有动词构词形态》（日文），《日本亚非语言文化研讨会》（1990）上宣读。

《通古斯诸语的拟声拟态词》（日文），《日本学习院大学语言讨论会》（1990）上宣读。

《黑龙江地名研究中存在的有关问题》，《北京国际满学会》（1992）上宣读。

《中国满通古斯诸语研究》，《哈尔滨满学会》（1993）上宣读。

《论日本地名和文化的关系》，《中国首届国际地名学会》（1993）上宣读。

《论乌依勒塔族及通古斯诸语言文化关系》（英文），《哈尔滨东西方语言文化国际研讨会》（1993）上宣读。

《日语及阿尔泰诸语的关系》，《北京民族语文研讨会》（1994）上宣读。

《日本阿依努语及阿尔泰诸语底层结构的共有关系》，《哈尔滨满学会》（1995）上宣读。

《关于北极圈语言文化的共性》（英文），《美国东西方语言文化国际研讨会》（1997）上宣读。

《论印第安人和通古斯诸民族宗教称谓的关系》（英文），《美国原始宗教国际研讨会》（1997）上宣读。

《中国古代文字及民族间关系》，《香港城市大学语言学讨论会》（1997）上宣读。

《中国民族语言研究》，《香港中文大学语言学年会》（1997）上宣读。

《论芬兰萨米语和满通古斯语共有关系》（英文），《北京国际萨米语言文化讨论会》（1998）上宣读。

《通古斯诸民族及萨米人的远古文化》（英文），《赫尔辛基大学国际宗教讨论会》（1998）上宣读。

《中国通古斯文化及其社会价值》（英文），《赫尔辛基大学东北亚学术讨论会》（1998）上宣读。

《论蒙语及满通古斯诸语代词比较研究》，《内蒙古国际蒙古学讨论会》（1999）上宣读。

《早期通古斯语言文化特征》（日文），《日本东北大学通古斯学会》（1999）上宣读。

《关于满通古斯诸民族宗教》(日文),《日本东北大学宗教学讨论会》(1999)上宣读。

《论人名与文化关系》(日文),《日本大阪北极圈文化学讨论会》(1999)上宣读。

《亚洲经济危机及中国积极经济政策》(英文),《首届亚欧青年议会代表大会》(1999)上宣读。

《论通古斯诸语和爱斯基摩语共有名词》(英文),《海拉尔首届国际通古斯语言文化讨论会》(2000)上宣读。

《中国少数民族及民族政策》(日文),《北海道大学特殊族群及存在价值学术会》(2001)上宣读。

《民族意识和社会与国家关系》(日文),《大阪民族学讨论会》(2001)上宣读。

《语言与文化的关系》(日文),《北海道语言与文化讨论会》(2002)上宣读。

《阿尔泰诸语形态语音论》(日文),日本九州大学《语言学会》(2003)上宣读。

《关于通古斯诸语词缀形态语音变化》(日文),日本北海道大学《语言学理论讨论会》(2003)上宣读。

《论鄂温克语构词词缀形态语音变化规律》(日文),日本东京外大亚非研究所《语言学讨论会》(2003)上宣读。

《鄂温克语和日语的关系》(日文),日本《横滨国际交流会》(2003)上宣读。

《满通古斯诸语语言文字研究之价值》(日文),日本大学《语言与历史学讨论会》(2003)上宣读。

《中国满通古斯诸语使用情况分析》(日文),日本千叶大学《语言调查方法讨论会》(2003)上宣读。

《鄂温克语语音体系与语音变化规律》(日文),日本青山学院大学《青年语言学家讨论会》(2003)上宣读。

《阿尔泰诸民族语言文化共有特征》(日文),日本人东文化大学《语言学文化讨论会》(2003)上宣读。

《中国东北诸民族宗教信仰》(日文),日本神奈川大学《比较民俗学讨论会》(2003)上宣读。

《阿尔泰诸语研究及办法论》(日文),东京大学《语言学研究理论讨论会》（2003）上宣读。

《论满通古斯诸语构词系统的音变规则》，内蒙古海拉尔《国际通古斯语言文化研讨会》（2004）上宣读。

《关于21世纪中国满通古斯诸语研究》（英文），韩国首尔大学《国际阿尔泰学会议》（2004）上宣读。

《论通古斯诸语语法词缀音变规则》（日文），大阪大学的《语言学研究方法论讨论会》（2004）上宣读。

《论阿尔泰诸语人称词缀共性》（日文），大阪外大《现代语言学年会》（2004）上宣读。

《东北亚语言文化共性研究的理论价值》，内蒙古海拉尔《国际东北亚学术研讨会》（2005），上宣读。

附录四

朝克在第九、十、十一、十二届全国人代会上提交部分建议

九届一次会议：

1.《关于进一步重视和提高哲学社会科学科研地位的建议》
2.《关于不断提高中青年科研人员工资待遇的建议》
3.《关于尽快提高少数民族边远地区教学质量的建议》
4.《关于进一步提高贫困地区学生生活补助金的建议》
5.《关于尽快减免草原牧民牧业税的建议》
6.《关于强化草原牧区生态环境保护工作力度的建议》
7.《关于加大民族企业科技投入力度的建议》
8.《关于设立少数民族语言文字法的议案》

九届二次会议：

1.《关于加强和扩建社科院研究生院的建议》
2.《关于不断加大社科院科研项目经费投资力度的建议》
3.《关于把文化产业放在重要战略地位的建议》
4.《制定特殊政策增加边远民族地区招生名额的建议》
5.《关于加速提高民族地区普通师范学校教学质量的建议》
6.《关于贫困落后地区进一步强化生态环境保护宣传工作的建议》
7.《关于科学有效治理东北地区江河污染的议案》
8.《关于设立少数民族贫困生就学基金委员会的议案》

九届三次会议：

1.《关于建立社科领域创新体系的建议》
2.《不断加大社科重大现实问题研究力度及其经费投入的建议》
3.《关于进一步加大民族地区生态环境建设投资力度的建议》
4.《对于民族地区中小型企业给予特殊优惠待遇的建议》
5.《关于将环境保护纳入国民经济和社会发展年度总体规划的建议》

6.《关于加快加大民族地区口岸城市现代化建设的议案》
7.《关于建立健全草原森林保护法的议案》
8.《关于加大西部边缘贫困地区基础设施建设投资力度的议案》

九届四次会议：
1.《关于加强社科成果宣传力度的建议》
2.《关于改善社科界青年科研人员生活工作环境和待遇的建议》
3.《牧区现代化建设中不断提高畜牧业经济地位之建议》
4.《加强对于濒危民族语言文化的抢救和保护工作的建议》
5.《西部开发中保护好民族优秀传统文化的建议》
6.《关于进一步加强民主法制建设的议案》
7.《关于在社会主义物质文明建设中不断提升精神文明建设质量的议案》
8.《关于进一步加强内蒙古生态保护与建设的建议》

九届五次会议：
1.《关于生态环境恶化的民族地区加大环保资金投入力度的建议》
2.《关于不断加强民族地区自然资源合理科学开发利用宣传工作的建议》
3.《关于社科界优秀科研成果的评选活动规范化的建议》
4.《关于不断强化落后地区群众文化生活基础设施建设的建议》
5.《关于提高对边疆少数民族地区农村牧区公路建设补助标准的建议》
6.《关于社科界建立相当于院士级的学术委员制度的议案》
7.《关于下大力气科学有效治理内蒙古沙漠化问题的议案》
8.《关于尽快制定监督法的议案》

十届一次会议：
1.《关于建立国家社会科学奖的议案》
2.《关于义务教育法修订补充的议案》
3.《关于进一步提高社科界学术地位和重大现实理论问题研究功能的建议》
4.《关于哲学社会科学自身发展迫切需求，加大社科院研究生院招生名额的建议》
5.《严厉打击非法出版物和不健康读物的建议》
6.《关于治理和控制草原地带水土流失的建议》
7.《关于减轻牧区贫困生学习生活负担的建议》
8.《关于进一步强化环境保护宣传工作的建议》

十届二次会议：

1.《关于科学规划西部地区少数民族人才队伍建设的议案》
2.《关于进一步加大边疆民族地区行之有效的科普教育活动的建议》
3.《关于定期举办哲学社会科学优秀成果宣传活动的建议》
4.《关于建立中国民族古文字博物馆的建议》
5.《关于不断提升电视广播节目的社会主义精神文明建设内涵的建议》
6.《关于有效落实人口较少民族濒危优秀传统文化的抢救工作的建议》
7.《加强农村牧区经济社会文明建设的建议》
8.《关于尽快出台呼伦贝尔草原环保地方法的建议》

十届三次会议：

1.《关于每年定期举办全国哲学社会科学普及周活动的建议》
2.《关于尽快设立国家精神文明进步奖励制度的建议》
3.《关于城市建设和规划中注重保护传统民族文化特色的建议》
4.《关于加强就业与再就业宣传工作规范化的建议》
5.《关于公务员男女同龄退休的建议》
6.《关于设立少数民族语言文字教育专项补助金的建议》
7.《关于具体落实边疆地区人口较少民族教育经费短缺问题的建议》
8.《关于在企业加强宣传降低空气污染指数的建议》

十届四次会议：

1.《建立健全哲学社会科学创新理论工程的建议》
2.《进一步加强和提升精神文明建设活动的建议》
3.《关于进一步提升春节联欢晚会等大型文艺活动的内容及其文化品味的建议》
4.《关于筹建国家级的中华文化遗产博物馆的建议》
5.《关于加大保护我国濒危少数民族语言文字经费投入的建议》
6.《关于尽快设立少数民族贫困地区重大自然灾害专项救济基金的建议》
7.《从幼儿教育到大学教学中进一步加大环保教育内容的建议》
8.《关于修改〈公务员法〉退休年龄的建议》
9.《关于哲学社会科学工作者更好发挥思想库和智囊团作用的建议》。
10.《尽快设立国家网络信息犯罪法的议案》

十届五次会议：

1.《关于设立马克思主义理论创新奖的建议》

2.《关于开展荣辱观教育宣传日活动的建议》

3.《关于制定中华人民共和国优秀而传统的精神文化及文明宣传周活动的建议》

4.《关于建立健全新时期青少年思想道德教育体系的建议》

5.《关于进一步提高退离休人员生活待遇的建议》

6.《关于新农村建设中充分发挥民族传统文化生命力和旅游经济价值的建议》

7.《关于在民族地区就业与再就业工作中照顾特困户家庭子女的建议》

8.《关于城市化进程中合理构建城乡共赢的经济体制的议案》

十一届一次会议：

1.《关于尽快制定中华人民共和国少数民族语言文字法》的议案

2.《关于进一步重视和提升哲学社会科学优秀科研成果的宣传工作的建议》

3.《关于在农村牧区的现代化建设中充分保护、弘扬和发挥民族优秀传统文化的建议》

4.《关于进一步强化我国濒危民族语言的重视与保护工作的建议》

5.《关于扶持和发展中医药事业的建议》

6.《关于开展中国语言普查工作的建议》

7.《关于少数民族特需商品质量进行监督检查的建议》

8.《关于尽快建立新形势下的民族语言翻译培训基地的建议》

9.《关于在农村牧区建设中不断加大环保意识及环保教育的建议》

10.《关于防治耕地土壤退化，加强耕地质量建设的建议》

十一届二次会议：

1.《关于建立中国哲学社会科学科研成博物馆的建议》

2.《关于设立中国民族文化艺术国家奖的建议》

3.《关于建立国家级少数民族非物质文化产业园的建议》

4.《关于科学规划和加强民族文化旅游产业化、规模化、现代化的建议》

5.《关于有计划、有步骤、有目的地扩大农村牧区招学名额的建议》

6.《关于兴建农村牧区图书馆、文化馆、健身活动馆的建议》

7.《关于进一步强化民族地区双语教学工作的建议》

8.《关于开展中国民族语言及其方言普查工作的建议》

9.《关于加大民族文字出版物投资力度及建立健全民族文字出版工作制度的建议》

10.《关于设定羌族濒危文化保护区的建议》

11.《关于强化严格治理江河源头污染工作的建议》

十一届三次会议：

1.《关于具体落实中央提出的哲学社会科学与自然科学同等重要之指示精神的建议》

2.《关于进一步加大哲学社会科学研究经费的建议》

3.《关于尽快落实事业单位收入分配制度改革措施的建议》

4.《关于在代表提出的建议表中增设答复单位名称内容的建议》

5.《关于把四大名著纳入非物质文化遗产保护的建议》

6.《关于强化学校周边安全及其美化周边环境的建议》

7.《关于抓住世博会等重大文化活动，提升我国文化软实力的建议》

8.《关于求真务实地强化草原生态保护和生态建设工作的建议》

9.《关于建立中国特色生态养殖模式，确保动物源性食品安全的建议》

十一届四次会议：

1.《不断强化濒危民族语言及其民间文学抢救保护工作的建议》

2.《关于进一步完善贫困落后地区和偏远少数民族地区高考政策的建议》

3.《关于设定我国少数民族严重濒危语言特定保护区的建议》

4.《关于加强门前三包和社区周边环境整治力度的建议》

5.《全球化背景下不断强化对于我国优秀传统文化保护工作的建议》

6.《关于进一步加大内蒙古自治区公益林生态效益的建议》

7.《关于强化中国特色文化建设的严肃性、文明性、先进性的建议》

8.《关于设立少数民族濒危语言特定保护区的建议》

9.《关于尽快实施"南水北调"西线工程的建议》

10.《关于依法强化网络管理及其强化网络主权意识的建议》

十一届五次会议：

1.《关于北京三环以内禁行三轮车通行的建议》

2.《关于调整公职人员退休年龄的政策建议》

3.《关于建立信用信息国家标准的建议》

4.《文化建设要严肃体现优秀传统文化的代表性、文明性、先进性的建议》

5.《关于加强内蒙古生态保护与资源综合利用科技创新的建议》

6.《关于尽快制定〈中华人民共和国食品安全法〉的建议》

7.《关于实施苏木乡镇生活垃圾无害化处理工程的建议》

8.《关于修改完善草原生态保护相关法律的建议》

9.《关于设立"边远少数民族科技富民专项资金"的建议》

十二届一次会议：

1.《关于尽快出台培养哲学社会科学未来高层人才和领军人才的政策制度的建议》

2.《关于建设满洲里国际物流示范区的建议》

3.《将"十二五"规划中能源消耗强度指标由约束性改为预期性的建议》

4.《关于尽快出台脆弱草原生态保护法的建议》

5.《关于严惩学术腐败和学术不端行为的建议》

6.《应尽快组织和落实〈中华医藏〉的整理出版工作的建议》

7.《关于道德失范治理的建议》

8.《关于加快畜牧业转型升级的建议》

十二届二次会议：

1.《关于增加林业生态保护建设工程项目经费的建议》

2.《关于重视哲学社会科学基础理论研究人才队伍培养工作的建议》

3.《关于不断加大对人口较少民族合格人才扶持力度的建议》

4.《关于国家有关部门大力支持呼伦贝尔市边境口岸建设工作的建议》

5.《关于更好保障传统医药从业和传承的合法权益的建议》

6.《关于守住18亿亩耕地质量红线的建议》

7.《关于尽快改革完善节能减排指标分配体系的建议》

8.《关于国家专门设立生态脆弱地区移民扶贫经费的建议》

十二届三次会议：

1.《捍卫网络主权，建设网络强国的建议》

2.《关于划定基本草原保护红线的建议》

3.《关于从国家层面继续支持特殊学科、濒危学科、基础学科建设的建议》

4.《关于尽快解决少数民族电视节目难能译制转播的建议》

5.《关于培育科技化、现代化、产业化的新型农牧业经营主体的建议》

6.《关于尽快清理中央能源企业税收优惠政策的建议》

7.《关于在农村牧区建设中科学合理而节约型综合利用资源的建议》
8.《关于修改完善草原生态保护相关法律的建议》

十二届四次会议：
1.《关于全国人大常委会建立代表接待日制度的建议》
2.《关于强化濒危民族语言文化抢救保护工作的生命力与实效性的建议》
3.《关于进一步加强人民调解法生命力的建议》
4.《关于下狠心彻底治理城中村，彻底解决城市环保问题及环卫死角的建议》
5.《关于实施质量强国战略的建议》
6.《关于进一步强化网络管理及其强化网络主权意识的建议》
7.《关于做好〈格萨尔〉〈江格尔〉〈玛纳斯〉》翻译出版工作的建议》
8.《关于遏制飞播林地衰退问题的建议》
9.《关于提高中直机关人大代表参加全国人大调研活动比例的建议》

后 记

我叫李晓含,是《中华儿女》刊物记者编辑,由于新闻记者职业工作关系,我接触过许多中华优秀儿女,我编写过许多中华优秀儿女的光辉事迹。我常常被他们的爱国、爱人民、爱党、爱岗敬业的崇高人格品质,无怨无悔无私奉献的精神,坚定不移的信心、信念、信仰所感动,所震撼。我想正因为有了如此纯粹的、高尚的、优秀的、并且为祖国和人民的美好未来夜以继日、废寝忘食、不怕艰辛、迎击一切磨难和挑战、忘我奋斗的中华优秀儿女,我们的祖国才有了美好的未来和生生不息的希望。那么,中国社会科学院的著名民族语言学家朝克就是其中的一位,第一次的采访和接触就给我留下十分深刻的印象和触动。那还是1997年的春天,朝克当选第九届全国人大代表,成为中国社会科学院最年轻的研究员,并荣获中国社会科学院"十大优秀青年"称号,获得英国剑桥大学"20世纪勋章"和联合国教科文组织颁发的"文化勋章"等,以及国际上的名牌大学纷纷邀请他高薪聘去当教授的特殊时期,我第一次受《中华儿女》编辑部的工作安排去采访他,谈谈他的治学之路和未来学术发展的思路。我去他办公室时,他还是在埋头读书写书,听说我来的目的,他却十分客气地说:"我得这点科研工作成绩没什么报道的,在社科院像我这样甚至比我优秀而有成绩的中华儿女还有很多,应该去采访他们。再说,我的学术影响力没有那么大,我只是在民族语言研究方面做了一点工作。院里认为我很辛苦、很执着、很能吃苦,并在濒危语言研究方面做了一些贡献,所以把'十大优秀青年称号'给了我,别的没什么。"我认为,许多中华优秀儿女都会十分高兴地接受我的采访报道,也希望经过《中华儿女》刊物报道自己的先进事迹,来感召其他年轻人。而朝克却说自己做得还很不够,等将来取得更大的成绩时再来采访他。

我想既然来了,就和他随便谈谈,就这么聊了起来。通过交流使我更加了解到他是怎样的一位青年学者。他说他取得的学术业绩跟党和人民的要求相比，还相差很远。党和人民为了培养他，付出了多年的心血，才把他培养成对党和人民对祖国有用的人才。他说，他常常想，在旧中国的黑暗年代，在那么强大的敌对势力面前，征服一切黑暗，赶走一切列强，建立一个人人平等的新中国多么不容易！为了今天的幸福生活，有多少个中华优秀儿女牺牲了自己，献出了年轻的生命。那时，他们都梦想过上和我们今天一样安宁美好幸福的生活，都想建设一个不被列强和反动势力欺负、凌辱、压迫、剥削的有人格尊严的正常生活。如果他们的在天之灵能够知道，今天我们已经建立了一个人民的新中国，人民过着他们梦想的幸福生活的话，肯定得到极大的安慰和幸福。总的说来，我们今天的幸福生活来自不易，是用千百万中华优秀儿女的热血、生命和汗水换来的呀！是他们把中国从黑暗、磨难、灾难和死亡中挽救了出来。为此，我们必须加倍地珍惜今天的幸福生活，要加倍地努力工作，把我们的祖国建设的更加富强，这样我们才对得起为今天的幸福生活而献出生命的中华优秀儿女。不管你做什么工作，都要拿出成绩来，让祖国和人民、让党骄傲和赞美的成绩来，这样我们才能对得起祖国、人民和党！朝克是这么想的，也是这么做的。他在日本学习工作六年多时间，却没有去过富士山，他走过世界许多国家也从未为旅游和消遣而浪费过时光，他无论在哪里每天都起早贪黑地拼命工作。他认为，这样才能够对得起党和人民的培养和教育，才能够称得上中华优秀儿女。

　　从那次的谈话交流以后，由于工作上的关系经常接触朝克，也经常去拜访他。尤其是，在我国发展的道路上遇到重大问题、困难和曲折的时候，国际事态处于十分紧张或复杂的时候，我常常去找他听他的看法和观点。而且，总是得到满意的认识、判断和结论。因为，在任何时候，他都是站在人民的立场上，站在党和祖国的角度，去分析问题，解释问题。他常说："任何一个时代，任何一个国家和政府都不能无视人民的利益，不能违背人类文明发展的必然规律来做事、办事、弄事，否则最终肯定都会以失败而告终。所以，站在人民的利益考虑问题，就会把事情看得明白说得准，就会把事情办好！"他说，这也是马克思主义基本原理，是他多年潜心学习马克思主义思想理论的收获及看问题的方法，认识问题的道理，解决问题核心命题。为此，在他看来，自己取得的所有成绩和荣誉都归功于党和人民的培养，都源自人民的智慧。他说，他取得的成绩都属于过去，只能说明过去做的工作，今天和将来还需要不懈地努力和拼搏，应该拿出更多的精品力作和人民满意的学术业绩，这样才能够称得上是在最高哲学社会科学殿堂工作的科研人员。他是这么想的，也是每天起早贪黑、废寝忘食地努力工作着、奉献着，目的就是想做一名祖国和人民的优秀儿子，争做一名党的优秀哲学社会科学工作者。我在这里，真诚地希望和祝福他多加保重，多出精品力作，更好地完成自己的使命，用一生的努力和不懈奋斗来交给党和人民一个满意的答案。

在这本书里，主要搜集整理了各大报刊和网络上刊发的朝克的有关报道、学术业绩的客观实在的评价，学术成长道路上的艰辛、奋斗、拼搏、奉献，以及感悟、思考、探索、创造等等。还有他在二十年的全国人大代表履职中，为我国经济社会的发展，为党和人民的美好未来，为哲学社会科学事业的繁荣发展而做的深入扎实的社会实践调研，认认真真提出的有思考、有思想、有价值、有分量的建议和意见，等等。

在这里还需要说明的是，在该书里有关朝克先进事迹和优秀科研成果的还有许多报道和评价没有编入。朝克说，有的说得太高，他做得还很不够，应该多报道科学探索的道路上走过的艰辛、曲折、思考和努力工作的精神，这样可能更好地激励现代的年轻人严格要求自己，更加努力地工作。

我说的不妥之处请朝克和同志们提出宝贵意见。

李肖含